大學公議
大學講義
小學枝言
心經密驗

다산번역총서
역주 대학공의·대학강의·소학지언·심경밀험

초판 1쇄 발행일 2016년 6월 1일

저자 | 정약용
역자 | 이광호 외 10인
기획 | 다산학술문화재단
펴낸이 | 정해창
펴낸곳 | 도서출판 사암

신고번호 | 제22-2799호(2005. 8. 30)
주소 | 서울 서초구 서초대로 248 나주정씨 월헌회관 801호
전화 | 02-585-9548
팩스 | 02-585-9549
전자우편 | saambooks@gmail.com
홈페이지 | www.tasan.or.kr
책값 | 40,000원

다산번역총서

大學公議
대 학 공 의

大學講義
대 학 강 의

小學枝言
소 학 지 언

心經密驗
심 경 밀 험

정약용 저 · 이광호 외 역

사암

目次

1.

전통 유학자들은 유학이 이 세상에서 최고의 학문이라고 생각해왔다. 유학사상은 방대해서 육경六經(樂經은 없어졌으므로 실제로는 五經)과 사서四書를 경전으로 하는 기본 텍스트만 익히는 데도 한평생의 삶으로 부족할 수 있다. 한나라 때의 유학자들은 경전 가운데서 한 종류만 전공하기도 하였다. 다산은 기존의 오경과 사서를 자신의 새로운 관점에서 모두 새롭게 해석하였을 뿐 아니라 『악서고존樂書孤存』이라는 이름으로 악경의 복원을 시도하고 있다. 이렇게 보면 다산은 유학사상 전체를 자신의 관점에서 새롭게 재건하고자 한 분이다. 다산의 꿈은 유학의 재건에만 머물지 않았다. 육경과 사서를 통하여 자기완성의 공부를 하고 『경세유표』와 『목민심서』와 『흠흠신서』를 통하여 천하국가를 다스리는 방략을 펼침으로써 국가의 현실적인 문제를 처방하는 경세학적 실학자로서의 모습이 다산의 진면목일 수도 있다. 다산은 「자찬묘지명」에서 자신의 학문을 이렇게 총괄하여 평가하였다.

> 육경과 사서로써 자신을 수양하고, 일표와 이서로써 천하국가를 다스리니 본말을 갖추었다.[六經四書以之修己, 一表二書爲天下國家, 所以備本末也]

이 간단한 한마디 말 가운데는 엄청난 의미가 들어 있다. 인간은 생각을 통하여 살아가기 때문에 생각의 전환이라는 것은 매우 어려운 것이다. 다산은 평생의 삶을 통하여 생각의 굴절을 몇 번이나 거쳤을까? 크게 보면 다산은 성리학이라는 조선조의 사상적 환경에서 태어나 젊을 때부터 서학을 수용한 성호학파와 친숙하게 지내고, 나아가 서양의 천주교를 신앙하는 가족적 분위기에서 젊은 시절을 보내며 스스로 심취하기까지 하였다. 성리학과 천주교의 진리관은 너무나 다르다. 성리학은 진리의 초월성보다는 내재성을 강조하는 데 반하여 천주교는 진리의 초월성을 강조한다. 그래서 마테오리치는 『천주실의』에서 보유론적補儒論的 입장을 통하여 천주교와 유학의 융합을 지향하면서도 성리학적 진리관은 철저하게 부정하였다. 『천주실의』를 읽음으로써 한때 천주교 신자가 되기도 한 다산은 천주교도가 조상의 제사를 거부하는 등의 행동에서 천주교를 부정하기 시작하여 배교를 선언하기에까지 이르렀다. 다산은 천주교를 배교하였다고 하지만 원시유학을 강조함에 의하여 『천주실의』의 초월적 창조적 상제관을 유지할 수 있었다.

조선왕조가 천주교인 서교는 탄압하였지만 서양의 학문인 과학과 과학기술을 수용하는 것은 탄압하지 않았다. 서양의 천주교를 믿지 않는 서학자들은 지속적으로 서양의 과학서를 통하여 과학사상에 대한 이해를 증진할 수 있었다. 다산은 서학과 관련된 서적들을 읽어 자연과 사회를 객관적으로 인식할 수 있는 능력을 확보하였다. 『아방강역고』, 『대동수경』, 『마과회통』 등은 다산의 객관적 인식의 수준을 보여주는 과학서라고 할 수 있다.

다산은 서양의 천주교와 과학서에 심취하며 『천주실의』의 의도와 일치하는 성리학의 청산을 통한 원시유학의 회복에 관심을 기울이기 시작하였다. 환경을 통하여 습득한 생각이 크게 한 번 바뀐 것이다. 천주교에 대한 정부의 박해와 천주교가 조상에 대한 제사를 부정함으로 말미암아 다산은 차츰 천주교를 멀리하기 시작한다. 서학과 천주교에 적극적인 관심을 가지는 가운데 형성된 다산의 생각이 차츰 바뀌기 시작하는 것은 분명하지만 얼마나 바뀌었는지는 가늠하기 쉽지 않다. 초기의 혁명적인 사고의 형성에 비하면 후기의 변화는 오히려 미미한 것일 수도 있다. 그 무렵 퇴계의 문집을 읽으며 『도산사숙록』을 저술하기도 하였다. 다산은 성리학의 이기설은 강력하게 부정한다. 그러나 퇴계의 학맥을 이은 남인학자로서 종교적 경향을 강하게 지니고 도덕성을 가장 중시하는 퇴계학의 일정한 영향을 받은 것은 분명하다. 다산은 퇴계학을 통하여 종교적 초월성과 인간의 내면성을 연결짓는 사단칠정설에 대한 새로운 시각을 갖게 되었고, 이를 통해 후기에는 천리를 강조하는 경향이 나타났으며, 주자를 유학을 중흥시킨 대학자로 인정하게 된다. 다산은 유학과 성리학, 그리고 서양의 천주교와 과학사상이라는 서로 융합되기 어려운 사상을 종횡무진으로 사유하며 자신의 독창적이고 독자적인 사유체계를 형성하였다. 이러한 독창성과 독자성이 확립되었기 때문에 유교경전에 대한 전반적인 해석작업을 체계적으로 수행할 수 있었다. 이는 동아시아의 대표적 사상체계와 서구 사상의 대통합을 유교경전에 기초하여 완성한 인류문화 최초의 작업이라고 할 수 있다,

2.

다산의 유교경전에 대한 재해석이 처음 시작된 것은 『중용』이었다. 1784년 다산이 23세 되던 해 정조가 『중용』에 대하여 80여 조목의 질문을 내렸다. 다산은 자신이 가장 존경하던 이벽李蘗과 함께 답안을 작성하여 정조의 극진한 칭찬을 받았다. 이 답변이 1814년 『중용강의보』로 정리된다. 『중용강의보』를 토대로 『중용자잠』을 짓는다. 그 다음 이루어

지는 책이『대학』이다. 1789년 다산이 내각의 초계문신일 때 정조가 희정당에서 초계문신에게 강의를 하고 이에 대한 대답을 기록한『희정당대학강록』을 정리한 책이『대학강의』가 되고 이를 토대로『대학공의』가 완성되었다.『중용』과『대학』의 해석작업의 기초가 이루어진 때는 다산이 서학과 서교에 심취하고 있던 때이다. 해석작업 초기의 다산 생각이『중용강의보』와『대학공의』에서 과연 얼마나 바뀌었을까? 바뀐 것이 아니라 그 때 싹이 튼 생각을 후기에 완성한 것으로도 생각할 수 있다.『중용강의보』와『대학강의』는 다산 경전 해석작업의 초기사상을 볼 수 있는 중요한 자료이다.

이 책에는『대학공의』(1814),『대학강의』(1814),『소학지언』(1815),『심경밀험』(1815)을 함께 실었다.『대학강의』는『대학공의』의 토대이므로 함께 실었지만,『소학지언』과『심경밀험』은 분량이 적은 탓도 있지만, 다산이 경전해석 작업을『소학』과『심경』으로 매듭을 짓고자 한 의도도 반영이 되었다.

다산은 서양의 과학기술 서적을 읽으며, 세계 안에서 인간이 인간으로 살아가기 위해서는 알아야 할 객관적 지식도 무한하게 많을 뿐 아니라, 그에 따라 적극적이고 실천적인 삶도 필요하다는 것을 절감하였다. 인간의 내면적인 문제와 도덕적 인식의 문제에 골몰하여 세상문제를 해결할 겨를이 없는 성리학의 질곡에서 벗어나지 않고는 이 나라가 희망이 없다고 생각하였다. 다산은『중용강의보』와『중용자잠』에서는 초월적 상제의 감시와 선을 좋아하고 악을 부끄럽게 여기는 기호로서의 본성이 인간에게 있다고 주장하며 성리학의 내향적 사상의 탈을 벗긴다.『중용』에 이어『대학』에서는 보다 더 근본적인 작업이 이루어진다. 주자는『대학』에 대한 재해석을 통하여 성리학의 체계를 갖추었다. 그 중

가장 중요한 것이 「격물치지설」이었다. 불교와 노장사상이 중국 사상계를 지배하던 시대로부터 유학을 종주가 되는 사상으로 정립하기 위하여 성리학은 인식이론을 강조하였다. 인식을 거쳐야만 실천으로 나아갈 수 있다고 주장한 주자는『대학』에 격물치지를 해설하는 장이 없어졌다고 생각하여 「격물치지」장을 만들어 보충하였다. 이후 「격물치지」는 유학의 관문이 되었지만 많은 유학자들이『대학』을 공부하며 초입에서 막혀 전진하지를 못하였다. 이 관문을 통과하지 못하여 왕양명은 주자학을 버리고 「치양지설」을 주장하는 양명학을 창립하였다. 성리학에서 본성은 주자학이나 양명학에서 가장 핵심이 되는 용어였다. 다산은『중용』을 해석하며 '성기호설性嗜好說'을 통하여 인간의 본성은 성리학이 그토록 중시하는 '존심양성存心養性'을 하기 이전에 스스로 '선을 즐기고 악을 부끄럽게 여기는' 강력한 지향성을 가졌다고 주장한다. 그리고 우주만물을 창조하고 기르는 상제는 인간의 삶을 직접 감시하기 때문에 사람이 선한 삶을 살지 않을 수 없다고 한다. 성리학의 인간 본성론을 부정한 다산은『대학』의 삼강령에서 '명덕明德'을 '효孝·제弟·자慈'라는 유학의 일상도덕으로 해석하고 '지선至善'도 '효·제·자'라는 인륜의 지극한 덕이라고 해석하여 삼강령 전체를 '효·제·자'로 해석하는 도표를 만들었다. 그리고 주자의『대학장구』에서 삼강령과 팔조목의 사이에 있는 "물에는 본과 말이 있고 사에는 시작과 끝이 있으니 먼저하고 나중에 할 것을 알면 도에 가깝다.[物有本末, 事有終始, 知所先後, 則近道矣]"를 '격물치지格物致知'의 내용으로 해석한다. 그리고 '물'은 '의意·심心·신身·가家·국國·천하天下'이며, '사事'는 '성誠·정正·수修·제齊·치治·평平'라고 해석한다. '격물'은 "물物에는 본말이 있음과 사事에는 시작과 끝이 있음을 아는 것"이고 '치지'는 "먼저하고 나중에 할 것을 아는 것"

이라고 해석하는, 다시 말해 삼강령과 팔조목을 연결지어 해석하는, 주자의 설을 완전 부정하고 한눈에 분명한 '격치도格致圖'를 만들었다. 다산의 새로운 삼강령도표와 격치도에 의하면 고본『대학』은 한 글자의 착오나 착간도 없는 것이다. 경經 1장과 전傳 10장으로 『대학』을 재편집한 주자의 『대학장구』를 부정하고 고본『대학』으로 돌아간 것이다. 다산이 고본『대학』을 회복한 다음 가장 중시한 것은 고본『대학』이 성의誠意장을 실천의 시작으로 삼아 그 안에 삼강령을 다 포괄하고 있다는 것이다. 다산은 여기서 한 걸음 더 나아가 성의는 '의意·심心·신身·가家·국國·천하天下' 전체에 일관되는 것이라고 해석한다. 삼강령과 팔조목에 대한 새로운 해석을 통하여 고본『대학』을 회복하고 이 모든 실천의 출발이 성의라고 하는 다산의 실천철학 체계가 완성되었다. 형이상학적 사변을 통하여 고민하고 방황할 필요 없이 인륜에 기초하여 진실한 마음으로 실천하면 자신의 몸을 수양하고 가정과 국가와 천하를 다스리는 길이 그 가운데 모두 있다는 것이 다산 실천철학의 내용이다.

다산의 이와 같은 실천철학 체계는 육경과 사서에 대한 다산의 전체해석에 일관된다. 이렇게 보면 『대학공의』는 시간적으로는 최후에 완성되었지만 다산이 육경 사서를 해석하기 시작하던 때부터 이미 그 정초가 이루어졌다고 볼 수 있다. 서양과 동양의 극단적으로 방향을 달리하는 두 사상이 다산이라는 천재를 만나 엄청난 에너지를 얻어 위대한 사업을 탄생시킨 것이다. 다산은 다른 경전의 해석작업에도 자신감과 확신이 넘쳤지만 『대학공의』의 경우에는 그것을 분명하게 드러내고 있다. 『대학』에 관한 공정하고 공평한 의론이라는 뜻을 지닌 『대학공의』라는 표제가 이미 그러하다.

『대학공의』의 체계를 보면 다산은 각 절마다 자신의 정설을 먼저 제시하고, 그 다음 많은 학자들의 공적 의론인 '공의'를 소개한다. 그 다음에는 자신의 판단과 판단을 뒷받침할 고증을 제시한다. 선유들의 잘못된 설에 대해서는 고정考訂이라고 하여 정당한 설들을 인용하여 비판하고 바로잡는다. 의문의 여지가 있는 경우에는 질문과 답변을 주고받는 답난答難을 설정하여 의심의 여지를 없애버린다. 여러 차례의 판단과 고정考訂과 고증考證을 거치며 자신의 판단의 정당성을 확보하고 있다. 다산은 『대학공의』를 통하여 자신의 『대학』에 대한 주장이 가장 공정하고 공평한 주장이라고 확신하며, 이를 기초로 한 육경과 사서의 해석도 정당한 것이라고 주장하고 있는 것이다.

3.

『대학강의』는 내용이 소략하지만 다산 사상의 발단을 볼 수 있다는 데 의미가 있다. 그리고 『소학지언』과 『심경밀험』에 대한 다산의 태도는 『심경밀험』 서문으로 짐작할 수 있다.

> 나는 궁핍하게 일 없이 살면서 육경과 사서를 벌써 여러 해 동안 탐구하였는데, 한 가지라도 얻은 것이 있으면 이미 설명을 달고 기록하여 간직해 두었다. 이제 독실하게 실천할 방법을 찾아보니, 오직 『소학』과 『심경』이 여러 경전들 가운데 특출하게 빼어났다. 학문이 진실로 이 두 책에 침잠해서 힘써 행하되 『소학』으로는 그 외면을 다스리고, 『심경』으로는 그 내면을 다스린다면 거의 현인이 되는 길을 얻게 될 것이다.

정신과 형체가 오묘하게 합한 존재인 인간에게 귀한 것은 몸과 마음을 다스리는 것인데 『소학』은 몸을 다스리는 데 가장 중요한 책이며 『심경』은 마음을 다스리는데 가장 중요한 책이라는 것이다. 몸과 마음 가운데서 마음을 다스리는 일은 더욱 어렵고 오묘하니 "지금부터 죽는 날까지 마음을 다스리는 방법에 힘을 기울이고자 하여, 경전을 궁구하는 사업을 『심경』으로써 맺는다."라고 하였다.

『대학공의』가 다산의 실천철학 체계를 이해하는 데 가장 중요한 텍스트이지만, 『심경밀험』 역시 다산의 실천철학을 이해하는 데 중요한 텍스트이다, 다산은 「심성총의」에서 이렇게 말하고 있다.

> 지금 사람들이 성인이 되고자 하면서 그렇게 할 수 없는 것에는 세 가지 단서가 있다. 하나는 하늘을 리理로 인식하기 때문이고, 두 번째는 인仁을 생물生物의 리理로 인식하기 때문이며, 세 번째는 용庸을 평상平常으로 보기 때문이다. 만약 신독愼獨하여 하늘을 섬기고, 힘써 서恕를 실천하여 인仁을 구하며, 또 항구하게 쉬지 않을 수 있으면 이것이 바로 성인이다.

다산은 성리학의 개념체계를 부정하고 자신이 경전을 새롭게 해석하는 입장에 따라서 "신독愼獨하여 하늘을 섬기고, 힘써 서恕를 실천하여 인仁을 구하며, 또 항구하게 쉬지 않을 수 있으면 이것이 바로 성인이다."라고 선언한다. 성리학에 따라 성취된 성인과 다산의 실천철학에 따라서 도달된 성인은 동일한 경지의 인간일까? 성리학적 성인은 천인합일의 성인을 지향하지만 다산의 실천적 삶을 통하여 이루어지는 성인에게는 초월적 하늘에 대한 섬김의 의미가 강한 듯하다.

> "하늘은 이미 사람에게 선할 수도 있고 악할 수도 있는 권형을 부여하였다. 그리고 아래로는 또 선을 행하기는 어렵고 악을 행하기는 쉬운 육체를 부여

하였으며, 위로는 또 선을 즐거워하고 악을 부끄러워하는 성을 부여하였다. 만약 이 성이 없었다면 인간 가운데서 예로부터 아주 조그마한 선이라도 행할 수 있는 사람이 없었을 것이다. 그러므로 '성을 따른다'고 하고, '덕성을 받든다'고 하였다. 성인이 성을 보배로 여겨 감히 떨어뜨려 잃어버리지 않은 것도 이 때문이다."

다산은 "선을 즐거워하고 악을 부끄러워하는" 인간의 본성을 가장 중시하고 있다. 성인이 되는 관건도 바로 거기에 있다고 본다. 다산의 본성론은 성리학의 본성과는 다르면서도 성리학에서 주장하는 본성론 보다도 훨씬 더 적극적이고 능동적인 인간의 선한 본성을 실천철학의 기초로 삼고 있다고 하겠다.

다산의 실천철학을 경학적인 입장에서만 논하면 간과하기 쉬운 것이 있다. 다산에게는 경학이 모든 학문이 아니라는 사실이다. 『대학공의』를 통하여 다산이 확보한 매우 중요한 것은 '물'과 '사'를 『대학』 안의 '물'과 '사'로 한정시키고, 지선과 관련된 도덕적 문제를 인륜에 국한시킴으로써 경전 바깥의 무한한 자연 사물을 인륜과 도덕에서 해방시켰다는 점이다. 무한한 사물을 경전과 도덕의 바깥에 둠으로써 도덕적 인식과 상관없는 사물 인식, 즉 과학적 사물인식을 확보한 것이다. 다산은 자연현상과 역사적·지리적 사실, 그리고 의술을 논하며 도덕과 분리된 객관적 자연에 대한 과학적 인식을 넓혀 근대적 분과학문의 가능성을 열어가고 있었다. 『아방강역고我邦疆域考』, 『대동수경大東水經』, 『마과회통麻科會通』 등의 저술은 다산의 과학정신에 의한 저술들이다. 도덕과 과학을 분리하면서도 이 둘을 모두 중시하는 것이 다산 실천철학의 중대한 특성이다. 객관적 인식과 고증을 중시하는 다산의 과학정신은 다산의 경학 안에서도 중요한 역할을 하였다. 현상의 관찰과 그

원인의 추리, 경으로 경을 해석하며 다양한 방증을 제시하는 고증의 자세, 논리적 추리에 기초한 판단을 중시하는 것 등은 다산의 경전해석에 두드러진 경향으로 이는 다산의 과학적 정신의 발휘라고 볼 수 있다.

4.

2001년 한림대학교 철학과에서 연세대학교 철학과로 직장을 옮기고 몇 달 지나지 않았을 때부터 국학연구원에 모여 『대학공의』 강독을 시작하였다. 고문헌연구회라는 이름 아래 20여 명이 참석하였다. 매주 모여 열띤 토론을 하며 번역원고를 쌓아 나갔다. 다산학술문화재단으로부터 최소한의 강독비 지원을 받고 강독이 다 끝나면 번역본을 책으로 출간하기로 하였다. 한 사람이 번역하여 와서 발표하면 다른 사람들은 함께 읽다가 문제점이 발견되면 지적하고 토론하며 올바른 번역을 완성하기 위하여 노력하였다. 번역에 참여한 사람만 해도 10명이다. 모임이 5년 가까이 지속되며 『대학강의』, 『소학지언』, 『심경밀험』, 『중용강의』, 『중용자잠』까지 번역이 거의 끝나갈 무렵 재단에서 『정본 여유당전서』 사업에 전력을 기울여야 하기 때문에 번역사업은 일시 중단한다는 통고를 받았다. 참여자들은 대부분 비정규직이어서 학술진흥재단의 연구프로젝트에 참여하여 생계를 해결하며 학문을 이어가야 했기 때문에 고문헌연구회는 해체되고 말았다.

전체 37권의 전집인 『정본 여유당전서』가 출간된 이후 재단에서 이 책을 출판하자는 요청을 받았다. 10여 년 가까이 지나다보니 함께 강독에 참여한 사람들을 찾는 것도 힘들게 되었다. 출판을 하려고 하니 정본

사업을 하며 한문원문의 방점처리 방식도 여러 차례 변해서 기존의 작업과 일치하지 않는 부분이 많아졌다. 다시 원고를 들추어보니 번역과 주석이 미흡한 부분도 많고 여러 사람이 한 작업이어서 통일성이 필요한 부분도 적지 않았다. 황병기 박사가 전체 원고를 다시 검토하며 수정하고 보완하는 수고를 하였다.

 사암출판사에서 편집을 하며 원문과 번역문을 좌우로 배치하여 독자들의 편의를 도모하고자 한다고 하였다. 이미 출간된 『논어고금주』를 보니 시각적으로 편안하게 느껴졌다. 그러나 원문의 양과 번역의 양, 그리고 주석의 양에 차이가 있어 균형을 맞추기 쉽지 않았다. 인명은 사전을 만들어 뒤로 보내기로 하였다. 편집상의 문제 때문에 역자들이 어렵게 번역한 내용에 혹 손상이 가지 않았는지 두렵다. 10년이 넘게 지나 책으로 만들게 되니 역자들에게는 여러 가지로 송구스러울 뿐이다. 강독에 모두 적극적으로 참여하였지만 많은 분량을 맡아 번역한 한정길 박사와 장동우 박사, 그리고 수차례 끝까지 교정과 정리를 맡아준 황병기 박사에게 특별히 감사한 마음을 표한다. 오랜 기간에 걸쳐 여러 사람에 의하여 번역된 책이어서 통일성이 미흡한 점이 있을 수 있겠으나 여러 차례의 교정을 통해 용어를 통일하고 문체를 순화하는 노력을 기울였기 때문에 큰 오류는 없을 것이라 자평한다.

현대의 학문이 객관적 지식만을 추구한다면 유학은 지知와 행行의 조화와 병진을 추구하는 학문이다. 유학을 이해하는 시각은 시대에 따라 변할 수 있지만 유학이 실천적 삶을 통하여 자신을 완성함과 동시에 선한 인간의 본성이 실현되는 이상적 사회를 지향한다는 점은 동일하다. 자연에 대한 객관적 인식은 극도로 발전하였지만 사람들이 어떻게 살아야 할지 모르고 방황하게 된 오늘날의 세태에 유학은 많을 것을 도와줄 수 있다. 가치관이 상실되고 삶이 극도로 어려운 상황이 되면, 지행의 학문인 유학을 다시 찾지 않을 수 없을 것이다. 현대인이 유학에 관심을 가지게 되면 조선조 유학을 전체적으로 재조명하게 될 날도 오게 될 것이다. 퇴계의 유학, 율곡의 유학, 다산의 유학 등등은 각기 처한 시대적 상황에서 최선을 다한 조선의 유학으로 인정해야 할 것이다. 특히 다산은 세계화가 시작되던 시기에 동서양 두 문명을 최초로 융합한 위대한 세계사적인 인물이다. 동아시아가 세계사를 이끌고 나갈 미래에 다산의 사상은 세계 사람들에게 우리의 문화역량에 대한 자랑꺼리가 되고, 우리가 삶과 학문의 방향을 정하는 데도 큰 지표가 될 것이다. 도덕과 과학을 분리하면서도 함께 추구한 다산의 학문과 삶의 정신이 꽃이 피어 인격과 지식이 함께 논의되는 세계가 이 땅에서 구현될 수 있으면 좋겠다는 바람이다.

함께 번역에 참여한 학자들 모두에게 다시 한 번 감사드리며, 이 기회에 십여 년의 노력 끝에 『정본여유당전서』를 출간한 다산학술문화재단 정해창 이사장님께 축하와 감사의 박수를 보낸다. 다산을 존경하고 사랑하고 아끼는 사람들에게 아직도 남은 중요한 과제가 있다. 〈다산번역총서〉의 완간이다. 총서가 완간되어 이 시대의 모든 사람들이 다산의 말씀에 직접 귀를 기울일 수 있는 날이 곧 오기를 기대한다. 이를 위해서는 국가 연구관련 기관들과 사회단체의 적극적인 지원이 필요할 뿐 아니라 다산학술문화재단 관계자 여러분들의 노력도 지속적으로 필요하다고 말하지 않을 수 없다.

2015년 12월 31일
우로재于魯齋 마경실磨鏡室에서
연세대학교 철학과 명예교수 이광호 쓰다

大學公議*

한정길

황병기

김영봉

정호훈

백승철

김선경

정두영

* 『대학공의大學公議』는 다산이 강진에 유배되어 있을 때(1814년 갑술, 순조 14
년, 다산 53세) 이루어진 『대학大學』 주해서로서 모두 3권 27분절로 되어 있다.

大學公議 一

《禮記》四十九篇。鄭目錄，《大學》第四十二。○鄭端簡《古言》云："孔伋窮居于宋，作《大學》以經之，作《中庸》以緯之。"【詳見《中庸箴》】[1] ○案 先儒謂："《中庸》，子思所作，〈緇衣〉，公孫尼子所撰。鄭康成云，'〈月令〉，呂不韋所修。'盧植云，'〈王制〉，漢文時博士所錄。〈三年問〉，荀卿所著。〈樂記〉，河間獻王諸生所輯。'"[2] 皆有古據。至於《大學》，前人不言誰人所作。鄭端簡所引賈逵之言，明係僞造，不可從也。朱子謂曾子作經一章，曾子之門人作傳十章，[3] 亦絕無所據，朱子以意而言之也。朱子以爲孔子之統，傳于曾子，以傳思‧孟，而思‧孟有著書，曾子無書，故第取此以連道脈耳，亦安知其不然哉！○近聞，翁覃溪門友阮元，取《大戴禮》曾子十篇[4]，表章而注解之，亦道統連脈之意。然第十〈天圓〉篇，似不雅馴也。

---

1) 『中庸自箴』, 227쪽. "鄭端簡『古言』曰, "虞松校刻石經于魏, 表引漢賈逵之言曰, '孔伋窮居于宋, 懼先聖之學不明, 而帝王之道墜, 故作『大學』以經之, 『中庸』以緯之.'"

2) 毛奇齡, 『大學證文』.

3) 『大學章句』, 經 1장, 주희주.

4) 曾子十篇: 「曾子立事」 제49, 「曾子本孝」 제50, 「曾子立孝」 제51, 「曾子大孝」 제52, 「曾子事父母」 제53, 「曾子制言上」 제54, 「曾子制言中」 제55, 「曾子制言下」 제56, 「曾子疾病」 제57, 「曾子天圓」 제59. 이들 10편은 모두 증자의 언행을 기록하는 형식으로 이루어져 있다.

『예기』는 49편이다. 정현鄭玄의 목록에 의하면 『대학』은 『예기』의 42번째 편이다.

○정단간鄭端簡은 『고언古言』에서 "공급孔伋이 송나라에서 곤궁하게 살고 있을 때 『대학』을 지어서 날[經]로 삼고, 『중용』을 지어서 씨[緯]로 삼았다"라고 하였다.【상세한 것은 『중용자잠中庸自箴』에 보인다】

○**나의 판단** 선유는 "(『예기』의 편 가운데) 『중용』은 자사가 지은 것이고, 「치의緇衣」는 공손니자公孫尼子가 지은 것이다. 정강성鄭康成은 '「월령月令」은 여불위呂不韋가 편수한 것'이라고 하였고, 노식盧植은 '「왕제王制」는 한나라 문제文帝 때의 박사가 기록한 것이고, 「삼년문三年問」은 순경荀卿이 저술한 것이며, 「악기樂記」는 하간헌왕河間獻王의 여러 학생들이 편집한 것이다'라고 하였다"고 하였는데, 모두 고대의 문헌적 근거가 있다. 그런데 『대학』에 대해서는 누가 지은 것인지를 예전의 사람들은 말하지 않았다. 정단간鄭端簡이 인용한 가규賈逵의 말은 위조된 것이 분명하기 때문에 따를 수 없다. 주자朱子는 "증자가 1장의 경을 짓고, 증자의 문인이 10장의 전을 지었다"라고 하였는데, 그것도 전혀 근거가 없으며 주자가 의도적으로 말한 것이다. 주자는 공자의 도통이 증자에게 전해지고, 그를 통하여 자사와 맹자에게 전해졌다고 생각했다. 그런데 자사와 맹자에게는 저서가 있었으나 증자에게는 저서가 없었기 때문에, 『대학』을 취하여 도통의 맥락을 이었을 뿐이다. 어찌 그렇지 않다고 생각할 수 있겠는가?

○근래에 듣자니 옹담계翁覃溪의 문우인 완원阮元이 『대대례大戴禮』가운데 증자 10편을 취하여 그것을 표창表章해서 주해하였다고 하는데, 그것도 역시 도통의 맥락을 이으려는 뜻이었다. 그러나 제10 「천원天圓」편은 그 문장이 바르고 순조롭지 않은 듯하다.

《宋史》云: "仁宗 天聖八年, 以《大學》賜新第王拱辰等." ○案 近儒[5] 據此謂'宋仁宗時,《大學》早已專行'. 又謂'韓愈〈原道〉, 獨標誠意, 卽在唐世, 早已專行'[6]. 皆非公言.《大學》表章, 自二程始,《大學》之列爲四書, 自元仁宗八比法[7]取朱子《章句》始也.

---

5) 모기령毛奇齡을 가리킨다.

6) 毛奇齡, 『大學證文』.

7) 팔비법八比法, 팔비격八比格, 팔고문八股文 등으로 불리는데, 문체의 이름이다. 원元 인종仁宗 때 창립되어 명청 양대에 관리등용시험의 형식으로 사용되었다. 경서의 구·절·달을 뽑아 제목으로 걸고, 그 뜻을 부연한 뒤 팔도 형식에 따라 한 편의 문장을 만드는 것이다.

『송사』에서는 "인종 천성天聖 8년(1030년)에 새로 급제한 왕공진王拱辰 등에게 『대학』을 하사하였다"라고 하였다.

○**나의 판단** 근래의 유학자는 이것에 근거하여 "송나라 인종仁宗 때 『대학』이 이미 단행본으로 간행되었다"라고 하였으며, 또 "한유韓愈가 「원도原道」에서 오직 성의誠意만을 드러내었으니 당唐나라 때 이미 단행본으로 간행되었다"라고 하였는데, 모두 공정한 말이 아니다. 『대학』이 표창된 것은 정호程顥와 정이程頤로부터 비롯되며, 『대학』이 사서四書에 포함된 것은 원元나라 인종仁宗 때 팔비법八比法이 주자의 『장구』를 취한 데서 비롯된다.

大學之道【大, 音泰】

大學者, 國學也, 居冑子以敎之。大學之道, 敎冑子之道也。
○議曰 舊音, 大讀爲泰, 今人如字讀, 非也。大學之道一句, 不
惟此經有之。〈學記〉曰: "大學之道, 近者悅服, 遠者懷之。"[8]
又曰: "大學之敎, 時敎必有正業。"[9] 又曰: "大學之法, 禁於未
發。"[10] 其字例·句例, 與此經首句, 毫髮不殊。彼讀曰泰學, 此
讀曰大學, 其亦不公甚矣。朱子作序, 雖以《大學》之書爲太學敎
人之法, 而其實古者太學敎人之法, 敎以禮樂, 敎以詩書, 敎以
弦誦, 敎以舞蹈, 敎以中和, 敎以孝弟, 見於《周禮》, 見於〈王
制〉, 見於〈祭義〉, 見於〈文王世子〉·《大戴禮·保傅》等篇。而所
謂'明心復性'·'格物窮理'·'致知主敬'[11]等題目, 其在古經, 絶無
影響。並其所謂誠意正心, 亦無明文可以爲學校之條例者。▶

---

8) 『禮記』, 「學記」. "가까이 있는 사람은 기꺼이 따르고, 멀리 있는 사람은 마음속으로 그리
   워하는 것, 이것이 태학의 도이다.[近者說服而遠者懷之, 此大學之道也]"
9) 『禮記』, 「學記」. "태학의 가르침은 때에 맞추어 가르치되 규정된 과업이 있어야 하고, 물러
   나 쉴 때도 거처하면서 배우는 일이 있어야 한다.[大學之敎也, 時敎必有正業, 退息必有居
   學]"
10) 『禮記』, 「學記」. "태학의 법은 드러나기 전에 미리 금하는 것을 예豫라고 하고, 그렇게 해
    도 되는 때를 시時라고 하고, 절도를 넘지 아니하고 베푸는 것을 손孫이라고 하고, 서로
    살피면서 착하게 하는 것을 마摩라고 한다. 이 네 가지로 말미암아 가르침이 흥하게 된
    다.[大學之法, 禁於未發之謂豫, 當其可之謂時, 不陵節而施之謂孫, 相觀而善之謂摩. 此四
    者, 敎之所由興也]"
11) 성리학性理學의 열쇠가 되는 용어들이다.

태학大學의 도【'대大'는 음이 '태泰'이다】

태학이란 나라의 학교이다. (천자와 경대부 등) 귀족의 적장자들을 머물게 하면서 그들을 가르쳤으니, 태학의 도는 귀족의 적장자들을 가르치는 도이다.

○**공적 의론** 옛 음에 '대大'는 '태泰'로 읽었는데, 요즘 사람들이 글자대로 ('대'로) 읽는 것은 잘못이다. '태학지도'라는 한 구절은 이 『대학』에만 있는 것이 아니다. (『예기』의) 「학기學記」편에서는 "태학의 도는 가까이 있는 사람은 기꺼이 따르고, 멀리 있는 사람은 마음속으로 그리워한다"라고 하였고, 또 "태학의 가르침은 때에 맞추어 가르치되 반드시 규정된 과업이 있어야 한다"라고 하였으며, 또 "태학의 법은 드러나기 전에 미리 금하는 것을 ……"이라고 하였다. 이러한 자구의 예들은 『대학』의 첫 구절과 조금도 다르지 않다. 그런데 저기서는 '태학'이라고 읽고 여기서는 '대학'이라고 읽는다면, 그 또한 매우 공정하지 못하다. 주자는 (『대학』의) 서문을 지으면서 『대학』이라는 책은 태학에서 사람을 가르치던 방법이라고 하였으나, 실제로 옛날에 태학에서 사람들을 가르치던 법은 예악, 시서, 현송(弦誦: 거문고를 타면서 시가를 노래하는 것), 무도舞蹈, 중화中和, 효제를 가르쳤으니, 이는 『주례』와 (『예기』의) 「왕제」, 「제의」, 「문왕세자」 및 『대대례기』의 「보부保傅」편 등에 보인다. 그러나 '명심복성明心復性', '격물궁리格物窮理', '치지주경致知主敬' 등의 제목은 옛 경서에서는 전혀 자취가 없다. 아울러 '성의정심誠意正心'이라는 것도 학교에서 가르치는 조목이라고 생각할 만한 분명한 문장이 없다.▶

◀朱子於此, 遂改書名曰《大學》, 讀之如字, 訓之曰大人之學, 與童子之學, 大小相對, 以爲天下人之通學。所謂大人者, 冠而成人之稱也。然冠而成人者, 古者不稱大人。余考大人之稱, 其別有四。其一, 以位大者爲大人。其二, 以德大者爲大人。其三, 以嚴父爲大人。其四, 以體大者爲大人。除此以外, 無大人也。《易》曰'利見大人'[12), 孟子曰'說大人則藐之'[13), 孟子曰'有大人之事, 有小人之事'[14), 若是者, 位大者也。古惟天子·諸侯有斯稱也。【襄三十年《左傳》, 卿大夫亦稱大人】《易》曰'大人者, 與天地合其德'[15), 《易》曰'大人虎變'[16), 孟子曰'養其大體者爲大人'[17), 孟子曰'大人者, 不失其赤子之心'[18), 孟子曰'惟大人能格君心之非'[19), 若是者, 德大者也。漢高祖奉巵爲太上皇壽, 稱太公曰'大人'[20), 霍去病見其父中孺曰'去病不知爲大人遺體'[21), 若是者, 嚴父之別稱也。▶

---

12) 『易經』, 「乾卦」.

13) 『孟子』, 「盡心」下.

14) 『孟子』, 「滕文公」上.

15) 『易經』, 「乾卦·文言傳」.

16) 『易經』, 「革卦」.

17) 『孟子』, 「告子」上. "맹자가 말했다. '그 대체를 따르면 대인이 되고, 그 소체를 따르면 소인이 된다.[孟子曰, '從其大體爲大人, 從其小體爲小人']"

18) 『孟子』, 「離婁」下.

19) 『孟子』, 「離婁」上.

20) 『史記』, 「高祖本紀」9년조.

21) 『前漢書』卷68, 「霍光·金日磾傳」.

◀이에 주자는 마침내 책이름을 '『대학』'이라고 고쳐서 그것을 글자대로 읽었으며, 그것을 '대인의 학문'이라고 풀이하여 어린아이의 학문과 대소로 상대시킴으로써 천하 사람들이 두루 배우는 학문으로 만들었다. 이른바 대인이란 관례를 치른 성인을 일컫는 말이다. 그러나 관례를 치른 성인을 옛날에는 대인이라고 부르지 않았다. 내가 조사한 바에 따르면 대인의 호칭에는 네 가지의 구별이 있다. 첫째는 지위가 높은 사람, 둘째는 덕이 높은 사람, 셋째는 자신의 아버지, 넷째는 몸집이 큰 사람을 대인이라고 하였다. 이것을 제외하고는 대인이라고 부를 수 있는 것이 없다. 『역경』에서는 "대인을 봄이 이롭다"라고 하고, 맹자는 "대인에게 유세할 때는 그를 가볍게 여겨야 한다"라고 하고, 또 "대인의 일이 있고, 소인의 일이 있다"라고 하였는데, 이와 같은 것들은 지위가 높은 경우이다. 옛날에는 오직 천자와 제후만이 이러한 칭호를 지니고 있었다.【『좌전』 양공 30년조에서는 경대부도 역시 대인이라고 불렀다】『역경』에서 "대인은 천지와 더불어 그 덕을 합한다", "대인이 호랑이처럼 변한다"라고 하고, 맹자는 "그 대체를 기르는 사람은 대인이 된다", "대인은 갓난아이[赤子]의 마음을 잃지 않는다", "오직 대인만이 임금의 잘못된 마음을 바로잡을 수 있다"라고 하였는데, 이와 같은 것들은 덕이 높은 경우이다. 한 고조가 태상황의 만수무강을 위하여 술잔을 올리면서 태공을 '대인'이라고 불렀고, 곽거병霍去病이 아버지 중유仲孺를 뵙고 "저는 대인께서 남겨주신 몸임을 알지 못했습니다"라고 하였는데, 이와 같은 것은 자기 아버지의 별칭이다.▶

◀《山海經》曰‘東海之外, 大荒之中, 有大人之國’²²⁾, 若是者, 體
大者也。歷考古經, 其有以冠而成人者, 號爲大人者乎? 且古者
小學·大學之別, 原以藝業之大小·黌舍之大小, 分而二之。若
其年數, 或稱十五,【白*虎通】²³⁾ 或稱二十,【書大傳】²⁴⁾ 冠與不冠,
仍無所論, 豈必大人入太學乎? 古者學宮之制, 今不可詳。然上
庠·下庠·東序·左學·東膠·虞庠諸名, 見於〈王制〉,²⁵⁾ ▶

---

*白: 新朝本에는 ‘日’로 되어 있다.

22) 『山海經』卷14,「大荒東經」.

23) 『白虎通』,「辟雍」. "8세에 이갈이를 할 때 소학에 들어가 글쓰기와 셈하기를 배웠으며, 15
세에 태학에 들어갔으니, 이것이 태자의 예이다.[八歲毀齒, 入小學, 學書計, 十五入大學,
此太子之禮也]"

24) 伏生, 『尙書大傳』, "옛날의 제왕은 반드시 태학과 소학을 세워서 공경의 맏아들과 대부
원사의 적자들로 하여금 13세에 처음 소학에 들어가서 작은 절도를 살피고 작은 의리를
실천하게 했으며, 20세에 태학에 들어가 커다란 절도를 살피고 커다란 의리를 실천하게
하였다.[古之帝王必立大學小學, 使公卿之太子, 大夫·元士之適子, 十有三年, 始入小學, 見
小節焉, 踐小義焉. 二十入大學, 見大節焉, 踐大義焉]"

25) 『禮記』,「王制」. "유우씨有虞氏는 상상上庠에서 나라의 어른들을 봉양하였고, 하상下庠
에서 일반 백성의 어른들을 봉양하였다. 하후씨夏后氏는 동서東序에서 나라의 어른들을
봉양하였고, 서서西序에서 일반 백성의 어른들을 봉양하였다. 은나라 사람은 우학右學에
서 나라의 어른들을 봉양하였고, 좌학左學에서 일반 백성의 어른들을 봉양하였다. 주나
라 사람은 동교東膠에서 나라의 어른들을 봉양하였고, 우상虞庠에서 일반 백성의 어른
들을 봉양하였다.[有虞氏養國老於上庠, 養庶老於下庠. 夏后氏養國老於東序, 養庶老於西
序. 殷人養國老於右學, 養庶老於左學. 周人養國老於東膠, 養庶老於虞庠]"

◀『산해경山海經』에서 "동해의 바깥 아주 먼 곳에 대인의 나라가 있다" 라고 하였는데, 이와 같은 것은 몸집이 큰 경우이다. 옛날 경서를 두루 살펴볼 때 관례를 치른 성인을 대인이라고 부른 경우가 있던가? 또한 옛날에는 소학과 태학을 학술과 기예藝業의 대소 및 학교의 대소에 근거하여 둘로 나누어 구별하였다. 그리고 (태학에 입학하는) 나이는 혹은 15세【『백호통』】라 하기도 하고, 혹은 20세【『서대전』】라 하기도 하여 관례를 치렀는지 치르지 않았는지는 문제 삼지 않았으니 어찌 꼭 대인이라야 태학에 들어갔겠는가? 옛날의 학교 제도를 지금 상세하게 알 수는 없다. 그러나 상상上庠·하상下庠·동서東序·좌학左學·동교東膠·우상虞庠 등의 이름이 『예기』「왕제」에 보이며,▶

◀東學·南學·西學·北學·太學諸名, 見於〈保傳〉篇,[26] 米廩·夏序·瞽宗·頖宮諸名, 見於〈明堂位〉。[27] 要之, 諸學之中, 其最尊最大者謂之大學, 猶群廟之中其最尊者謂之大廟, 群社之中其最尊者謂之大社。【見〈祭法〉】[28] 大廟·大社, 旣讀爲泰, 則惟獨大學, 讀之爲大, 定無是理。大學之大, 旣讀爲泰, 則惟獨《大學》之書, 讀之爲大, 抑又何義? 夫旣以太學敎人之故, 名是書曰《大學》。而彼曰泰, 此曰大, 非公言也。○藉使〈太學〉名篇, 如〈玉藻〉·〈檀弓〉, 摘其篇首二字以爲之名, 猶當讀之爲太學。況全篇所論, 都係太學敎人之法, 又何讀之爲大也?▶

26) 『大戴禮記』, 「保傳」, "학예學禮에서 말하였다. '임금이 동학東學에 들어가 친한 이를 높이고 어짊을 귀하게 여기자 친소에 차례가 생기고 은혜가 서로 미치게 되었다. 임금이 남학南學에 들어가 나이 많은 이를 높이고 믿음을 귀하게 여기자 장유에 차등이 생기고 백성들이 속이지 않게 되었다. 임금이 서학西學에 들어가 어진 이를 높이고 덕을 귀하게 여기자 성스럽고 지혜로운 이가 윗자리에 있게 되어 공이 끝나지 않게 되었다. 임금이 북학北學에 들어가 귀한 이를 높이고 작위를 받들어 높이자 귀천에 등급이 생기고 아랫사람이 등급을 넘어서지 않게 되었다. 임금이 태학太學에 들어가 스승을 받들어 도를 묻고, 물러나서는 익히고 태부에게 바로잡되, 태부는 그 법도에 맞지 않는 것은 벌하고 미치지 못하는 것은 통달하게 하자, 덕과 지혜가 자라나고 이치와 도리를 얻게 되었다.[學禮曰, '帝入東學, 上親而貴仁, 則親疏有序, 而恩相及矣. 帝入南學, 上齒而貴信, 則長幼有差, 而民不誣矣. 帝入西學, 上賢而貴德, 則聖智在位, 而功不匱矣. 帝入北學, 上貴而尊爵, 則貴賤有等, 而下不踰矣. 帝入太學, 承師問道, 退習而端於太傅, 太傅罰其不則, 而達其不及, 則德智長而理道得矣.']"
27) 『禮記』, 「明堂位」, "미름米廩은 유우씨有虞氏의 학교이고, 서序는 하후씨夏后氏의 학교이며, 고종瞽宗은 은나라의 학교이고, 반궁頖宮은 주나라의 학교이다.[米廩, 有虞氏之庠也. 序, 夏后氏之序也. 瞽宗, 殷學也. 頖宮, 周學也]"
28) 『禮記』, 「祭法」. "왕은 여러 성씨가 세운 사직이기에 태사大社라고 한다.[王爲群姓立社, 曰大社]"

◀동학東學·남학南學·서학西學·북학北學·태학太學 등의 이름이 (『대대례기』)「보부」편에 보이며, 미름米廩·하서夏序·고종瞽宗·반궁頖宮 등의 이름은 (『예기』)「명당위」에 보인다. 요약하자면 여러 학교 가운데 가장 높고 큰 것을 태학이라고 하는데, 이는 마치 여러 묘당 가운데 가장 높은 것을 태묘太廟라고 하고, 여러 사직 사운데 가장 높은 것을 태사太社라고 하는 것과 같다.【『예기』「제법祭法」에 보인다】 태묘와 태사를 이미 '태'로 읽었다면 유독 태학太學만을 '대'로 읽는 것은 전혀 이치에 맞지 않다. 태학의 '대'자를 이미 '태'로 읽었다면 유독 『대학』의 책만을 '대'로 읽는 것은 도대체 무슨 의미인가? 태학에서 사람들을 가르쳤기 때문에 이 책을 『태학』이라고 이름한 것이다. 그런데 저기서는 '태'라고 하고 여기서는 '대'라고 하는 것은 공정한 말이 아니다.

○가령 「태학」이라는 편명이 (『예기』의)「옥조玉藻」나 「단궁檀弓」과 같이 그 편의 첫머리 두 글자를 따서 붙인 것이라면 오히려 그것을 '태학'이라고 읽어야 마땅하다. 하물며 전편에 걸쳐서 논한 것이 모두 태학에서 사람을 가르친 법인데 또 어찌 그것을 '대'라고 읽겠는가?▶

◀○古者敎人之法, 雖有敎無類,[29] 而王公大夫之子, 是重是先。其在〈堯典〉[30]典樂所敎, 只是冑子。[31] 冑子者, 太子也。惟天子之子嫡庶皆敎, 而三公諸侯以下, 惟其嫡子之承世者, 乃入太學, 見於〈王制〉, 見於《書大傳》,【文見下】[32] 則《周禮》所謂大司樂之敎國子,[33] 樂師之敎國子,[34] 師氏之敎國子,[35] 保氏之養國子,[36] 凡稱國子, 皆〈堯典〉之冑子, 非匹庶家衆子弟所得與也。天子之太子, 將繼世爲天子, 天子之庶子, 將分封爲諸侯*,【雖不侯, 皆有封邑】諸侯之適子, 將繼世爲諸侯, 公卿大夫之適子, 將繼世爲公卿大夫。斯皆他日御家御邦, 或君臨天下, 或輔弼天子, 道斯民而致太平者也。故入之于太學, 敎之以治國·平天下之道。斯之謂'大學之道, 在明明德, 在親民'也。寒門賤族, 古法原屬之司徒, 不關於太學, 確分二等, 不相混雜。▶

---

* 侯: 新朝本에는 '候'로 되어 있다. 이 문단의 '侯'는 모두 이와 같다.

29) 『論語』, 「衛靈公」.

30) 현행본에는 「堯典」과 「舜典」이 분리되어 있다. 이 부분은 「舜典」에 속한다. 그러나 다산은 「堯典」과 「舜典」을 하나의 편으로 보고 있기에 「堯典」이라고 하였다.

31) 『書經』, 「舜典」. "임금이 말하였다. '기夔야, 너를 전악典樂에 명하노니 주자冑子를 가르쳐라.'[帝曰, "夔, 命汝典樂, 敎冑子]"

32) 『대학공의』 권1, 5판ㄴ, 6째줄~8째줄 및 6판ㄱ, 5째줄~7째줄 참조.

33) 『周禮』, 「春官·大司樂」. "대사악大司樂이 성균成均의 법법을 관장하여 건국建國의 학정學政을 다스리고 나라의 자제들을 모아서 도가 있고 덕이 있는 사람으로 그들을 가르치게 하였다.[大司樂掌成均之法, 以治建國之學政, 而合國之子弟焉. 凡有道者, 有德者, 使敎焉]"

34) 『周禮』, 「春官, 樂師」. "악사樂師는 국학國學의 정치를 관장하였고, 나라 자제들에게 소무小舞를 가르쳤다.[樂師掌國學之政, 以敎國子小舞]"

35) 『周禮』, 「地官·師氏」. "사씨는 왕을 불러들이고 고하는 것을 관장하였고, 세 가지 덕으로 나라의 자제들을 가르쳤다.[師氏掌以徵詔王, 以三德敎國子]"

36) 『周禮』, 「地官·保氏」. "보씨保氏는 왕의 악함을 간언하는 것을 관장하였고, 도로써 나라의 자제들을 길렀으니, 이에 육예를 가르쳤다.[掌諫王惡, 而養國子以道, 乃敎之六藝]"

◀○옛날에 사람을 가르치던 법은 비록 '(부귀나 지역 등의) 구별이 없이 가르쳤다'고 하지만 왕공이나 대부의 자식들을 중히 여겨 먼저 가르쳤다. (『서경』의)「요전」에서 전악典樂이 가르친 것은 주자冑子였다. '주자'란 태자이다. 천자의 자식은 적자와 서자를 모두 가르쳤지만 삼공 제후 이하는 적자 가운데 대를 이을 사람만을 태학에 보냈으니, 이는 (『예기』) 「왕제」편과 『서대전』에 보인다.【문장은 아래에 보인다】 즉 『주례』에서 대사악大司樂이 나라의 자제[國子]를 가르치고, 악사樂師가 나라의 자제를 가르치고, 사씨師氏가 나라의 자제를 가르치고, 보씨保氏가 나라의 자제를 길렀다라고 할 때의 무릇 '나라의 자제[국자]'라고 하는 것은 모두 「요전」의 '주자冑子'였지 일반 서민의 뭇 자제들까지 포함하는 것은 아니었다. 천자의 태자는 장차 대를 이어 천자가 되고, 천자의 서자는 장차 제후로 분봉되고,【비록 제후가 되지는 못하더라도 모두 봉읍을 지닌다】 제후의 적자는 장차 대를 이어 제후가 되고, 공경대부의 적자는 장차 대를 이어 공경대부가 될 것이다. 이들은 모두 언젠가는 집안을 다스리고, 나라를 다스리거나, 혹은 천하에 군림하기도 하고, 혹은 천자를 보필하기도 하여 이 백성들을 이끌어 태평한 세상을 이룩할 사람들이다. 그러므로 그들을 태학에 보내어 나라를 다스리고 천하를 평안하게 하는 도를 가르쳤다. 이것을 일컬어 "태학의 도는 밝은 덕을 밝히는 데 있고, 백성을 친애하는 데 있다"라고 한 것이다. 한미한 문벌이나 천한 집안은 옛날 법에서는 원래 사도司徒에게 맡겨 태학과는 관계를 맺지 않게 함으로써 두 등급으로 확실히 구분하여 서로 뒤섞이지 않게 했다.▶

◀故其在〈堯典〉, 契爲司徒, 以敎百姓, 夔爲典樂, 以敎冑子。其在《周禮》, 大司徒以鄕三物敎萬民,[37] 大司樂以三敎敎國子。【三敎者, 樂德·樂語·樂舞也】[38] 皆確分二等, 而其敎法之公私·大小, 絶然不同。經云'大學之道', 是爲敎冑子之道, 明非敎國人之道。是可云太學之道, 不可云鄕學之道。故治國·平天下, 爲斯經之所主, 而修身·齊*家, 乃泝其本而言之, 誠意·正心, 又溯其本之本而言之, 其所主在治平也。故至治國·平天下二節, 其節目乃詳, 其上數節, 略略提撥而已, 不細論也。今也爵不世襲, 才不族選, 寒門賤族, 亦可以蹴到卿相, 佐人主而治萬民。先儒習見此俗, 不嫺古制, 故以太學爲萬民所游之地, 以太學之道爲萬民所由之路。看太學二字, 原不淸楚, 謂治國·平天下, 未必爲太學所專之道。▶

---

* 齊: 新朝本에는 '齋'로 되어 있다.

37) 『周禮』, 「地官·大司徒」. "대사도는 향삼물로 만민을 가르치고 빈객의 예로 그들을 천거하였다. 첫째는 여섯 가지 덕으로 지혜·어짊[仁]·통찰력[聖]·의로움·충성·온화함이며, 둘째는 여섯 가지 행실로 효도·우애·친척과의 화목·인척과의 친함·벗에 대한 신임·가난한 사람들의 구휼이며, 셋째는 여섯 가지 기예로 예절·음악·활쏘기·말타기·글씨쓰기·셈하기이다.[大司徒以鄕三物敎萬民, 而賓興之, 一日六德, 知仁聖義忠和. 二日六行, 孝友睦婣任恤. 三日六藝, 禮樂射御書數]"

38) 『周禮』, 「春官·大司樂」.

◀그러므로 「요전」에서는 설契을 사도로 삼아 백성을 가르쳤고, 기虁를 전악典樂으로 삼아 천자와 경대부의 적장자들을 가르쳤다고 하였으며, 『주례』에서는 태사도가 향삼물鄕三物로 일반 백성을 가르쳤고, 태사악이 삼교로 나라의 자제들을 가르쳤다고 하였다.【'삼교'란 덕을 즐기고, 말을 즐기고, 춤을 즐기는 것이다】이것들은 모두 두 등급으로 확실히 구분한 것으로서 그 가르치는 방법의 공과 사, 크고 작음이 절대로 같지 않다. 『대학』에서 말하는 '태학의 도'는 천자와 경대부의 적장자들을 가르치는 도이지 나라의 사람들을 가르치는 도가 아님은 분명하다. 이것은 '태학의 도'라고 말할 수는 있어도, '향학의 도'라고 말할 수는 없다. 그러므로 나라를 다스리고 천하를 평안하게 하는 것이 『대학』의 중심이 되고, 몸을 닦고 집안을 가지런히 하는 것은 그 근본으로 거슬러 올라가서 말한 것이며, 뜻을 성실하게 하고 마음을 바르게 하는 것은 또 그 근본의 근본으로 거슬러 올라가서 말한 것으로서 그 중심은 나라를 다스리고 천하를 평안하게 하는 데 있다. 그러므로 치국과 평천하 두 절에 대해서는 그 절목이 상세한 데 반해서 그 앞의 몇 절은 대강 추려서 제시했을 뿐 상세히 논하지 않았다. 지금은 작위도 세습되지 않고, 인재도 족벌에 의하여 뽑지 않아서 한미한 문벌이나 천한 집안이라도 경과 재상에까지 올라서 임금을 도와 온 백성을 다스릴 수 있다. 선유들은 이러한 풍속을 일상으로 보고, 옛날 제도에는 익숙하지 않기 때문에 태학을 온 백성이 공부하는 곳이고, 태학의 도를 온 백성이 말미암는 길이라고 여기게 되었다. '태학'이라는 두 글자를 원래 분명하게 보지 못했기 때문에, 나라를 다스리고 천하를 평안하게 하는 것을 꼭 태학이 전담하는 도道일 필요는 없다고 생각하였다.▶

◀故改之曰大人之學, 欲以之爲公共之物耳。然古之太學, 原有主人, 編戶匹庶之子, 雖冠而爲大人, 恐太學未易入也。

引證《周禮》, 大司樂掌成均之法, 以治建國之學政, 而合國之子弟,【董仲舒云: "成均, 五帝之學。"】[39] 凡有道者有德者, 使敎焉。【使爲師】以樂德敎國子, 中·和·祗·庸·孝·友。【鄭云: "善父毋曰孝, 善兄弟曰友。"】[40] 以樂語敎國子, 興·道·諷·誦·言·語。[41]【卽乞言合語之禮】[42] 以樂舞敎國子, 舞雲門·大卷·大咸·大磬·大夏·大濩·大武。[43] ○樂師掌國學之政, 以敎國子小舞。【注云: "〈內則〉曰, '十三舞勺, 成童舞象, 二十舞大夏。'"】[44] ○**鏞案** 此云國子, 卽〈堯典〉所謂胄子也。▶

---

39) 『周禮』, 「春官·大司樂」, 鄭玄注.
40) 『周禮』, 「春官·大司樂」, 鄭玄注.
41) 『周禮』, 「春官·大司樂」, 鄭玄注, "흥興이란 좋은 물건으로 좋은 일을 비유하는 것이다. 도道는 도導로 읽는데, 도導란 옛 것으로 지금을 풍자하는 것이다. 문장을 외는 것을 풍諷이라고 하고, 절도 있게 소리를 내는 것을 송誦이라고 한다. 말을 꺼내는 것을 언言이라고 하고, 답변하는 것을 어語라고 한다.[興者, 以善物喩善事. 道, 讀曰導, 導者, 言古以刿今也. 倍文曰諷. 以聲節之曰誦. 發端曰言, 答述曰語]"
42) 『禮記』, 「文王世子」. "무릇 제례祭禮에서 어른을 봉양하면서 좋은 말을 해달라고 요청하거나 함께 대화하는 예법은 모두 소악정小樂正이 동서東序에서 가르친다.[凡祭與養老乞言, 合語之禮, 皆小樂正詔之於東序]"
43) 이것은 주나라에 보존된 6대 악무樂舞이다. 정현에 의하면 운문雲門과 태권大卷은 황제黃帝의 음악이고, 태함大咸은 함지咸池로 요임금의 음악이고, 태경大磬은 순임금의 음악이며, 태하大夏는 우임금의 음악이며, 태확大濩는 탕왕의 음악이고, 태무大武는 무왕의 음악이다.
44) 『禮記』, 「內則」, 鄭玄注.

◀그래서 그것을 '대인의 학'이라고 고쳐서 공공의 것으로 만들고자 하였다. 그러나 옛날의 태학은 원래 주인이 있었으니, 호적에 편입된 일반 자제가 관례를 치러서 대인이 되었을지라도 태학에 들어가기는 쉽지 않았을 것이다.

인용하여 증명함 『주례』에, 태사악이 성균의 법을 관장하여 나라의 교육 정책을 수립하고 나라의 자제들을 모아서【동중서董仲舒는 "성균은 오제의 학교이다"라고 하였다】, 도가 있는 사람과 덕이 있는 사람에게 그들을 가르치게 했다.【스승이 되게 한 것이다】 덕을 즐거워하는 것으로 나라의 자제들을 가르쳤으니, 중中과 조화와 공경과 항상됨과 효도 및 우애이다.【정현은 "부모에게 잘하는 것을 '효'라고 하고, 형제에게 잘하는 것을 '우'라고 한다"라고 하였다】 말하기를 즐거워하는 것으로 나라의 자제들을 가르쳤으니, 좋은 일에 비유하여 칭찬하는 법, 옛것으로 지금을 풍자하는 법, 문장을 외는 법, 절도 있게 소리를 내는 법, 말을 꺼내는 법, 답변하는 법이다.【즉 남에게 좋은 말을 해달라고 요청하거나 함께 대화하는 예법이다】 춤추기를 즐거워하는 것으로 나라의 자제들을 가르쳤으니, 운문雲門·태권大卷·태함大咸·태경大磬·태하大夏·태확大濩·태무大武의 춤을 추게 하였다.

○악사는 국학의 정사를 관장하여 나라의 자제들에게 소무小舞를 가르쳤다.【정현의 주에 "「내칙內則」에서는 '13세에 작勺을 춤추게 하였고, 15세 이상이 되면[成童] 상象을 춤추게 했으며, 20세가 되면 태하大夏를 춤추게 했다"'라고 한다】

○**나의 판단** 여기에서 말하는 '나라의 자제[國子]'는 바로 「요전」에서 말하는 '주자胄子'이다.▶

引證《周禮·地官》, 師氏以三德敎國子, 一曰至德,【爲道本】二曰敏德,【爲行本】三曰孝德。【知逆惡】敎三行, 一曰孝行,【親父母】二曰友行,【尊賢良】三曰順行。【事師長】凡國之貴游子弟學焉。【鄭云: "王公之子弟, 游無官司者。"】45) ○保氏養國子以道。乃敎之六藝, 禮·樂·射·馭·書·數。乃敎之六儀, 一曰祭祀之容, 二曰賓客之容, 三曰朝廷之容, 四曰喪紀之容, 五曰軍旅之容, 六曰車馬之容。○鏞案 貴游子弟, 鄭注與杜子春之說不同。46) 賈疏謂之卿大夫之適子,47) 皆非也。〈夏官·諸子*〉, 凡卿大夫之庶子, 謂之游倅。48) 蓋師氏之職, 本敎適子, 而其庶子之游學者亦與焉。○總之, 大司樂所云有道·有德者, 卽此師氏·保氏也。其職在敎國子, 不在敎萬民。

---

* 子: 新朝本에는 빠져 있으나《周禮》에 따라 보충한다.

45)『周禮』,「地官·師氏」, 鄭玄注.

46)『周禮注疏』卷14,「地官·師氏」, 鄭玄注, "귀유자제貴遊子弟는 왕공王公의 자제이다. 유는 벼슬이 없는 것이다. 두자춘杜子春은 '유遊는 유猶가 되어야 한다. 비록 귀하지만 오히려 배우는 것을 말한다'고 하였다.[貴遊子弟, 王公之子弟, 遊無官司者. 杜子春云, 遊當爲猶, 言雖貴猶學]"

47)『周禮注疏』,「地官·師氏」, 賈公彦疏.

48)『周禮』,「夏官·諸子」. "무릇 나라의 정사에서는 나라의 자제들이 벼슬에 나가지 않고 머물게 하여 덕을 닦고 도를 배우게 했다.[凡國之政事, 國子存遊倅, 使之脩德學道]"

인용하여 증명함 『주례』「지관」에서, 사씨는 세 가지 덕으로 나라의 자제들을 가르쳤는데, 첫째는 '지극한 덕'이고,【도의 근본이 된다】 둘째는 '민첩한 덕'이며,【실천의 근본이 된다】 셋째는 '효성스러운 덕'이다.【부모를 거스르는 것이 악임을 아는 것이다】 그리고 세 가지 행실을 가르쳤으니, 첫째는 '효행'이고,【부모를 친애하는 것이다】 둘째는 '우행友行'이고,【어질고 착한 이를 존중하는 것이다】 셋째는 '순행順行'이다.【스승과 어른을 섬기는 것이다】 일반적으로 '아직 벼슬을 하지 않은 나라의 귀족 자제[貴游子弟]'들이 그에게 배웠다.【정현은 '왕공의 자제 가운데 관직이 없는 사람'이라고 하였다】

○보씨는 나라의 자제들을 도로써 길렀다. 그래서 여섯 가지 기예를 가르쳤으니, 예절·음악·활쏘기·말타기·글씨쓰기·셈하기이다. 그리고 여섯 가지 예의를 가르쳤으니, 첫째는 '제사지낼 때의 몸가짐', 둘째는 '손님을 맞이할 때의 몸가짐', 셋째는 '조정에서의 몸가짐', 넷째는 '상례에서의 몸가짐', 다섯째는 '군사를 부릴 때의 몸가짐', 여섯째는 '수레와 말을 몰 때의 몸가짐'이다.

○**나의 판단** '아직 벼슬하지 않은 귀족 자제[貴游子弟]'에 대한 정현의 주와 두자춘杜子春의 설이 같지 않다. 가공언의 소에서 그것을 경대부의 적자라고 하였는데, 모두 잘못되었다. 「하관·제자」에서는 모든 경대부의 서자들을 '유쉬'라고 하였다. 사씨의 직책은 본래 적자를 가르치는 것이었으나 서자 가운데 학문하는 사람도 거기에 참여하였다.

○총괄하자면, 대사악이 말하는 '도가 있고 덕이 있는 사람'이란 바로 이 사씨와 보씨이다. 그들의 직책은 나라의 자제를 가르치는 데 있었지, 일반 백성을 가르치는 데 있지 않았다.

引證 《周禮·夏官》, 諸子掌國子之倅,【倅, 副也, 公卿大夫之諸子】掌其教治。【修德·學道也】凡樂事, 正舞位。⁴⁹⁾ 凡國之政事, 國子存游倅,【游倅, 倅之未*仕者。存留之, 使學道, 不令盡仕】使之修德學道。春合諸學,【鄭云: "太學也。"】秋合諸射,【射**宮也】以攷其藝而進退之。○〈春官〉, 大胥掌學士之版, 以待致諸子,【鄭云: "卿大夫之諸子。"】春入學, 舍采合舞,【入學宮】秋頒學合聲。○小胥掌學士之徵令, 而比之觥其不敬者。⁵⁰⁾ ○〈燕義〉曰: "古者, 周天子之官, 有庶子官, 職諸侯·卿大夫·士之庶子之卒,【讀爲倅】掌其教治。"【以下文, 與〈夏官·諸子〉同】

○**鏞案** 國倅·游倅者, 卿大夫之庶子也。其政令則領於夏官, 其版籍則領於大胥, 其懲罰則屬於小胥, 而若其道藝, 則亦受學於師氏。故〈師氏〉之末云: "凡國之貴游子弟學焉。"▶

---

* 未: 新朝本에는 '本'으로 되어 있다.
** 射: 新朝本에는 '財'로 되어 있다.

49) 『周禮注疏』, 「夏官·諸子」. "무위의 위는 춤추는 곳으로 천자는 팔일무, 제공은 육일무, 제후는 사일무 등이다.[位佾處者, 即謂天子八佾, 諸公六佾, 諸侯四佾之等也]"
50) 『周禮注疏』, 鄭玄注, "비는 비교하는 것과 같다. 불경·불경은 기일이 늦어 제때에 이르지 않은 것이다. 굉觥은 벌주이다.[比猶校也. 不敬謂慢期不時至也. 觥, 罰爵也]"

인용하여 증명함 『주례』「하관」, 제자諸子는 나라의 자제들[國子] 가운데 쉬를 맡아서【'쉬倅'는 '다음'이라는 뜻이니, 공경대부의 여러 자식들이다】그들의 교육을 관장하였다.【덕을 닦고 도를 배우는 것이다】대체로 음악에 관한 일에서는 춤의 자리를 바르게 하였다. 그리고 나라의 정사에서는 나라의 자제들이 유쉬를 머물게 하여【'유쉬'는 쉬倅 가운데 아직 벼슬을 하지 않은 사람이다. 그들을 머물게 하여 도를 배우게 했으며, 다 벼슬하게 하지는 않았다】덕을 닦고 도를 배우게 했다. 봄에는 학교에 모이게 하고,【정현은 "태학이다"라고 하였다】가을에는 사射에 모이게 해서【사궁射宮이다】그들의 기예를 시험하여 (벼슬자리에) 나아가게 하고 물러나게 하였다.

○「춘관」, 대서大胥는 학사의 명부를 관장하여 배울 때가 된 여러 자식들을 불러모아,【정현은 경대부의 여러 자식이라고 하였다】봄에는 학궁에 들여보내 선사에게 채소류를 예물로 바치고 함께 춤추는 법[合舞]을 배우게 했으며,【학궁에 입학시켰다】가을에는 (재주와 기예의 고하를) 나누어 함께 화음을 맞추는 법[合聲]을 배우게 했다.

○소서小胥는 학사의 소집명령을 관장하였으니, 따져서 때에 늦은 사람에게 벌주를 주었다.

○『예기』「연의燕義」에서 말했다. "옛날에 주나라 천자의 벼슬에 서자관庶子官이 있었는데, 제후·경대부·사의 서자인 쉬倅를 맡아서【쉬倅로 읽는다】그들의 교육을 관장하였다"【이 아래의 문장은 「하관·제자」와 동일하다】

○**나의 판단** 국쉬國倅·유쉬游倅란 경대부의 서자이다. 그 정령은 하관에 의해 관장되었고, 명부는 대서에 의해 관장되었으며, 징벌은 소서에 소속되었으나, 그 학문과 기예는 역시 사씨에게서 배웠다. 그러므로 「사씨」의 끝부분에 "대체로 아직 벼슬을 하지 않은 나라의 귀족 자제들이 그에게 배웠다"라고 하였다.▶

◀貴游者, 游倅也。師氏之職, 雖主於冑子, 而庶子亦得以與焉。

引證《周禮·地官》, 大司徒以鄉三物教萬民, 而賓興之。一曰六德, 知·仁·聖·義·忠·和, 二曰六行, 孝·友·睦·婣·任·恤, 三曰六藝, 禮·樂·射·御·書·數。以鄉八刑, 糾萬民。一曰不孝, 二曰不睦, 三曰不婣, 四曰不弟。○鄉大夫受教法于司徒, 退而頒之于其鄉吏, 使各以教其所治, 以攷其德行, 察其道藝。【三年則大比[51], 攷其德行·道藝, 而興賢者·能者。鄉老及鄉大夫帥其吏, 與其衆寡, 以禮賓之】○州長各屬其州之民而讀法[52], 以攷其德行·道藝。○黨正[53]正歲, 屬民讀法, 而書其德行·道藝。○族師, 月吉則屬民而讀邦法, 書其孝·弟·睦·婣·有學者。▶

---

51) 大比: 3년마다 관리의 성적을 조사하던 일.
52) 讀法: 주대周代에 지방장관이 정월과 시제時祭에 백성을 모아놓고 일년간의 정령政令 및 사도司徒의 12교법을 읽어주던 일.
53) 오백가五百家의 우두머리를 당정黨正이라고 한다.

◀'귀유貴游'란 아직 벼슬하지 않은 서자이다. 사씨의 직책은 맏아들을 위주로 하지만 서자도 거기에 참여할 수 있었다.

인용하여 증명함 『주례』「지관」에서, 대사도는 향삼물鄕三物로 만민을 가르쳐, 빈객의 예로 그들을 천거하였다. 첫째는 '여섯 가지 덕'으로 지혜·어짊[仁]·통찰력[聖]·의로움·충성·온화함이며, 둘째는 '여섯 가지 행실'로 효도·우애·친척과의 화목·인척과의 친함·벗에 대한 신임·가난한 사람들의 구휼이며, 셋째는 '여섯 가지 기예'로 예절·음악·활쏘기·말타기·글씨쓰기·셈하기이다. 그리고 향팔형鄕八刑으로 만민을 바로잡았다. 첫째는 '불효', 둘째는 '친척과 화목하지 못함', 셋째는 '인척과 친하지 않음', 넷째는 '형제간에 우애가 없음' 등이다.

○향대부는 사도에게 법규를 받고, 물러나서 그것을 향리에게 반포하여 그들로 하여금 향인들을 가르쳐 그들의 덕행을 살피고 학문과 기예를 관찰하게 하였다.【3년이면 대비大比를 하니, 그들의 덕행과 도덕 및 학예를 살펴서 현자와 능력 있는 사람을 천거하였다. 향로 및 향대부는 향리를 거느리고 많건 적건 그들을 모아서 모두 향음주례의 예로써 손님으로 대접하였다】○주의 장관[州長]은 각각 그 주의 백성을 모아놓고 법규를 읽어줌으로써 그들의 덕행과 학문 및 기예를 살폈다.

○당정黨正은 정월에 백성을 모아놓고 법규를 읽어주었으며, 그들의 덕행과 학문 및 기예를 기록하였다.

○친족의 우두머리는 매월 초하루에 백성을 모아놓고 나라의 법규를 읽어주었으며, 그들 가운데 효도·우애·친족간의 화목·인척과의 친함·학문 등이 있는 사람들의 이름을 기록하였다.▶

○**鏞案** 彼云'敎國子', 此云'敎萬民', 八字打開, 分爲二類, 則經云'大學之道', 是敎冑子之道, 與士萬民不同也。今世之法, 族無貴賤, 咸於此經致力焉, 可也。

引證〈學記〉曰："古之敎者, 家有塾, 黨有庠, 術⁵⁴⁾有序[*], 國有學。"○孟子曰："設爲庠·序·學·校, 以敎之。庠者, 養也。校者, 敎也。序者, 射也。夏曰校, 殷曰序, 周曰庠, 學則三代共之, 皆所以明人倫也。人倫明於上, 小民親於下。"⁵⁵⁾【又云："謹庠·序之敎, 申之以孝·弟之義, 則頒白者不負戴於道路矣。"】⁵⁶⁾ ○**鏞案** 此諸文, 鄕·黨·州·族⁵⁷⁾, 皆有學舍, 以敎萬民, 此大司徒之所掌也。閭燕之地, 厥有太學, 謂之國學, 以敎冑子, 此大司樂之所掌也。春秋之世, 其法猶然, 故鄭子産不毀鄕校⁵⁸⁾, 而〈王制〉所謂左鄕·右鄕⁵⁹⁾, 皆此鄕學之名也。▶

---

* 有序: 新朝本에는 '序有'로 되어 있다.

54) 주대의 자치단위로서 12,500호를 말한다.

55)『孟子』,「滕文公」上.

56)『孟子』,「梁惠王」上.

57) 주대의 제도로 5가家를 비比, 5비를 려閭, 5려를 족族, 5족을 당黨, 5당을 주州, 5주를 향鄕이라고 한다.

58)『左傳』,「襄公」31년 12월조, "정나라 사람이 향교에 모여서 놀면서 집정을 논하였다. 그러자 연명이 자산에게 말하였다. '향교는 헐어버리는 것이 어떻습니까?' 자산이 말했다. '어찌 그렇게 하겠는가? 사람들이 아침저녁으로 하는 일에서 물러나 거기에서 놀면서 집정의 좋은 점과 나쁜 점을 의론함에, 그 가운데 좋은 것은 내가 실행하고, 나쁜 것은 내가 고칠 것이오. 이들은 나의 스승인데, 어떻게 그것을 허물겠는가?'[鄭人游于鄕校, 以論執政. 然明謂子産曰, "毀鄕校何如?" 子産曰, "何爲? 夫人朝夕退而游焉, 以議執政之善否. 其所善者, 吾則行之, 其所惡者, 吾則改之, 是吾師也. 若之何毀之?"]"

59)『禮記』,「王制」, "대사도는 나라의 준수한 선비들을 데리고가서 함께 일을 맡아보게 한다. 변하지 아니하거든 나라의 우향에 명하여 가르침을 따르지 않는 자를 가려내어 왼쪽으로 옮기게 하고, 나라의 좌향에 명하여 가르침을 따르지 않는 자를 가려내어 오른쪽으로 옮기게 하여 처음의 예와 같이 한다.[大司徒帥國之俊士與執事焉. 不變, 命國之右鄕, 簡不帥敎者移之左, 命國之左鄕, 簡不帥敎者移之右, 如初禮]"

○**나의 판단** 저기서는 '나라의 자제[國子]를 가르친다'고 하고, 여기서는 '만민을 가르친다'고 말하여 명료하게 구분함으로써 두 부류로 나누었으니, 『대학』에서 말하는 '태학지도'는 천자와 경대부의 적장자[冑子]들을 가르치는 도로서 사士와 만민을 가르치는 것과는 다르다. 지금 세상의 법은 신분간에 귀천이 없어졌으므로 모두가 이 『대학』에 힘을 기울이는 것이 가능하게 되었다.

인용하여 증명함 『예기』 「학기」에서 말했다. "옛날의 교육제도는 가문에는 글방이 있었고, 당에는 상庠이 있었으며, 수術에는 서序가 있었고, 나라에는 학교가 있었다."

○맹자가 말했다. "상庠·서序·학學·교校를 설치하여 백성들을 가르쳤다. '상庠'은 기른다는 뜻이요, '교校'는 가르친다는 뜻이요, '서序'는 활쏘기를 익힌다는 뜻이다. 하나라에서는 '교'라 하였고, 은나라에서는 '서'라 하였고, 주나라에서는 '상'이라 하였으며, '학'은 하은주 삼대가 함께 하였으니, 이는 모두 인륜을 밝히는 것이었다. 인륜이 위에서 밝혀지면 백성들이 아래에서 친해진다."【또 말했다. "상庠과 서序의 교육을 신중히 하여 효제의 도리를 되풀이해서 가르친다면 머리가 반백이 된 자가 길에서 짐을 지거나 이지 않게 될 것이다."】 ○**나의 판단** 이러한 여러 글을 통해서 보면 향·당·주·족에 모두 학교가 있어서 만민을 가르쳤으니, 이것은 대사도가 관장한 것이다. 조용하고 깨끗한 곳에 태학을 두고, 그것을 국학이라고 하여 천자와 경대부의 적장자들을 가르쳤으며, 이것은 대사악이 관장하였다. 춘추시대에도 그 법은 여전히 지켜졌기 때문에 정자산은 향교를 헐지 않았으며, 『예기』 「왕제」에서 말하는 '좌향'·'우향'도 모두 이 향학의 명칭이다.▶

◀古者匠人*60)營國之法, 九分其國, 中爲王宮, 面朝後市, 左右三鄕, 兩兩相向。日州日黨, 又於一鄕之中, 各自細剖者也。

引證 〈地官〉, 司諫糾萬民之德, 以時書其德行·道藝, 辨其能而可任於國事者, 以攷鄕里之治。〇司救掌萬民之衺惡過失。凡民之有衺惡者, 三讓三罰, 恥諸嘉石(61), 役諸司空。其有過失者, 三讓三罰, 歸於圜土。〇鏞案《周官》之法, 以師氏·保氏敎國子, 以司諫·司救敎萬民, 亦八字打開, 不相混雜。而四官之職, 相連爲列, 明其職不同, 而其事則相類也。

引證 〈王制〉曰: "樂正崇四術, 立四敎, 順先王詩·書·禮·樂, 以造士。春·秋敎以禮·樂, 冬·夏敎以詩·書。王大子·王子·群后之大子·卿大夫元士之適子·國之俊選, 皆造焉。凡入學以齒。"

▶

◀옛날에 장인匠人이 국도를 설계하는 방법은 그 국도를 9등분하여 가운데에 왕궁을 짓고 앞에는 조정을, 뒤에는 저자를, 그리고 좌우에 세 개의 향鄕을 둘씩 서로 향하게 하였다. '주'라고 하고 '당'이라고 하는 것은 또 일향 가운데에서 각자 세부적으로 나뉘어진 것이다.

인용하여 증명함『주례』「지관」에서, 사간司諫은 만민의 덕을 바로잡고 정기적으로 그들의 덕행과 학문 및 기예를 기록하고, 능력이 있어서 나라의 일을 맡을 만한 사람을 변별하고 향리의 정치를 감찰하였다.

○사구司救는 만백성의 사악함과 과실을 관장하였다. 무릇 백성 가운데 사악함이 있는 사람은 세 차례 꾸짖고 세 차례 벌을 주며, 가석嘉石에 꿇어앉혀 부끄러움을 느끼게 하고, 사공에게 보내어 일을 시키게 하였다. 백성 가운데 과실이 있는 사람은 세 차례 꾸짖고 세 차례 벌을 주어 감옥으로 보냈다.

○**나의 판단**『주례』의 관제법에서 사씨와 보씨가 나라의 자제[國子]를 가르치고, 사간과 사구가 만민을 가르친 것도 역시 분명하게 나누어 서로 뒤섞지 않은 것이다. 그러나 이 네 종류의 관직이 서로 이어서 나열된 것은 각자의 직책은 다르지만 그 일은 서로 유사함을 밝힌 것이다.

인용하여 증명함「왕제」에서 말했다. "악정樂正은 네 가지 방법을 숭상하고 네 가지 가르침을 세우며, 선왕의 시서예악의 가르침을 따라 인물을 양성한다. 봄과 가을에는 예악을 가르치고, 겨울과 여름에는 시서를 가르친다. 왕의 태자와 왕자, 제후들의 태자와 경대부와 원사의 적자, 그리고 나라의 준사俊士와 선사選士가 모두 거기에 들어간다. 입학은 나이에 따라서 한다."▶

◀○**鏞案**〈王制〉者, 漢 文帝時博士所錄也。漢儒酌古參今, 以制漢法。故其法合夔・契而爲一, 合大司樂・大司徒而爲一, 與虞法・周法, 絕不相同。學者若以〈王制〉認爲先王之法, 則其失眞大矣。〈王制〉之法, 以司徒爲主命。鄕論秀士, 升之司徒, 曰選士, 司徒又升之學, 曰俊士。而王子及公卿大夫之適子, 與此俊士, 咸造太學, 與之序齒。朱子專據〈王制〉, 以作序文。今之學者, 皆謂先王之法本來如此, 故太學之道, 遂認爲敎萬民之法, 殊不然也。古者凡民之俊秀者, 司徒薦之曰賢能, 禮之曰賓興。【文見上】其曰賓興者, 鄕大夫爲主人, 賢能者爲賓。蓋自黨學州學, 升之司徒, 謂之賓興也。總之, 古者太學, 本非敎*萬民之地。〈王制〉非古法, 必取〈堯典〉・《周禮》, 覈其制度, 然後太學之道, 乃知爲何道也。

---

* 敎: 新朝本에는 '學'으로 되어 있다.

◀○**나의 판단** 「왕제」는 한나라 문제 때 박사가 기록한 것이다. 한대 유자는 옛것을 참작하고 현실을 참고하여 한나라의 법도를 만들었다. 그러므로 그 법은 전악인 기夔와 사도인 설卨의 직책을 합하여 하나로 만들었고, 대사악과 대사도를 합하여 하나로 만들었으니, 그것은 순임금 때의 법이나 주나라의 법과는 전혀 다르다. 배우는 이가 만일 「왕제」를 선왕의 법이라고 생각한다면 크게 진실을 잃어버리게 될 것이다. 「왕제」의 법은 사도가 명령을 주관하는 것으로 여겼다. 고을에서 뛰어난 선비를 의논하여 사도에게 올려 보낸 이를 '선사選士'라고 하며, 사도가 또 태학에 올려 보낸 이를 '준사俊士'라고 한다. 그리고 왕자 및 공경대부의 적자는 이 준사들과 더불어 모두 태학에 들어갔는데, 나이에 따라 순서를 정하였다. 주자는 오로지 「왕제」에 의거하여 『대학장구』의 서문을 지었다. 오늘날의 학자는 모두 선왕의 법이 본래 이와 같다고 생각하였으므로 태학의 도는 마침내 만민을 가르치는 법으로 간주되었으나, 이는 전혀 그렇지 않다. 옛날에 뭇 백성 가운데 준수한 이들을 사도가 추천하여 '현능賢能'이라고 하였고, 그들을 예로 대하여 '빈흥賓興'이라고 하였다.【글은 위에 보인다】 그 '빈흥'이라고 하는 것은 향대부가 주인이 되고, 현능한 이가 손님이 되기 때문이다. 대체로 당학, 주학으로부터 사도에게 올라오는 것을 빈흥이라고 한다. 총괄하자면 옛날에 태학은 본래 만민을 가르치는 곳이 아니었다. 「왕제」는 옛법이 아니므로 반드시 「요전」과 『주례』를 취하여 그 제도를 궁구한 뒤에 태학의 도가 어떤 도인지를 알게 될 것이다.

引證 〈王制〉云: "小學在公宮南之左, 大學在郊。" ○《書大傳》曰: "使公卿之太子·大夫元士之適子, 十有三年, 始入小學, 見小節焉, 踐小義焉。二十入大學, 見大節焉, 踐大義焉。" ○《書大傳》曰: "大夫七十而致仕, 老其鄉里, 大夫爲父師[62]。 樏鉏已藏, 歲事已畢, 餘子皆入學。【餘子, 謂衆子】 年十五, 始入小學, 見小節焉, 踐小義焉。年十八, 始入太學, 見大節焉, 踐大義焉。距冬至四十五日, 始出學, 傳農事。" ○《大戴禮·保傅》篇云: "古者, 年八歲而出就外舍, 學小藝焉, 履小節焉。束髮而就太學, 學大藝焉, 履大節焉。" ○ 賈誼《新書》引《容經》云: "九歲入小學, 蹠小節, 業小道。十五入大學, 蹠大節, 業大道。"【《容經》卽《儀禮》。古稱《容臺禮》】 ○《白虎通》曰: "八歲毀齒, 入小學, 學書計, 十五入大學, 此太子之禮也。"▶

---

62) 옛날에는 나이가 70이 되면 관직에서 물러나 고향에서 여생을 보내는데 대부大夫의 경우는 '부사父師'라고 하였고, 사士의 경우는 '소사少師'라고 하였다.

인용하여 증명함 「왕제」에서 말했다. "소학은 궁전[公宮]의 남쪽 왼편에 있고, 태학은 교외에 있다."

○『서대전書大傳』에서 말했다. "공경의 태자와 대부 및 원사의 적자로 하여금 13세에 처음 소학에 들어가 작은 예절을 보고 작은 의리를 실천하게 했으며, 20세에 태학에 들어가 큰 예절을 보고 큰 의리를 실천하게 했다."

○『서대전』에서 말했다. "대부는 70이 되면 관직을 내놓고 물러나 자신의 고향에서 여생을 보내는데 이때 대부는 부사父師가 된다. 호미를 간수하고, 한해의 농사일을 마치면 여자餘子【여자란 장자를 제외한 여러 자식들을 가리킨다】들은 모두 학교에 들어간다. 나이 15세에 처음 소학에 들어가 작은 예절을 보고 작은 의리를 실천하며, 나이 18세엔 처음 태학에 들어가 큰 예절을 보고 큰 의리를 실천한다. 동지로부터 45일이 지나면 비로소 학교에서 나와서 농사를 짓는다."

○『대대례기』「보부」편에서 말했다. "옛날에는 나이 8세에 집을 떠나 밖에 나가 머물면서 작은 기예를 배우고 작은 예절을 실천했다. 상투를 틀면 태학에 나아가 큰 기예를 배우고 큰 예절을 실천했다."

○가의賈誼는 『신서新書』에서 『용경容經』을 인용하여 말했다. "9세에 소학에 들어가 작은 예절을 익히고 작은 도리를 과업으로 삼았으며, 15세에 태학에 들어가 큰 예절을 익히고 큰 도리를 과업으로 삼았다." 【『용경』은 『의례』이다. 옛날에는 『용대례』라고 불렸다.】

○『백호통』에서 말했다. "8세에 이를 갈 때가 되면 소학에 들어가 글쓰기와 셈하는 법을 배우고, 15세가 되면 태학에 들어갔는데, 이것이 태자의 예이다."▶

◀○**鏞案** 小藝者，書·計之類也。小道者，曲禮·少儀之類也。若夫灑掃·應對·進退之節，在家事父，入學事師，修其職分而已。不可曰藝，不可曰業，不可曰道。此事豈足以建學立師，使之專治乎？至於禮·樂·射·御，尤非八歲童子所能爲者。總之，大學·小學之別，在於道藝之大小·學舍之大小，年齒多少，非所問矣。小學非小人之學，則大學豈大人之學乎？○**又按**《書大傳》餘子之說，與《周禮》諸子之文不合，【餘子·諸子，皆指卿大夫之庶子，則其說宜合而不合】未可信也。古者，士·農別爲二民，春耕秋學，行不得之政，烝我髦士，[63] 豈是之謂乎？況其入小學，差晚於適子，入大學，差早於適子，又何義也？總之，卿大夫之庶子，領於夏官，而受學於師氏，《書大傳》，其傳聞之誤也。【宣三年《左傳》云："晉成公即位，乃宦卿之適子，又宦其餘子，其庶子爲公行。"[64] ○杜云："餘子，適子之母弟也。"】

---

63)『詩經』,「小雅·甫田之什·甫田」.
64)『左傳』,「宣公」3년.

◀○**나의 판단** 작은 기예란 글씨쓰기나 셈하기와 같은 것들이다. 작은 도리란 곡례曲禮나 소의少儀와 같은 것들이다. 저 물 뿌리고 비질하고 응대하고 나아가고 물러나는 예절이나, 집에서는 아버지를 섬기고 학교에 가서는 스승을 섬기는 것들은 그 직분을 닦는 것일 뿐이다. 그것을 '기예'라고 할 수도 없고, '과업'이라고 할 수도 없으며, 도라고 할 수도 없다. 이 일이 어찌 학교를 설립하고 스승을 세워서 그들로 하여금 오로지 그것을 가르치게 할 만한 것이겠는가? 예절과 음악, 활쏘기와 수레를 모는 것에 이르면 더욱 8세 동자가 해낼 수 있는 것이 아니다. 총괄하자면 태학과 소학의 구별은 도리와 기예의 대소와 학교의 대소에 달려있지 나이의 많고 적음은 문제삼지 않았다. 소학이 소인의 학문이 아니라면 태학이 어찌 대인의 학문이겠는가?

○**또 생각건대** 『서대전』의 '여자餘子'의 설은 『주례』 '제자諸子'의 글과 일치되지 않으니【여자·제자가 모두 경대부의 서자를 가리킨다면 그 설이 일치되는 것이 마땅하거늘 일치되지 않고 있다.】 믿을 수 없다. 옛날에는 사士와 농민을 두 부류의 백성으로 구별하였는데, (사는) 봄에는 밭갈이를 하고 가을에는 학문을 하여 벼슬이 없는 채 정치를 행하였으니, (『시경』)의 "우리 훌륭한 선비에게 드리세"라고 한 것이 어찌 '여자'를 가리킨 것이겠는가? 하물며 그들이 소학에 들어가는 것이 적장자보다 조금 늦고, 태학에 들어가는 것은 적장자보다 조금 빠른 것은 또 무슨 뜻인가? 총괄하면 경대부의 서자는 하관夏官에 의해 관장되고 사씨에게서 학문을 배웠으니, 『서대전』은 그 전해들은 것이 잘못되었다.【『좌전』 선공宣公 3년에 "진 성공이 즉위하자 경의 적장자에게 벼슬을 내리고, 또 그 여자餘子에게 벼슬을 내렸으며, 그 서자들을 공행公行으로 삼았다"라고 하였다. ○두예杜預는 "여자餘子는 적장자의 어머니가 같은 아우이다"라고 하였다.】

在明明德

明者, 昭顯之也。明德者*, 孝弟慈。○議曰《周禮》大司樂以六德敎國子, 曰'中·和·祗·庸·孝·友'[65]。中·和·祗·庸者,《中庸》之敎也, 孝·友者,《大學》之敎也。大學者, 大司樂敎冑子之宮, 而其目以孝·友爲德, 經云明德, 豈有他哉? <u>孟子</u>曰: "學則三代共之, 皆所以明人倫也。"[66] 明人倫, 非明孝弟乎! 原來先王敎人之法, 厥有三大目, 一曰德, 二曰行, 三曰藝。大司徒鄉三物所列六德·六行·六藝, 其細目也。大司樂敎冑子, 亦只此三物而已。彼以忠和爲德, 孝友爲行,[67] 而大司樂通謂之德者, 德行可互稱也。詩書·禮樂·弦誦·舞蹈·射御·書數, 皆藝也。雖其恒業之所肆**習, 在於諸藝, 而其本敎則孝弟而已, 明德非孝弟乎!▶

---

* 者: 新朝本에는 '也'로 되어 있다.
** 肆: 新朝本에는 '肆'로 되어 있다.

65)『周禮』,「大司樂」, 앞의 '대학지도'절의 인증引證 참조.
66)『孟子』,「滕文公」上.
67)『周禮』,「地官」참조. 앞의 '대학지도'절의 인증引證 참조.

밝은 덕을 밝히는 데 있다.

'밝힌다'는 것은 환하게 드러낸다는 뜻이다. '밝은 덕'은 효도·공손·자애이다.

○**공적 의론** 『주례周禮』에 따르면, 대사악大司樂이 여섯 가지 덕을 국자國子에게 가르쳤는데, '중中과 조화[和]와 공경[祗]과 항상됨[庸]과 효도[孝] 그리고 우애[友]'이다. '중과 조화와 공경 그리고 항상됨'은 『중용』의 가르침이며, '효도와 우애'는 『태학大學』의 가르침이다. '태학'은 대사악이 주자冑子를 교육하던 학궁으로서 그 교과목에 '효도와 우애'를 덕으로 삼았으니, 경에서 '밝은 덕[明德]'이라 한 것에 어찌 다른 뜻이 있겠는가! 맹자가 "학學은 하·은·주 3대에 모두 두어서 인륜을 밝혔다"라고 하였는데, 인륜을 밝힘이 효도와 공손[孝弟]을 밝히는 일이 아니겠는가! 원래 선왕이 사람을 가르치던 법에는 크게 세 조목이 있는데 '덕성[德]'과 '행실[行]'과 '기예[藝]'이다. 대사도大司徒 조목에서 향삼물鄕三物로 열거된 여섯 가지 덕성과 여섯 가지 행실, 여섯 가지 기예는 그 세부 조목이다. 대사악이 주자冑子를 가르칠 때도 이 세 가지로 했을 뿐이다. 대사도는 충忠과 조화를 덕성으로 삼고 효도와 우애를 행실로 삼았으나 대사악이 그것을 '덕'이라고 통칭한 것은 덕성과 행실이 함께 호칭될 수 있기 때문이다.

시서와 예악과 현송과 무도와 활쏘기와 말타기와 글씨쓰기 및 셈하기는 모두 '기예'이다. 비록 일정한 과업으로 익히는 것이 여러 기예에 있다 하더라도 그 근본 가르침은 효도와 공손일 따름이니, 밝은 덕이 효도와 공손이 아니겠는가!▶

◀虛靈不昧,[68] 心統性情,[69] 曰理曰氣, 曰明曰昏, 雖亦君子之所致意, 而斷斷非古者太學敎人之題目。不寧惟是, 幷其所謂誠意・正心, 亦其所以爲孝弟之妙理方略而已, 非設敎之題目也。設敎題目, 孝弟慈而已。〈堯典〉曰'愼徽五典'[70], 曰'敬敷五敎'[71], 五典・五敎者, 父義・母慈・兄友・弟恭・子孝也。《春秋傳》史克之言[72], 明白如此。然兄友弟恭, 合言之則弟也, 父義母慈, 合言之則慈也。然則孝弟慈三字, 乃五敎之總括。太學之敎胄子, 胄子之觀萬民, 其有外於此三字者乎!〈堯典〉曰:"克明峻德, 以親九族, 以章百姓, 以和萬邦。"[73] 此卽斯經所謂修身齊家, 而至於治平也。蓋堯克明孝弟慈之德, 以盡修身之工, 而家齊國治, 天下遂平, 不可曰堯克明虛靈不昧之德, 以親九族也。▶

---

68) 虛靈不昧: 『대학집주』에서 주희는 밝은 덕은 텅 비어 영명하고 어둡지 않다고 하였다.
69) 心統性情: 장재의 『性理拾遺』에 나오는 말로 마음은 본성과 감정을 포괄하고 주재한다는 의미로 해석된다.
70) 『書經』, 「堯典」. "愼徽五典, 五典克從." 孔安國傳: "徽, 美也. 五典, 五常之敎, 父義・母慈・兄友・弟恭・子孝." 孔穎達疏: "此五典與下文五品五敎, 其事一也. 一家之內, 品有五, 謂父母兄弟子也. 敎此五者, 各以一事, 敎父以義, 敎母以慈, 敎兄以友, 敎弟以恭, 敎子以孝, 是爲五敎也."
71) 『書經』, 「堯典」. "순임금이 말하기를, '설이여! 백성들이 서로 친애하지 않으며, 오륜을 따르지 않소. 그대를 사도로 명하니 다섯 가지 가르침을 삼가 펴되 너그럽게 하시오'라 하였다.[帝曰, '契, 百姓不親, 五品不遜. 汝作司徒, 敬敷五敎在寬']"
72) 『左傳』, 「文公」 18년, "태사인 극이 대답하기를, '…… 사방에 다섯 가지 가르침을 펴되 아버지의 의로움과 어머니의 자애로움과 형의 우애와 동생의 공경함과 자식의 효도로서 하십시오'라 하였다.[大史克對曰, '…… 使布五敎于四方, 父義・母慈・兄友・弟共・子孝']"
73) 『書經』, 「堯典」. "요임금은 높은 덕을 밝히어 구족을 친애하게 하였다. 구족이 화목해지니 백성들이 밝게 다스려졌으며, 백성들이 밝게 다스려지니 온세상이 평화롭게 되었다.[克明俊德, 以親九族. 九族旣睦, 平章百姓, 百姓昭明, 協和萬邦]"

◀'텅 비어 영명하고 어둡지 않음'과 '마음이 본성과 감정을 통괄함'과 '리'니 '기'니 '밝음'이니 '어두움'이니 하는 것들도 군자가 생각을 극진히 해야 하는 것이지만 결코 옛날 태학에서 가르치던 주된 항목은 아니다. 이뿐만 아니라 아울러 '성의誠意'니 '정심正心'이니 하는 것도 효도와 공손을 실천하는 미묘한 이치와 방법이지 교육의 주된 항목이 아니다. 교육의 주된 항목은 효도·공손·자애[孝·弟·慈]일 뿐이다. 『서경』「요전」에 따르면, "다섯 가지 법[典]을 삼가 빛낸다"라고 하고 "다섯 가지 가르침을 공경히 편다"라고 하는데, '다섯 가지 법'과 '다섯 가지 가르침'은 아버지의 의로움과 어머니의 자애로움과 형의 우애와 동생의 공손과 자식의 효도이다. 『춘추좌전』에서 사관史官인 극克의 말이 이처럼 명백하다. 그런데 형의 우애와 동생의 공손을 합해 말하면 제弟이며, 아버지의 의로움과 어머니의 자애로움을 합해 말하면 자慈이다. 따라서 효·제·자 이 세 글자는 다섯 가지 가르침을 총괄하는 것이다. 태학에서 주자冑子를 가르치고 주자가 만민을 살피는 것이 이 세 글자에서 벗어남이 있겠는가! 「요전」에 "높은 덕을 잘 밝혀서 구족九族을 친목하게 하고 백성을 빛나게 하고 만방을 화목하게 한다"라고 하였는데, 이는 곧 이 경에서 말하는 '자신을 수양하고 집안을 가지런히 함'으로써 나라를 다스리고 천하를 평안하게 하는 데 이른다는 말이다. 생각건대 요임금은 효·제·자의 덕을 극명하게 밝힘으로써 자기 수양의 공부를 극진히 하여 집안이 가지런하게 되고 나라가 다스려졌으며 천하가 마침내 평안하게 된 것이니, "요임금이 텅 비어 영명하고 어둡지 않은[虛靈不昧] 덕을 잘 밝힘으로써 구족을 친하게 하였다"라고 말해서는 안 된다.▶

◀〈康誥〉所戒,[74] 亦惟在不孝·不友。子弗克祗厥父，弟弗克恭厥兄，父不能字厥子，是懲是罰，而首告之曰'文王克明德'[75]·'小子[76]作新民'，所謂明德，孝弟慈也，所謂新民，亦孝弟慈也。不必廣引群經，而斯經所引，已皆如此。經曰："古之欲明明德於天下者，先治其國。"古文皆有引起照應，則明明德全解，當于治國平天下節求之矣。乃心性昏明之說[77]，絕無影響。惟其上節曰："孝者，所以事君也，弟者，所以事長也，慈者，所以使衆也。"[78]其下節曰："上老老，而民興孝，上長長，而民興弟，上恤孤，而民不倍。"[79] 兩節宗旨，俱不出孝弟慈三字，是則明明德正義也。

考訂 鄭玄注曰："謂在明其至德也。"〇孔氏疏曰："謂身有明德，而更章顯之。"

---

74) 「康誥」는 주공周公이 섭정할 당시 성왕成王의 명을 대신하여 강숙康叔에게 훈계한 말을 기록한 편이다. 성왕은 주공으로 하여금 무경武庚과 관숙, 채숙을 정벌케 한 뒤 은殷의 옛땅을 쪼개어 미자를 송宋에 봉하였고 강숙을 위衛에 봉하였다. 강숙은 무왕의 어머니 태사太姒가 낳은 동생으로서 위나라를 잘 다스려 훗날 성왕의 사구司寇까지 되었다. 성왕이 강숙을 제후로 봉하면서 훈계한 말이 이 편의 내용이다.

75) 『書經』, 「康誥」. "소자 봉이여! 너의 크게 밝으신 아버지 문왕께서는 덕을 밝히고 벌을 삼가셨다.[小子封. 惟乃丕顯考文王, 克明德慎罰]" "왕명으로 말하기를, '아, 너 소자여! 너는 임금의 뜻을 넓히고 은나라 백성들을 보호하라, 또한 임금을 도와 하늘의 명을 안정시키고 백성을 새롭게 하라'고 하였다.[王曰, '已! 汝惟小子! 乃服惟弘王, 應保殷民, 亦惟助王宅天命, 作新民.']"

76) '小子'는 강숙康叔을 지칭한다.

77) 『大學章句』에 나오는 주희의 명덕에 대한 설명을 가리킨다.

78) 『大學章句』, 傳 9장.

79) 『大學章句』, 傳 10장.

◀「강고康誥」에서 훈계한 것도 오직 '불효'와 '우애하지 않음'에 있을 뿐이다. '자식이 그 아비를 잘 공경하지 않거나' '동생이 그 형을 잘 공경하지 않거나' '아비가 그 자식을 자애하지 않거나' 하면 징계하고 처벌하지만, 앞부분에서 "문왕께서 덕을 잘 밝히고" "강숙에게 백성을 새롭게 하라"라고 말하였으니, '덕을 밝힌다'는 것은 효·제·자를 밝히는 것이고, '백성을 새롭게 하라'는 것도 효·제·자를 새롭게 하는 것이다. 다른 여러 경적을 두루 인용할 필요 없이 이 경에서 인용한 바가 이미 이와 같다. 경에서 "옛날 밝은 덕을 천하에 밝히고자 하는 사람은 먼저 그 나라를 다스린다"라고 하였으니, 옛글은 모두 앞뒤가 서로 잘 조응되어 있으므로, '밝은 덕을 밝힘'의 온전한 해석은 '나라를 다스리고 천하를 평안하게 함' 구절에서 찾아야 한다. 따라서 심성혼명설心性昏明說은 자취조차 없다. 오직 그 윗절의 "효도는 군주를 섬기는 것이고, 공손은 어른을 섬기는 것이고, 자애는 군중을 부리는 것이다"라 한 곳과, 그 아랫절의 "윗사람이 노인을 노인으로 대접하여야 백성이 효도하게 되고, 윗사람이 어른을 어른으로 모셔야 백성이 우애하게 되며, 윗사람이 고아를 잘 보살펴주어야 백성이 배반하지 않는다"라고 한 이 두 절의 요지가 모두 효·제·자 세 글자에서 벗어나지 않으니, 이는 곧 '밝은 덕을 밝힘'의 바른 뜻이다.

고증하여 바로잡음 정현의 주에 "그 지극한 덕을 밝히는 데 있다는 뜻이다"라고 하였다.

○공영달의 소에 "자신에게 밝은 덕이 있어서 그것을 더욱 밝게 드러낸다는 뜻이다"라고 하였다.

○**鏞案**《孝經》首章曰: "先王有至德要道, 以順*天下."[80] 旣而
曰: "孝, 德之本也." <u>鄭康成</u>以明德爲至德者, 至德乃孝弟也.
○**又按** <u>孔</u>疏雖不悖古義, 而微啓後弊, 何也? 心本無德, 惟有直
性, 能行吾之直心者, 斯謂之德.【德之爲字, 行直心】行善而後, 德之
名立焉. 不行之前, 身豈有明德乎?

考訂 <u>盧玉溪</u> <u>孝孫</u>曰:【元儒也】"孝弟慈三者, 明德之大目."【見<u>徐</u>
<u>奮鵬</u>《道脈**敦流》[81]】 ○<u>劉元卿</u>《大學略疏》曰: "君子, 明其孝之德
以老老, 明其弟之德以長長, 明其慈之德以恤孤."【見《性理大全會
通》[82]】 ○**鏞案** 先儒早知孝弟是明德, 但科擧不用是義, 故俗儒
不言耳. ○**又按** <u>劉元卿</u>一說云: "明德者, 吾之本心, 原與天下
同體." 又曰: "本然之德, 謂之至德." 此必非一人之言, 或其人
有同名, 或其秉德不固也.

---

* 順:《孝經》의 異本에는 '訓'으로 되어 있다.
** 脈: 新朝本에는 '胍'로 되어 있다.

80)《孝經》, 제1장, "공자가 말하기를, '삼아! 선왕들은 지극한 덕과 꼭 필요한 도리를 갖추고
   서 세상사람들을 가르쳤기에 백성들이 화목할 수 있었고 위아래가 다 원망이 없었다. 너
   는 알고 있느냐?'라 하였다. 증자가 자리에서 물러나며 대답하기를, '저는 총명하지 못하
   니 어떻게 그것을 알 수 있겠습니까!'라고 하자, 공자가 '효는 덕의 근본이다. ……'라고 하
   였다.[子曰, '參! 先王有至德要道, 以訓天下, 民用和睦, 上下亡怨, 女知之乎?' 曾子避席
   曰, '參, 弗敏, 何足以知之乎!' 子曰, '夫孝, 德之本也. …….']"
81) 徐奮鵬, 『道脈敦流』. 『사고전서총목제요』에는 목록이 올라 있으나 원문은 찾아볼 수 없
   다. 호위胡謂의 『대학익진大學翼眞』(사고전서본)에도 같은 말이 인용되어 있다.
82) 『性理大全會通』: 명나라 호광胡廣 등이 편찬한 것을 종인걸鍾人傑이 정정訂正하여 낸 책
   으로 본편과 속편으로 구성되어 있으며, 속편 42권 가운데 『대학약소』 1권이 실려 있다.
   간단히 『성리회통性理會通』이라고도 한다.

○**나의 판단** 『효경』 첫 장에서는 "선왕은 지극한 덕[至德]과 요체가 되는 도[要道]를 가지고서 천하를 가르쳤다"라고 하고, 뒤이어 "효는 덕의 근본이다"라고 하였다. 정현鄭玄이 '밝은 덕'을 지극한 덕[至德]으로 주해하였는데 지극한 덕은 곧 효도와 공손이다.

○**또 생각건대** 공영달의 소는 비록 옛 뜻에 어긋나지는 않으나 미약하게나마 후일의 폐단을 열어놓았으니 어째서인가? 마음에는 본디 덕이 없고 오직 곧은 성[直性]만이 있으니 나의 곧은 마음[直心]을 실천할 수 있으면 그것을 '덕'이라고 한다.【'덕'이라는 글자는 행行=彳과 직直과 심心으로 되어 있다】 선을 행한 뒤에야 덕이라는 이름이 세워진다. 행하기 전에 몸에 어찌 밝은 덕이 있겠는가?

고증하여 바로잡음 옥계 노효손盧孝孫【원나라 유학자이다】은, "효·제·자, 이 셋은 밝은 덕의 큰 조목이다"【서분붕의 『도맥돈류道脈敦流』에 나온다】라고 하였다.

○유원경劉元卿의 『대학약소大學略疏』에 "군자는 효도의 덕을 밝혀서 노인을 노인으로 모시고, 공손의 덕을 밝혀서 어른을 어른으로 모시며, 자애의 덕을 밝혀서 고아를 보살핀다"(『성리대전회통性理大全會通』에 보인다)라고 하였다.

○**나의 판단** 선대의 유자들은 효도와 공손이 밝은 덕임을 일찍부터 알고 있었지만, 과거시험에서 이 뜻을 취하지 않았기 때문에 속된 유자들이 말하지 않았을 뿐이다.

○**또 생각건대** 유원경劉元卿은 일설에 "'밝은 덕'은 나의 본마음[本心]이며 원래 천하와 한몸이다"라 하고, 또 "본연의 덕을 '지극한 덕'이라 이른다"라고 하였다. 이는 필시 같은 사람의 말이 아닐 것이니 혹 동명이인이거나 아니면 마음가짐이 단단하지 않은 것이다.

考訂 來矣鮮《心學晦明解略》[83]曰："王陽明以《大學》未嘗錯簡，是矣。然又以格物之物，認爲事字，敎人先于良知，而明德二字，亦依朱子，又不免少差。可見天惜聰明，不肯歸于一人也。"【見《性理會通》[84]】○**鏞案** 來知德之學，亦必以孝弟爲明德，然余未見其全文，昔求《瞿塘集》，弗獲。○近世夏軒 尹氏，以孝弟爲明德，東園[85]亟稱之。

記事 乾隆辛亥[86]，內閣月課，親策問《大學》。臣對曰："臣妄竊以爲《大學》之極致·《大學》之實用，不外乎孝弟慈三者。今欲明《大學》之要旨，必先將孝弟慈三字，疏滌表章，然後一篇之全體大用，乃可昭也。經曰'明明德於天下'，則明明德歸趣，必在乎平天下一節矣。興孝興弟之法，恤孤不倍之化，其果非明明德之眞面目乎！"▶

---

83) 『心學晦明解略』: 『사고전서총목제요』에 내지덕의 저작으로 『구당일록瞿塘日錄』이 있다. 내편 7권과 외편 5권으로 구성되어 있는데, 내편은 17종으로 항목화되어 있고, 이중 제14종의 명칭이 「심학회명해心學晦明解」이다. 여기에서 내지덕은 선유들의 뜻을 공박하는 이유를 자술하였다.

84) 『性理會通』: 『성리대전회통性理大典會通』을 가리킨다. 『속문헌비고』에 따르면, 70권으로 되어 있으며, 속편이 42권 있다. 용안鏞案의 말처럼 내지덕의 이 말은 다산이 『성리회통』에서 직접 인용한 것이 아니라 다른 사람의 글에서 재인용한 것인데 다산은 이 『대학공의』를 탈고하는 날까지도 원문을 확인하지 못했다.

85) 東園: 정호선(丁好善, 1571~1633)을 말한다. 정호선은 정윤복丁胤福의 넷째 아들로 강원도 관찰사를 지냈고, 사후 영의정에 추증됐다. 문집으로 정약용이 1799년 편집한 『동원유고』가 있다. 자세한 것은 정갑진 역주, 『동원유고』(동원사, 2003) 참조.

86) 다산은 정조 13년(1789) 기유己酉 식년시式年試에 서영보徐榮輔, 김희순金羲淳과 함께 갑과甲科로 합격하였다.

고증하여 바로잡음 내의선來矣鮮의 『심학회명해략心學晦明解略』에, "왕양명이 『대학』에는 착간이 없었다고 한 것은 옳다. 그러나 또 '격물'의 '물'을 '사事'자로 이해하여 사람에게 양지良知를 먼저 하게 하고 '밝은 덕' 두 글자도 주자에 따라 해석하여 또한 작은 어긋남을 면치 못했다. 하늘은 총명함을 아껴서 한 사람에게만 주지 않음을 알 수 있다"라고 하였다.【『성리회통』에 보인다】

○**나의 판단** 내지덕의 학문도 반드시 효·제를 밝은 덕으로 삼았으나 나는 그 전문을 보지 못하였으며, 전날 『구당집瞿塘集』을 구하려 하였으나 얻지 못하였다.

○근세에 하헌 윤휴尹鑴가 효·제를 밝은 덕이라 하였고 동원東園이 자주 이를 언급하였다.

사건 기록 건륭 신해년(正祖 15년, 1791) 내각의 월과月課에서 임금께서 친히 『대학』에 대해 질문하고 답안을 제출케 하셨다. 나는 다음과 같이 대답했다. "신의 망령된 생각으로는 『대학』의 극치와 『대학』의 실용은 효·제·자 이 세 가지에서 벗어나지 않습니다. 이제 『대학』의 요지를 설명하고자 하면 반드시 먼저 효·제·자 이 세 글자를 분명하게 드러낸 뒤에야 이 한 편의 온전한 체體와 커다란 작용[用]이 밝아질 수 있습니다. 경에서 '밝은 덕을 천하에 밝힌다'고 하였으니, '밝은 덕을 밝힘'의 최종적인 의미는 반드시 '천하를 평안하게 한다[平天下]'는 절에 있습니다. 효도를 일으키고 공손을 일으키는 법과 고아를 보살펴 백성들이 배반하지 않게 하는 교화는 과연 밝은 덕을 밝히는 진면목이 아니겠습니까!"▶

◀卷既徹, 命擢置第一, 時蔡樊翁爲讀卷官, 謂所言明德之義違於《章句》, 降爲第二, 以金羲淳爲第一。今二十四年前事也。[87]

答難 或問曰: "原來《大學》, 有綱有目, 意·心·身者, 德之目也, 家·國·天下者, 民之目也。先王明意·心·身之德, 斯謂之明明德。新家·國·天下之民, 斯謂之新民。今乃以孝弟慈爲明德, 可乎?" ○**答曰** 意·心·身者, 善惡未定之物, 烏得徑謂之德乎? 德猶不可, 烏得徑謂之明德乎? 若云意·心·身非德, 而誠意·正心·修身, 不可曰非德, 則是大學之道, 可曰在德, 不可曰在明德, 可曰在明德, 不可曰在明明德。必於誠·正·修一重之外, 又有一重工夫, 然後乃可曰明明德。意·心·身之非德, 豈不明甚! 誠意·正心·修身之非明明德, 又豈不明甚乎! 新民二字, 亦主下民而言, 不可曰家在民中。父母兄弟, 可云民乎?▶

---

87) 이 해는 순조純祖 14년(1814)이다. 1789년 정조가 희정당에서 초계문신들을 불러놓고 『大學』을 강론하게 하였는데 이때의 문답기록이 「희정당대학강록熙政堂大學講錄」이며, 이것을 강진 유배지에서 보완정리한 것이 『대학강의』이다. 「자찬묘지명自撰墓誌銘」에는 「희정당대학강록」으로 되어 있다.

◀대책문을 거두어간 뒤 임금께선 제1등으로 뽑도록 명하였지만 당시 채번옹蔡樊翁이 독권관讀卷官이 되어 내가 언급한 '밝은 덕'의 의미가 『대학장구』에 어긋난다 하여 제2등으로 낮추고 김희순金羲淳을 제1등으로 삼았다. 지금으로부터 24년 전의 일이다.

논난에 답함 어떤 사람이 물었다. "원래 『대학』은 강령도 있고 조목도 있으니, '뜻[意]'·'마음'·'몸'은 덕에 관련된 조목이고 '집안'·'나라'·'천하'는 백성에 관련된 조목이다. 선왕은 뜻과 마음과 몸의 덕을 밝혔으니 이를 일러 '밝은 덕을 밝힌다'고 하며, 집안·나라·천하의 백성을 새롭게 하였으니 이를 일러 '백성을 새롭게 한다'고 한다. 그런데 지금 효·제·자를 밝은 덕이라고 생각하니 옳습니까?"

○**답변** '뜻[意]'과 '마음[心]'과 '몸[身]'은 선악이 아직 결정되지 않은 것이니 어찌 곧바로 덕이라고 말할 수 있겠는가? 덕이라 말할 수조차 없는데 어떻게 곧바로 밝은 덕이라 말할 수 있겠는가? 만약 '뜻[意]과 마음과 몸이 덕이 아니라서 성의誠意와 정심正心과 수신修身도 덕이 아니라고 말해서는 안 된다'고 하면, 태학의 도는 '덕에 있다'고 말할 수는 있어도 '밝은 덕에 있다'고 말할 수는 없으며, '밝은 덕에 있다'고 말할 수는 있어도 '밝은 덕을 밝히는 데 있다'고 말할 수가 없다. 반드시 성의와 정심과 수신 외에 또 다른 한 겹의 공부가 있어야만 '밝은 덕을 밝힌다'고 말할 수가 있게 된다. 뜻[意]과 마음과 몸이 덕이 아님이 어찌 분명하지 않으며, 성의와 정심과 수신이 밝은 덕을 밝히는 일이 아님이 또 어찌 분명하지 않겠는가! '백성을 새롭게 한다[新民]'는 두 글자도 일반 백성을 위주로 하여 말한 것이니 '집안 사람[家]도 백성 속에 포함된다'고 말할 수는 없다. 부모형제를 백성이라 이를 수 있겠는가?▶

◀〈堯典〉曰: "克明峻德, 以親九族, 以章百姓." 新民者, 章百姓也. 親九族, 尙當別言, 況孝於父·悌於兄者, 語人曰'我新民', 可乎! 一綱三目, 認之爲天成地定, 原是大夢也. 誠意·正心, 乃吾人之善功, 何以謂之非明德也? 佛氏治心之法, 以治心爲事業, 而吾家治心之法, 以事業爲治心. 誠意·正心, 雖是學者之極工, 每因事而誠之, 因事而正之. 未有向壁觀心, 自檢其虛靈之體, 使湛然空明, 一塵不染, 曰此誠意·正心者. 欲孝於其父者, 察一溫必誠, 察一淸*必誠[88], 具一甘旨必誠, 濯一衣裳必誠, 酒肉以養賓必誠, 幾諫使無過必誠, 斯之謂誠意也.▶

---

* 淸: 新朝本에는 '凊'으로 되어 있다.

88)『禮記』,「曲禮」上, "凡爲人子之禮, 冬溫而夏凊, 昏定而晨省, 在醜夷不爭."

◀『서경』「요전」의 "높은 덕을 잘 밝혀서 구족을 친하게 하고 백성을 빛나게 한다"는 구절로 볼 때, '백성을 새롭게 함'은 백성을 빛나게 한다는 말이다. 구족을 친하게 함도 오히려 따로 말해야만 하거늘 하물며 부모에게 효도하고 형에게 공손함을 다른 사람에게 '내가 백성을 새롭게 한다'고 말하는 것이 될 말인가! 하나의 강령에 세 조목을 두어 이것을 하늘이 마련하고 땅이 정해준 것으로 이해한다는 것은 원래 큰 꿈일 뿐이다. 성의와 정심이 곧 우리들의 선한 공덕인데 왜 무엇 때문에 이를 밝은 덕이 아니라고 하는가? 불가佛家의 마음 다스리는 법은 마음 다스림[治心]을 일로 삼지만 우리 유가의 마음 다스리는 법은 일로써 마음을 다스린다. 성의와 정심이 비록 학자의 지극한 공부이긴 하지만 늘 일로 말미암아 뜻을 정성스럽게 하고 일로 말미암아 마음을 바르게 하는 것이다. 벽을 향해 앉아 마음을 관찰하면서 그 텅 비어 영명한 본체를 스스로 검증하여, 깊고 고요하여 텅 비고 밝아 티끌 하나 오염시키지 않게 하는것, 이것이 바로 성의와 정심이라고 말한 적은 없었다. 부모에게 효도하고자 하는 사람은 방안이 따뜻한 것 하나를 살피더라도 반드시 정성스럽게 하고, 시원한 것 하나를 살피더라도 반드시 정성스럽게 하며, 맛있는 음식 한 가지를 갖추더라도 반드시 정성스럽게 하고, 옷 한 가지를 빨더라도 반드시 정성스럽게 하며, 술과 고기로 손님을 대접하더라도 반드시 정성스럽게 하고, 조심조심 부모의 잘못을 말씀드려 허물이 없도록 하더라도 반드시 정성스럽게 하니, 이것을 가리켜 '성의'라고 한다.▶

◀欲弟於其長者, 趨一召必誠, 對一問必誠, 服一勞役必誠, 奉一
几杖必誠, 有酒食饌之必誠, 受學業修之必誠, 斯之謂誠意也。
以之事君, 以之交友, 以之牧民, 其所以誠其意者, 皆在行事。
徒意不可以言誠, 徒心不可以言正, 故經曰:"小人閒居爲不善,
無所不至。"[89] 其所云'爲不善'者, 行惡也。閒居行惡, 見人著善,
則不誠意者也。閒居行善, 見人行善, 則誠意者也。誠意之工,
顧不在於行事乎! 今人以治心爲誠意, 直欲把虛靈不昧之體, 捉
住在腔子內, 以反觀其眞實无妄之理。此須終身靜坐, 黙然內
觀, 方有佳境, 非坐禪而何? 今人以治心爲正心, 制伏猿馬, 察
其出入, 以驗其操捨存亡之理。▶

---

89) 『大學』, 傳 6장.

◀어른에게 공손하고자 하는 사람은 한 차례의 부름에 나아가더라도 반드시 정성스럽게 하고 한 번의 물음에 대답하더라도 반드시 정성스럽게 하고 한 번의 노역을 하더라도 반드시 정성스럽게 하고, 안석[几]이나 지팡이[杖]를 한 번 받들더라도 반드시 정성스럽게 하고, 술과 음식을 차릴 때에도 반드시 정성스럽게 하고, 학업을 닦을 때에도 반드시 정성스럽게 하니, 이를 가리켜 '성의'라고 한다. 그로써 임금을 섬기고 그로써 벗과 사귀며 그로써 백성을 다스리니, 자기의 뜻을 정성스럽게 하는 것은 모두 일을 실천함[行事]에서 이루어진다. 한갓 뜻만으로는 정성스럽게 한다고 말할 수 없으며 한갓 마음만으로는 바르게 한다고 말할 수 없으므로 『대학』에서 "소인이 한가하게 있을 때 불선을 행하되 하지 않는 짓이 없다"라고 하였다. 여기에서 '불선을 행한다'는 말은 악을 행한다는 뜻이다. 한가로이 있을 때 악을 행하다가 다른 사람을 만나면 선한 척하는 경우는 뜻을 정성스럽게 하는 것이 아니다. 한가로이 있을 때도 선을 행하고 다른 사람을 만나서도 선을 행한다면 성의를 다하는 것이다. 성의의 공부는 다만 일을 실천함에서 이루어지지 않겠는가! 요즘 사람들은 마음 다스림을 '성의'라고 여겨 곧바로 텅 비어 영명하고 어둡지 않은 본체를 잡아 몸안에 머물게 하여서 그것의 진실되고도 망령됨이 없는 이치를 돌이켜 관찰하려고 한다. 이렇게 한다면 모름지기 평생을 정좌하고 가만히 내면을 관찰해야만 비로소 아름다운 경지가 있게 될 것이니, 좌선이 아니고 무엇이겠는가? 요즘 사람들은 마음 다스림을 '정심'이라고 여겨 원숭이나 말 같이 날뛰는 마음을 제압하고, 그 마음의 출입을 관찰하여서 잡으면 보존되고 놓아버리면 없어지는 이치를 체험한다.▶

◀此箇工夫, 固亦吾人之要務, 曉夕無事之時, 著意提掇焉, 可也。但古人所謂正心, 在於應事接物, 不在乎主靜凝黙。《易》曰: "敬以直內, 義以方外。"[90] 接物而後, 敬之名生焉, 應事而後, 義之名立焉, 不接不應, 無以爲敬義也。總之, 立敎設法之條目所列, 可有孝弟, 不可有誠正, 可有睦婣, 不可有格致。格致誠正者, 所以爲孝友·睦婣之妙理方略, 非直以此爲敎法之題目也。故《周禮》凡敎條·法條, 無此諸說。此經所言格致誠正, 蓋聖門相傳之密訣。若其太學條例, 則綱曰明德, 目曰孝弟慈而已。意·心·身, 豈可曰明德? 誠意·正心·修身, 豈可曰明明德乎? 超然公觀, 可自悟也。

---

90) 『易經』,「坤卦·文言傳」.

◀이러한 공부도 본디 우리들이 해야 할 요긴한 일이므로 새벽이나 저녁 아무 일도 없을 때 그것에 뜻을 두고 수습하면 된다. 그러나 옛사람들이 말한 '정심'은 일에 응하고 사물에 접하는 데 있는 것이지 고요함[靜]을 위주로 하여 침묵에 집중하는 데 있는 것이 아니다. 『역』에서는 "경敬으로써 내면을 곧게 하고 의義로써 외면을 반듯이 한다"라고 하였다. 사물에 접하고 나서 경敬이라는 이름이 생겨나며, 일에 응대하고 나서 의義라는 이름이 생겨나니, 사물에 접하지 않고 일에 응하지 않으면 경과 의가 될 수 없다. 총괄해 보자면, 교육의 법도를 설립함에 열거할 조목으로 효도[孝]와 공손[弟]은 있을 수 있지만 성의와 정심은 있을 수가 없으며, 친척이나 인척과의 친함은 있을 수 있어도 격물과 치지는 있을 수 없다. 격물·치지·성의·정심은 효도와 공손, 친인척과의 친함을 행하는 오묘한 이치요 방략이니, 곧바로 이것을 교육의 주된 조목으로 삼지는 않았다. 그러므로 『주례』의 교육과 법을 언급한 모든 조목에는 이러한 설들이 없다. 이 『대학』에서 말하는 '격물'·'치지'·'성의'·'정심'은 성인의 문하에서 서로 전한 비결이다. 태학의 조례는 '밝은 덕'이 대강이고 조목은 '효도'와 '공손'과 '자애'일 뿐이다. '뜻[意]'·'마음[心]'·'몸[身]'을 어떻게 '밝은 덕'이라 말할 수 있으며, '성의'·'정심'·'수신'을 어떻게 '밝은 덕을 밝힌다'고 풀이할 수 있겠는가! 초연히 공정하게 관찰하면 스스로 깨우칠 수 있을 것이다.

答難 或問曰: "心體虛明, 故謂之明德. 有時而昏, 人復明之, 故謂之明明德. 孝弟爲物, 本不虛明, 不可曰明德, 旣不時昏, 亦無復明, 不可曰明明德. 豈不然乎?" ○**答曰**《詩》云'子懷明德'[91], 《易》曰'自昭明德'[92], 〈周書〉曰'明德惟馨'[93],【見《左傳》[94]】《春秋傳》曰'選建明德, 以藩屛周'[95], 又曰'分魯公以大路大旂, 以昭周公之明德'[96],【定四年】豈皆心體之謂乎? 凡德行之通乎神明者, 謂之明德. 如祭神之水, 謂之明水, 格天之室, 謂之明堂, 孝弟爲德, 通乎神明, 故謂之明德. 何必虛靈者爲明乎?▶

---

91) 『詩經』,「大雅·皇矣」. "천제께서 문왕에게 이르시길, '나는 너의 밝은 덕을 아름답게 여기니, 소리를 크게 내거나 안색을 달리하지 않으며, 모진 형벌을 쓰지 않으며, 저도 모르게 천제의 법도를 따르라' 하셨다.[帝謂文王, '子懷明德, 不大聲以色, 不長夏以革. 不識不知, 順帝之則.']"

92) 『易經』,「晉卦·大象傳」. "밝은 해가 땅위에 있는 상이 진晉괘이다. 군자가 이를 보고 스스로 밝은 덕을 밝게 드러낸다.[明出地上, 晉. 君子以自昭明德]"

93) 『書經』,「周書·君陳」. "내가 듣건대, 지극한 다스림은 향내가 풍기는 것 같아 신명을 감응시키는데, 기장이 향기로운 것이 아니고 밝은 덕이 오직 향기롭다고 한다. 그대는 이 주공의 가르침을 본받아 매일 부지런히 힘쓰고 감히 편안하길 바라지 마시오.[我聞日, 至治馨香, 感于神明. 黍稷非香, 明德惟馨, 爾尙式時周公之猷訓, 惟日孜孜, 無敢逸豫]" 이는 성왕成王이 군진에게 훈계한 말이다. 이 「주서」의 군진편은 금문에는 없고 위고문에만 있다.

94) 『左傳』,「僖公」5년. 진후晉侯가 우공虞公에게 괵虢나라를 칠 길을 빌려달라는 청을 재차 해왔을 때 궁지기宮之奇가 우공에게 『주서』를 빌려 진언한 내용 중에 인용된 것들이다.

95) 『左傳』,「定公」4년. 위나라 공자 어魚가 한 말이다. "옛날 주 무왕은 상을 물리쳤고 성왕은 나라를 안정시켰는데 밝은 덕이 있는 이를 제후로 세워서 주나라의 울타리를 삼았습니다. 그러므로 주공은 왕실을 도와 천하를 다스려서 주나라를 화목케 하였습니다. 따라서 그의 아들 노공에게 대로와 대기, 하나라 임금의 황옥, 봉보가 지녔던 번약이라는 활, 은나라의 여섯 씨족 … 등을 나누어주어 종족을 거느리고 분열된 친족들을 모아 따르던 무리들을 이끌고 주공을 본받게 하였습니다.[昔武王克商, 成王定之, 選建明德, 以蕃屛周. 故周公相王室, 以尹天下, 於周爲睦. 分魯公以大路·大旂·夏后氏之璜·封父之繁弱·殷民六族, …… 使帥其宗氏, 輯其分族, 將其類醜, 以法則周公]" 여기에서 대로大路는 천자가 타는 수레를 가리키며, 대기大旂는 천자가 사용하는 용龍 무늬의 깃발이다.

96) 위 각주 참조.

논난에 답함 어떤 사람이 물었다. "마음의 본체[心體]는 텅 비어 밝기 때문에 '밝은 덕'이라고 이른다. 때때로 어두워져서 사람이 다시 그것을 밝히므로 '밝은 덕을 밝힌다'고 한다. 효도와 공손이라는 것은 본디 텅 비거나 밝은 것이 아니라서 '밝은 덕'이라고 말할 수 없고, 때때로 어두워지는 것도 아니라서 다시 밝힐 것도 없으므로 '밝은 덕을 밝힌다'고 말할 수도 없다. 어찌 그렇지 않은가?"

○**답변** 『시경』에서 "나는 그대 문왕의 밝은 덕을 아름답게 여긴다"라고 하였다. 『역경』에서 "스스로 밝은 덕을 밝게 드러낸다"라고 하였다. 『서경』「주서周書」에서 "밝은 덕이 오직 향기롭다"라고 하였다.【『춘추좌전』에 보인다】『춘추좌전』에서 "(성왕은) 밝은 덕이 있는 이를 선발하여 제후로 세워서 주나라의 울타리를 삼았다"라고 하고, 또 "노공魯公에게 대로大路와 대기大旂를 나누어주어 주공의 밝은 덕이 밝아지게 되었다"라고 하였다.【정공定公 4년이다】 이런 것들이 어찌 모두 마음의 본체[心體]를 가리키는 말이겠는가? 모든 신명에 통하는 덕행을 '밝은 덕'이라 이른다. 마치 신에게 제사지내는 물을 '명수明水'라 하고 하늘에 통하는[格天] 방을 '명당明堂'이라 하는 것처럼, 효·제라는 덕은 신명에 통하여 있으므로 '밝은 덕[明德]'이라 이른다. 어찌 꼭 텅 비어 영명하여야만 밝다고 하겠는가?▶

◀孟子歷言庠·序·學校之制，曰'皆所以明人倫'。今國之太學，郡縣之鄉校，其外堂皆揭明倫堂三字，明倫非明孝弟乎？太學之道，在於明倫，故曰'太學之道，在明明德'。今三尺之童，皆知太學有明倫堂，而不知太學之道在明倫，却曰'太學之道在明心'，不亦惑乎！明心固亦吾人之要務，但此經之云'明明德'，必非明心。如云不然，何以普天之下，凡以學宮爲名者，皆揭明倫堂三字乎？請深思之。

◀맹자는 하나하나 상·서·학교의 제도를 말하면서, '모두 인륜을 밝힌 곳이다'고 하였다. 오늘날 국도의 태학과 군현의 향교 모두 외당外堂에 '명륜당明倫堂'이라는 세 글자를 걸어두니 인륜을 밝힌다는 것은 효·제를 밝히는 것이 아니겠는가? 태학의 도가 윤리를 밝히는 데 있으므로 "태학의 도는 밝은 덕을 밝히는 데 있다"라고 하였다. 오늘날 삼척동자도 모두 태학에 '명륜당'이 있음을 알고 있는데 태학의 도가 인륜을 밝히는 데 있음은 알지 못하고, 오히려 '태학의 도가 마음을 밝히는[明心] 데 있다'고 하니 또한 미혹된 것이 아니겠는가! 마음을 밝힘도 본디 우리들의 중요한 일이긴 하지만, 다만 이 『대학』에서 말하는 '밝은 덕을 밝힘'은 마음을 밝히는 것은 분명 아니다. 만약 그렇지 않다고 말한다면 어째서 천하에 학궁이라 불리는 곳마다 모두 '명륜당'이라는 세 글자를 걸어두겠는가? 깊이 생각해 보기 바란다.

在親民

程子曰：“親，當作新.”王陽明曰：“親字，不誤.”

○議曰 明德既爲孝弟慈，則親民亦非新民也．舜命契曰：“百姓不親，汝敷五敎.”[97] 五敎者，孝弟慈也．【義見前】舜令契敷孝弟慈之敎，而先言百姓不親，則孝弟慈者，所以親民之物也．孟子言庠·序·學校之制，而繼之曰：“學，所以明人倫也．人倫明於上，小民親於下”，[98] 亦豈是他說乎？明明德者，明人倫也．親民者，親小民也．彼言學校之制，而其言如彼，此言大學之道，而其言如此，而復有異釋乎？魯展禽之言曰：“契爲司徒，而民輯.”[99]【見〈魯語〉】民輯者，民親也．孔子曰：“先王有至德要道，以順天下，民用和睦.”[100]【《孝經》文】民用和睦者，民親也．孔子曰：“敎民親愛，莫先於孝，敎民禮順，莫先於弟.”【《孝經》文】[101] 民親愛者，民親也．▶

---

97) 『書經』,「舜典」.
98) 『孟子』,「滕文公」上, “設爲庠序學校, 以敎之, 庠者養也, 校者敎也, 序者射也. 夏曰敎, 殷曰序, 周曰庠, 學則三代共之. 皆所以明人倫也. 人倫明於上, 小民親於下.”
99) 『國語』,「魯語」上.
100) 『孝經』,「開宗明義章」. 공자가 증삼曾參에게 일러준 말이다.
101) 『孝經』,「廣要道章」.

백성을 친하게 하는 데 있다.

정자가 말했다. "친親자는 신新자가 되어야 한다." 왕양명이 말했다. "친親자는 잘못되지 않았다."

○**공적 의론** 밝은 덕이 이미 효·제·자라면 '친민親民'은 역시 '신민新民'이 아니다. 순임금이 설契에게 "백성이 서로 친하지 못하니 그대가 다섯 가지 가르침을 펴라"라고 명하였는데, '다섯 가지 가르침[五敎]'이 바로 효·제·자이다.【뜻이 앞에 나온다】 순임금이 설에게 명하여 효·제·자의 가르침을 펴면서 먼저 '백성들이 서로 친하지 않음'을 말한 것으로 볼 때, 효·제·자는 백성들을 친하게 하는 것이다. 맹자가 상·서·학교의 제도를 말하면서 이어서 "학교는 인륜을 밝히는 곳이다. 인륜이 위에서 밝아지면 백성은 아래에서 친하게 된다"라고 하였으니, 이것도 역시 어찌 다른 주장이겠는가? '밝은 덕을 밝힌다'는 것은 인륜을 밝힌다는 뜻이다. '백성을 친하게 한다'는 것은 일반 백성들을 친하게 한다는 뜻이다. 저곳에서는 학교의 제도를 말하면서 그 말이 그와 같았고, 이곳에선 태학의 도를 말하면서 그 말이 이와 같으니, 달리 다른 해석이 있겠는가? 노나라 전금展禽의 말에 "설이 사도가 되자 백성들이 친하였다"라고 하였는데,【『노어魯語』에 보인다】 '민집民輯'이 백성들이 친한다는 것이다. 공자가 "선왕은 지극한 덕과 요체가 되는 도로서 천하를 순종하게 하니 백성들이 화목하게 되었다"라고 하였는데,【『효경』의 글이다】 '백성들이 화목하다'는 말이 백성들이 친하게 지낸다는 것이다. 공자가 "백성들을 친애하게 하는 데는 효도보다 나은 것이 없고, 백성들을 예법에 따라 순종케 하는 데는 공손보다 나은 것이 없다"라고 하였는데,【『효경』의 글이다】 '백성들이 친애한다'는 말이 백성들이 친하게 지낸다는 것이다.▶

◀孔子曰: "立愛自親始, 敎民睦也, 立敬自長始, 敎民順
也。"【〈祭義〉文】民睦·民順者, 民親也。敎民以孝, 則民之爲子者,
親於其父, 敎民以弟, 則民之爲弟者, 親於其兄, 民之爲幼者, 親
於其長, 敎民以慈, 則民之爲父者, 親於其子, 親之爲長者, 親於
其幼, 太學之道, 其不在於親民乎? 若云〈盤銘〉·〈康誥〉·周雅
之文, 爲新民之明驗, 則親[102]·新二字, 形旣相近, 義有相通, 親
之者, 新之也。〈金縢〉之'其親逆', 馬融本作親迎, 梅賾'親者, 新
也。新者, 親也'。百姓相親, 其民乃新, 豈必一畫無變, 乃爲照
應乎? 但王陽明不以明德爲孝弟, 則其所言親民之義, 皆無至
理, 不如程子之說, 童孺皆悅。總之, 兩義不可偏廢, 今并陳之,
以俟知者。

---

102) 親: 新朝本에는 '新'으로 되어 있다.

◀공자가 "사랑의 도를 세우는 데 부모를 사랑하는 것에서 시작함은 백성에게 화목함을 가르치는 것이고 공경의 도를 세우는 데 나이 많은 이를 대우하는 데에서 시작함은 백성에게 공순을 가르치는 것이다"라고 하였는데,【『예기』「제의」의 글이다】 '백성이 화목하고' '백성이 공순하다'는 말이 백성이 친하게 지낸다는 뜻이다. 백성들에게 효도를 가르치면 백성 가운데 자식 된 자는 그 부모에게 친하고, 백성들에게 공손을 가르치면 아우 된 자는 그 형에게 친하고 나이 어린 자는 그 어른에게 친하며, 백성들에게 자애를 가르치면 부모 된 자는 그 자식에게 친하고 어른 된 자는 어린 사람에게 친할 것이니, 태학의 도가 어찌 백성을 친하게 하는 데 있지 않겠는가? 만약 『서경』의 「반명」, 「강고」와 『시경』의 「대아大雅」의 글들이 백성을 새롭게 한다는 뜻의 명백한 증거가 된다고 말한다면, '친親'과 '신新' 두 글자는 형태도 서로 비슷하고 뜻도 서로 통하므로 친하게 한다는 말은 새롭게 한다는 뜻이 된다. 「금등金滕」에서 '친역親逆'이라 한 것을 마융馬融본에서는 '친영親迎'이라 하였는데, 매색梅賾은 "'친親'이 '신新'이고, '신新'이 '친親'이다"라고 하였다. 백성百姓이 서로 친하면 그 백성이 곧 새로워질 것이니 어찌 반드시 한 획도 변함이 없어야 앞뒤가 서로 조응하겠는가? 그러나 왕양명은 밝은 덕[明德]을 효도와 공손[孝弟]이라고 여기지 않았으니, 그가 말한 '백성을 친하게 한다'는 말의 뜻은 지극한 이치가 없어서 아이들도 모두 기뻐하는 정자의 설만도 못하다. 총괄하자면, 두 가지 뜻 가운데 어느 하나도 폐할 수 없으니, 이제 함께 적어두어 훗날 아는 사람이 나타나기를 기다린다.

引證 孟子曰: "人人親其親·長其長, 而天下平。" ○**鏞案** 經曰'明明德於天下'者, 親民也。孟子此言, 亦親民也。然則民之所明, 非虛靈不昧之德, 審矣。親其親者, 孝也, 長其長者, 弟也。

答難 或問曰: "意·心·身者, 德也。家·國·天下者, 民也。今子親民之義, 專主下民爲說, 將親民不得爲綱, 家·國·天下不得爲目乎?" ○**答曰** 親民, 烏得無條目乎? 經曰'上老老而民興孝', 使民興孝者, 親民也。經曰'上長長而民興弟', 使民興弟者, 親民也。經曰'上恤孤而民不倍', 使民不倍者, 親民也。何得云親民無條目乎? 家者, 父子兄弟之所在也。父子兄弟可云民乎? 并見下圖, 今略之。

인용하여 증명함 맹자가 말했다. "사람마다 그 부모를 친애하고 그 어른을 어른으로 대우하면 천하가 평안하게 된다."

○**나의 판단**『대학』에서 말하는 '밝은 덕을 천하에 밝힌다'는 말은 백성을 친하게 한다는 뜻이다. 맹자의 이 말 또한 백성을 친하게 한다는 뜻이다. 그러므로 백성이 밝히는 것은 텅 비어 영명하고 어둡지 않은 덕이 아님이 분명하다. 그 부모를 친애함이 효도이고, 그 어른을 어른으로 대우함이 곧 공손이다.

논난에 답함 어떤 사람이 물었다. "뜻·마음·몸은 덕과 관련되어 있다. 집안·나라·천하는 백성[民]과 관련되어 있다. 그런데 그대는 '백성을 친하게 한다'는 말의 뜻을 오직 일반 백성을 위주로 하여 주장하고 있으니, 그렇다면 '친민親民'은 강령이 될 수 없고, '집안·나라·천하'는 그 조목이 될 수 없다는 말인가?"

○**답변** '백성을 친하게 함'에 어찌 조목이 없을 수 있겠는가?『대학』에서 "윗사람이 노인을 잘 모시면 백성이 효도를 일으킨다"라고 하였는데 백성으로 하여금 효도의 기풍을 일으키는 것이 바로 '백성을 친하게 함'이다.『대학』에서 "윗사람이 어른을 잘 모시면 백성이 공손을 일으킨다"라고 하였는데, 백성으로 하여금 공손의 기풍을 일으키는 것이 바로 '백성을 친하게 함'이다.『대학』에서 "윗사람이 고아를 구휼하면 백성이 배반하지 않는다"라고 하였는데, 백성으로 하여금 배반하지 않게 하는 것이 바로 '백성을 친하게 함'이다. 어찌 '친민親民'에 조목이 없다고 말할 수 있겠는가? 집안[家]은 부모와 자식, 형제들이 있는 곳이다. 부모와 자식, 형제를 '백성'이라고 이를 수 있겠는가? 모든 것이 아래의 그림에 있으므로 여기에서는 생략한다.

答難 或問曰: "虛靈之體, 爲氣稟所拘, 人欲所蔽, 有時而昏。斯之謂舊染也。以其有舊染, 故今乃有新明, 若無舊染, 何謂新民?" ○**答曰** 染有二法, 習於惡人則染, 習於惡俗則染。此孔子所謂性相近而習相遠也。蒙養以正者, 安有染乎? 八歲入小學, 習灑掃應對, 習禮樂書數*, 涵養用敬, 已立大學之根基者, 十五又入**大學, 夫焉有舊染之汚哉? 朱子所云舊染者, 非梅氏〈胤征〉[103]所云'舊染汚俗, 咸與惟新'之舊染也, 乃氣稟人欲之所染, 所謂上知之不能無者。○**按** 《楞嚴經》曰: "如來藏性, 淸淨本然。" 此本然之性也。本然之性, 爲新薰所染, 乃失眞如之本體, 卽《般若起信論》中重言複語之說。謂之新薰者, 本體虛明, 而新被氣質所薰染也。然則新薰卽舊染, 舊染卽新薰。▶

---

* 數: 新朝本에는 '敎'로 되어 있다.
** 入: 新朝本에는 '人'으로 되어 있다.

103) 「윤정胤征」편은 금문상서에는 없고 위고문상서에 포함된 글이다. 윤胤나라가 임금의 명을 잘 수행하지 못하는 희씨羲氏와 화씨和氏를 정벌하였다는 내용을 담고 있다. 윤나라의 제후가 군대를 모아놓고 출정하기에 앞서 훈시한 내용인데, 현재 윤나라가 어떤 나라였는지는 알 수 없다.

논난에 답함 어떤 사람이 물었다. "텅 비어 영명한 본체는 타고난 기질 [氣稟]에 얽매이고 인욕에 가려져 어두워지는 때가 있다. 이것을 '이전의 오염[舊染]'이라고 한다. 그렇게 이전의 오염이 있기 때문에 지금 새로이 밝혀야 하는 것이지 만약 이전의 오염이 없다면 어찌 '백성을 새롭게 한다'고 말하겠는가?"

○**답변** 오염되는 데는 두 가지 방법이 있는데 악한 사람에 익숙해지면 오염되고 나쁜 습속에 익숙해지면 오염된다. 이것이 공자가 말한 '성性 은 서로 가까우나 습관은 서로 멀다'는 것이다. 어릴 때부터 정도로 교 육받은 사람에게 어찌 오염됨이 있겠는가? 8세에 소학에 입학하여 물 뿌리고 비질하고 응대하는 예절을 익히고 예절과 음악과 글씨쓰기와 셈하기를 익히면서, 경敬으로써 함양하여 이미 대학의 기초를 세운 사 람이 15세에 또 태학에 입학하는데, 어떻게 구염舊染의 찌든 때가 있겠 는가? 주자가 말한 '구염'은 매색梅賾의 「윤정胤征」편에서 말하는 '더러 운 습속[汚俗]에 오염된 것 모두를 함께 새롭게 한다'고 할 때의 '구염'이 아니라, 바로 기품과 인욕에 의해 오염된 것이니, 이른바 '최상의 지혜 를 지닌 사람[上知]이라 해도 없을 수 없다'는 것이다.

○**생각건대** 『능엄경楞嚴經』에 따르면, "여래장의 본성은 청정한 본연이 다"라고 하였는데, 이것이 바로 본연의 성이다. 본연의 성은 새로이 배 어드는 것 때문에 오염되어 진여眞如의 본체를 잃게 되니 곧 『반야기신 론般若起信論』에서 거듭 반복하여 말하는 것이다. '새로이 배어든다[新 薰]'고 말한 것은 본체는 텅 비어 밝지만 새로이 기질에 의해 훈습되어 오염됨을 이른다. 따라서 새로이 배어듦이란 곧 오래 찌들어 물듦이며, 오래 찌들어 물듦이 곧 새로이 배어듦이다.▶

◀據本然而言之，則謂之新薰，據見在而言之，則謂之舊染。此雖至理所寓，而此經之親民·新民，必非此義。經曰：“一家仁，一國興仁，一家讓，一國興讓。”又曰：“上老老而民興孝，上長長而民興弟。”興也者，作新也。舊廢而新興也，此之謂新民，何必虛靈之體，乃有新明乎？

在止於至善

止者，至而不遷也。至善者，人倫之至德也，誠則至。○**議曰** 止於至善者，爲人子止於孝，爲人臣止於敬，與國人交止於信，爲人父止於慈，爲人君止於仁。凡人倫之外，無至善也。止至善一句，雖爲明德·新民之所通貫，而若其用力，仍是自修，非治人使止於至善也。▶

◀본연에 근거하여 말할 때는 '새로이 배어듦'이라 하고 현재에 근거하여 말할 때는 '오래 찌들어 물듦'이라 한다. 이것이 비록 지극한 이치가 깃들어 있는 곳이긴 하지만 『대학』의 '백성을 친함'과 '백성을 새롭게 함'은 이러한 뜻이 아님이 분명하다. 『대학』에서 "한 집안이 어질면 온 나라가 어진 기풍을 일으키고 한 집안이 사양하면 온 나라가 사양의 기풍을 일으킨다"라고 하고, 또 "윗사람이 노인을 잘 모시면 백성이 효도의 기풍을 일으키고 윗사람이 어른을 잘 모시면 백성이 공손의 기풍을 일으킨다"라고 하였는데, '일으킨다[興]'는 말은 새롭게 진작시킨다는 뜻이다. 예전엔 몹쓸 상태였지만 새롭게 일으키는 것이니 이것을 '백성을 새롭게 한다'고 한다. 어찌 반드시 텅 비어 영명한 본체여야 새롭게 밝힐 일이 있다 하겠는가?

지극한 선에 머무는 데 있다.

'머문다'는 것은 이르러 옮기지 않는다는 말이다. '지극한 선'은 인륜의 지극한 덕이며, 정성을 다하면 다다를 수 있다.

○**공적 의론** '지극한 선에 머문다'는 것은, 자식이 되어서는 효도에 머물고, 신하가 되어서는 공경에 머물고, 나라 안 사람들과 교제할 때는 믿음에 머물고, 부모가 되어서는 자애에 머물고, 군주가 되어서는 인仁에 머문다는 말이다. 대체로 인륜의 밖에 지극한 선이란 없다. '지극한 선에 머문다'는 한 글귀는 비록 '명덕'과 '신민'에 관통되어 있지만 그 힘쓰는 곳은 여전히 스스로의 수양이지 남을 다스려 지극한 선에 머물게 하는 것이 아니다.▶

◀顏淵問仁, 孔子答曰: "爲仁由己, 而由人乎哉!" 爲人君止於仁, 亦只是自修。堯·舜不强勸民使至*於至善也。經曰: "堯·舜帥天下以仁。" 帥也者, 率也, 導也。堯·舜身先自修, 爲百姓導率而已。强令民止於至善, 無此法也。總之, 《大學》之三綱領, 皆人倫之說, 今其條目, 或頗不明, 兹爲圖如左。

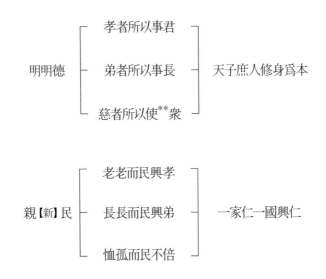

明明德 ┌ 孝者所以事君 ┐
　　　├ 弟者所以事長 ├ 天子庶人修身爲本
　　　└ 慈者所以使**衆 ┘

親【新】民 ┌ 老老而民興孝 ┐
　　　　├ 長長而民興弟 ├ 一家仁一國興仁
　　　　└ 恤孤而民不倍 ┘

---

* 至: 문맥상 '止'가 옳은 듯하다.
** 使: 新朝本에는 '事'로 되어 있다.

◀안연顔淵이 '어짊[仁]'에 대해 묻자, 공자는 "어짊을 행하는 것이 자기로부터 말미암지 다른 사람으로부터 말미암겠는가!"라고 대답하였다. 군주가 되어서 인仁에 머문다는 것도 단지 '스스로의 수양'일 뿐이다. 요임금과 순임금은 백성을 억지로 권하여 지극한 선에 이르게 하지는 않았다. 『대학』에서 "요임금과 순임금은 인으로써 천하를 거느렸다"라고 하였는데, '솔帥'은 거느리다 또는 이끌다라는 뜻이다. 요임금과 순임금은 자신이 먼저 스스로를 닦고서, 백성을 이끌었을 뿐이다. 강제로 백성들로 하여금 지극한 선에 머물게 할 수 있는 이러한 방법은 없다. 총괄하자면, 『대학』의 세 강령은 모두 인륜에 대한 설명인데 오늘날 그 조목이 자못 분명하지 않으므로 아래와 같이 도표를 만들었다.

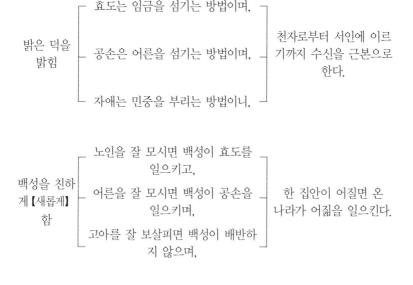

밝은 덕을 밝힘
┌ 효도는 임금을 섬기는 방법이며,
├ 공손은 어른을 섬기는 방법이며,
└ 자애는 민중을 부리는 방법이니,
천자로부터 서인에 이르기까지 수신을 근본으로 한다.

백성을 친하게【새롭게】함
┌ 노인을 잘 모시면 백성이 효도를 일으키고,
├ 어른을 잘 모시면 백성이 공손을 일으키며,
└ 고아를 잘 보살피면 백성이 배반하지 않으며,
한 집안이 어질면 온 나라가 어짊을 일으킨다.

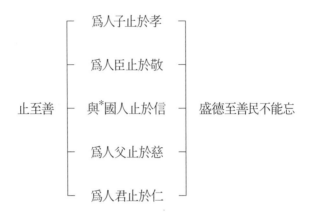

答難 或問曰: "子知夫至善乎? 極天理之公, 而無一毫**人欲之私, 使心體虛明, 復其本然, 我旣如此, 民亦使然, 斯之謂至善。今子專以人倫爲說, 豈可通乎?" ○**答曰** 我所言者, 經也, 非我也。治心繕性, 固亦君子之要務, 然聖人之言, 有倫有序, 不相混雜。或論心性如《孟子》, 或論天道如《中庸》, 或論德行如此經, 各有所主意趣不同。▶

---

* 與: 新朝本에는 '興'으로 되어 있다.
** 毫: 新朝本에는 '毫'으로 되어 있다.

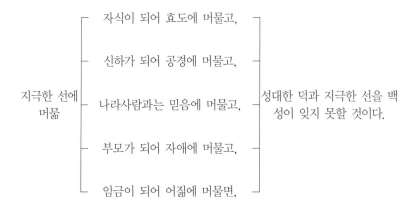

지극한 선에 머묾
— 자식이 되어 효도에 머물고,
— 신하가 되어 공경에 머물고,
— 나라사람과는 믿음에 머물고,
— 부모가 되어 자애에 머물고,
— 임금이 되어 어짊에 머물면,
성대한 덕과 지극한 선을 백성이 잊지 못할 것이다.

논난에 답함 어떤 사람이 물었다. "그대가 지극한 선을 아는가? 천리天理의 공정함을 극진히 다하고 터럭만한 인욕의 사사로움도 없게 하여 마음의 본체를 텅 비고 밝게 함으로써 그 본연을 회복하는 것이니, 내가 이미 이와 같이 하고 나서 백성도 그와 같이 하게 되는 것을 '지극한 선'이라고 이른다. 이제 그대가 오로지 인륜만을 가지고 설명한다면 어찌 통할 수 있겠는가?"

○**답변** 내가 말한 것은 『대학』의 글이지 내 생각이 아니다. 마음을 다스리는 일[治心]과 본성을 잘 다듬는 일[繕性]이 본디 군자에게 중요한 일이기는 하지만, 성인의 말씀은 차례와 질서가 있어 서로 뒤섞이지 않는다. 『맹자』처럼 심성心性을 논하기도 하고 『중용』처럼 천도天道를 논하기도 하며, 이 『대학』처럼 덕행을 논하기도 하는데, 각각 주장하는 취지가 서로 다르다.▶

◀心性之論, 雖高妙精微, 於此經了不相關, 豈可以本論之高妙, 而不言其與此經相違乎? 且聖人之道, 雖以成己*成物爲始終, 成己**以自修, 成物亦以自修, 此之謂身敎也。故止至善全解, 在於緝熙敬止之[104]節, 而所列五止, 都是自修, 民修所不言也。我旣治心, 又治民心, 偕期於止至善, 豈經文之所言乎? 若我與民, 偕期於至善之功, 則民之至善, 經亦宜言。乃經惟曰'人主之***, 民不能忘', 而民之至善, 仍無所論。明首章之止至善, 主於自修, 而不必雙擧也。我旣至善, 民自隨我而至善, 然民之至善, 非我所强, 爲仁由己, 而由人乎哉?▶

---

* 己: 新朝本에는 '巳'로 되어 있다.
** 己: 新朝本에는 '巳'로 되어 있다.
*** 人主之:《大學》經文에는 없다.

104) 『大學』, 傳 3章, "『시경』에서, '심원하신 문왕이여. 아, 계속하여 밝혀서 공경스럽게 머물렀도다'라고 하였으니, 임금이 되어서는 인에 머물고 신하가 되어서는 경에 머물고 아들이 되어서는 효에 머물고 아버지가 되어서는 사랑에 머물고 나라 사람들과 사귐에는 신에 머문 것이다.[『詩』云, '穆穆文王, 於緝熙敬止', 爲人君止於仁, 爲人臣止於敬, 爲人子止於孝, 爲人父止於慈, 與國人交止於信]" 위에 인용된 시는 『詩經』, 「大雅」의 '文王' 시이다.

◀심성心性에 관한 논의가 비록 고상하고 오묘하며 정미精微하긴 하지만 이 『대학』과는 전혀 상관이 없는데, 어찌 해당 논의가 고상하고 오묘하다는 이유로 그것이 이 『대학』과 서로 어긋난다고 말하지 않을 수 있겠는가? 게다가 성인의 도는 비록 자기를 완성하고[成己] 다른 사람을 완성하는 것[成物]을 일의 시작과 끝으로 삼았지만, 자기를 완성하는 것도 스스로 수양함으로써 하였고, 다른 사람을 완성하는 것도 스스로 수양함으로써 하였으니, 이를 일러서 '몸으로 가르침[身敎]'이라고 한다. 그러므로 '지극한 선에 머문다'는 글귀의 온전한 해석은 '아! 계속 덕을 밝혀서 공경스럽게 머물렀도다!'라는 절에 있으며, 열거된 다섯 개의 '지止'자는 모두 스스로 수양하는 것이니, 백성이 수양하는 것은 말하지 않았다. 내가 마음을 다스리고 나서 또 백성의 마음을 다스려서 더불어 지극한 선에 머물기를 기대한다는 것이 어찌 경문에서 말한 것이겠는가? 만약 나와 백성이 함께 지극한 선의 공효를 기대하는 것이라면 백성의 지극한 선에 대해서도 『대학』에서 말해야 했을 것이다. 그런데 『대학』에서는 오직 군주의 "성대한 덕과 지극한 선을 백성이 잊을 수 없다"라고만 말했으니, 백성의 지극한 선은 여전히 논한 곳이 없다. 수장首章의 '지극한 선에 머문다[止至善]'는 말이 스스로 수양함을 위주로 한 것이어서 두 가지를 다 열거할 필요가 없음이 분명하다. 내가 이미 지극히 선하면 백성이 스스로 나를 따라서 지극히 선해지지만 백성의 지극한 선은 내가 억지로 할 수 있는 것이 아니니, 인仁을 행하는 것이 자기로부터 말미암지 다른 사람으로부터 말미암겠는가?▶

◀總之，誠意・正心，爲此經之大目，故先儒遂以此經爲治心繕性之法。然先聖之治心繕性，每在於行事，行事不外於人倫。故實心事父，則誠正以成孝，實心事長，則誠正以成弟，實心字幼，則誠正以成慈。誠正以齊家，誠正以治國，誠正以平天下。誠正每依於行事，誠正每附於人倫。徒意無可誠之理，徒心無可正之術。除行事去人倫，而求心之止於至善，非先聖之本法也。存天理遏人慾，其機其會，在於人與人之相接，默坐反觀，亦必取我與人相接之際，一一點檢，乃有依據，可誠可正。反觀其未發前氣象，將何補矣？▶

◀총괄하자면, 성의와 정심이 이 『대학』의 큰 조목이므로 선유가 마침내 이 『대학』을 마음을 다스리고 본성을 다듬는 방법이라고 여겼다. 그러나 옛 성현이 마음을 다스리고 본성을 다듬는 일은 언제나 일을 행하는 데 있었고, 일을 행하는 것은 인륜에서 벗어나지 않았다. 그러므로 진실된 마음으로 부모를 섬기면 성의와 정심으로 효도를 이루게 되고, 진실된 마음으로 어른을 섬기면 성의와 정심으로 공손을 이루게 되며, 진실된 마음으로 어린이를 기르면 성의와 정심으로 자애를 이루게 된다. 그러면 성의와 정심으로써 집안을 가지런히 하고, 성의와 정심으로써 나라를 다스리고, 성의와 정심으로써 천하를 평안하도록 하게 된다. 성의와 정심은 언제나 일을 행하는 데 달려있고, 성의와 정심은 언제나 인륜에 붙어있으니, 한갓 뜻만으로는 정성을 다할 수 있는 이치가 없고, 한갓 마음만으로는 바르게 할 수 있는 방법이 없다. 일을 행하는 것과 인륜을 버리고서 마음이 지극한 선에 머물기를 구하는 것은 옛 성현의 본래의 방법이 아니다. 천리를 보존하고 인욕을 막는 기회는 사람과 사람이 서로 접촉하는 데 있으니, 묵묵히 앉아 있는 것[默坐]과 반성적으로 관찰하는 것[反觀]도 반드시 나와 남이 서로 접촉하는 때를 취하여 하나하나 점검하여야만, 의거할 데가 있어서 정성스럽게 할 수 있고 바르게 할 수가 있다. 그 감정이 발현하기 전의 기상을 반관反觀함이 장차 무슨 보탬이 되겠는가?▶

◀嗟乎！人與人之相接，非卽人倫乎？人倫之所自盡，非卽至善乎？若不據人倫，單取此意求所以誠之，單取此心求所以正之，則滉瀁恍惚，沒摸沒捉，其不歸於坐禪之病者鮮矣。尚何至善之可得哉？先輩治心學，初年多得心疾，此先輩之所自言也。求誠於無事之意，求正於無物之心，其發心疾，可勝言哉！至善者，人倫之成德，誠之所至，外此無至善也。

◀ 아! 사람과 사람이 서로 접촉함이 곧 인륜이 아니겠는가! 인륜을 스스로 다하는 것이 곧 지극한 선이 아니겠는가? 만약 인륜에 의거하지 않고 이 '뜻'만을 취하여 정성을 다할 방법을 찾거나 이 '마음'만을 취하여 바르게 할 방법을 찾는다면 아득하고 황홀하여 종잡을 수가 없으니 좌선의 병폐에 걸리지 않을 자가 드물 것이다. 하물며 어떻게 지극한 선을 얻을 수 있겠는가? 선배들이 심학을 하던 초년에 마음병을 얻는 자가 많았으니, 이는 선배들 스스로 한 말이다. 일이 없을 때의 '뜻'을 정성스럽게 하기를 구하고 사물이 없을 때의 '마음'을 바르게 하기를 구한다면 마음병이 생김을 이루 다 말할 수 있겠는가! '지극한 선'은 인륜의 완성된 덕이며, 정성이 지극한 것이니, 이 밖에 지극한 선이란 없다.

(황병기 옮김)

大學公議 二

知止而后有定, 定而后能靜, 靜而后能安, 安而后能慮, 慮而后能得。

知止, 謂知人倫成德之所極, 知此而后志有定向。靜者, 志壹而不動也。安者, 居之爲本分也。慮者, 量度其本末*也。得者, 得其所宜先也。○議曰 至善之爲何物, 經有正文[105], 曰仁, 曰敬, 曰孝, 曰慈, 皆至善也。雖其所列, 差錯不整, 而大凡至善之爲人倫成德, 於此明矣, 而復有他解乎? 知爲人子必止於孝, 而后乃爲至善, 則其志乃定曰'孝者, 人子之所不得不爲也'。此志牢固堅確, 一定不動, 宅於此心, 安如磐石, 然後思所以孝於父者, 商量揣度, 慮其本末, 慮其先後曰'孝者, 吾之所以修身也'。▶

---

* 末: 新朝本에는 '未'로 되어 있다.

105) 『大學』傳 3장, "『시경』에 이르기를, '심원하신 문왕이여. 아, 계속하여 밝혀서 공경하여 그쳤도다'라고 하였으니, 임금이 되어서는 인에 그치시고 신하가 되어서는 경에 그치시고 아들이 되어서는 효에 그치시고 아버지가 되어서는 사랑에 그치시고 나라 사람들과 사귐에는 신에 그치셨다.[『詩』云, '穆穆文王, 於緝熙敬止', 爲人君止於仁, 爲人臣止於敬, 爲人子止於孝, 爲人父止於慈, 與國人交止於信]"을 가리킨다.

머물 데를 안 뒤에야 정해짐이 있고, 정해진 뒤에야 고요할 수 있고 고요한 뒤에야 편안할 수 있고 편안한 뒤에야 생각할 수 있고 생각한 뒤에야 얻을 수 있다.

'머물 데를 안다'는 것은 인륜 성덕成德의 지극한 바를 안다는 것을 말하니, 이것을 안 다음에야 의지에 일정한 방향이 있게 된다. '고요함'이라는 것은 뜻이 한결같아서 동요하지 않는 것이고, '편안함'이라는 것은 거기에 거처하는 것을 본분으로 삼는 것이고, '생각함'이라는 것은 그 본말을 헤아리는 것이고, '얻음'이라는 것은 마땅히 먼저 할 바를 얻는 것이다.

○**공적 의론** 지극한 선이 어떠한 것인가는 『대학』에 본문[正文]이 있는데, 인仁, 경敬, 효孝, 자慈라는 것이 모두 지극한 선이다. 비록 그 나열된 것이 뒤섞여서 정돈되어 있지 않으나 대체로 지극한 선이 인륜의 온전한 덕이라는 것이 여기에서 분명한데 다시 다른 풀이가 필요하겠는가? 자식이 되어서 반드시 효에 머문 뒤에야 지극한 선이 된다는 것을 알면 그 뜻이 곧 정해져서 "효라는 것은 자식으로서 하지 않을 수 없는 것이다"라고 말하게 된다. 이러한 뜻이 굳세고 확실해서 한번 정해져 움직이지 않고 이 마음에 자리잡아 반석처럼 편안한 다음에야, 부모에게 효도할 것을 생각하여 이리저리 곰곰이 헤아려보고 그 본말을 생각하고 그 선후를 생각하여 "효라는 것은 내가 몸을 닦는 것이다"라고 말하게 된다.▶

◀思修身, 不可不先正吾心, 思正心, 不可不先誠吾意, 於是自誠意入頭。自誠意下手, 爲孝之始事, 此之謂能得也。得者, 得路也, 得其所由始也。知爲人君必止*於仁, 而后乃爲至善, 則其志乃定曰'仁者, 人君之所不得不爲也'。此志牢固堅確, 一定不動, 宅於此心, 安如磐石, 然後思所以仁於民者, 商量揣度, 慮其本末, 慮其先後曰'仁者, 吾之所以治平也'。思治平, 不可不先齊吾家, 思齊家, 不可不先修吾身, 思修身, 不可不先正先誠, 於是自誠意入頭。自誠意下手, 爲仁之始事, 此之謂能得也。得者, 得路也, 得其所由始也。

◀몸을 닦기를 생각함에 먼저 나의 마음을 바로잡지 않아서는 안 되고, 마음을 바로잡기를 생각함에 먼저 나의 뜻을 정성스럽게 하지 않아서는 안 되니, 이에 뜻을 정성스럽게 하는 것으로부터 들어가야 한다. 뜻을 정성스럽게 하는 것으로부터 착수하는 것이 효도를 시작하는 일이 되니, 이것을 '얻을 수 있다'고 이른다. '얻는다'는 것은 길을 얻는 것이니, 시작의 실마리를 얻는 것이다.

임금이 되어서 반드시 인에 머문 후에야 지극한 선이 된다는 것을 알면 그 뜻이 곧 정해져서 "인이라는 것은 임금으로서 하지 않을 수 없는 것이다"라고 말하게 된다. 이러한 뜻이 굳세고 확실해서 한번 정해져 움직이지 않고 이 마음에 자리잡아 반석처럼 편안한 다음에야 백성들에게 인을 행할 것을 생각하여 이리저리 곰곰이 헤아려보고 그 본말을 생각하고 그 선후를 생각하여 "인이라는 것은 내가 나라를 다스리고 천하를 평안하게 하는 것이다"라고 말하게 된다. 나라를 다스리고 천하를 평안하게 하기를 생각함에 먼저 나의 집안을 가지런하게 하지 않아서는 안 되고, 집안을 가지런하게 하기를 생각함에 먼저 나의 몸을 닦지 않아서는 안 되고, 몸을 닦기를 생각함에 먼저 마음을 바로잡고 먼저 뜻을 정성스럽게 하지 않아서는 안 되니, 이에 뜻을 정성스럽게 하는 것으로부터 들어가야 한다. 뜻을 정성스럽게 하는 것으로부터 착수하는 것이 인을 시작하는 일이 되니, 이것을 '얻을 수 있다'고 이른다. '얻는다'는 것은 길을 얻는 것이니, 시작의 실마리를 얻는 것이다.

答難 或問曰: "得者, 得其所止也, 子以爲得其所始, 是何艱難也? 夫自知止以來, 定靜安慮, 已歷五層階級, 僅得其始, 不亦晚乎?" ○答曰 定·靜·安三字, 雖有淺深之別, 都是定志之說, 聖人形容其立志堅確之象而已。靜而能安, 非仁者安仁[106]之安。但其立志, 安如磐石, 不撓不拔云耳。自此以往, 纔一揣慮, 遂得所止, 不太無漸乎? 止者, 至善之所在也。平生積力, 可到此地, 今乃云一蹴可到, 不太陵遽乎? 朱子曰'慮謂處事精詳'。夫處事精詳, 其在守令考課之目, 猶非天下之最, 自此一蹴, 以到至善, 豈愚之所能曉乎? 下文云'物有本末, 事有終始', 此八字, 明是慮字之註腳。望見前路, 尚是萬里, 而謂之得其所止乎! 能得者, 得路也。下文云'知所先後, 則近道矣', 近道者, 得路也。

---

106) 『論語』,「里仁」.

논난에 답함 어떤 사람이 물었다. "'얻는다'는 것은 그 머물 바를 얻는 것인데, 그대는 시작할 바를 얻는다고 여기니 어찌 이렇게 어려운가? '머물 데를 안다'는 이후로 '정해짐'과 '고요함'과 '편안함'과 '생각함' 등 이미 다섯 단계를 거쳤는데 겨우 그 시작을 얻는다면 또한 늦지 않는가?" ○**답변** '정해짐[定]'·'고요함[靜]'·'편안함[安]' 세 글자는 비록 얕고 깊은 구별은 있지만 이 모두 뜻을 정한다는 말이니, 성인이 그 뜻을 세운 것이 굳센 모양을 형용했을 따름이다. 고요하고서야 편안할 수 있다는 것은 '인자仁者는 인을 편안하게 여긴다'고 할 때의 그 '편안함'이 아니다. 다만 그 뜻을 세운 것이 반석처럼 편안하여 흔들리지도 않고 뽑히지도 않는 것을 말할 따름이다. 이후로 한 번 헤아려 생각하자마자 곧 머물 바를 얻게 된다면 점진적인 것을 너무 무시하는 것이 아닌가? '머물 곳'이라는 것은 지극한 선이 있는 곳이다. 평생 동안 공력을 쌓아야 이 경지에 이를 수 있는데, 지금 이내 말하기를 '한번의 내디딤으로 이를 수 있다'고 한다면 너무 가볍고 급작스러운 것이 아닌가? 주자는 '여慮는 일처리하는 것이 정밀하고 상세함을 말한다'고 하였다. 저 '일처리하는 것이 정밀하고 상세함'은 수령들의 성적을 평가하는 항목에서도 오히려 최고 성적에 해당하는 것이 아닌데, 이로부터 한번 내디딤으로써 지극한 선의 경지에 도달한다면 어찌 내가 깨달을 수 있는 것이겠는가? 아랫글에서 '사물에는 근본과 말단이 있고 일에는 끝과 시작이 있다'고 했는데, 이 여덟 글자는 분명히 '여慮'자의 각주이다. 앞길을 바라보면 오히려 만 리인데, 그 머물 바를 얻었다고 말하겠는가! '얻을 수 있다'는 것은 길을 얻는 것이다. 아랫글에서 '먼저 할 것과 나중에 할 것을 알면 도에 가까울 것이다'고 했는데, '도에 가깝게 된다'는 것은 길을 얻는다는 것이다.

物有本末, 事有終始, 知所先後, 則近道矣。【先·後, 皆去聲¹⁰⁷⁾】

物讀之如有物有則之物。物者, 意·心·身·家·國·天下也。事者, 誠·正·修·齊·治·平也。本始所先, 末終所後。【先者, 先之也, 後者, 後之也】知此, 則知所以起程, 斯近道矣。道者, 路也。○議曰 意·心·身, 本也。家·國·天下, 末也。然修身又以誠意爲本, 平天下又以齊家爲本, 本末之中, 又各有本末也。故下文六事, 相銜相聯, 層層爲本, 其文如貫珠綴璧。斯皆能慮之所得也。誠·正·修, 始也, 齊·治·平, 終也。其終始之中, 又各有終始, 如本末之例也。然誠之爲物, 貫徹始終, 誠以誠意, 誠以正心, 誠以修身, 誠以治家國, 誠以平天下。▶

---

107) 거성이라고 지시한 것은 그 뜻이 '앞', '뒤'라는 단순 명사가 아니라 서술어로 쓰여서 '앞서 하다', '나중에 하다'는 의미임을 가리킨다. '앞', '뒤'라는 명사나 '먼저', '뒤에'라는 부사로 쓰일 때는 평성이다.

사물에는 근본과 말단이 있고 일에는 끝과 시작이 있으니, 먼저 할 것과 나중에 할 것을 알면 도에 가까울 것이다.【先과 後는 모두 거성이다】

'물物'자는 '사물이 있으면 법칙이 있다[有物有則]'고 할 때의 '물物'자와 같이 읽는다. '물'이란 것은 뜻[意]·마음[心]·몸[身]·집안[家]·나라[國]·천하天下이다. '일'이란 것은 정성스럽게 함[誠]·바르게 함[正]·닦음[修]·가지런하게 함[齊]·다스림[治]·평안하게 함[平]이다. 근본과 시작은 먼저 할 것이고 말단과 마침은 나중에 할 것이다.【'선先'이라는 것은 먼저 한다는 것이고, '후後'라는 것은 나중에 한다는 것이다】 이것을 알면 길을 떠날 수 있게 되니 곧 도에 가깝게 된다. '도'라는 것은 길이다.

○**공적 의론** 뜻[意]·마음[心]·몸[身]은 근본이고, 집안[家]·나라[國]·천하天下는 말단이다. 그러나 몸을 닦는 것은 또 뜻을 정성스럽게 하는 것으로 근본을 삼고 천하를 평안하게 하는 것은 또 집안을 가지런하게 하는 것으로 근본을 삼으니, 본말 중에 또 각기 본말이 있다. 그러므로 아랫글의 여섯 가지 일은 서로 맞물리고 서로 연결되어 겹겹이 근본이 되니, 그 글이 구슬을 꿰고 벽옥을 이어 놓은 것과도 같다. 이것은 모두 생각할 수 있게 됨으로 얻게 되는 것이다. 정성스럽게 함[誠]·바르게 함·닦음은 시작이고, 가지런하게 함·다스림·평안하게 함은 마침이다. 그 마침과 시작 가운데 또 각기 마침과 시작이 있으니 본말의 예와 같다. 그러나 '성誠'이란 것은 시작과 마침을 꿰뚫으니, 성으로써 뜻을 정성스럽게 하며 성으로써 마음을 바르게 하며 성으로써 몸을 닦으며 성으로써 집안과 나라를 다스리며 성으로써 천하를 평안하게 한다.▶

◀故《中庸》曰'誠者, 物之終始也'.

答難 或問曰: "子所言本末終始, 違於《章句》, 何也?" ○**答曰** 物者, 自立成象之名也. 事者, 有所作爲之名也. 德‧民可謂之物, 明德‧新民則事‧物混矣. 知止猶可云事, 而能得者, 美其功之言, 不可曰事矣. 此[*]所云能得, 是何事之能得乎? <u>朱子本以能得爲至善, 又以至善爲明德‧新民之所統合</u>, 則是至善之內, 含有誠‧正‧修‧齊‧治‧平六件事之極工也. 通執六件事之極工, 而斷之曰能得爲終, 是猶通執四時, 而斷之曰四時爲冬, 豈可通乎? 斯愚之所不敢取也. 其不以德‧民爲物之本末, 何也? 明德者, 孝弟慈也. 孝弟慈, 原無本末. 親民, 亦弟慈之在民者也.◀

◀그러므로 『중용』에서는 "성이란 것은 사물의 마침과 시작이다"라고 하였다.

논난에 담함 어떤 사람이 물었다. "그대가 말한 근본과 말단, 마침과 시작이 『장구章句』와 어긋나는 것은 어째서인가?"

○**답변** '사물[物]'은 자립하여 형상을 이루고 있는 것을 가리키고, '일[事]'은 행위를 하는 바가 있는 것을 가리킨다. '덕德'과 '백성[民]'은 사물이라고 말할 수 있지만, '덕을 밝힌다[明德]', '백성을 새롭게 한다[新民]'는 것은 '일'과 '사물'이 뒤섞여 있다. '머물 데를 안다[知止]'는 것은 오히려 '일'이라고 말해도 되지만 '얻을 수 있다[能得]'는 것은 그 공효를 아름답게 여겨서 한 말이니 '일'이라고 말해서는 안 된다. 이 '얻을 수 있다'고 말한 것은 무슨 일을 얻는다는 것인가? 주자는 본래 '얻을 수 있는 것'이 '지극한 선'이라고 여겼고, 또 '지극한 선'이 '덕을 밝히는 것'과 '백성을 새롭게 하는 것'을 통합하는 것이라고 여겼으니, 이는 지극한 선의 안에 정성스럽게 함·바르게 함·닦음·가지런하게 함·다스림·평안하게 함이라는 여섯 가지 일의 극진한 공부를 포함하고 있는 것이다. 이 여섯 가지 일의 극진한 공부를 한데 묶어서 단정하기를 '얻을 수 있는 것이 마침이 된다'고 한다면, 이는 사계절을 한데 묶어서 단정하기를 '사계절은 겨울이다'고 하는 것과 같으니 어찌 통할 수 있겠는가? 그래서 내가 감히 취하지 못한다. '덕'과 '백성'을 사물의 본말로 보지 않는 것은 무엇 때문인가? '밝은 덕'이라는 것은 효도[孝]·공손[弟]·자애[慈]이다. 효도·공손·자애는 원래 본말이 없다. '백성을 친하게 하는 것' 역시 공손과 자애가 백성들에게 있게 하는 것이다.▶

◀曰德曰民, 旣非意·心·身·家·國·天下之綱領, 何以爲物之本
末乎!

古之欲明明德於天下者, 先治其國, 欲治其國者, 先齊其家,
欲齊其家者, 先修其身, 欲修其身者, 先正其心, 欲正其心者,
先誠其意, 欲誠其意者, 先致其知, 致知在格物。【先, 平聲】

古, 謂堯·舜·三王之時。致, 至之也。格, 量度也。極知其所先
後, 則致知也。度物之有本末, 則格物也。○議曰《中庸》曰: "誠
者, 物之終始。"始者, 成己也。終者, 成物也。成己者, 修身也。
成物者, 化民也。▶

◀덕이니 백성이니 하는 것이 이미 뜻[意]·마음[心]·몸[身]·집안[家]·나라[國]·천하天下의 강령綱領이 아닌데 어떻게 사물의 본말이 되겠는가?

옛날에 온 세상에 밝은 덕을 밝히고자 하는 사람은 먼저 그 나라를 다스렸고, 그 나라를 다스리고자 하는 사람은 먼저 그 집안을 가지런하게 하였고, 그 집안을 가지런하게 하고자 하는 사람은 먼저 그 몸을 닦았고, 그 몸을 닦고자 하는 사람은 먼저 그 마음을 바르게 하였고, 그 마음을 바르게 하고자 하는 사람은 먼저 그 뜻을 정성스럽게 하였고, 그 뜻을 정성스럽게 하고자 하는 사람은 먼저 그 앎을 지극히 하였으니, 앎을 지극히 하는 것은 사물을 헤아림에 달려 있다.【선先은 평성이다】

'옛날'은 요임금, 순임금, 삼왕(三王: 우임금, 탕임금, 문왕·무왕)의 시대를 말한다. '치致'는 지극히 하는 것이다. '격格'은 헤아리는 것이다. 먼저 하고 나중에 할 바를 지극히 잘 아는 것이 '치지致知'이다. 사물에 근본과 말단이 있음을 잘 헤아리는 것이 '격물格物'이다.
○공적 의론 『중용』에서는 "성誠이란 것은 사물의 마침과 시작이다"라고 했는데, '시작'이란 것은 자신을 이루는 것이고, '마침'이라는 것은 남을 이루는 것이다. '자신을 이룬다'는 것은 몸을 닦는 것이고, '남을 이룬다'는 것은 백성들을 교화하는 것이다.▶

◀然則修身原以誠意爲首功, 從此入頭, 從此下手, 誠意之前, 又安有二層工夫乎? 惟是天下萬事, 不得不先有慮度, 慮度詳審, 然後始*乃起功法也。昭明德於天下, 使天下之人, 咸歸大道者, 天地間頭一件大事也。故旣知所止, 乃定其志, 旣定其志, 乃慮其事, 通執所經營之物事, 度其本末, 算其終始。於是自其末而溯之, 上至誠意, 爲始事之初步。特以量度揣摩, 在始事之前, 故上面又安著致知·格物二件。物仍是此物, 知仍是此知, 即凡天下之物, 及其所知天下之理, 何與於是哉?《中庸》以誠爲物之終始, 而誠身上面, 先有明善一層, 明善者, 知止也。知將以止於至善, 非明善乎? 但《中庸》以知止·能得·格物·致知, 合而名之曰明善, 文有詳略, 而其道則同也。

---

* 始: 新朝本에는 '是'로 되어 있다.

◀그렇다면 몸을 닦는 것은 원래 뜻을 정성스럽게 하는 것을 으뜸가는 공으로 삼아, 이를 따라 들어가고 이를 따라 착수하는 것이니, 뜻을 정성스럽게 하는 것 앞에 또 어떻게 두 층의 공부가 있겠는가? 오직 세상의 모든 일은 먼저 헤아려보지 않아서는 안 되니, '자세하게 헤아려 본 다음에 시작하는 것'이 바로 일을 시작하는 방법이다. 온 세상에 밝은 덕을 밝혀서 온 세상 사람들로 하여금 모두 큰 도道에 돌아가게 하는 것은 천지간의 큰 일이다. 그러므로 이미 머물 데를 알았다면 이에 그 뜻을 정하고, 이미 그 뜻을 정했으면 이에 그 일을 헤아려서, 경영해야 할 사물과 일을 다 가져다가 그 근본과 말단을 헤아려보고 그 마침과 시작을 따져보아야 한다. 이에 그 말단으로부터 거슬러 올라가서 위로 '뜻을 정성스럽게 함'에 이르는 것이 일을 시작하는 첫걸음이 된다. 다만 곰곰이 잘 헤아려 보는 것은 일을 시작하기 전이기 때문에 그 위에다 또 '앎을 지극히 하는 것[致知]'과 '사물을 헤아리는 것[格物]' 두 가지를 붙여 둔 것이다. 사물은 바로 이 사물이고 앎은 바로 이것에 대한 앎인데, '천하의 모든 사물에 나아가는 것'과 그 천하의 이치를 아는 것이 이것과 무슨 상관이 있겠는가? 『중용』에서는 성誠을 사물의 마침과 시작이라고 했는데, '몸을 정성스럽게 함[誠身]' 위에 먼저 '선을 밝힌다'는 한 층이 있으니, '선을 밝힌다'는 것이 머물 데를 아는 것이다. 지극한 선에 머무는 방법을 아는 것이 선을 밝히는 것이 아니겠는가? 다만 『중용』에서는 '머물 데를 아는 것', '얻을 수 있는 것', '사물을 헤아리는 것', '앎을 지극히 하는 것'을 합하여 '선을 밝히는 것'이라고 이름하였으니, 글에 자세하고 간략함이 있지만 그 도는 같다.

引證 李善《文選注》引《蒼頡篇》[108]云: "格, 量度之也。"【〈運命論〉[109]
之註】○顧野王《玉篇》[110]曰: "格, 量度也。"○宋 陳彭年重修陸
法言《廣韻》曰: "格, 度也, 量也。"○錢升菴 彦僑曰: "《大學》以
格物始, 以絜矩終。格物則量度本末, 絜矩則量度人己。"○蒼
懷曰: "格訓量度, 此是李斯及太史令胡毋敬所定字詁。"○**鏞案**
杜林作《蒼頡訓纂》,【揚雄亦作之】賈魴作《蒼頡滂喜》,【後漢人】與李
斯之《蒼頡篇》, 合稱三蒼。皆詁訓之最高最正者。○**又按**〈緇衣〉
曰: "言有物而行有格。"鄭注曰: "行無踰矩爲格。"然言有物者,
言有辨別也。行有格者, 行有量度也。

---

108) 『蒼頡篇』: 진秦나라 이사李斯가 지은 옛 자서字書 이름.
109) 「運命論」: 삼국 시대 위魏나라의 이소원李蕭遠이 지은 글 이름. 소원蕭遠은 자字, 이름
    은 강康이다. 『문선』 제53권에 실려 있다. 그 글 중 "故彼四賢者, 名載於錄圖, 事應乎天
    人, 其可格之賢愚哉."라는 구절의 '격格'자에 대한 주석이다.
110) 『玉篇』: 고야왕이 엮은 한자漢字 자전字典으로, 30권 542부이다.

인용하여 증명함 이선李善의 『문선주文選注』에서 『창힐편蒼頡篇』을 인용하여 "'격格'은 헤아리는 것이다"라고 하였다.【「운명론運命論」의 주석이다】

○고야왕顧野王의 『옥편玉篇』에서 "'격格'은 헤아리는 것이다"라고 하였다.

○송宋나라의 진팽년陳彭年은 육법언陸法言의 『광운廣韻』을 중수重修하면서 "'격格'은 재는 것이며 헤아리는 것이다"라고 하였다.

○승암升菴 전언준錢彦儁이 말하였다. "『대학』은 '격물格物'로 시작해서 '혈구絜矩'로 끝난다. '격물'은 근본과 말단을 헤아리는 것이고 '혈구'는 자기와 남을 헤아리는 것이다."

○창회蒼懷가 말하였다. "'격格'은 헤아린다는 뜻인데, 이것은 이사李斯와 태사령太史令 호무경胡毋敬이 정한 글자뜻이다."

○**나의 판단** 두림杜林은 『창힐훈찬蒼頡訓纂』을 지었고【양웅揚雄도 같은 제목의 책을 지었다】 가방賈魴은 『창힐방희蒼頡滂喜』를 지었는데,【후한 사람이다】 이사李斯의 『창힐편』과 함께 『삼창三蒼』이라고 부른다. 모두 훈고가 가장 훌륭하고 정확하게 된 것이다.

○**또 생각건대** 『예기』「치의緇衣」를 살펴보면, "말에는 물物이 있으며 행동에는 격格이 있다"라고 한 부분이 있는데, 정현鄭玄의 주注에서는, "행동이 법도를 넘지 않는 것이 '격格'이다"라고 하였다. 그러나 '말에는 물物이 있다'는 것은 말에 변별이 있다는 것이고, '행동에는 격格이 있다'는 것은 행동에 헤아림이 있다는 것이다.

引證 《魏志·和洽傳》云:“尚書毛玠等, 以節儉選人物。洽云, ‘儉約, 過中。以之處身則可, 若以之格物則所失實多。’”○毛云: “此正以格物爲品量人物之解。”[111]

考訂 鄭曰:“格, 來也。”[112] ○朱子曰:“格, 至也。”○**鏞案** 物定, 然後格可議也。物之爲心·身·家·國, 旣確然可定, 則通執三蒼·《爾雅》·《說文》之詁訓, 擇取其合於我物者, 以訓格物, 乃當然之理也。曰來曰至, 雖皆有古據, 柰與我物不合, 何哉? 王陽明訓之爲正物, 猶之可也, 若司馬溫公扞格物欲之解, 則格音, 胡客切, 原非同字, 其形偶同耳。

---

111) 모기령의 『사서잉언四書滕言』 제2권에 나온다.
112) 『禮記注疏』, 「大學」 ‘致知在格物’의 鄭玄注.

인용하여 증명함 『위지魏志』「화흡전和洽傳」에, "상서尚書 벼슬의 모개毛玠 등이 절약節約·검소儉素를 기준으로 사람을 뽑았다. 화흡이 말하기를, '검약함은 중용을 벗어난 것이다. 그것으로써 처신한다면 괜찮지만 만약 그것으로써 인물을 헤아린다면[格物] 잘못됨이 실로 많다'고 하였다"라고 되어 있다.

O모기령毛奇齡이 말하였다. "이것이 바로 '격물格物'을 '인물을 헤아린다'고 본 해석이다."

고증하여 바로잡음 정현鄭玄이 말하였다. "'격格'은 오는 것이다."

O주자가 말하였다. "'격格'은 이르는 것이다."

O**나의 판단** 물物이 가리키는 것이 정해진 다음에야 격格을 논의할 수 있다. '물'이 마음·몸·집안·나라라는 것을 이미 확실하게 정할 수 있으면 『삼창三蒼』과 『이아爾雅』와 『설문해자說文解字』의 뜻풀이를 모두 가져다가 내가 생각하는 '물'에 합당한 것을 가려 취하여서 '격물'을 풀이하는 것이 당연한 이치이다. 온다[來]고 하거나 이른다[至]고 하는 것은 비록 모두 옛날의 근거가 있으나 내가 생각하는 '물'과는 부합하지 않는데 어떻게 할 것인가? 왕양명王陽明이 '사물을 바로잡는다[正物]'고 풀이한 것은 그래도 괜찮지만, 사마온공(司馬溫公: 司馬光)이 '물욕을 막아낸다'고 풀이했을 때의 격格자의 음은 호胡와 객客의 반절음半切音으로 원래 같은 글자가 아닌데 그 모양이 우연히 같을 뿐이다.

物格而后知至, 知至而后意誠, 意誠而后心正, 心正而后身修, 身修而后家齊, 家齊而后國治, 國治而后天下平。【后, 皆上聲】[113]

慮事之初, 度其勢, 自外而內溯之, 慮事旣畢, 計其功, 自內而外推之。故上逆而下順也。意·心·身·家·國·天下, 明見其有本末則物格也。誠·正·修·齊·治·平, 明認其所先後則知至也。夫然後始事, 故曰'知至而后意誠'。○議曰《大學》有三綱領, 三綱領, 各領三條目, 皆是孝弟慈。【見上圖】[114] 此節非明德·新民之條目也。然且文雖八轉, 事惟六條, 格物致知, 不當幷數之爲八。名之曰格致六條, 庶名實相允也。

113) 앞에서 '후後'자가 상성上聲으로 쓰여 서술적으로 '뒤에 하다'는 뜻이었음에 비해 여기서는 명사로 '뒤'라는 뜻임을 밝힌 것이다.
114) 이 책 84~86쪽 참조.

물物이 헤아려진 다음에 앎이 지극하게 되고, 앎이 지극하게 된 다음에 뜻이 정성스럽게 되고, 뜻이 정성스럽게 된 다음에 마음이 바르게 되고, 마음이 바르게 된 다음에 몸이 닦아지고, 몸이 닦아진 다음에 집안이 가지런하게 되고, 집안이 가지런하게 된 다음에 나라가 다스려지고, 나라가 다스려진 다음에 천하가 평안해진다.【'후后'자는 모두 상성上聲이다】

일을 헤아리는 시초에는 그 형세를 따져 밖으로부터 안으로 거슬러 들어오고, 일을 헤아리는 것이 이미 끝나면 그 공을 계산해서 안으로부터 밖으로 미루어나간다. 그러므로 윗글은 역순이었고 아랫글은 순서대로 하였다. 뜻[意]·마음[心]·몸[身]·집안[家]·나라[國]·천하天下에 본말이 있음을 분명하게 보게 되면 물物이 헤아려지는 것이다. 정성스럽게 함·바르게 함·닦음·가지런하게 함·다스림·평안하게 함에서 먼저 할 바와 나중에 할 바를 분명하게 인식하게 되면 앎이 지극하게 되는 것이다. 그런 다음에 일을 시작하므로 "앎이 지극하게 된 뒤에 뜻이 정성스럽게 된다"라고 하는 것이다.

○**공적 의론** 『대학』에는 삼강령이 있고 삼강령마다 각각 삼조목을 거느리고 있는데 이는 모두 효도·공손·자애이다.【앞의 도표에 나온다】 이 절은 명덕·신민의 조목이 아니다. 그리고 또 글은 여덟 번 전환했지만 일은 오직 여섯 가지 뿐이니 격물과 치지를 함께 셈하여 여덟 가지로 하는 것은 마땅하지 않다. '격치육조格致六條'라고 부르는 것이 이름과 실상이 서로 합당할 듯하다.

○后者, 上聲字也。別作后形者, 明上'先後'之後爲去聲字也。【后·
後, 本諧聲[115]】

自天子以至於庶人, 壹是皆以修身爲本。其本亂而末治者否
矣, 其所厚者薄, 而其所薄者厚, 未之有也。此謂知本, 此謂
知之至也。

壹是, 猶言一槩。修身然後可以化下, 修身然後可以事上, 故上下
皆以修身爲本也。所厚, 謂身也。所薄, 謂民也。知本者, 知家·
國·天下之本在身也。

引證 孟子曰: "於所厚者薄, 無所不薄也。"[116] ○孟子曰: "人有
恒言, 皆曰天下國家, 天下之本在國, 國之本在家, 家之本在
身。"[117] ○**鏞案** 此堯·舜以來淵源所注也。*

---

* 引證~所注也: 편집 체제상 아래의 格致圖 다음에 있어야 옳은 듯하다.

115) 해성諧聲자는 육서六書 중 형성形聲자와 같은 것으로, 음을 나타내는 부분과 뜻을 나타
내는 부분이 결합해서 글자를 만드는 원리이다. 현재 이 '후后'와 '후後'는 모두 회의會意
자로 되어 있는데 다산이 이를 해성자라고 한 것은 별도의 연구가 있었던 듯하다.
116) 『孟子』, 「盡心」上.
117) 『孟子』, 「離婁」上.

○'후后'는 상성上聲의 글자이다. 별도로 후后의 형태로 쓴 것은 앞에 나온 '선후先後'의 '후後'자가 거성去聲자임을 밝힌 것이다.【'후后'와 '후後'는 본래 해성諧聲자이다】

천자로부터 서민에 이르기까지 모두가 한가지로 몸을 닦는 것을 근본으로 삼아야 한다. 그 근본이 어지러우면서 말단이 다스려지는 경우는 없으며, 두텁게 할 것에 박하게 하고 박하게 할 것에 두텁게 하는 자는 없었다. 이것을 근본을 안다고 하고, 이것을 앎의 지극함이라고 한다.

'일시壹是'는 일개(一槩: 하나로)와 같은 말이다. 몸을 닦은 다음에 아랫사람을 교화시킬 수 있고, 몸을 닦은 다음에 윗사람을 섬길 수 있으므로 위로든 아래로든 모두 몸을 닦는 것으로 근본을 삼는다. '두텁게 할 것'은 자신을 말하고, '박하게 할 것'은 백성을 말한다. '근본을 안다'는 것은 집안·나라·천하의 근본이 자신에게 있음을 아는 것이다.

인용하여 증명함 맹자가 말했다. "두텁게 할 것에 박하게 하면 박하게 하지 않는 것이 없게 될 것이다."

○맹자가 말했다. "사람들이 늘 모두가 천하니 나라니 집안이라고 하는데, 천하의 근본은 나라에 있고, 나라의 근본은 집안에 있고, 집안의 근본은 자신에게 있다."

○**나의 판단** 이것은 요순 이래로 연원이 흘러내려온 것이다.

議曰* 自'知止而后有定'以下至此節，都是格物致知之說，格物致知，不得更有一章，兹爲格致圖如左。

格物有　　　　　　　　　致知所

本　　　　末　　　　　先　　　　　後
意心身　　家國天下　　　　　　　　　　　國治而后天下平
　　事有　　　　　　　欲正者先誠意　身修而后家齊　家齊而后國治
始　　　　終　　　　　欲修者先正心　心正而后身修
誠正修　　齊治平　　　欲齊者先修身　意誠而后心正
　　　　　　　　　　　欲治者先齊家
其本亂　　而末治　　　欲平者先治國　物格而后知至
　　　　　　　　　　　誠意者先致知**　知所先後則近道
者否　　　至庶人
　　修身爲本　　　　　　　　　　　　　此謂知之至
自天子　　　　　　　　　　　　　　　此謂知本

* 曰: 新朝本에는 '日'로 되어 있다.
** 知: 新朝本에는 '治'로 되어 있다.

공적 의론 '머물 데를 안 뒤에야 정함이 있다'고 한 이하로부터 이 절에 이르기까지 모두 격물과 치지에 대한 말이므로 격물과 치지가 다시 별도의 한 장으로 있어서는 안 된다. 이에 격치도格致圖를 아래와 같이 만들었다.

격치도 (좌)

헤아린다. 사물에는			
근본과		말단이 있음.	
뜻 / 마음 / 몸		집안 / 나라 / 천하	
일에는			
먼저 할 것과		나중에 할 것이 있음.	
정성스럽게 함 / 바르게 함 / 닦음		가지런하게 함 / 다스림 / 평안하게 함	
근본이 어지러우면서	없다.	말단이 다 스려지는 경우는	
천자로부터	몸을 닦는 것을 근본으로 삼아야 하니,	서민에 이르기까지	
	이것을 근본을 안다고 한다.		

격치도 (우)

앎을 지극히 한다.	
먼저 할 것	나중에 할 것
바르게 하고자 하는 자는 먼저 뜻을 정성스럽게 하고	뜻이 정성스럽게 된다음에 마음이 바르게 되고
닦고자 하는 사람은 먼저 마음을 바르게 하고	마음이 바르게 된다음에 몸이 닦아지게 되고
가지런하게 하고자 하는 사람은 먼저 몸을 닦고	몸이 닦아진다음에 집안이 가지런하게 되고
다스리고자 하는 사람은 먼저 집안을 가지런하게 하고	집안이 가지런해진다음에 나라가 다스려지고
평안하게 하고자 하는 사람은 먼저 나라를 다스린다.	나라가 다스려진다음에 천하가 평안해진다.
뜻을 정성스럽게 하는 사람은 먼저 앎을 지극히 한다.	먼저 할 것과 나중에 할 것을 알면 도에 가까울 것이다. / 物物이 헤아려진 다음에 앎이 지극하게 된다.
	이것을 앎의 지극함이라고 한다.

考訂 宋 黎立武《大學發微》云: "格物即物有本末之物, 致知即知所先後之知。蓋通量物之本末·事之終始, 而爲用力之先後耳。夫物孰有出于心·身·家·國·天下之外者哉? 天下之本在國, 國之本在家, 家之本在身, 身之本在心, 心之發爲意, 此物之本末也。誠而正, 正而修, 修而齊, 齊而治, 治而平, 此事之終始也。本始, 先也, 末終, 後也, 而曰知所先後者, 其究在乎知止而已。" ○毛大可[118]云: "黎立武字以常, 臨江人, 官國子司業。嘗以講學受門徒, 爲宋末儒者, 號元中子。" ○又云: "禾中[119]朱檢討[120]竹垞,【名彝尊】于京師藏書家, 得黎氏所作。其後山陰[121]劉先生講學蕺山[122], 曉示門徒, 亦如所云。今姜氏所刻《劉子學言》, 明載其語。"▶

---

118) 毛大可: 청나라 경학자 모기령毛奇齡이다.
119) 禾中: 지명인 듯하나 확인되지 않음. 『청사고清史稿』의 「열전列傳」에는 주이존이 수수秀水 사람으로 되어 있다.
120) 檢討: 주이존의 벼슬 이름. 국사國史의 편찬을 관장하던 직책.
121) 山陰: 중국의 현縣 이름.
122) 蕺山: 중국 절강성浙江省 소흥현紹興縣 와룡산臥龍山 동북쪽에 있는 산 이름이다. 왕희지의 집이 있던 곳이며 명나라 말에 유종주劉宗周가 여기서 강학하였다.

고증하여 바로잡음 송宋나라의 여입무黎立武는 『대학발미大學發微』에서 말했다. "'격물格物'의 물은 바로 '물物에는 근본과 말단이 있다'고 할 때의 '물'이고, '치지致知'의 지知는 바로 '먼저 할 바와 나중에 할 바를 안다'고 할 때의 '지'이다. 대개 물의 본말과 일의 시종을 전체적으로 헤아려서 공부에 선후로 삼는다는 뜻일 뿐이다. 저 물 중에 마음·몸·집안·나라·천하에서 벗어나는 것이 무엇이 있겠는가? 천하의 근본은 나라에 있고, 나라의 근본은 집안에 있고, 집안의 근본은 몸에 있고, 몸의 근본은 마음에 있고, 마음이 발해서 뜻이 되니, 이것이 물物의 본말이다. (뜻을) 정성스럽게 하여서 (마음을) 바르게 하고, (마음을) 바르게 하여서 (몸을) 닦고, (몸을) 닦아서 (집안을) 가지런하게 하고, (집안) 가지런하게 하여서 (나라를) 다스리고, (나라를) 다스려서 (천하를) 평안하게 하니, 이것이 일의 시작과 마침이다. 근본과 시작이 먼저 할 것이고, 말단과 마침이 나중에 할 것이니, '먼저 할 것과 나중에 할 것을 안다는 것'은 결국 '머물 데를 안다[知止]'는 것일 따름이다."

○모대가毛大可가 말했다. "여입무는 자字가 이상以常이고 임강臨江 사람인데 벼슬은 국자사업國子司業을 지냈다. 일찍이 학문을 강론하여 제자들을 받아들였는데 송나라 말기의 유학자이며 호는 원중자元中子이다."

○또 말했다. "화중禾中의 검토檢討 주죽타朱竹垞가【이름은 이존彝尊이다】 북경의 장서가藏書家에게서 여씨黎氏가 지은 것을 얻었다. 그 후에 산음山陰의 유선생劉先生이 즙산戢山에서 학문을 강론하면서 제자들을 가르칠 때에도 그가 말한 것과 같이하였다. 지금 강씨姜氏가 간행한 『유자학언劉子學言』에도 그 말을 분명하게 싣고 있다."▶

◀○**鏞案** 黎*氏, 宋儒也。此論之發, 蓋久矣。其言甚粹, 但以知所先後爲知止, 小誤。

考訂 元儒王魯齋【柏】曰:"《大學》錯簡或有之, 然未嘗闕也, 安事補矣?"○**鏞案** 前人**謂董槐·葉夢鼎·吳澄諸人, 皆與王魯齋語同。然魯齋以知止有定節·物有本末節·子曰聽訟節, 合之爲傳之五章, 而尾曰'此謂知本, 此謂知之至也', 則其論仍不足以破衆惑也。然其謂致知格物未嘗亡, 則亦公議也。【方正學亦從董·葉·魯齋之義】

考訂 王心齋《語錄》曰:"格物者, 格其物有本末之物。致知者, 致其知所先後之知。"【陶石簣, 亦有是語】○張侗初曰:"物有本末, 事有終始, 所以先致知也。物有所本末, 所以在格物也。"▶

---

* 黎: 新朝本에는 '黍'로 되어 있다.
** 人: 新朝本에는 '入'으로 되어 있다.

◀○**나의 판단** 여씨는 송나라 유학자이니, 이 의론이 나온 것은 오래되었다. 그 말이 매우 순수하나 다만 '먼저 할 것과 나중에 할 것을 아는 것'을 '머물 데를 아는 것'이라고 여긴 것은 약간 잘못이다.

고증하여 바로잡음 원元나라 유학자인 왕노재王魯齋【백柏】가 말했다. "『대학』은 앞뒤가 뒤바뀐 곳은 더러 있지만 빠진 곳은 없는데, 무엇 때문에 보충을 하겠는가?"

○**나의 판단** 앞 사람들은 동괴董槐·엽몽정葉夢鼎·오징吳澄 등 여러 사람이 모두 왕노재의 말과 같았다고 말한다. 그러나 노재는 '지지유정知止有定'절과 '물유본말物有本末'절과 '자왈청송子曰聽訟'절을 합하여 전5장傳五章이라고 하고, 끝에 가서 "이것을 근본을 아는 것이라고 하고, 이것을 앎의 지극함이라고 한다"라고 말하였으니, 그의 주장은 여전히 여러 사람의 의혹을 깨뜨리기에는 부족하다. 그러나 그가 '치지격물에 대한 글은 없어지지 않았다'고 말한 것도 공정한 의론이다.【방정학方正學도 동괴董槐·엽몽정葉夢鼎·노재魯齋의 뜻을 따랐다】

고증하여 바로잡음 왕심재王心齋의 『어록語錄』에서 말했다. "'물物을 헤아린다'는 것은 '물에는 근본과 말단이 있다'고 할 때의 '물'을 헤아리는 것이며, '앎을 지극히 한다'는 것은 '먼저 할 것과 나중에 할 것을 안다'고 할 때의 '앎'을 지극히 하는 것이다."【도석궤陶石簣도 이러한 말을 하였다】

○장동초張侗初가 말했다. "물에는 근본과 말단이 있고 일에는 마침과 시작이 있으므로, '먼저 앎을 지극히 해야 한다'고 하였다. 물에는 근본으로 삼고 말단으로 삼아야 할 것이 있으므로, (앎을 지극히 하는 것이) '물을 헤아림에 달려 있다'고 하였다."▶

◀○陸鏡泓曰："此謂知本句, 非衍文, 此謂知之至也句上, 亦無闕文。天下·國·家之物, 皆本于身。致知在格物, 不過要格得此箇分*曉耳。"

○郝鹿野論聽訟章曰："此本, 即物有本末之本, 此知, 即知所先後之知。"○晴巒居士曰："格物, 謂格得物有本末之物, 非是即事窮理之謂。朱文公所補一段, 贅矣。"【已上見徐氏[123]《道胍敦流》】

○鏞案 心齋之說, 明白如此, 世猶以姚江之學[124]而非之, 有公論乎! 徐筆洞亦以諸說爲不然。

考訂 郝京山 敬刻《禮記通解》, 其于《大學》知本節曰："物有本末, 即格物。知所先後, 即致知。"○焦竑云："物有本末, 即物, 知所先後, 即格物。"【出《芝峰類說》[125]】▶

---

* 分: 新朝本에는 빠져 있다.

123) 徐氏: 서분붕徐奮鵬을 말한다.
124) 姚江之學: 왕수인王守仁의 양명학을 가리킨다. 왕수인이 절강성 여요餘姚 출신으로 요강姚江 경현經縣 남쪽에서 이름을 얻었기 때문에 이렇게 불린다.
125) 芝峰類說: 1614년(광해군 6)에 지봉芝峰 이수광이 편찬한 한국 최초의 백과사전적인 저술로 목판본 20권 10책으로 구성되어 있다.

◀○육경홍陸鏡泓이 말했다. "'이것을 근본을 아는 것이라고 한다'는 구절은 쓸데없는 글이 아니며, '이것을 앎의 지극함이라고 한다'는 구절 앞에도 빠진 글이 없다. 천하天下·나라[國]·집안[家]이라는 물物物은 모두 몸에 근본을 두니, '앎을 지극히 하는 것은 물物物을 헤아림에 달려 있다'는 것은 이것을 분명하게 헤아리고자 하는 데 지나지 않는다."

○학녹야郝鹿野는 '청송聽訟'장을 논하여 말했다. "'이것을 근본을 아는 것이라고 한다'고 할 때의 '근본[本]'은 '사물에는 근본과 말단이 있다'고 할 때의 이 '근본[本]'이며, '이것을 앎의 지극함이다'라고 할 때의 이 '앎[知]'은 '먼저 할 것과 나중에 할 것을 안다'고 할 때의 '앎'이다."

○청만거사晴巒居士는 말했다. "'물物物을 헤아린다[格物]'는 것은 '물物物에는 근본과 말단이 있다'고 할 때의 '물物物'을 헤아리는 것이지, '일에 나아가 이치를 궁구함'을 말하는 것이 아니다. 주문공朱文公이 보충해 넣은 한 단락은 군더더기이다."【이상은 서씨徐氏의 『도맥돈류道脈敦流』에 보인다】

○**나의 판단** 왕심재王心齋의 설이 이와 같이 명백한데도 세상에서는 오히려 요강姚江의 학문이라고 하여 비난하니 공론公論이 있단 말인가! 서필동徐筆洞도 여러 설들이 그렇지 않다고 여겼다.

고증하여 바로잡음 경산京山 학경郝敬이 『예기통해禮記通解』를 판각하였는데 『대학』의 지본知本절에 대해서 말했다. "'물에는 근본과 말단이 있다'는 것이 바로 '격물'이고, '먼저 할 것과 나중에 할 것을 안다'는 것이 바로 '치지'이다."

○초횡焦竑이 말했다. "'물에는 근본과 말단이 있다'는 것이 바로 '물'이고, '먼저 할 것과 나중에 할 것을 안다'는 것이 바로 '격물'이다."【『지봉유설芝峯類說』에 나온다】▶

◀○羅念菴云："莫非物也，而身爲本。莫非事也，而修身爲始。故知先即知止，知止即物格，知止能得即物格知至。何則，知本故也。"

○姚承菴 舜牧刻《四書疑問》曰："知本即知先，知本知先即知止，知止而知已至矣。故曰'物格而后知至'。"○**鏞案** 知止者，知子之不可不孝，知君之不可不仁也。知本者，知修身爲天下國家之本也。知先者，知修身當先於齊·治，誠意當先於正·修也。三知各自不同，姚·羅二家之說，誤矣。

考訂 蔣道林云："《大學》之道，必先知止，而其功則始於格物。格物也者，格知身·家·國·天下之渾乎一物也，格*知身之爲本，而家·國·天下之爲末也，格知自天子至庶人皆以修身爲本也。"▶

---

* 格: 新朝本에는 빠져 있다.

◀○나염암羅念菴이 말했다. "물 아닌 것이 없지만 몸이 근본이 되며, 일 아닌 것이 없지만 몸을 닦는 것이 시작이 된다. 그러므로 먼저 할 것을 알면 머물 곳을 알게 되고, 머물 곳을 알면 물이 헤아려지고, 머물 곳을 알아서 얻을 수 있으면 물이 헤아려지고 앎이 지극하게 된다. 왜 그런가 하면, 근본을 알기 때문이다."

○승암承菴 요순목姚舜牧이 판각한 『사서의문四書疑問』에서 말했다. "근본을 알면 먼저 할 바를 알게 되고, 근본을 알고 먼저 할 바를 알면 머물 곳을 알게 되니, 머물 곳을 알면 앎이 이미 지극하게 된다. 그러므로 '물이 헤아려진 다음에 앎이 지극하게 된다'고 말한다."

○**나의 판단** '머물 데를 안다'는 것은, 자식은 효도하지 않아서는 안 된다는 것을 아는 것이고 임금은 어질지 않아서는 안 된다는 것을 아는 것이다. 근본을 안다는 것은 몸을 닦는 것이 천하와 나라와 집안의 근본임을 아는 것이다. 먼저 할 것을 안다는 것은 몸을 닦는 것이 마땅히 (집안을) 가지런히 하고 (나라를) 다스리는 것보다 앞서야 하며, 뜻을 정성스럽게 하는 것이 마땅히 (마음을) 바르게 하고 (몸을) 닦는 것보다 앞서야 함을 아는 것이다. 세 가지의 안다는 것이 각자 같지 않으니, 요순목姚舜牧과 나홍선羅洪先 두 사람의 설은 잘못이다.

고증하여 바로잡음 장도림蔣道林이 말했다. "『대학』의 도는 반드시 먼저 머물 데를 알아야 하는데 그 공부는 물을 헤아리는 것에서 시작한다. '물을 헤아린다'는 것은 몸과 집안과 나라와 천하가 혼연히 한 가지 물임을 헤아려 아는 것이며, 몸이 근본이 되고 집안과 나라와 천하가 말단이 되는 것임을 헤아려 아는 것이며, 천자로부터 서민에 이르기까지 모두 몸을 닦는 것을 근본으로 삼는다는 것을 헤아려 아는 것이다."▶

◀○湛甘泉《視學》云：“《大學》古本，即以知本爲格物。知本者，知修身也。然則格物亦第知修身爲《大學》要功耳。安有從修身外求致知者？”

○**鏞案** 海內之有公議如此。

考訂 孫鍾元云：“格物，只一物，修身是也。致知，只一知，知本是也。”○高忠憲《東林講義》云：“纔知反求諸身，是眞能格物者也。”又云：“千變萬化，有一不起化于身者乎？千病萬痛，有一不起痛于身者乎？此處看得透，謂之格物，謂之知本。故曰‘此謂知本，此謂知之至’。”○魏文靖云：“《大學》曰‘修身爲本’，則家·國·天下，末也。又曰‘德者本也’，則親民，末也。格物者，格此而已。格之有主，即爲知止。格之有序，即爲知先。格之有要，即爲知本。”▶

◀○담감천湛甘泉의 『시학視學』에서 말했다. "『대학』 고본古本은 바로 근본을 아는 것을 물을 헤아리는 것으로 여겼으니, '근본을 안다'는 것은 몸을 닦는 것을 아는 것이다. 그렇다면 물을 헤아리는 것도 다만 몸을 닦는 것이 『대학』의 중요한 공부임을 아는 것일 따름이다. 어찌 몸을 닦는 것의 밖에서 앎을 지극히 하는 것을 구하는 일이 있겠는가?"

○**나의 판단** 중국에는 이와 같은 공정한 의론이 있다.

고증하여 바로잡음 손종원孫鍾元이 말했다. "물을 헤아리는 것이 다만 하나의 물이니 몸을 닦는 것이 이것이다. 앎을 지극히 하는 것은 다만 하나의 앎이니 근본을 아는 것이 이것이다."

○고충헌高忠憲의 『동림강의東林講義』에서 말했다. "자신에게 돌이켜 구할 줄을 알게 되면 참으로 물을 헤아릴 수 있을 것이다." 또 말했다. "수많은 변화가 하나라도 자신에게서 시작하지 않는 것이 있는가? 수많은 병통이 하나라도 자신에게서 시작하지 않는 것이 있는가? 이러한 곳을 꿰뚫어보는 것을 '물을 헤아린다'고 말하고 '근본을 안다'고 말한다. 그러므로 '이것을 근본을 아는 것이라고 하며, 이것을 앎의 지극함이라고 한다'고 말한다."

○위문정魏文靖이 말했다. "『대학』에서 '몸을 닦는 것이 근본이다'라고 하였으니 집안과 나라와 천하는 말단이다. 또 '덕이 근본이다'라고 하였으니 백성을 친애하는 것은 말단이다. '물을 헤아린다'는 것은 이것을 헤아리는 것일 따름이다. 헤아리는 데는 주된 것이 있으니 곧 머물 데를 아는 것이고, 헤아리는 데는 차례가 있으니 곧 먼저 해야 할 것을 아는 것이고, 헤아리는 데는 요점이 있으니 곧 근본을 아는 것이다."▶

◀○吳江 朱愚菴〈與楊令若論大學補傳書〉曰: "〈哀公問〉[126]曰, '成身不過乎物',[127] 天下·國·家皆物也, 身·心·意亦物也。意何以誠, 心何以正, 身何以修, 即格物也。格物之本, 則於身·心·意, 求明德之事, 格物之末, 則于國·家·天下, 求親民之事。"【愚菴又有'致知即致知止之知, 格物即格物有本末之物'語】○鏞案 魏說有病。蓋格物之解, 當以本末字尋之, 致知之解, 當以先後字尋之。乃所謂知止者, 即《中庸》之明善, 與知本·知先不同。魏氏混雜爲說, 且以明德爲本, 親民爲末, 亦誤。【義見前】

考訂 退溪 李先生〈答李仲久湛書〉曰: "近見禹性傳曰, '公自言近世中國有儒者, 覺得《大學》格致章非闕也, 經文知止·物有兩節[128], 即致知之簡, 誤脫在此。'此說, 公意以爲如何?▶

---

126) 哀公問: 『禮記』의 한 편명. 주로 노魯나라 애공과 공자 사이에 예禮에 대하여 주고받은 문답이 실려 있다.

127) 원문은 "公曰, 敢問何謂成身. 孔子對曰, 不過乎物."로 되어 있다. 『예기집설』의 주석에는 응씨應氏의 풀이를 인용하여 '물물이란 실제로 그러한 이치이다[物者, 實然之理也]'라고 하였으며 과過는 지나치다는 뜻으로 풀이하였다. 『예기정의禮記正義』에서는 물물을 사事로, 과過를 과오過誤로 풀이하고, 전체적인 뜻은 "몸을 이루는 도는 그 일에 과오를 저지르지 않는 것이며, 만사가 중용을 얻어 과오가 없으면 모든 행동이 다 선하니 이것이 몸을 이루는 것이다.[言成身之道不過誤其事, 但萬事得中不有過誤, 則諸行並善, 是所以成身也]"라고 설명하였다.

128) 지지知止절은 '그칠 데를 안 뒤에 정함이 있으니, 정한 뒤에 고요할 수 있고 고요한 뒤에 편안할 수 있고 편안한 뒤에 생각할 수 있고 생각한 뒤에 얻을 수 있다.[知止而后有定, 定而后能靜, 靜而后能安, 安而后能慮, 慮而后能得]'를, 물유物有절은 '물에는 근본과 말단이 있고 일에는 마침과 시작이 있으니 먼저 할 것과 나중에 할 것을 알면 도에 가까울 것이다.[物有本末, 事有終始, 知所先後, 則近道矣]'를 가리킨다.

◀○오강吳江의 주우암朱愚菴이 「양영약楊令若에게 대학보전大學補傳을 논하여 보낸 편지」에서 말했다. "「애공문哀公問」에서 '몸을 완성하는 것은 물에서 벗어나지 않는 것이다'고 하였으니, 천하·나라·집안이 모두 물이며, 몸·마음·뜻도 물이다. 뜻을 어떻게 정성스럽게 하는가, 마음을 어떻게 바르게 하는가, 몸을 어떻게 닦는가 하는 것이 곧 격물이다. 물을 헤아리는 것의 근본은 몸·마음·뜻에서 덕을 밝히는 일을 구하는 것이며, 물을 헤아리는 것의 말단은 나라·집안·천하에서 백성들을 친애하는 일을 구하는 것이다."【우암愚菴은 또 "앎을 지극히 한다는 것은 곧 '머물 데를 안다'고 할 때의 앎을 지극히 하는 것이며, 물을 헤아린다는 것은 곧 '물에는 근본과 말단이 있다'고 할 때의 물을 헤아리는 것이다"라는 말도 하였다】

○**나의 판단** 위료옹魏了翁의 설은 병폐가 있다. 대개 '격물'의 풀이는 '본말本末'이라는 글자를 가지고 찾아야 하며, '치지'의 풀이는 '선후'라는 글자를 가지고 찾아야 한다. 그리고 이른바 '머물 곳을 안다'는 것은 곧 『중용』의 '선을 밝힌다'는 것이니 '근본을 아는 것'·'먼저 할 것을 아는 것'과는 같지 않다. 위씨는 마구 뒤섞어서 말하였고, 또 덕을 밝히는 것을 근본으로 삼고 백성을 친애하는 것을 말단으로 삼았으니 역시 잘못이다.【뜻이 앞에 나왔다】

고증하여 바로잡음 퇴계退溪 이선생李先生이 「중구仲久 이담李湛에게 답하는 글」에서 말했다. "요즈음 우성전禹性傳을 만났더니, 〈근래에 중국의 어떤 유학자가 『대학』의 격치장格致章은 글이 빠진 것이 아니라 경문의 지지知止와 물유物有 두 절이 곧 치지致知에 대한 글인데 잘못되어 여기에 있게 되었음을 깨달았다〉고 그대가 말했다고 하던데, 이 말을 그대는 어떻게 생각합니까?'라고 물었습니다.▶

◀【滉】所見則王魯齋及權陽村,【國初大提學】皆有此說, 李復古公,【晦齋字復古】亦有此說。"

○鏞案 此書之後, 靜存齋 李公具以中國近儒諸說, 錄示之。先生非之, 至喻以毀正寢而補廊廡。蓋李公之說, 欲以經文移補傳闕, 故先生非之。若云經傳之文, 都無脫誤, 則先生之答, 未必如是也。王魯齋之《大學》本, 亦毀上數節, 移之爲傳之五章, 退溪之云'毀正寢而補廊廡', 誠確論也。近日羅近溪謂'《大學》只是一章書', 亦通儒之快論也。

西厓 柳先生曰: "物有本末, 事有先後, 便是下文六箇先字 · 七箇後字及本末字張本。若去此, 別作格*物致知章, 便覺下文先後 · 本末字, 無著落, 無漸次。"○鏞案 此本李晦齋之說。故西厓之詩曰'晦齋於道亦功深, 能發前人未發言'。其下注之如此。

---

* 格: 新朝本에는 '物'로 되어 있다.

◀내가 본 바로는 왕노재王魯齋와 권양촌權陽村【국초의 대제학이었다】에게도 모두 이러한 주장이 있고, 이복고李復古 공【회재晦齋의 자가 복고復古이다】에게도 이러한 주장이 있습니다."

○**나의 판단** 이 편지를 받은 뒤에 정존재靜存齋 이공李公은 중국 근래 유학자의 여러 설을 갖추어 기록하여 보내주었다. 퇴계 선생은 그것을 그릇되게 여기며 정침正寢을 헐어서 행랑채를 수리한다는 비유까지 하였다. 대개 이공의 설은 경문經文을 옮겨다 전문傳文의 빠진 곳을 보완하려고 한 것이기 때문에 선생께서 그릇되게 여긴 것이다. 만약 "경전經傳의 글은 빠지거나 잘못된 곳이 전혀 없다"라고 말했다면 선생의 답은 반드시 이와 같지는 않았을 것이다. 왕노재의 『대학』본도 앞의 몇 구절을 헐어서 옮겨다 전傳의 5장으로 삼았으니, 퇴계가 '정침을 헐어서 행랑채를 수리한다'고 한 말은 참으로 정확한 의론이다. 근래에 나근계羅近溪가 '『대학』은 다만 한 장章으로 된 책이다'고 하였으니 역시 통달한 학자의 시원스런 의론이다.

서애西厓 류선생柳先生이 말했다. "'물에는 근본과 말단이 있고 일에는 먼저 할 것과 나중에 할 것이 있다'는 말은 바로 아랫글에 여섯 개의 '선'자와 일곱 개의 '후'자 및 '본말'자의 근원[張本]이다. 만약 이것을 버리고 별도로 '격물치지' 장을 만든다면 아랫글의 '선'·'후'·'본'·'말'자가 귀착할 데도 없고 차례도 없게 됨을 바로 깨닫게 될 것이다."

○**나의 판단** 이것은 원래 이회재李晦齋의 설이다. 그래서 서애의 시에서는 "회재 선생은 도道에도 공부가 깊으셔서, 앞 사람이 미처 하지 못한 말을 할 수 있었네"라고 하고, 그 아래에 이와 같이 주석하였다.

答難 或問曰: "學問之法, 知行而已。格物致知者, 知也, 誠意正心者, 行也。窮天下之物理, 通表裏之精粗, 即《大學》之始事, 而子以誠意爲首功, 可乎?" ○答曰 天下之物, 浩穰汗漫*, 巧歷不能窮其數, 博物不能通其理, 雖以堯・舜之聖, 子之以彭籛之壽, 必不能悉知其故。欲待此物之格, 此知之至, 而后始乃誠意, 始乃修身, 則亦已**晚矣。經所云'知止能得, 格物致知', 雖若有許多層節, 其實語有先後, 而時無先後。只此一刻, 知止以立志, 即此一刻, 慮事以得路, 即此一刻, 格物以致知, 即此一刻, 誠意以正心。語其道, 則明有先後, 語其時, 則不至荏苒, 奚暇窮天下萬物之理哉! 不惟格物致知不費時刻, 即其所謂誠意正心, 亦不須***肆筵設席, 聽漏課功。惟是鷄鳴而起, 誠意以問寢, 則孝於親者也。辨色而朝, 誠意以匡拂, 則忠於君者也。▶

논난에 답함 어떤 사람이 물었다. "학문의 방법은 앎과 실천일 따름이다. '격물'과 '치지'는 앎이고, '성의'와 '정심'은 실천이다. 온 세상의 사물의 이치를 궁구하여 내면의 정밀한 이치와 외면의 거친 모습에 이르기까지 통달하는 것이 곧 『대학』의 처음 일인데, 그대는 '성의'를 첫째 공부라고 여기니 옳은 것인가?"

○**답변** 온 세상의 물은 수없이 많아서 계산에 능한 사람도 그 수를 다 헤아릴 수 없고 견문이 넓은 사람도 그 이치를 다 통할 수 없으니, 비록 요순과 같은 성인에게 팽전彭籛과 같은 수명을 주더라도 반드시 그 까닭을 다 알아낼 수 없다. 이 물이 궁구되고 이 앎이 지극해지기를 기다린 뒤에 비로소 뜻을 정성스럽게 하고 비로소 몸을 닦으려 한다면 이미 늦을 것이다. 『대학』에 이른바 '머물 데를 아는 것', '얻을 수 있는 것', '사물을 헤아리는 것', '앎을 지극히 하는 것'은 비록 많은 단계와 절차가 있는 것 같지만, 사실 말에는 선후가 있으나 때에는 선후가 없다. 이 한순간에 머물 데를 알아서 뜻을 세우고, 이 한순간에 일을 헤아려서 길을 얻고, 이 한순간에 물을 헤아려서 앎을 지극히 하고 이 한순간에 뜻을 정성스럽게 하여 마음을 바르게 한다. 그 방법을 말하자면 분명히 앞뒤가 있지만 그 때를 말하자면 시간을 지체하지는 않으니 어느 겨를에 온 세상 만물의 이치를 궁구하겠는가! 격물·치지에 시간을 허비하지 않을 뿐만 아니라 이른바 성의·정심에도 자리를 펼쳐놓고서 시각 알리는 소리를 들으며 공부할 필요가 없다. 오직 닭이 울면 일어나 뜻을 정성스럽게 하여 잠자리의 문안을 여쭈면 어버이에게 효도하는 것이다. 동이 트면 조회에 나가 뜻을 정성스럽게 하여 바로잡고 도와주면 임금에게 충성하는 것이다.▶

◀隨班白於行路, 誠意以分任, 則弟於長者也。撫死者之遺孤, 誠意以字恤, 則慈於幼者也。先聖先王之道, 本自如此, 而今之學者, 於空蕩蕩地, 欲誠其意, 於空蕩蕩地, 欲正其心, 滉瀁眩瞀, 虛廓幽寂, 沒頭可摸, 沒尾可捉。況於誠意上面, 又加之以格物‧致知二層, 棼然淆亂, 莫知端緒。一生用功, 而所知猶不足, 而況於行乎! 張仲誠曰: "知修身, 即行修身, 則知與行一。若知*外物行修身,[129] 則于修身分上, 尚欠一知字。" 此言甚精, 不可以近儒而忽之也。知止即知, 誠意即行, 其餘不須知也。

考訂 鄭曰: "壹, 專也。"○朱子曰: "壹是, 猶言一切。"○姚立方云: "壹, 專一也,【見《說文》】言專是皆以修身爲本。"

---

* 知: 新朝本에는 '一'로 되어 있다.

129) 주자가 격물치지格物致知를 외물에 대한 인식으로 해석한 것에 대한 비판이다.

◀길에서 머리가 희끗한 노인을 따라갈 때에 뜻을 정성스럽게 하여 짐을 나누어 들면 웃어른을 공경하는 것이다. 죽은 사람이 남긴 고아를 위로하며 뜻을 정성스럽게 하여 불쌍히 여겨 도와주면 어린 사람을 사랑하는 것이다. 옛 성인이나 옛 임금의 도가 본래 이와 같은데 오늘날의 학자들은 텅 비고 아득한 곳에서 그 뜻을 정성스럽게 하려고 하고, 텅 비고 아득한 곳에서 그 마음을 바르게 하려고 하니, 깊고 넓어서 눈이 침침하고 어지러우며 텅 비어 깊고 고요하여서 머리도 만질 수 없고 꼬리도 잡을 수 없다. 하물며 '성의誠意'의 위에다 또 '격물格物'과 '치지致知'의 두 개 층을 더하여 어지럽게 마구 뒤섞어 놓으니 단서를 알 수가 없다. 일생 동안 공부를 하여도 아는 것조차도 부족할 터인데 하물며 실천에 있어서랴! 장중성張仲誠이 말했다. "몸을 닦는 것을 아는 것이 곧 몸을 닦는 것을 행하는 것이니 앎과 실천은 하나이다. 만약 외물에 대해 알고서 몸을 닦는 일을 행한다면, 몸을 닦는 것에 있어서 오히려 앎이라는 한 글자가 부족하게 된다." 이 말은 매우 정밀하니 근세의 학자라고 해서 소홀히 여겨서는 안 된다. 머물 데를 아는 것이 곧 앎이고 뜻을 정성스럽게 하는 것이 곧 실천이니 그 나머지는 알 필요가 없다.

고증하여 바로잡음 정현鄭玄이 말했다. "일壹은 '오로지'라는 뜻이다."

○주자가 말했다. "일시壹是는 일체一切라는 말과 같다."

○요입방姚立方이 말했다. "일壹은 '오로지'라는 뜻이니【『설문해자說文解字』에 나온다】 오로지 모두 몸을 닦는 것을 근본으로 삼아야 한다는 말이다."

○毛曰：“此如《孟子》‘志壹則動氣’，《穀梁傳》‘葵丘之會，壹明天子之禁’，皆註作專壹，可驗。其或作‘一二’之一，如《毛詩》‘壹發五豝’者，通字耳。夫一切者，便宜苟且之謂，如《漢·禮樂志》‘以意穿鑿，各取一切’，《後漢·王霸傳》‘以徼一切之勝’。皆苟且從事，譬之以刀切物，苟取整齊，不顧長短，謂之一切。如以一切爲大凡·大槩，此是佛家語，如一切功德·一切冤家之類。音砌，不音竊。”○又曰：“〈王莽傳〉云，‘續用馮茂，苟施一切之政。’此明有苟字。若〈平帝紀〉‘一切論秩如眞’，〈張敞傳〉‘願一切受署’，其本注皆言權補吏職，草率行事，則仍是苟且之意。”○**鏞案** ‘專是皆以’，是甚說話？ 朱子改之爲一切，是矣。如以出於佛書爲未安，當改之曰一槩。

○모기령毛奇齡이 말했다. "이것은 『맹자』의 '뜻이 전일하면 기를 움직인다'고 한 곳과 『춘추곡량전』의 '규구葵丘의 회맹會盟에서 천자의 금제禁制를 오로지 밝혔다'고 한 곳에서 모두 '전일專壹'이라고 주석을 달았으니 증험할 수 있다. 간혹 '일이一二'의 '일一'과 같이 사용되는 경우는 『모시毛詩』에서 '한 발에 다섯 마리 돼지를 맞혔다[一發五犯]'는 구절에서처럼 통용되는 글자일 뿐이다. 대개 '일절一切'이라는 것은 편하게 대충하는 것을 말하니, 『한서漢書』 「예악지禮樂志」의 '마음대로 천착穿鑿하여 각각 일절을 취하였다'는 구절이나 『후한서後漢書』 「왕패전王覇傳」에서 '일절의 승리를 바랐다'는 구절과 같은 것이다. 모두 대충 일을 처리하는 것이니, 비유하자면 칼로 물건을 잘라서 대충 가지런하게 하고 길고 짧음은 돌아보지 않는 것과 같아 '일절'이라고 한 것이다. 만약 '일절'을 대범大凡이나 대개大槪의 뜻으로 본다면 이는 불교 용어로서 '일체공덕一切功德'이나 '일체원가一切冤家'의 종류와 같은 것이며, 음이 '체'이지 '절'이 아니다."

○또 말했다. "「왕망전」에서 '풍무馮茂를 계속 등용하여, 구차하게 대강의 정사를 베풀었다'라고 했는데 여기서는 분명하게 '구苟'자를 썼다. 「평제기」의 '일절논질여진一切論秩如眞'이나 「장창전」의 '원일절수서願一切受署'와 같은 구절은 그 본주本注에 모두 '관리의 직책을 임시로 채워서 대강 일을 행하는 것'이라고 하였으니 여전히 대충이라는 뜻이다."

○나의 판단 '오로지 모두[專是皆以]'라는 것이 무슨 말인가? 주자가 이것을 고쳐서 '일체'라고 한 것은 옳다. 불서佛書에서 나온 것이어서 만족스럽지 않다면 '일개一槩'라고 고쳐야 한다.

考訂 朱子曰: "所厚, 謂家也。" ○**鏞案** 孟子曰'國之本在家', 以家·國·天下爲所厚·所薄, 於理亦順。然此節, 專言修身爲本, 若以所厚爲家, 則二本矣。故昔者師友之言, 皆以所厚爲身。蓋以不修身者, 即不愛其身者也。不愛其身, 而有能愛人者乎! 請俟知者。

고증하여 바로잡음 주자가 말했다. "두텁게 할 것은 집안을 말한다."

○**나의 판단** 맹자는 "나라의 근본은 집안에 있다"라고 말했으니, 집안·나라·천하를 순서대로 두텁게 하고 박하게 할 것으로 삼는 것은 이치에도 맞다. 그러나 이 절은 오로지 몸을 닦는 것이 근본임을 말했으니 만약 두텁게 할 것을 집안이라고 여긴다면 두 개의 근본이 된다. 그러므로 옛날 사우師友들의 말은 모두 두텁게 할 것을 몸이라고 하였다. 대개 몸을 닦지 않는 사람은 그 자신을 사랑하지 않는 사람이다. 자신을 사랑하지 않고서 남을 사랑할 수 있는 사람이 있겠는가! 아는 사람을 기다리겠다.

(김영봉 옮김)

所謂誠其意者, 毋自欺也。如惡惡臭, 如好好色, 此之謂自謙。故君子必愼其獨也。小人閒居, 爲不善, 無所不至, 見君子而后, 厭然揜其不善, 而著其善。人之視己, 如見其肺肝然, 則何益矣? 此謂誠於中, 形於外, 故君子必愼其獨也。曾子曰:"十目所視, 十手所指, 其嚴乎!" 富潤屋, 德潤身, 心廣體胖。故君子必誠其意。【厭, 音掩】

誠者, 物之終始, 故書例*介特, 不相銜也。【上不連致知, 下不銜正心】[130] 意者, 中心之隱念也。自欺者, 人性本善, 知不善而爲之, 是自欺也。▶

---

* 例: 新朝本에는 '禮'로 되어 있다.

130) 성의절의 문장 형식이 다른 절과 다른 까닭에 대한 설명이다. 수신修身이나 정심正心의 경우, '수신이 정심에 달려 있고' '제가가 수신에 달려 있다'는 것으로 설명을 시작하고, 있으나 성의誠意장에서는 '성의는 치지에 달려 있다'거나 '정심이 성의에 달려 있다'고 하지 않았다. 이 문제는 『대학강의』에서도 거론하였다.

이른바 '그 뜻을 정성스럽게 한다'는 것은 스스로 속이지 않는 것이다. (악을 미워하기를) 악취를 싫어하는 것과 같이 하며, (선을 좋아하기를) 아름다운 여인을 좋아하는 것과 같이 하니, 이것을 '스스로 만족함[自謙]'이라 부른다. 그러므로 군자는 반드시 그 홀로 아는 마음[獨]을 삼가는 것이다. 소인이 한가하게 거처할 적에 못된 짓 하는 것이 끝이 없다가, 군자를 본 뒤에 겸연쩍게 그 못된 짓을 가리고 선함을 드러낸다. 남들이 나를 보기를 자신의 폐와 간을 들여다보듯 할 것이니, 무슨 유익함이 있겠는가? 이것을 일러 '안이 정성스러우면 밖으로 드러난다'고 하는 것이므로 군자는 반드시 그 홀로 아는 마음을 삼가는 것이다. 증자가 말하길 "열 눈이 보고, 열 손가락이 가리키니 무섭구나!"라고 했다. 부유함은 집을 윤택하게 하고 덕은 몸을 윤택하게 하니, (덕이 있으면) 마음이 넓어지고 몸이 펴진다. 그러므로 군자는 그 뜻을 정성스럽게 하는 것이다.【厭은 소리가 엄掩이다】

'성誠'은 물物의 시작과 마침이므로, 독립시켜 서술해서 서로 맞물리지 않게 하였다.【위로는 치지致知절과 연결시키지 않고, 아래로는 정심正心절에 맞물리게 하지도 않았다】 '뜻'은 마음속의 숨겨진 생각이다. '스스로를 속인다'는 것은, 인간의 성품은 본래 착한 것이니, 선하지 않은 짓인 줄 알고도 그것을 하면, 이것은 스스로를 속이는 것이다.▶

◀惡臭好色, 其好惡無表裏之殊, 故樂善恥惡, 欲如是也。謙,
慊通, 快也。獨者, 己所獨知也。閒居, 獨處也。厭然, 閉藏貌。
【鄭註云】人之視己, 他人視小人也。肺肝, 小人之藏也。十目十手,
謂天地神明昭布森列也。潤, 謂光澤外著也。胖, 舒泰也。【鄭云:
"猶大也。"】○議曰 知格物致知章不亡者, 此章起句突兀, 上不連
致知, 下不銜正心也。不誠無物, 故先言誠意, 包括意·心·身·
家·國·天下, 一歸之於誠意。繼引〈淇奧〉·〈烈文〉之詩, 以明
誠意之功, 可以自修, 可以化民, 皆可以止於至善。繼引〈康誥〉
等九文, 又明誠意之功, 自明而新民, 以止於至善。繼引聽訟語,
又以明修身爲本, 以起下正心修身之節, 誠意非徑入也, 三綱
領[131]非落倒也。經豈有誤哉?

---

131) 주희朱熹는 송사의 판결과 관련된 조목을 전傳 4장으로 삼아 본말에 대한 해석이라고
하였다.

◀악취와 아름다운 여인에 대해서는 싫어하고 좋아함에 겉과 속의 차이가 없으므로 착함을 즐기고 악함을 싫어함을 이와 같이 하고자 한다. '겸謙'은 겸慊과 통하니, 만족하다는 의미이다. '독獨'이란 자기 혼자만이 아는 것을 말한다. '한거閑居'는 홀로 있다는 것이다. '엄연厭然'은 감추는 모양이다.【정현의 주에서 말했다】 '다른 사람이 나를 본다'는 것은 다른 사람이 소인을 보는 것이다. 폐간肺肝은 소인의 내장이다. '열 개의 눈, 열 개의 손'은, 천지신명이 빈틈없이 밝게 있음을 말한 것이다. '윤潤'은 광택이 밖으로 드러나는 것이다. '반胖'은 여유롭고 편안하다는 뜻이다.【정현의 주에서는 "대大와 같다"라고 했다】

○**공적 의론** 격물치지장이 없어졌던 것이 아님을 알 수 있는 것은, 이 장이 갑자기 시작되어 위로는 '치지'절과 연결되지 않고 아래로는 '정심'절과 맞물리지 않기 때문이다. 정성스럽지 않으면 물物이 존재하지 않으므로 먼저 성의를 말해서, 뜻·마음·몸·집안·나라·천하를 포괄하여 모두 성의에로 귀결시켰다. 이어서 『시경』「기욱淇奧」·「열문烈文」의 시를 인용하여 성의의 공효로써 스스로 수양할 수 있고 백성을 교화할 수 있으며, 모두 지선에 머물 수 있음을 밝혔다. 이어서 『서경』「강고康誥」 등의 아홉 개 문장을 인용하여 또 다시 성의의 공효로써 스스로를 밝히고 백성을 새롭게 하여 지극한 선에 머무름을 밝혔다. 이어서 송사의 판결에 관련된 말을 인용하여 다시 수신이 근본임을 밝히고 아래의 '정심'·'수신'절을 이끌어내었으니, 성의장이 갑자기 끼어든 것이 아니며 삼강령이 잘못 자리잡은 것도 아니다. 경서에 어찌 오류가 있으리오?

○十目十手之義, 先儒不言。惟吳 季子之言云:"暗室屋漏之中, 幽深隱奧, 一念將動, 人孰知之? 君子於此, 眞見夫天地鬼神昭布森列, 臨之在上, 質之在傍。"曾子之意, 亶在是矣。○富潤屋・德潤身者, 誠於中而形於外也。然實心去惡, 實心爲善, 以其去惡爲善之故, 得有潤身之德。若馳心於空寂之地, 則無緣有德, 行事而后, 德之名立焉。○心界寬平, 旣正心矣。體氣舒泰, 旣修身矣。誠之爲物, 包括意・心・身三字, 豈可以他章例之哉?

考訂 孔穎達曰:"總包萬慮, 謂之心。爲情所意念, 謂之意。"○朱子曰:"心之所發。"○蔡淸曰:"意者, 心之萌也。"

O'열 개의 눈, 열 개의 손'의 뜻에 대해 선유들은 말하지 않았다. 오나라 계자季子가 "어두운 방의 서북쪽 구석은 그윽하고 깊숙하며 은밀하고 오묘해서, 한 생각이 움직이려 함에 누가 그것을 알 것인가? 군자는 여기서 천지의 귀신이 빈틈없이 밝게 존재하며 위에서 굽어보고 옆에서 지키고 있는 것을 참으로 보게 된다"라고 말했으니, 증자의 뜻은 진실로 여기에 있다.

O'부유함은 집을 윤택하게 하고 덕은 몸을 윤택하게 한다'는 것은 마음속이 성실하면 겉으로 드러난다는 것이다. 그러나 진실한 마음으로 악을 버리고 진실한 마음으로 선을 행한다면, 악을 버리고 선을 행하기 때문에 몸을 윤택하게 하는 덕을 얻게 된다. 만약 텅 비어 적막한 곳으로 마음을 내닫게 하면 덕이 있을 연유가 없고, 일을 행한 뒤에야 덕이라는 이름이 성립한다.

O마음이 너그러워지고 평안해지면 이미 마음을 바르게 한 것이다. 몸의 기운이 펴지고 편안해지면 이미 몸을 닦은 것이다. 정성스러움이라는 것은 뜻·마음·몸 세 글자를 포괄하니, 어찌 다른 장으로서 예를 삼겠는가?

고증하여 바로잡음 공영달이 말했다. "온갖 사려를 모두 포괄하고 있는 것을 '마음'이라 하고, 감정[情]에 의해서 생각하게 된 것을 '뜻[意]'이라 한다."

O주자가 말했다. "(뜻은) 마음이 발현한 것이다."

O채청蔡淸이 말했다. "'뜻'이란, 마음의 싹이다."

○**鏞案** 自國而家而身而心, 皆由外而達於內。今反云'意者心之
發·意者心之萌', 則又迴轉向外。作者之意, 必不如此。意者,
心中之所隱度運用者也。故凡隱度者謂之意。〈禮運〉曰'非意之
也'[132], 意者, 隱也, 中心之所隱念也。與思·想·志·慮等字不同。
【蓮子其靑心之筬在內者謂之薏, 亦可會意】

《詩》云: "瞻彼淇奧, 菉竹猗猗! 有斐君子, 如切如磋, 如琢如
磨。瑟兮僩兮, 赫兮喧兮, 有斐君子, 終不可諠兮。"如切如磋
者, 道學也。如琢如磨者, 自修也。瑟兮僩兮者, 恂慄也。赫
兮喧兮者, 威儀也。有斐君子, 終不可諠兮者, 道盛德至善,
民之不能忘也。

---

132) 『禮記』, 「禮運」, "그러므로 성인이 천하를 잘 다스려 천하를 한 집안처럼 하고 중국을
한몸처럼 한 것은, 이는 성인이 사리를 도모하여 특별한 수단을 썼기 때문이 아니라 반
드시 만 백성의 마음을 알고 정의를 보였으며 이익을 밝혔고 그 근심을 알아내어 이를
제거한 연후에 가능했다.[故聖人耐以天下爲一家, 以中國爲一人者, 非意之也, 必知其情,
辟於其義, 明於其利, 達於其患, 然後能爲之]"

○**나의 판단** 나라에서 시작하여 집안, 몸, 마음으로 이어지는 것은 모두 밖으로부터 안으로 이른다. 지금 도리어, '뜻은 마음이 발한 것'이라거나, '뜻은 마음의 싹이다'라고 말하면, 이는 되돌려 밖으로 향하는 것이다. 작자의 의도는 결코 이와 같지 않을 것이다. '뜻'이란 마음속에서 은밀히 헤아려 생각하는 것이다. 그러므로 은밀히 헤아리는 것을 '뜻'이라고 한다. 『예기』「예운禮運」에서 "헤아리지 않는다"라고 했는데, '뜻'이란 감추어진 것이니, 마음속의 감추어진 생각이다. 사思·상想·지志·려慮 등의 글자와 같지 않다.【연밥에서 그 푸른 속의 가장 안쪽에 있는 것을 '연밥알[薏]'이라 하는데, 또한 이해할 수 있다】

『시경』에 이르길, "저 기수淇水 모퉁이를 보니 푸른 대나무가 무성하구나! 문채나는 군자여, 자른 듯 다듬은 듯하며, 쪼은 듯 간 듯하구나. 치밀하고 굳세며, 빛나고 훤하니, 문채나는 군자여, 끝내 잊을 수 없도다"라고 했다. '자른 듯 다듬은 듯하며'라고 한 것은 배움을 말한다. '쪼은 듯 간 듯하다'라고 한 것은 스스로 수양함을 말한다. '치밀하고 굳세며'라고 한 것은 마음으로 두려워함을 말한다. '빛나고 훤하며'라고 한 것은 위엄 있는 거동을 말한다. '문채나는 군자여, 끝내 잊을 수 없도다'라고 한 것은 넘치는 덕과 지극한 선을 백성들이 결코 잊을 수 없음을 말한다.

義見<u>朱子</u>《章句》。○如切如磋，如琢如磨，誠也。瑟兮僩兮，赫兮喧兮，誠於中而形於外也。學以自修者[133]，修身也。民不能忘者，化民也。盛德至善者，止於至善也。○**議曰** 知此節爲誠意章之繼者，旣切而復磋之，旣琢而復磨之，形容其至誠也。至誠積於中，而威儀著於外，積中所以自修也，著外所以化民也。誠之能成己成物，其至理在此，何得曰簡策有錯乎？至善者，至誠之所成也。

引證《爾雅·釋訓》曰："如切如磋，道學也。如琢如磨，自修也。瑟兮僩兮，恂慄也。赫兮喧兮，威儀也。有斐君子，終不可諼兮，道盛德至善，民之不能忘也。"○**鏞案**《大學》明是<u>曾子</u>以後之書，而《爾雅》經文，儼有此文，不可解也。《爾雅》多雜以<u>周</u>末諸儒之說，非盡<u>子夏</u>等所爲也。

---

133) '學以自修'는 『大學』의 "'如切如磋'者，道學也. '如琢如磨'者，自修也"를 축약하여 말한 것이다.

뜻은 주자의 『대학장구』에 보인다.

○'자른 듯 다듬은 듯하며 쪼은 듯 간 듯하다'는 것은 '정성스러움'을 말한다. '치밀하고 굳세며 빛나고 훤하다'는 것은 '마음속이 성실해서 밖으로 드러남'을 말한다. '배워서 스스로를 수양한다'는 것은 '수신'을 말한다. '백성들이 잊지 못한다'는 것은 '백성을 교화함[化民]'을 말한다. '성덕盛德과 지선至善'은 '지극한 선에 머무름'을 가리킨다.

○**공적 의론** 이 절이 '성의'장을 잇고 있음을 알 수 있는 것은, 이미 자르고는 다시 다듬고, 이미 쪼고는 다시 가는 것은 그 지극한 정성을 형용한 것이기 때문이다. 지극한 정성이 안에 쌓여 위엄있는 거동이 밖으로 드러나니, 안에 쌓는 것은 스스로 수양하는 것이고, 밖으로 드러나는 것은 백성을 교화하는 것이다. 정성스러움이 자기를 완성하고 다른 사람[物]을 완성할 수 있는 그 지극한 이치가 여기에 있으니, 어찌 '책에 뒤섞임이 있다'고 할 수 있겠는가? '지극한 선'은 지극한 정성으로 이루어지는 것이다.

인용하여 증명함 『이아爾雅』「석훈釋訓」에 나온다. "'자른 듯 다듬은 듯하다'는 것은 '배움'을 말한다. '쪼은 듯 간 듯하다'는 것은 '스스로 수양함'을 말한다. '치밀하고 굳세다'는 것은 '두려워하는 모양'을 말한다. '빛나고 훤하다'는 것은 '위엄 있는 거동'을 말한다. '문채나는 군자여, 끝내 잊을 수 없도다'라는 것은 '성덕과 지선을 백성들이 결코 잊을 수 없음'을 말한다."

○**나의 판단** 『대학』은 분명 증자 이후에 만들어진 책인데도 『이아』의 경문에 엄연히 이런 글이 있다는 것은 이해할 수 없다. 『이아』에는 주나라 말기 여러 유자들의 설이 많이 뒤섞여 있으니, 모두 자하子夏 등의 저작이라고는 할 수 없다.

《詩》云: "於戲, 前王不忘。"[134] 君子賢其賢而親其親, 小人樂其樂而利其利, 此以沒世不忘也。

君子, 有位也。小人, 小民也。君子以前王嘗賢賢而親親, 故不忘。小人以前王嘗樂民之樂而利民之利, 故不忘也。此以者, 猶言以此之故也。沒世, 猶言終身。○議曰 朱子以淇奧節爲明明德之止至善[135], 以前王不忘節爲新民之止至善[136]。然新民本是使民興孝·使民興弟, 而〈烈文〉詩不言下民之孝弟, 不可謂民之至善。雖以朱子之義言之, 朱子以天下人之皆有以明其明德爲新民, 而〈烈文〉詩亦無此意, 豈可曰新民之至善乎?▶

134) 『詩經』, 「周頌·烈文」.
135) 『大學章句』, 朱熹注, "시를 인용하여 해석함으로써 밝은 덕을 밝힘의 지극한 선에 머무름을 밝혔다.[因詩以釋之, 以明明明德者之止於至善]"
136) 『大學章句』, 朱熹注, "이는 전왕이 백성을 새롭게 한 것이 지극한 선에 머물러 천하 후세에 한 물건이라도 제 곳을 얻지 못함이 없게 하니, 이 때문에 이미 세상에 없는데도 그를 사모하여 오래도록 잊지 못함을 말한 것이다.[此言前王所以新民者, 止於至善, 能使天下後世, 無一物不得其所, 所以旣沒世而人思慕之, 悠久而不忘也]"

『시경』에 이르길, "아아, 전왕을 잊지 못한다"라고 하였으니, 군자에 대해서는 현명한 자를 현명하게 여기고, 친할 이를 친하게 여겼으며, 소인에 대해서는 그들의 즐거움을 즐거워하고 그들의 이익을 이롭게 여겼으니, 이 때문에 죽을 때까지 잊지 못하는 것이다.

'군자'는 지위가 있는 사람이고, '소인'은 일반 백성[小民]이다. 군자는 전왕이 어진 자를 어질게 여기고, 친할 이를 친하게 여겼기 때문에 잊지 못한다. 소인은 전왕이 백성의 즐거움을 즐거워하고 백성에게 이로운 것을 이롭게 여겼기 때문에 잊지 못한다. '차이此以'는 '이 때문에'라는 말과 같다. '몰세沒世'는 '죽을 때까지'라는 말과 같다.

○**공적 의론** 주자는 '기수 모퉁이[淇奧]'절을 '명덕을 밝힘이 지선에 머무르게 된 것'으로, '전왕을 잊지 못한다'는 절을 '백성을 새롭게 함이 지선에 머무르게 된 것'으로 여겼다. 그러나 신민은 본래 백성들로 하여금 효도와 공경의 기풍을 일으키게 함을 말하는 것인데, 「열문」시에서는 하민下民의 효도와 공경을 말하지 않으니, 민民의 지극한 선함을 말한다고 할 수 없다. 비록 주자의 뜻으로 말하더라도, 주자는 천하의 사람들이 모두 그 명덕을 밝히게 되는 것을 신민新民이라 한다고 하였지만, 「열문」시에서는 이러한 뜻이 또한 없으니, 어찌 '신민의 지선至善'이라고 말할 수 있겠는가?▶

◀今按〈烈文〉詩本文[137]曰:"不顯維德, 百辟其刑之, 於乎! 前王
不忘."不顯維德者, 明明德也. 百辟其刑之者, 新民也. 於乎前
王不忘者, 止至善也.【上節, 亦以至善爲不忘】然則引《詩》二節, 皆與
三綱領照應. 惟〈淇奧〉者, 諸侯之詩也, 屬於治國, 〈烈文〉者,
天子之詩也, 屬於平天下.【《中庸》之末, 亦引〈烈文〉詩, 以證篤恭而天下
平[138], 與《大學》所引, 其義正同】故賢賢親親, 樂樂利利, 皆絜矩章之
所鋪叙, 而此節約言之如是也. 絜矩章曰:"楚國惟善以爲寶,[139]
晉國仁親以爲寶.[140]"此所謂賢其賢而親其親也. 又曰:"伐冰之
家[141], 不畜牛羊, 百乘之家, 不畜聚斂之臣, 故國不以利爲利, 以
義爲利."此所謂樂其樂而利其利也. 君子·小人之各得所願, 非
所以平天下乎? 平天下節, 其大義有二.▶

137)『詩經』,「周頌·烈文」.
138)『중용』의 원문은 다음과 같다. "『시경』에서 '드러나지 않는 덕을 제후들이 본받는다'고
하였다. 이 때문에 군자가 독실하게 공경하면 천하가 평안해진다.[『詩』曰, '不顯惟德, 百
辟其刑之', 是故君子篤恭而天下平]"
139)『大學章句』.「楚書」曰, 楚國, 無以爲寶, 惟善以爲寶."
140)『大學章句』.「舅犯曰, 亡人, 無以爲寶, 仁親以爲寶." 망인은 진나라 문공을 가리키며, 구
범舅犯은 진나라 문공의 외삼촌으로 이름은 호언狐偃이며 자는 자범子犯이다.
141) 벌빙지가伐氷之家는 상례와 제례에 얼음을 쓸 수 있었던 집안을 가리키는데 경대부卿大
夫 이상에 해당된다.

◀지금 「열문」시 본문을 살펴보면, "크게 드러난 덕을 모든 군주가 본받으니, 오! 전왕을 잊지 못한다"라 했는데, '크게 드러난 덕'은 (전왕이) '명덕을 밝힘'이고, '모든 군주가 본받는다'는 것은 (전왕이) '백성을 새롭게 함'이며, '오! 전왕을 잊지 못한다'는 것은 (전왕이) '지선에 머무름'이다.【위 '기수 모퉁이'절에서도 또한 지선을 잊지 못한다고 하였다】 그러므로 『시』를 인용한 두 절은 모두 삼강령과 조응한다. 「기욱」시는 제후의 시이므로, '치국治國'에 속하고, 「열문」시는 천자의 시이므로, '평천하平天下'에 속한다.【『중용』의 끝에서도 「열문」시를 인용하여 '독실하게 공경하면 천하가 평안해진다'는 증거로 삼았으니, 『대학』에서 인용한 것과 그 의미가 똑같다】 그러므로 '현명한 자를 현명하게 여기고 친애할 이를 친애하는 것', '인민의 즐거움을 즐기고 인민의 이로움을 이롭게 여기는 것'은 모두 '혈구'장에 펼쳐져 있는 내용인데, 이 절에서는 이와 같이 간략하게 언급했다. '혈구'장의 "초나라는 오직 선한 사람을 보배로 삼고" "진晉나라는 어버이를 사랑함을 보배로 삼는다"라고 한 것은, 여기서 말한 '그 현명한 자를 현명하게 여기고 친애할 이를 친애한다'에 해당한다. 또한 "얼음을 쓰는 집안은 소와 양을 기르지 않고, 백승百乘의 집안은 취렴하는 신하를 기르지 않으므로, 나라는 이익을 이익으로 여기지 않고, 의로움을 이익으로 여긴다"고 한 것은 여기서 말한 '그들의 즐거움을 즐거워하고 그들의 이로움을 이롭게 여긴다'에 해당한다. 군자와 소인이 각각 원하는 바를 얻는 것이 천하를 평안하게 하는 것 아닌가? '평천하'절의 대의는 두 가지이다.▶

◀一曰, 立賢以御君子。二曰, 散財以御小人。此章其綱領也。其必引此二詩, 以爲誠意之極功, 何也?《大學》者, 冑子之學也。天子之太子, 將爲天子, 公卿諸侯之太子, 將爲公侯, 此義在所講明。此之謂太學之道。

考訂 朱子曰:"君子謂後賢·後王, 小人謂後民也。"○又曰:"賢其賢者, 聞而知之, 仰其德業之盛也。親其親者, 子孫保之, 思其覆育之恩也。樂其樂者, 含哺鼓腹而安其樂也。利其利者, 耕田鑿井而享其利也。"【見《或問》】○**鏞案** 親親賢賢,《中庸》九經[142]之大目也。豈惟《中庸》然矣? 歷考群經, 其言親親賢賢之義者, 指不勝僂, 皆是人主之德。▶

---

142) 『中庸』20장에서는 수신修身, 존현尊賢, 친친親親, 경대신敬大臣, 체군신體群臣, 자서민子庶民, 내백공來百工, 유원인柔遠人 아홉 가지를 9경으로 들고 있다. 다산은 『中庸』의 존현尊賢을 현현賢賢과 같은 것으로 이해하고 있다.

◀첫 번째는 현자를 세움으로써 군자를 따르게 하는 것이고, 두 번째는 재물을 나누어줌으로써 소인들을 따르게 하는 것이다. 이 장은 그것의 강령에 해당한다. 하필이면 이 두 편의 시를 인용하여 성의의 지극한 공효로 삼은 것은 무엇 때문인가? 『대학』은 맏아들[冑子]의 학문이다. 천자의 태자는 장차 천자가 될 것이고, 공경제후의 태자는 장차 공경제후가 될 것이기 때문에, 이 같은 뜻을 여기서 밝힌 것이다. 이를 일러 '태학太學의 도'라고 한다.

고증하여 바로잡음 주자가 말했다. "'군자'는 후대의 현자·후대의 왕을 가리키고, '소인'은 후대의 백성을 가리킨다."

○또 말했다. "'현명함을 현명하게 여긴다'고 함은 (선왕의 덕업을) 듣고 알아서 그 덕업의 성대함을 우러르는 것이다. '친애함을 친애한다'고 함은 자손들이 보존하여 (선왕이) 덮어 길러준 은혜를 사모하는 것이다. '즐겁게 한 것을 즐긴다'고 함은 배불리 먹고 그 배를 두드리며 (선왕이) 즐겁게 한 것을 편안히 여긴 것이다. '이롭게 한 것을 이롭게 여긴다'고 함은 밭 갈고 우물 파며 (선왕이) 이롭게 한 것을 누리는 것이다."【『혹문』에 보인다】

○**나의 판단** '친애할 이를 친애함'과 '현명한 이를 현명한 이로 대우함'은 『중용』 9경九經의 큰 항목이다. 어찌 『중용』에서만 그러하겠는가? 여러 경전을 두루 살펴보면, '친애할 이를 친애함'과 '현명한 이를 현명한 이로 대우함'의 의리를 말한 곳이 헤아릴 수 없이 많은데, 모두 임금의 덕을 가리킨다.▶

◀豈有在下之族, 仰其君而親親, 在下之臣, 仰其君而賢賢者?
所未聞也。樂樂利利, 朱子以康衢¹⁴³⁾擊壤之謠當之。然孟子曰'王
好色, 與百姓同之'¹⁴⁴⁾, 此非樂民之樂者乎? 孟子曰'王好貨, 與百
姓同之'¹⁴⁵⁾, 此非利民之利者乎? 齊宣王見孟子於雪宮, 孟子曰:
"樂民之樂者, 民亦樂其君之樂。"¹⁴⁶⁾ 邾文公卜遷于繹, 史曰:"利
於民而不利於君。"文公曰:"苟利於民, 孤之利也。民旣利矣, 孤
必與焉。"遂遷于繹。¹⁴⁷⁾【文十三】樂民之樂, 利民之利, 非此其證
乎? 經云君子者, 於君子也, 經云小人者, 於小人也。前王於君子
於小人, 有此盛德, 以此之故, 民不忘也。范希文'後天下之樂而
樂其樂', 亦謂希文樂民之所樂也, 有他解乎?

考訂 朱子曰:"旣沒世, 而人思慕之。"○吳季子曰:"後世之人,
終其身而不忍忘。"【見《通考》】

---

143) 康衢: 원래 강구는 번화한 거리를 의미한다. 강은 오방五方으로 통한 길이고, 구는 사방四
方으로 통하는 길이다. 여기서는 태평한 세월을 뜻하는 강구연월康衢烟月의 줄임말이다.
144) 『孟子』, 「梁惠王」下.
145) 『孟子』, 「梁惠王」下.
146) 『孟子』, 「梁惠王」下.
147) 『左傳』, 「文公」13년.

◀어찌 아래에 있는 친족이 그 군주를 우러러 친애할 만하다고 하여 친애하며, 아래에 있는 신하들이 그 군주를 우러러 현명하다고 하여 현명하게 여길 수 있겠는가? 그 같은 말은 들어보지 못했다. '백성의 즐거움을 즐김'과 '백성의 이로움을 이롭게 여김'에 대해 주자는 강구康衢의 격양가擊壤歌로 이해하였다. 그러나 맹자는 "왕이 미인을 좋아한다면, 백성과 함께 하십시오"라고 했으니, 이것은 '백성의 즐거움을 즐겁게 여기는 것'이 아니겠는가? 맹자가 "왕이 재화를 좋아한다면, 백성과 함께 하십시오"라고 했으니, 이것은 '백성의 이로움을 이롭게 여기는 것'이 아니겠는가? 제齊나라 선왕宣王이 맹자를 설궁雪宮에서 만났을 때, 맹자는 "백성의 즐거움을 즐겁게 여기면, 백성 또한 그 군주의 즐거움을 즐겁게 여깁니다"라고 했다. 주邾나라 문공文公이 역繹으로 천도하는 문제를 놓고 점을 쳤는데, 사관이 말하길, "백성에겐 이롭지만 군주에겐 이롭지 않다"라고 했다. 문공이 "진실로 백성에게 이롭다면, 나의 이로움이다. 백성이 이미 이로우니, 나는 반드시 같이하겠다"라고 말하고는, 마침내 역繹으로 천도했다.【문공 13년이다】이것은 백성의 즐거움을 즐겁게 여기고, 백성의 이로움을 이롭게 여기는 것의 증거가 아닌가? 경문經文의 '군자'란 '군자에게'란 뜻이며, 경문의 '소인'이란 '소인에게'란 뜻이다. 전왕이 (당대의) 군자와 소인에게 이와 같이 성대한 덕을 끼쳤고, 그런 까닭에 백성들은 잊지 못하는 것이다. 범희문范希文이 "천하 사람들이 즐긴 뒤에 그 즐거움을 누린다"라고 한 것도 '희문이 백성들이 즐기는 것을 즐겁게 여긴다'고 말하는 것이니, 다른 해석이 있겠는가?

고증하여 바로잡음 주자가 말했다. "이미 세상을 떠났으나, 사람들이 그를 사모한다."

○오나라의 계자가 말했다. "후세의 사람들이 죽을 때까지 차마 잊지 못한다."【『문헌통고』에 보인다】

○鏞案 朱子之意, 謂前王旣沒也。然沒者, 終也, 盡也。沒身不衰者, 終身不衰也。【見〈內則〉】沒齒無怨者, 盡平生而無怨也。【見《論語》[148]】沒喪者, 終喪之三年也。【見〈坊記〉】沒階者, 盡階之三級也。【見《論語》[149]】沒世而名不稱者, 終身而名不揚也。【見余〈論語說〉】越句踐歸耆老之子, 曰: "子歸, 沒而父母之世。"【見〈吳語〉。韋云: "沒, 終也。"】沒世, 豈下世之謂乎? 吳說宜從。

〈康誥〉曰: "克明德。"〈太甲〉曰: "顧諟天之明命。"〈帝典〉[150]曰: "克明峻德。"皆自明也。【諟, 音帝】

克明德者, 文王能明其孝弟之德也。〈太甲〉,《商書》逸篇。顧, 廻視也。諟, 審視也。人稟天命以生, 逐物而忘本, 故戒之令廻顧也。峻德, 亦孝弟也。爲仁由己, 故言三文皆自明之義。

---

148)『論語』,「憲問」.
149)『論語』,「鄉黨」.
150)『書經』,「堯典」을 가리킨다.

○**나의 판단** 주자의 뜻은 전왕이 이미 죽었다는 말이다. 그러나 '몰沒'
은 끝내다, 다하다의 뜻이다. '몰신불쇠沒身不衰'는 종신토록 약해지지
않는다는 뜻이다.【『예기』 「내칙」에 나온다】 '몰치무원沒齒無怨'은 평생을 다
하도록 원망함이 없다는 뜻이다.【『논어』에 보인다】 '몰상沒喪'이란 3년의
상을 끝낸다는 뜻이다.【『예기』 「방기」에 보인다】 '몰계沒階'는 3층의 계단을
다 올라갔다는 뜻이다.【『논어』에 보인다】 '몰세이명불칭沒世而名不稱'은 종
신토록 이름을 떨치지 못함을 뜻한다.【나의 「논어설論語說」에 나온다】 월왕
구천이 늙은 부모를 모신 자식을 돌려보내면서 "너희들은 돌아가서 너
희 부모가 세상을 다할 때까지 모셔라"라고 했다.【『국어』 「오어吳語」에 보
인다. 위소韋昭는 "몰沒은 다하다의 뜻이다"라고 했다】 '몰세沒世'가 어찌 세상
을 떠났다는 뜻이겠는가? 마땅히 오계자의 설을 따라야 한다.

「강고康誥」에서, "능히 덕을 밝힌다"라고 했고, 「태갑太甲」에서
"하늘의 밝은 명을 돌이켜 살핀다"라고 했으며, 「제전帝典」에서
는 "능히 큰 덕을 밝힌다"라고 했으니, 모두 스스로 밝히는 것
이다.【諟는 제로 읽는다】

'능히 덕을 밝힘'은 문왕이 그 효제의 덕을 밝힐 수 있다는 것이다. 「태
갑」은 『상서』의 없어진 편명이다. '고顧'는 돌아본다는 뜻이다. '제諟'는
살펴본다는 뜻이다. 사람은 천명을 받아서 태어났지만 외물을 좇다가
근본을 잊으므로 경계하여 돌이켜 보게 한 것이다. '큰 덕'은 역시 효·
제를 말한다. 인仁을 행하는 것은 자기로부터 말미암기 때문에 세 문
장 모두 '스스로 밝힘'의 뜻이라고 말한 것이다.

○議曰 〈康誥〉大義, 乃不孝不弟之戒, 而首言文王克明德愼罰,
則德者孝弟也。孩提之童, 無不至愛其親, 則人之孝弟, 本天命
也。堯克明峻德, 以親九族, 則峻德者, 孝弟也。冑子他日, 皆
有成物化民之責, 故戒之以自明, 恐明明德於天下者不先自修而
强人之明德也。《易》曰: "君子以自昭明德。"[151]

考訂 鄭玄曰: "顧, 念也。諟, 猶正也。諟, 或爲題。" ○梅本[152]
〈太甲〉註曰: "顧, 常目在之。諟, 是也。" ○**鏞案** 篆文諟·諦·
諟, 本皆相通。諟者, 審視也。故顧野王《玉篇》亦云: "諟者, 審
也, 諦也。"顧之爲常目, 非三倉[153]之所言, 其義恐非也。

---

151) 『易經』, 「晉卦·大象傳」.
152) 매색본 『고문상서古文尚書』는 고문古文 계통의 25편과 한나라 초기 복생伏生에 의해 전
   해진 금문今文 계통의 33편을 합하고, 여기에 한漢의 「공안국전孔安國傳」을 첨가하여
   만들어졌다. 남북조를 통하여 널리 유행했으며 당나라의 『오경정의五經正義』 제정 때 채
   택되어 정현주를 압도했다. 명·청대로 내려와, 고문계 25편과 공안국전은 위작僞作인 것
   으로 판명되었다.
153) 『三倉』: 자서字書의 이름으로, 삼창三蒼과 같다. 한漢나라 초에 이사李斯의 『창힐편蒼頡
   篇』, 조고趙高의 『원력편爰歷篇』, 호무경胡母敬의 『박학편博學篇』을 하나의 책으로 삼
   아 '삼창'이라고 하고 이를 통칭하여 『창힐편』이라고도 하였다. 위진魏晉시대 이후에는
   이사의 『창힐편』을 상권, 양웅揚雄의 『훈찬편訓纂篇』을 중권, 가방賈訪의 『방희편滂喜
   篇』을 하권으로 하여 이를 '삼창'이라고 일컬었다.

○**공적 의론** 「강고康誥」편의 대의는 불효不孝·부제不悌에 대한 경계이다. 첫 머리에 "문왕이 능히 덕을 밝히고 형벌을 신중하게 했다"라고 했으니, '덕'이란 곧 효·제이다. 어린 아이가 그 부모를 지극히 사랑하니, 사람의 효제는 천명에 근본한 것이다. 요임금이 큰 덕을 능히 밝혀 구족九族을 친하게 했으니, '큰 덕'은 곧 효·제이다. (군주의) 맏아들은 뒷날 모두 백성을 완성하고 교화하는 책임을 지게 되므로 '자명自明'으로 경계했으니, 천하에 명덕을 밝히려는 자가 스스로 닦지 않고 억지로 타인의 명덕을 강요할까 두려워한 것이다. 『역경』에서 "군자는 그것을 본받아 밝은 덕을 스스로 밝힌다"라고 했다.

고증하여 바로잡음 정현이 말했다. "'고顧'는 의념이다. '시諟'는 올바름과 같다. '시諟'는 혹 제題라고도 한다."

○매색梅賾의 『고문상서古文尙書』 「태갑」의 주에서 말했다. "'고顧'는 항상 눈을 떼지 않고 살핀다는 뜻이다. '시諟'는 이것[是]이다."

○**나의 판단** 전서체에서 제諟·제諦·제諟는 모두 상통한다. '제諦'는 살펴봄이다. 그러므로 고야왕顧野王의 『옥편』에서도 "제諟는 심審이며 제諟이다"라고 하였다. '고顧'를 '눈을 떼지 않고 늘 살핌'이라고 보는 것은 『삼창三倉』에서 한 말이 아니니, 그 뜻은 아마도 잘못일 것이다.

湯之盤銘曰: "苟日新, 日日新, 又日新。"〈康誥〉曰: "作新民。"《詩》曰: "周雖舊邦, 其命維新。"[154) 是故君子無所不用其極。

盤, 浴器。銘, 辭, 喻滌惡以自新也。作, 興起也。新, 棄舊也。民皆自新, 則其國若新國然, 故引周詩也。無所不用其極者, 將以止於至善, 文上下相銜也。○議曰 明德之末, 引堯之峻德者, 峻德將以親九族而章百姓, 與下文之新民相銜也。新民之首, 引湯之日新者, 日新乃自新之功, 與上文之明德相銜也。新民之末, 言無所不用其極者, 用其極則爲至善, 與下文之至善相銜也。至善之首, 引'邦畿'之詩者, 維民所止, 與上文之新民相銜也。綴文之巧, 有如是矣。▶

---

154) 『詩經』, 「大雅·文王」.

탕임금의 목욕그릇의 명문銘文에, "진실로 어느 날 새롭게 되면 나날이 새롭게 하고, 또 날로 새롭게 하라"라고 했다. 「강고康誥」에 이르길, "백성을 흥기시켜라"라고 했다. 『시경』에 이르길 "주나라가 비록 오래된 나라이나, 그 명命이 새롭다"라고 했다. 그러므로 군자는 그 지극함을 쓰지 않는 바가 없다.

'반盤'은 목욕그릇이다. '명銘'은 문장이니, 그 악을 씻어 스스로 새로워지는 것을 비유했다. '작作'은 흥기함이다. '신新'은 옛것을 버린다는 말이다. 백성들이 스스로 새로워지면 그 나라가 새 나라처럼 될 것이니, 이에 주周나라의 시를 인용한 것이다. '그 극을 쓰지 않음이 없다'는 것은 장차 지극한 선에 머물려고 하는 것이니, 문장이 상하가 서로 맞물려 있다.

○**공적 의론** '명덕明德'의 말미에 '요임금의 큰 덕'을 인용한 것은 큰 덕으로써 장차 구족을 친애하고 백성을 고르게 밝게 하는 것이니, 아래 문단의 '신민新民'과 서로 맞물리기 때문이다. '신민'의 첫머리에 '탕의 날로 새로움'을 인용한 것은, 날로 새로움이란 스스로 새로워지는 공부이니, 윗 문장의 '명덕'과 서로 맞물리기 때문이다. '신민'의 말미에 '그 극을 쓰지 않음이 없다'고 한 것은, 그 지극함을 쓰면 곧 지극한 선이 되니, 아래 문단의 '지선至善'과 서로 맞물리기 때문이다. '지선'의 첫머리에 방기邦畿의 시를 인용한 것은, '유민소지維民所止'가, 윗 문장의 '민을 새롭게 함'과 서로 맞물리기 때문이다. 문장을 엮는 솜씨가 이처럼 묘하다.▶

◀《大學》·《中庸》, 皆文斷處意續, 意斷處文續*, 此之謂也。【本東園之說】

考訂 朱子曰: "鼓之舞之之謂作, 謂振起其自新之民。" ○又曰: "作興之, 使之舍其舊而進乎新。"【見《或問》】 ○蔡沈《書傳》云: "作新斯民。" ○鏞案 作新者, 連文也。《易》曰'左右民'[155], 《易》曰'容保民'[156], 〈康誥〉曰'保乂民', 又曰'康保民', 皆此文例也。經曰: "一家仁, 一國興仁。一家讓, 一國興讓。"又曰: "上老老而民興孝, 上長長而民興弟。"興者, 作新也。〈康誥〉作新民之下, 繼之曰畢棄咎, 畢棄咎者, 滌舊而自新也。孟子引'周雖舊邦, 其命維新'之詩, 以戒滕君曰: "子亦以新子之國。"此經所引, 亦謂民新則國新而已, 非取受命興王之意也。

---

* 文續: 新朝本에는 빠져 있다.

155)『易經』,「泰卦」.
156)『易經』,「臨卦」.

◀'『대학』과 『중용』은 한결같이 문장이 끊어지는 곳에는 뜻이 이어지고 뜻이 끊어지는 곳에는 문장이 이어진다'고 함은 이를 두고 하는 말이다.【동원東園의 견해에 의거했다】

고증하여 바로잡음 주자가 말했다. "고무시키는 것을 일러 '작作'이라고 하는데, 그 스스로 새로워지는 백성을 떨쳐 일으키는 것이다."

○또 말하였다. "진작시키고 일으켜 그들로 하여금 옛것을 버리고 새로운 데로 나아가도록 하는 것이다."【『혹문』에 보인다】

○채침의 『서전書傳』에서, "이 백성을 진작시켜 새롭게 한다"라고 했다.

○**나의 판단** '작신作新' 두 글자는 이어진 말이다. 『역』에서 "민을 돕는다"라고 함이나 또 "민을 보호한다", 『서경』 「강고」에서 "민을 다스린다"거나 또 "민을 보호한다"라고 함은 모두 이러한 예이다. 경문에서 "한 집안이 어질면 온 나라에 인仁의 기풍이 일어나고, 한 집안 사람이 사양하면 온 나라에 사양하는 기풍이 일어난다"라고 했고, 또 "위에서 노인을 노인으로 대우하면 백성들이 효를 일으키고, 위에서 어른을 어른으로 대우하면 백성들이 공경함을 일으킨다"라고 했는데, '일으킴'이란 '작신作新'이다. 「강고」에서 '작신민作新民'의 아래에 이어서 '허물을 모두 버리다[畢棄咎]'라고 했는데, '허물을 모두 버리다'란 옛 오염된 것을 씻어서 스스로 새로워지는 것이다. 맹자가 '주나라가 비록 오래된 나라이지만 그 명을 새롭게 한다'는 시를 인용하여 등나라 군주에게 경계하길, "그대 또한 그대의 나라를 새롭게 하라"라고 말했다. 이 경문에서 인용한 것도 또한 '백성이 새로워지면 나라가 새로워지는 것이다'라고 말하는 것일 뿐, 천명을 받아 왕조를 일으킨다는 뜻을 취한 것이 아니다.

《詩》云: "邦畿千里, 維民所止!"[157) 《詩》云: "緡蠻黃鳥, 止于丘隅!"[158) 子曰: "於止, 知其所止, 可以人而不如鳥乎?" 《詩》云: "穆穆文王! 於緝熙敬止。" 爲人君止於仁, 爲人臣止於敬, 爲人子止於孝, 爲人父止於慈, 與國人交止於信。

畿者, 限域也。王政至善, 民以爲樂土, 故止於此千里之內, 不願他遷也。丘隅, 岑蔚之處。【舊說云】於鳥爲至善之地, 鳥以爲樂, 故止而不思遷也。緝熙, 繼明也。敬止, 謂愼其所止也。○議曰〈商頌〉言先王疆理之政, 而美之曰維民所止, 則謂王政至善, 民安於千里之限, 而不願乎其外也。▶

---

157) 『詩經』, 「商頌・玄鳥」.
158) 『詩經』, 「小雅・綿蠻」.

『시경』에서, "나라의 기내畿內 천리여, 백성들이 머물며 사는 곳이구나!"라고 했다. 『시경』에서, "지저귀는 저 꾀꼬리여, 울창한 숲에 머무는구나!"라고 했다. 공자가, "머무름에, 그 머물 곳을 아니, 사람으로서 새만 못해서야 되겠는가?"라고 하였다. 『시경』에서, "깊고 깊으신 문왕이시여! 아, 계속하여 밝혀 머물 곳을 삼갔다"라고 하였다. 군주가 되어서는 인仁에 머물고, 신하가 되어서는 경敬에 머물며, 자식이 되어서는 효孝에 머물고, 아버지가 되어서는 자慈에 머물며, 나라 사람들과 사귐에는 신信에 머문다.

'기畿'는 한정된 영역이다. 국왕의 정치가 지극히 선하면 백성들은 살기 좋은 곳으로 생각하여 이 천리의 지경 안에 머물며 다른 곳으로 옮겨가기를 원하지 않는다. '구우丘隅'는 높고 울창한 곳이다.【옛 설이다】 새에게 참으로 좋은 곳이어서 새가 즐거워하므로 머물러 옮기려고 하지 않는다. '집희緝熙'는 계속해서 밝힌다는 뜻이다. '경지敬止'는 머물 곳을 삼간다는 말이다.

○**공적 의론** 『서경』「상송商頌」에서는 선왕이 경계를 구획하여 다스린 정치를 찬미하여 "백성들이 머무는 곳이로다!"라고 했으니, 이는 왕의 정치가 지극히 선하여 백성들이 천리 안에서 편안하게 여기고 그 바깥 세계를 원하지 않았음을 말한 것이다.▶

◀〈緜蠻〉之詩, 舊說以爲賢而微者, 不與乎乘車‧飮食之榮, 則黃鳥之止于丘隅, 所以喻賢者之止于丘園, 自安其至善之地, 而不願乎其外也。引《詩》之法, 雖斷章取義, 其詩本有斯義, 故人得取之。若*本無義, 何所取矣? 仁敬孝慈信五者, 皆至善之題目。雖其所列, 錯落不整, 亦可見經所云至善乃孝弟慈之諸德, 非此諸德之外, 別有至善也。玄鳥‧黃鳥, 引物而比喻也。敬止五止, 據實而臚列也。誠意而后止於至善, 斯爲誠意章之繼也。

考訂 朱子曰: "敬止, 言其無不敬而安所止也。" ○或問曰: "子之說詩, 以敬止之止爲語助, 於此, 又以爲所止之義, 何也?" 朱子曰: "古人引詩, 斷**章以明己意。"

---

* 若: 新朝本에는 '苦'로 되어 있다.
** 斷: 新朝本에는 '繼'로 되어 있다.

◀『시경』「면만(緜蠻)」시에 대해 옛 설에서는 '현명하지만 미천한 자는 수레를 타거나 먹고 마시는 영화로움에 관여하지 않는다'는 내용이라고 생각했으니, 꾀꼬리가 높고 울창한 곳에 머문다는 것은 현자가 산골에 머물며 지선한 곳을 스스로 편안히 여겨, 그 이외의 곳을 원하지 않음을 비유한 것이다. 시를 인용하는 법으로 비록 문장을 잘라서 뜻을 취하는 방법이 있긴 하지만, 그 시에 본래 이러한 의미가 있으므로 사람들이 그것을 취할 수 있었다. 본래 그런 의미가 없다면 어디서 취할 수 있겠는가? 인(仁)·경(敬)·효(孝)·자(慈)·신(信) 다섯 가지는 모두 지선의 제목이다. 그 열거된 것이 뒤섞여 가지런하지 않지만, 경문에서 말하는 지선이 곧 효·제·자 등의 덕이며 이 여러 덕 외에 따로 지선이 있는 것이 아님을 알 수 있다. '제비'와 '꾀꼬리'는 사물을 끌어다가 비유한 것이다. 다섯 가지 머물 곳에 머물기를 삼간다는 것은 사실에 근거하여 나열한 것이다. 뜻을 정성스럽게 한 뒤에 지극한 선에 머무니, 이것은 '성의'장을 계속 이은 것이다.

고증하여 바로잡음 주자가 말했다. "'경지(敬止)'는 공경하지 아니함이 없어서 머무를 곳에 편안하게 머문다는 말이다."

○(『대학혹문』에서) 어떤 사람이 물었다. "그대가 시를 해설할 때에는, '경지(敬止)'의 '지(止)'를 어조사로 보았는데, 여기서는 다시 '멈추어야 할 곳'의 뜻으로 보는 것은 무엇 때문인가?" 주자가 말하였다. "옛 사람들이 시를 인용할 때는 문장을 잘라 취하여 자신의 뜻을 밝혔다."

○鋪案 〈周頌〉曰: "念茲皇祖, 陟降庭止, 維予小子, 夙夜敬止." 兩止字皆爲語助, 而庭與敬叶韻.【又'不聰敬止', 似與下光明叶韻】[159] 故朱子於'於緝熙敬止', 亦以爲語辭. 而至於此經, 其義不通, 故有引詩斷章之說. 然'於緝熙敬止', 明與下'有商孫子'句止·子叶韻,[160] 止字之非語辭, 明矣. 且引詩雖斷章取義, 維淸緝熙[161]之維, 不可取之爲綱維之維, 對越在天[162]之越, 不可取之爲吳·越之越. 敬止之止, 何以異是? 濂·洛諸先生,[163] 刱爲主敬之學, 每遇敬字, 執之太拘. 而此經所重, 明在止字. 敬其所止者, 或恐吾之所止, 萬一非至善之地, 則吾止非所當止, 故敬之愼之也. 無不敬而安所止, 語脈無或破碎乎?〈曲禮〉所云'毋不敬'者, 禁不敬者, 非無物不敬也. 敬止之解, 在*〈緇衣〉.

---

* 在: 奎章本에는 이 앞에 '明'이 있다.

159) 『詩經』, 「周頌·敬之」, "維予小子, 不聰敬止, 日就月將, 學有緝熙于光明, 佛時仔肩, 示我顯德行."

160) 『詩經』, 「大雅·文王」, "穆穆文王, 於緝熙敬止, 假在天命, 有商孫子."

161) 『詩經』, 「周頌·維淸」, "維淸緝熙, 文王之典."

162) 『詩經』, 「周頌·淸廟」, "於穆淸廟, 肅離顯相. 濟濟多士, 秉文之德 對越在天."

163) 濂·洛諸先生: 송대의 여러 성리학자들을 가리킨다. 염렴은 주돈이를 가리키는데 이는 그가 도주道州 영도현營道縣 염계(濂溪, 지금의 호남성)에 살았기 때문이다. 락洛은 정호程顥·정이程頤 형제를 가리킨다. 그들이 하남성 낙양 사람들이기 때문이다. 주돈이·소옹邵雍·사마광司馬光·정호·정이·장재張載 등 염계와 낙양에 살았던 여섯 학자를 염락 육군자라고도 한다.

○나의 판단 『시경』「주송周頌」에서 "이 황조皇祖께서 뜰을 오르내림을 생각하여, 나 소자는 밤낮으로 공경하나이다"라고 노래했다. 이때의 두 '지止'자는 모두 어조사이며 '정庭'과 '경敬'은 협운叶韻이다.【또 '불총경지不 聰敬止'의 경敬자는 아래 '광명光明'의 명明자와 협운인 듯하다】 그러므로 주자 는 '오집희경지於緝熙敬止'의 '지止'에 대해서는 어조사로 보았다. 그러나 이 『대학』의 경우에는 그 뜻이 통하지 않으므로 시를 인용할 때, 문장 을 잘라 취한다는 설을 말했다. 그러나 '오집희경지於緝熙敬止'와 아래 의 '유상손자有商孫子'구는 분명 '지止'와 '자子'가 협운이 되므로, '지止'자 가 어조사가 아닌 것이 분명하다. 또한 시를 인용하는데 비록 '장을 잘 라 뜻을 취하는 법'은 있으나, '유청집희(維淸緝熙: 청명하여 계속 밝히다)'의 '유維'자를 '강유綱維'의 '유'자로 보아서는 안 되며, '대월재천(對越在天: 하늘에 계신 분을 대하다)'의 '월越'자를 오吳·월越의 '월'자로 보아서는 안 된다. '경지敬止'의 '지止'자가 이 경우와 무엇이 다른가? 염렴濂·락洛의 여 러 선생이 주경主敬의 학문을 개창하여 '경敬'자를 만날 때마다 너무나 지나치게 집착하였다. 그러나 이 경문에서 중요하게 여기는 것은 명백 히 '지止'자에 있다. '그 머물 곳을 삼간다'고 한 것은, 내가 머무르는 곳 이 만의 하나라도 지극히 선한 곳이 아니라면, 내가 머무르는 곳이 마 땅히 머물러야 할 곳이 아니기 때문에, 삼가고 조심해야 한다고 하는 것이다. '공경하지 않음이 없어서 그 멈추어야 할 바에 편안하게 머문 다'는 것은 그 맥락을 지나치게 쪼개지 않았는가? 『예기』「곡례曲禮」의 '무불경毋不敬'은 불경不敬을 금하는 말이지, 공경하지 않는 경우가 없다 는 뜻이 아니다. '경지敬止'의 해석은 『예기』「치의緇衣」에 있다.

引證 〈緇衣〉篇, 子曰: "君子, 言必慮其所終, 而行必稽其所敝, 則民謹於言而愼於行。〈大雅〉曰, '穆穆文王! 於緝熙敬止。'"

○**鏞案** 慮其所終, 稽其所敝者, 敬其所止也。三句之文, 炯炯相照, 敬止之解, 於斯明矣。昔在乾隆辛亥冬, 內降《毛詩》條問八百餘條, 余於'於緝熙敬止'之節, 引此以對之。【又襄二十五年,《左傳》引《書》曰: "愼始而敬終, 終*以不困。"】

子曰: "聽訟, 吾猶人也, 必也使無訟乎!" 無情者不得盡其辭, 大畏民志, 此謂知本。

情者, 眞實無僞之懷也。辭者, 訟獄自陳之言也, 〈呂刑〉所謂單辭・兩辭[164]。大畏民志, 誠意以修身之效也。本, 謂身也。

---

164)『書經』,「呂刑」, "왕이 말하길, … 단사單辭에 밝고 깨끗이 하라. … 백성들의 다스림은 양사兩辭를 알맞게 듣지 않음이 없다.[王曰 … 明淸于單辭 … 罔不中聽獄之兩辭]"

인용하여 증명함 『예기』 「치의緇衣」편에서 공자가 말했다. "군자가 말을 할 때 반드시 그 끝을 염려하고, 행동을 할 때 그 폐단을 살피면, 백성들은 말을 조심하고 행동을 삼갈 것이다. 『시경』 「대아大雅」에 "깊고 깊으신 문왕이시여! 아, 계속하여 밝혀 머물 곳을 삼갔다"라고 하였다.

○**나의 판단** '(말의) 끝을 염려하고 (행동의) 폐단을 살핀다'는 것은 그 그쳐야 할 바를 삼가는 것이다. 이 세 구절의 문장이 밝게 서로 비추니, '머물 곳을 삼간다[敬止]'의 풀이는 여기에서 분명해졌다. 지난 건륭乾隆 신해년(辛亥年: 1791) 겨울, 내전에서 『모시毛詩』에 대해 800여 조목을 질문하였는데, 나는 '오집희경지於緝熙敬止' 구절에 대해 이것을 인용하여 답변하였다.【또 『좌전』 양공襄公 25년에는, 『서경』을 인용하여, "처음을 삼가고 끝을 조심하면 끝내 어려움이 없다"라고 하였다】

공자가 말했다. "송사를 처리함이 내 남과 같으나, 반드시 백성들이 송사하는 일이 없도록 하겠다!" 진정이 없는 자가 그 말을 다하지 못하는 것은 백성의 마음을 크게 두려워하기 때문이니, 이것을 '근본을 아는 것'이라 한다.

'정情'은 진실하여 거짓이 없는 마음이다. '사辭'는 재판할 때, 스스로 진술하는 말이니, 『서경』 「여형呂刑」에서 말한 '단사單辭'와 '양사兩辭'가 이것이다. '백성의 마음을 크게 두려워한다'는 것은 (위정자가) 뜻을 정성스럽게 하여 몸을 닦은 공효이다. '본本'은 자신을 말한다.

○議曰《中庸》引《詩》曰‘奏假無言, 時靡有爭’, ‘是故君子不賞而民勸, 不怒而民威於鈇鉞’. 彼經先言潛昭屋漏[165]之義, 以明愼獨之誠, 而繼引‘奏假’之詩. 此經歷言誠意至善之義, 而結之以聽訟之節. 其淵理妙旨, 兩相照也. 夫聽訟之於無訟, 其相去遠矣. 聽訟者, 聲色以化民也. 無訟者, 子懷明德, 不大聲以色也.[166] 聖人顧諟愼獨, 誠意以修身, 百姓自然奏假, 望而畏之, 不敢陳其非眞之言, 此化民之極功也. 原夫天下萬民, 芸芸蔥蔥, 不可家喻而戶說, 口爭而舌競. 故聖人之道, 至誠篤恭, 而天下自平, 皆使無訟之義也. 誠意修身之效極於此, 故結之以此.【此節上承誠意, 下接修身】

考訂 鄭曰: “此謂知本, 本者, 謂誠其意也.”▶

---

165) 『中庸章句』 33장. 인용된 시는 『시경』의 「소아小雅」 정월편正月篇과 「대아大雅」 억편抑篇에 실려 있다.
166) 『中庸章句』 33장.

○**공적 의론** 『중용』에서는 『시경』의 '제사를 바쳐 신을 이르게 함에 말이 없지만 이에 다투는 자가 없다'는 시를 인용하여, '그러므로 군자가 상을 주지 않아도 백성들이 근면하며, 노하지 않아도 백성들은 도끼보다도 더 두려워한다'고 했다. 저 『중용』에서는 먼저 '잠겨 엎드려 있으나 또한 심히 밝다[潛雖伏矣, 亦孔之昭]'와 '그대 홀로 방안에 있음을 보니 방 귀퉁이에서도 부끄럽지 않구나[相在爾室 尚不愧于屋漏]'의 뜻을 말하여 신독의 정성을 밝히고, 이어서 '제사를 바쳐 신을 이르게 함에 말이 없지만'이라는 시를 인용하였다. 이 『대학』에서는 성의·지선의 뜻을 하나하나 말하고는 '청송聽訟' 절로서 끝을 맺었다. 두 경의 깊은 이치와 오묘한 뜻이 서로 조응한다. '송사를 처리한다'는 것과 '송사를 없게 한다'는 것, 두 일은 그 거리가 아주 멀다. '송사를 처리한다'는 것은 '소리와 얼굴빛으로 백성을 교화한다'는 것이며, '송사를 없게 한다'는 것은 '나(조물주)는 (문왕이) 밝은 덕을 지니고 소리와 얼굴빛을 크게 하지 않는 것을 좋아한다'는 것이다. 성인이 신독愼獨을 돌이켜 살피며 뜻을 정성스럽게 하여 몸을 닦으면, 백성은 저절로 이르러 그를 바라보고 두려워하여 감히 그 참되지 않은 말을 진술하지 못하게 되니, 이것이 백성을 교화함의 지극한 공효이다. 원래 천하의 백성은 너무나 많기에 집집마다 일깨워 말해줄 수는 없으며, 입과 혀로 다툴 수 없다. 그러므로 성인의 도가 지극히 성실하고 독실하게 공경스러우면 천하가 절로 화평해지니, 모두 '송사를 없게 한다'는 의미이다. 성의와 수신의 공효가 여기에서 지극하기 때문에 이로써 결론을 맺었다.【이 구절은 위로는 '성의'를 잇고, 아래로는 '수신'과 연결되어 있다】

고증하여 바로잡음 정현이 말했다. "'이것이 근본을 아는 것이다'라고 할 때의 '근본'은 '그 뜻을 정성스럽게 함'을 말한다."▶

◀○孔曰: "自瞻彼至知本, 此廣明誠意之事。" ○汝南 陳耀文《問辨錄》云: "注疏於前句'此謂知本', 云'本謂身也', 於後句'此謂知本', 云'本謂誠其意也', 此正相應處。" ○又曰: "本末終始, 原非條件。只因本字, 遂謂之釋本末,[167] 然則又以何者釋終始耶?" ○又曰: "〈康誥〉以後, 皆與誠意相引伸。"【陳氏三說, 見《經傳稽疑》】○祁世培云: "《大學》兩'此謂知本', 一是修身, 一是誠意。然誠意正所以修身也。知者, 知此而已。" ○**鏞案** 鄭氏以來, 以修身爲治平之本, 以誠意爲修身之本, 兩箇知本, 作二層看。蓋以〈康誥〉以下, 都以爲誠意一章, 故其言如此。然古文順理達意而已, 無分排對搭之法, 不必誠意章‧正心章, 相聯如貫珠然也。經文特以誠意一段, 挿之於最高之地者, 誠意爲物之終始。【《中庸》文】▶

---

167)『大學章句』에 있는 주희의 해석이다.

◀○공영달이 말했다. "'첨피첨彼'절부터 '지본知本'절에 이르기까지는 '성의'의 일을 넓게 밝힌 것이다."

○여남汝南 진요문陳耀文이 『문변록問辨錄』에서 말했다. "『예기주소禮記注疏』에서, 앞에 나온 '이것을 근본을 아는 것이라 한다[此謂知本]'에서 '근본은 자신을 이른다'고 했고, 뒤에 나온 '이것을 근본을 아는 것이라 한다[此謂知本]'에서 '근본은 뜻을 정성스럽게 함을 이른다'고 했다. 이는 바로 상응하는 곳이다."

○또 말했다. "본말과 종시는 원래 독립된 조항이 아니다. 단지 '근본'이란 글자로 말미암아 마침내 '본말을 해석했다'고 한다면, 또 어떤 것을 가지고 '종시'의 해석으로 삼을 것인가?"

○또 말했다. "「강고」 이후의 문장은, 모두 성의와 연관하여 전개시켰다.【진요문의 세 주장은 『경전계의經傳稽疑』에 보인다】

○기세배祁世培가 말했다. "『대학』에 나오는 두 개의 '차위지본(此謂知本: 이것을 근본을 아는 것이라 한다)'에서 하나는 수신, 하나는 성의이다. 그러나 성의는 바로 몸을 닦는 것이다. '안다[知]'고 하는 것은 이것을 아는 것일 뿐이다."

○**나의 판단** 정현 이래로, 수신을 치국평천하의 근본으로 삼고, 성의를 수신의 근본으로 삼아, 두 개의 '지본(知本: 근본을 앎)'을 두 층으로 보았다. 대체로 「강고」 이하도 전부 '성의'의 한 장이라 여겼던 까닭에, 이와 같이 말한 것이다. 그러나 고문은 순리대로 뜻을 표현했을 뿐이어서, 의도적으로 나누어서 대응시키는 방법이 없었으니, 성의장과 정심장이 꿴 구슬처럼 연결되었다고 볼 필요는 없다. 경문에서 특별히 성의장 한 단락을 최고의 자리에 둔 것은 성의가 '물의 시작과 마침'이 되기 때문이다.【『중용』의 글이다】▶

◀以此修身，以此齊家，以此治平，故引〈淇奧〉·〈前王〉二節，以證斯義。誠意爲物之終始，以此明德，以此親民，以此止善，故繼引〈康誥〉等九文，以證斯義。然〈康誥〉等九文，當別爲一章，何必總之括之，都謂之誠意章乎？況誠意不過乎修身，修身爲化民之本，故終之以聽訟一節！所謂知本，仍以修身爲本，豈誠意之謂哉？身與民相對，而意與民不能相對。此節專是化民之意，則其所謂本，豈非身乎？自鄭以來，皆拘矣。

◀이것으로 몸을 닦고, 이것으로 집안을 가지런히 하며, 이것으로 나라를 다스리고 천하를 화평하게 하므로「기욱淇奧」·「전왕前王」두 절을 인용하여 이러한 뜻을 증명하였다. 성의는 '물의 시작과 마침'이 되니, 이것으로써 덕을 밝히고, 이것으로써 백성을 친애하게 하고, 이것으로써 선에 머무른다. 그러므로「강고」등의 9개 문장을 잇달아 인용하여 이러한 뜻을 증명하였다. 그러나「강고」등의 9개 문장은 별도로 한 장으로 삼아야 하는데, 왜 반드시 이를 총괄하여 모두 '성의장'이라 말할 필요가 있겠는가? 하물며 뜻을 정성스럽게 하는 것은 몸을 닦는 데 불과하고, 몸을 닦는 것은 백성 교화의 근본이므로 '청송' 일절로 끝맺은 데야! 이른바 '지본'은 여전히 몸을 닦는 것을 근본으로 삼으니, 그 어찌 '성의'를 가리키겠는가? '몸[身]'과 '백성[民]'은 상대가 될 수 있으나, '뜻[意]'과 '백성'은 상대가 될 수 없다. 이 절은 오로지 '백성을 교화함'의 뜻만을 말하고 있으니, 여기서 말하는 '근본'이란 몸(자신)이 아니겠는가? 정현 이래로 모두 구애되었다.

(정호훈 옮김)

大學公議 三

所謂修身在正其心者, 身有所忿懥, 則不得其正, 有所恐懼, 則不得其正, 有所好樂, 則不得其正, 有所憂患, 則不得其正。心不在焉, 視而不見, 聽而不聞, 食而不知其味。此謂修身在正其心。

修, 治之使正也。忿, 悁恨也。懥, 心有跲躓也。心有此四病, 則身不得其正, 明正心卽所以正身也。心不在者, 心不在所事也。視思明, 聽思聰,[168] 而心不在, 則不能察。百事皆然。○**議曰** 身心妙合, 不可分言。正心卽所以正身, 無二層工夫也。孔子曰: "其身正, 不令而行, 其身不正, 雖令不從。"[169] 孔子曰: "苟正其身, 於從政乎何有? 不能正其身, 如正人何?"[170]【孔子又謂季康子曰: "正己而物正。"】[171]▶

---

168) 『論語』, 「季氏」.
169) 『論語』, 「子路」.
170) 『論語』, 「子路」.
171) 『論語』, 「顏淵」, 17장의 "그대가 정도를 거느리면 누가 감히 바르게 하지 않겠는가![子帥以正, 孰敢不正!]"을 가리키는 것으로 보인다. 계강자가 정치에 대해 묻자 공자는 간결하게 '바로잡는 것'[正]이라고 했다. 다산은 공자의 답변을 요약하여 기술한 것이다.

이른바 '몸을 닦음이 마음을 바르게 함에 있다'는 것은 몸은 (마음에) 노여워하고 원망하는 바가 있으면 바름을 얻지 못하고, 두려워하는 바가 있으면 바름을 얻지 못하고, 좋아하고 즐기는 바가 있으면 바름을 얻지 못하고, 걱정하는 바가 있으면 바름을 얻지 못한다는 것이다. 마음이 거기에 있지 아니하면 보아도 보이지 않고, 들어도 들리지 않으며, 먹어도 그 맛을 알지 못한다. 이것이 '몸을 닦음은 마음을 바르게 함에 있다'는 것이다.

'수修'는 다스려 바르게 하는 것이다. '분忿'은 성내어 원망하는 것이다. '치懥'는 마음에 걸리는 것이 있는 것이다. 마음에 이 네 가지 병이 있으면 몸이 바름을 얻지 못하니, 마음을 바르게 하는 것이 곧 몸을 바르게 하는 방법임이 분명하다. '마음이 (거기에) 있지 않다'는 것은 마음이 행사하는 데 있지 않다는 것이다. 눈으로 볼 때는 밝게 보기를 생각하고, 귀로 들을 때는 총명하게 듣기를 생각해야 하는데, 마음이 거기에 없으면 살필 수가 없다. 모든 일이 다 그러하다.

○**공적 의론** 몸과 마음은 오묘하게 결합되어서 나누어 말할 수 없다. 마음을 바르게 하는 것은 곧 몸을 바르게 하는 것이니 두 층의 공부가 아니다. 공자가 말했다. "자신의 몸이 바르면 명령하지 않아도 아랫사람이 행하고, 자신의 몸이 바르지 못하면 명령을 내려도 따르지 않는다." 공자가 또 말했다. "진실로 자신의 몸을 바르게 하면 정치에 종사함에 무슨 어려움이 있겠는가? 몸을 바르게 하지 못하면 남을 어떻게 바르게 하겠는가?"【공자는 또 계강자季康子에게 "자신을 바르게 하면 사물이 바르게 된다"고 말하였다.】▶

◀孟子曰:"其身正, 天下歸之。"[172] 梅氏〈君牙〉猶云:"爾身克正,
罔敢不正。"身有所忿懥, 則不得其正, 義理明白, 合於群經, 何
爲而改之也? 有所忿懥, 則辭氣暴戾, 施措顚錯, 而身不得其
正。有所恐懼, 則動於菑禍, 屈於威武, 而身不得其正。有所好
樂, 則貪於貨財, 溺於聲色, 而身不得其正。有所憂患, 則移於
貧賤, 陷於得失, 而身不得其正。身失其正, 則無以齊家, 無以
治國, 故所戒在身。四有所者, 陷身失身之機穽, 君子於此, 察之
克之, 以正其身也。○心有二病, 一是有心之病, 一是無心之病。
有心者, 人心爲之主也。無心者, 道心不能爲之主也。二者似異,
而其受病之源實同。敬以直內, 察之以公私之分, 則無此病矣。

---

172) 『孟子』, 「離婁」上.

◀맹자가 말하였다. "그 몸이 바르면 천하가 그에게로 돌아간다." 매색의 『고문상서古文尙書』「군아君牙」에서도 "네 몸이 바르면 감히 바르지 않을 사람이 없게 될 것이다"라고 하였다. 몸은 (마음에) 노여워하고 원망하는 것이 있으면 바름을 얻지 못한다는 것은 의리가 명백하고 여러 경서와도 일치하니 무엇 때문에 이를 고치겠는가? 노여워하고 원망하는 것이 있으면 말투가 모질고 사나워지며 일처리가 전도되고 어그러져 몸은 바름을 얻지 못한다. 두려워하는 것이 있으면 재난에 동요하고 위력에 굴복하게 되어 몸은 바름을 얻지 못한다. 좋아하고 즐기는 것이 있으면 재물을 탐하고 음악과 여색에 빠져서 몸은 바름을 얻지 못한다. 걱정하고 근심하는 바가 있으면 가난 때문에 (마음이) 달라지고 이해관계에 빠져서 몸은 바름을 얻지 못한다. 몸이 바름을 잃으면 집안을 가지런히 할 수 없고, 나라를 다스릴 수도 없으므로 경계해야 할 것이 몸에 있는 것이다. 네 가지 '~한 것이 있다[有所]'는 것은 몸을 빠뜨리고 몸을 잃게 되는 함정이니, 군자는 이 점을 살피고 이겨내어 그 몸을 바르게 해야 한다.

○마음에는 두 가지 병이 있는데, 하나는 마음이 있음에서 생기는 병이고, 다른 하나는 마음이 없음에서 생기는 병이다. '마음이 있다'는 것은 인심이 주인이 되는 것이다. '마음이 없다'는 것은 도심이 주인이 되지 못하는 것이다. 두 가지는 다른 것 같으나, 그 병을 얻게 되는 근원은 실제로 같다. 경敬으로써 마음을 바르게 하고 공과 사를 구분하여 마음을 살피면 이 병은 없어질 것이다.

考訂 程子曰：“身有之身，當作心。”〇**鏞案** 四有所者，治心之事也。五之其者，齊家之事也。若復以身有之身，改之爲心，則《大學》一部，遂無修身之節，眞作補傳，乃成完書。不知先*正何以不慮及此也。原來身心妙合，不可分二，故特下身字，以爲身心合一之鐵釘。今拔此釘，則《大學》無修身矣。忿懥·恐懼，本發於心，雖不言心，文自條鬯，若加心字，語却堆疊。然且正身卽所以正人，若于是遂拔正身之節，則此下之齊家·治國，都無根基，其所失非細也。

考訂 朱子曰：“忿懥，怒也。四者，皆心之用而人所不能無者。然一有之而不能察，則失其正矣。”〇或問：“人之有心，本以應物。有所喜怒憂懼，便爲不得其正，則必如槁木死灰，乃得其正邪？”曰：“人心湛然虛明，鑑空衡平，以爲一身之主者，顧**其眞體之本然，▶

---

* 先: 新朝本에는 이 뒤에 '生'이 있다.
** 顧: 奎章本에는 '固'로 되어 있다.

고증하여 바로잡음 정자가 말하였다. "'신유身有'의 '신身'은 '심心'으로 고쳐야 한다."

○**나의 판단** 네 가지 '~한 것이 있다[有所]'는 것은 마음을 다스리는 일이며, 다섯 가지 '자신이 ~하는 사람에 대해서는[之其]'이라는 것은 집안을 가지런히 하는 일이다. 만약 다시 '신유身有'의 '신身'을 '심心'으로 고친다면, 『대학』이라는 책에서 '수신修身'절이 없어지니, 진실로 보충하는 전[補傳]을 써야만 완성된 책이 될 것이다. 선생(程子)이 바로 어찌 이 점에까지 생각이 미치지 못하였는지 잘 모르겠다. 원래 몸과 마음은 오묘하게 합해져 둘로 나눌 수 없으므로 특별히 '신身'자를 써서 몸과 마음을 하나로 합치는 쇠못으로 삼은 것이다. 지금 이 못을 뽑아 버리면 『대학』에는 '수신'절이 없어질 것이다. 노여워하고 원망하며 두려워하는 것은 본래 마음에서 일어나는 것으로 비록 '마음'을 말하지 않더라도 글 자체가 자연스럽게 통하니, '심心'자를 보태면 말이 도리어 중첩된다. 게다가 몸을 바르게 하는 것이 남을 바르게 하는 바탕이니, 여기에서 '정신正身'절을 빼버리면 이 다음의 제가齊家와 치국治國은 모두 근거가 없어져서 그 잃는 바가 적지 않다.

고증하여 바로잡음 주자가 말하였다. "'분치忿懥'는 노여워하는 것이다. 네 가지는 모두 마음의 작용이니 사람에게 없을 수 없는 것이다. 그러나 한번 이러한 감정을 가지고서 살피지 못한다면 그 바름을 잃게 된다."

○(『대학혹문』에서) 어떤 사람이 물었다. "사람의 마음은 본래 사물에 감응하는 것이다. 기쁘고, 성내고, 걱정하고, 두려워하는 감정이 있은 뒤에 그 바름을 얻지 못한다고 한다면, 반드시 마른 나무와 불 꺼진 재와 같아야 그 바름을 얻을 수 있다는 것인가?" (주희가) 대답하였다. "사람의 마음은 담연히 텅 비고 밝아서, 거울처럼 비어 있고 저울대처럼 균형을 이루어 한몸의 주인이 되는 것이니, 그 진실한 본체의 본래 모습을 살펴보면▶

◀喜怒憂懼, 隨感而應, 感而中節, 則爲天下之達道。惟其事物之來, 有所不察, 不能不與之俱往, 則其喜怒憂懼, 必有動乎中者, 而此心之用, 不得其正耳。"[173] ○ **鏞案** 忿懥者, 失中之怒也。以忿懥二字律之, 則其下三情, 亦不是合理之恐懼, 合理之憂患。孔子謂司馬牛曰'君子不憂不懼',【又云: "內省不疚, 夫何憂何懼?"[174]】此云憂懼, 正是君子之所不爲, 而所謂好樂, 亦是損者三樂[175]之類。【驕樂·佚游·宴樂等】豈可與孔子之發憤忘食[176], 君子之戒愼恐懼[177], 學者之樂節禮樂[178], 堯·舜之憂不得人[179], 比而同之哉? 喜怒哀樂, 原有二種, 其中節者爲一種, 其不中節者爲一種。凡公喜·公怒·公憂·公懼, 其發本乎天命, 故不爲心病, 亦不陷身。彌喜彌怒, 而不損其赤子之心, 彌憂彌懼, 而不挫其浩然之氣。▶

---

173) 『大學或問』, 傳 10장.

174) 『論語』, 「顏淵」 제4장.

175) 『論語』, 「季氏」 제5장.

176) 『論語』, 「述而」 제18장.

177) 『中庸』, 제1장.

178) 『論語』, 「季氏」 제5장.

179) 『孟子』, 「滕文公」上, "요는 순을 얻지 못함을 자기의 근심으로 삼았고, 순은 우와 고요를 얻지 못함을 자기의 근심으로 삼았다.[堯以不得舜爲己憂 舜以不得禹皐陶爲己憂]"

◀기쁨·성냄·근심·두려움이 느낌에 따라서 감응하는데, 감응해서 절도에 맞으면 천하에 통하는 도道가 된다. 그런데 사물이 다가올 때 살피지 못하는 바가 있어서 사물과 함께 휩쓸리게 되면, 기쁨·성냄·근심·두려움이 반드시 마음을 움직여서 이 마음의 작용이 바름을 얻지 못할 뿐이다."

○**나의 판단** '분치忿懥'는 중절을 잃은 노여움이다. '분치忿懥'라는 두 글자로 따져보면, 그 아래 세 가지 감정 또한 이치에 맞는 두려움이라거나, 이치에 맞는 근심이 아니다. 공자가 사마우司馬牛에게 "군자는 걱정하지도 않고 두려워하지 않는다"【또 말하였다. "마음을 살펴 거리낌이 없으면 어찌 근심하고 두려워하겠는가?"】고 하였는데, 여기서 말한 '근심'과 '두려움'은 바로 군자가 하지 않는 것이며, '좋아하고 즐긴다'고 하는 것도 또한 '손해가 되는 세 가지 즐거움'과 같은 종류인 것이다.【교만한 음악을 즐기는 것', '편안히 노는 것을 즐기는 것', '잔치를 벌이는 것을 즐기는 것' 등이다】 어찌 공자가 '식사를 잊고 분발한 것'이나, 군자가 '경계하고 삼가며 두려워하는 것'이나, 학자가 '예절과 음악을 절도 있게 즐기는 것'이나, 요임금과 순임금이 '사람을 얻지 못함을 근심하는 것'과 견주어 같다고 할 수 있겠는가? 기쁨·성냄·슬픔·즐거움에는 본래 두 종류가 있는데, 절도에 맞는 것이 한 종류이고, 절도에 맞지 않는 것이 다른 한 종류이다. 공적인 기쁨, 공적인 노여움, 공적인 근심, 공적인 두려움이 발하는 것은 하늘의 명에 근원하므로 마음의 병이 되지 않고 몸을 함정에 빠뜨리지도 않는다. 더욱 기뻐하고 더욱 노여워해도 갓난아이의 마음을 훼손하지 않으며, 더욱 근심하고 더욱 두려워해도 호연지기를 꺾지 않을 것이다.▶

◄唯其喜怒憂懼之發於財色禍福之私者, 一波纔動而全泓鼎沸, 尺霧初起而長天漆黑, 遂不免隨物亂動而身失其正, 斯豈一種一類之物乎? 明此而後, 此經之義, 乃可通透, 而朱子於此, 不曾分別, 直云'四者, 人心之所不能無者'. 誠若人心之不能無, 而一有之者, 必失其正, 則是人心者, 失正爲常理, 將何以正之? 朱子表章一箇有字,【一有之】讀之如有天下之有, 解作存留之意. 又增以與之俱往之說, 然後始僅爲不得其正之案, 豈不崎嶇乎? 忿懼等四情, 不歸於不合理之物, 而戒之以四有所, 則槁木死灰, 乃保眞體. 心體如此, 定非活人. 況眞體本然之說, 本出於《首楞嚴》, 先聖論心, 本無此語. 總之, 四情作於其心, 害於其政, 發於其政, 害於其事,[180] 故曰'身不得其正'.►

---

180)『孟子』,「公孫丑」上.

◀다만 사사로운 재색이나 화복에서 나오는 기쁨·성냄·근심·두려움은, 한 물결이 움직이자마자 온 솥의 물이 끓는 듯하고, 약간의 안개가 일어나자마자 온 하늘이 칠흑 같아지는 듯하여 마침내 사물에 따라 어지럽게 움직여서 자신의 몸이 바름을 잃게 될 것이니 이 어찌 공적인 기쁨·성냄·근심·두려움과 한 가지 종류이겠는가? 이런 점을 밝힌 후에야 이 경문의 뜻이 환하게 통할 수 있을 것인데, 주자는 이 점을 분별하지 않고 곧 바로 "네 가지는 사람의 마음에 없을 수 없는 것이다"라고 하였다. 그러나 진실로 '사람의 마음에 없을 수 없는 것이면서, 한번 가지게 되면[一有之] 반드시 그 바름을 잃게 된다'고 한다면, 사람의 마음은 바름을 잃는 것이 일반적인 이치가 되어 버리니 장차 어떻게 바르게 할 것인가? 주자는 하나의 '유有'자를 드러내어【한번 가지게 되면[一有之]】 '천하를 가진다[有天下]'고 할 때의 '유有'자처럼 읽고 '머물게 한다[存留]'는 의미로 해석하였다. 또 '사물과 함께 휩쓸리게 된다'는 설을 더한 후에야 비로소 겨우 '그 바름을 얻지 못함'의 설명으로 삼았으니 어찌 구차하지 않겠는가? 분치忿懥 등 네 가지 감정을 이치에 맞지 않는 것으로 생각하지 않고 네 가지 감정을 마음에 머물게 하는 것을 경계한다면, 마른 나무와 꺼진 재와 같아야 진실한 본체를 보존할 수 있을 것이다. 마음의 본체가 이와 같으면 반드시 살아 있는 사람이 아니다. 하물며 진실한 본체가 본래 그러한 것이라는 설은 본래 『수능엄경首楞嚴經』에서 나온 것으로 옛 성인들이 마음을 논하는 데에는 본래 이런 말이 없다. 총괄해 보면 네 가지 감정은 '마음에서 발생하여 그 정사를 해치고, 그 정사에서 나와서 그 일을 해치게 되는 것'이므로, "몸이 그 바름을 얻지 못한다"라고 말하는 것이다.▶

◀正與不正, 驗於行事, 不止於眞體之昏明也。眞體之湛然虛明, 鑑空衡平, 雖亦可貴, 必其行事篤實, 乃保本眞。直把此物, 求其空明, 未有不內發心疾者。古聖人正己正物之學, 朴實有據, 不若是之幽虛也。

答難 或問: "忿懥等四情, 子以爲公私二種, 如子之言, 君子於一己之私, 都無此四情耶?" ○**答曰** 地位差高, 可知此境。獨不見孩兒乎? 奪其手弄之瓦, 大忿焉。嚇以死虎之皮, 大懼焉。投之五寸之旗, 大樂焉*。授以數字之文, 大憂焉。自成人觀之, 皆不足以一哂矣。君子之於愚人, 其視喜怒憂懼也, 亦猶是也。所遇雖同, 其所以動其心者, 何得相同乎? 故曰'君子之所爲, 衆人固不知也', 豈可以忿懥等四情, 爲人之所不能無者乎?

---

* 焉: 新朝本에는 '馬'로 되어 있다.

◀바름과 바르지 않음은 일을 행하는 데서 징험할 수 있는 것이니 진실한 본체의 어두움과 밝음에 머물지 않는다. 진실한 본체가 깊고 고요하며 텅 비어 밝아서 거울처럼 비어있고 저울처럼 균평한 것 또한 귀한 것이지만, 반드시 일을 행함에 독실하여야만 본체의 진실함을 보존할 수 있다. 곧바로 본체를 잡아서 그 텅 비어 밝음을 구한다면 안에서 마음의 병이 생기지 않을 사람이 없을 것이다. 옛 성인들의 자신을 바르게 하고 사물을 바르게 하는 학문에는 소박하고 진실한 근거가 있어 이처럼 아득하고 텅 비지는 않았다.

논난에 답함 어떤 사람이 물었다. "'분치忿懥' 등 네 가지 정을 그대는 공·사의 두 가지 종류로 말하는데, 그대의 말대로 하면 군자는 자기 한몸의 사사로움에 이 네 가지 정이 전혀 없다는 것인가?"

○**답변** "수준이 약간만 높아도 이러한 경지를 알 수 있다. 그대는 어린 아이들을 보지도 못했는가? 가지고 노는 기와조각을 빼앗으면 몹시 화를 내고, 죽은 호랑이 가죽으로 겁을 주면 몹시 두려워하고, 작은 깃발을 던져 주면 몹시 좋아하고, 몇 자의 글을 가르치면 몹시 걱정한다. 어른의 입장에서 본다면 모두 하나의 웃음거리도 되지 못한다. 군자가 어리석은 사람의 기쁨·성냄·근심·두려움을 보면 또한 이와 같을 것이다. 마주치는 상황은 같더라도 마음을 움직이는 것이 어떻게 서로 같겠는가? 그래서 '군자가 하는 일은 일반 사람들이 본래 알지 못한다'고 하는 것이니, 어찌 '분치' 등의 네 가지 정이 사람에게 없을 수 없는 것이겠는가?"

考訂 朱子曰:"心若不存, 一身便無主宰。"【心不在之解】 ○蔡清云: "心奪於忿懥, 不爲我有。" ○**鏞案** 此存心之說也。存心之說, 起 於孟子, 今詳孟子所言, 與先正[181]所言, 其趣不同。孟子曰:"人 之所以異於禽獸者幾希, 君子存之, 小人去之。"[182] 又曰:"操則 存, 舍則亡。"[183] 其云存之者, 謂道心微弱, 故存其將亡, 以自別 於禽獸而已, 非謂心體善走, 故捉留之腔子之內也。先儒看得有 差, 遂有靜存默存諸法。靜存默存, 固亦有味, 以時提掇, 有補 夕惕[184]之工。但此經之心不在, 必非此說。讀書心在書, 發射心 在射, 方視心在視, 方聽心在聽, 方食心在食。此之謂心在, 非 謂心在腔子之內, 乃可云心在也。《大戴禮》曰:"目不能兩視而 明, 耳不能兩聽而聰。"[185] ▶

---

181) 주자를 가리킨다.
182) 『孟子』, 「離婁」上 제19장. "孟子曰, '人之所以異於禽獸者幾希, 庶民去之. 君子存之.'"
183) 『孟子』, 「告子」上 제8장.
184) 『易經』, 「乾卦」, 九三 爻辭.
185) 『大戴禮』, 「勸學」.

고증하여 바로잡음 주자가 말하였다. "마음이 (거기에) 있지 않으면 한 몸에 주재가 없게 된다."【'심부재心不在'에 대한 해석이다】

○채청이 말하였다. "마음이 분치에 빼앗기면 나를 위해 있는 것이 아니다."

○**나의 판단** 이는 존심설存心說이다. 존심설은 맹자에서 비롯되었는데 지금 맹자가 말한 바를 자세하게 고찰하면 선정이 말한 바와 그 취지가 다르다. 맹자는 "사람이 짐승과 다른 점이 거의 드문데, 군자는 이를 보존하고 소인은 이를 버린다"라고 하였고, 또 "잡으면 보존되고 놓으면 없어진다"라고 하였다. 여기서 '그것을 보존한다'고 말한 것은 '도심이 미약하므로 없어지려는 도심을 보존하여 저절로 금수와 구별된다'는 뜻일 뿐이지, 마음의 본체가 달아나기 쉽기 때문에 몸뚱이 속에 붙잡아둔다는 것은 아니다. 선유가 잘못 이해해서 드디어 고요히 보존함과 묵묵히 보존함 등의 여러 방법이 있게 되었다. 고요히 보존함과 묵묵히 보존함도 진실로 의미가 있으니, 때때로 마음을 수렴하여 모으면 '밤늦게까지 근신하는' 공부에 보탬이 된다. 그러나 이 경문에서 '마음이 있지 않다'는 것은 결코 이러한 설이 아니다. 책을 읽을 때는 마음이 책에 있고, 활을 쏠 때는 마음이 활 쏘는 데 있으며, 볼 때는 마음이 보는 데 있으며, 들을 때는 마음이 듣는 데 있으며, 먹을 때는 마음이 먹는 데 있다. 이를 일러 '마음이 있다'고 하는 것이지, '마음이 몸뚱이 속에 있어야만 마음이 있다고 말할 수 있다'는 것은 아니다. 『대대례大戴禮』에서는 "눈은 두 가지를 보면서 밝게 볼 수 없으며, 귀는 두 가지를 들으면서 밝게 들을 수 없다"라고 하였다.▶

◀蓋以心在此形, 不能兼在彼形, 心在此聲, 不能兼在彼聲, 故不兩察也。若有人, 著意點檢此心, 捉住腔子中, 于以視兩色聽兩聲, 其不能兩察, 仍與不點檢時, 毫髮不差。若點檢捉住之工, 更緊更密, 則雖單視一物, 亦必不明, 單聽一聲, 亦必不聰。何者? 心在腔子內, 不在其所視聽也。孔子曰: "端衣玄冕者, 志不在於食葷[186], 斬衰菅屨者, 志不在於飲食。"【見《大戴禮·哀公問》】志不在者, 心不在也。由是言之, 經之所戒, 豈在於腔子內乎? ○《易》曰: "敬以直內。"[187] 然敬者, 有所向之名。無所向, 亦無所敬矣。視文字而專心於字畫, 則敬也, 聽言語而專心於語脈, 則敬也, 推之萬事, 莫不皆然。若收視息聽, 瞑目凝神, 棲心於空寂之地, 而命之曰敬以直內, 則所差遠矣。

---

186) 파, 마늘과 같은 매운 냄새가 나는 양념을 말한다.
187) 『易經』,「坤卦·文言傳」.

◀마음이 이 형체에 있으면서 저 형체에 함께 있을 수 없으며, 마음이 이 소리에 있으면서 저 소리에 함께 있을 수 없기 때문에 두 가지를 살피지 못한다는 것이다. 만약 어떤 사람이 의도적으로 이 마음을 점검하여 몸뚱이 속에 잡아두면서 두 가지 색을 보고 두 가지 소리를 듣는다면, 양쪽을 모두 살피지 못하는 것은 마음을 점검하지 않은 때와 조금도 차이가 없을 것이다. 만일 마음을 점검하고 붙잡아두는 공부를 더욱 긴밀하게 한다면 하나의 사물만을 보더라도 반드시 밝지 못할 것이며, 하나의 소리만을 들더라도 반드시 밝지 못할 것이다. 이는 무엇 때문인가? 마음이 몸뚱이 속에만 있고 보고 듣는 데 있지 않기 때문이다. 공자가 "예복을 입고 검은 면류관을 쓴 자는 뜻이 양념한 음식을 먹는 데 있지 않고, 참최복을 입고 짚신을 신은 자는 뜻이 음식에 있지 않다"【『대대례』「애공문」에 보인다】고 하였는데, '뜻이 있지 않다'는 것은 마음이 (거기에) 있지 않다는 것이다. 이로써 말하자면 『대학』이 경계하는 바가 어찌 몸뚱이 속에 있게 하는 것이겠는가?

○『역경』에서는 "경으로써 안을 바르게 한다"라고 하였다. '경'이란 향하는 바가 있는 것이다. 향하는 바가 없으면 또한 경할 것도 없다. 문자를 보되 자획에 마음을 오로지하는 것이 경이고, 말을 들을 때에 말의 맥락에 마음을 오로지하는 것이 경이니, 모든 일에 미루어 보더라도 그렇지 않은 것이 없다. 만일 보는 것을 거두어들이고 듣는 것을 중지하고 눈을 감고 정신을 모아서 텅 비고 조용한 곳에 마음을 깃들이는 것을 '경으로써 안을 바르게 한다'고 한다면 이는 어긋나는 바가 크다.

所謂齊其家, 在修其身者, 人之其所親愛而辟焉, 之其所賤
惡而辟焉, 之其所畏敬而辟焉, 之其所哀矜而辟焉, 之其所
敖惰而辟焉。故好而知其惡, 惡而知其美者, 天下鮮矣。故
諺有之曰: "人莫知其子之惡, 莫知其苗之碩。" 此謂身不修,
不可以齊其家。【辟, 音僻】

齊, 平等也。【《說文》云: "禾麥吐穗, 上平也。"】辟, 猶偏也。敖惰, 謂不
禮也。【惰, 慢也】苗之碩一句, 因上句而逐言之。[188] ○議曰《中庸》
曰: "同其好惡, 所以勸親親也。"[189] 親親者, 齊家也。齊家之法,
無以踰於同其好惡, 此聖人知要之言也。▶

---

188) '싹의 큼[苗之碩]' 보다는 '자식의 악함[子之惡]'의 의미가 중요하다는 뜻이 담겨 있다.
189) 『中庸』, 제 20장.

이른바 '집안을 가지런히 함이 그 몸을 닦는 데 있다'는 것은, 사람은 그가 친하고 사랑하는 행위에서 편벽되며, 천하게 여기고 싫어하는 행위에서 편벽되며, 두려워하고 공경하는 행위에서 편벽되며, 애처롭고 불쌍히 여기는 행위에서 편벽되며, 오만하고 게으르게 대하는 행위에서 편벽되기 때문이다. 그러므로 좋아하지만 그 악함을 알고, 싫어하지만 그 아름다움을 아는 사람은 천하에 드물다. 그래서 속언에 "사람은 자기 자식의 악함을 알지 못하고, 자기 곡식의 싹이 큼을 알지 못한다"라고 하였다. 이것이 '몸을 닦지 않으면 집안을 다스리지 못한다'는 것이다.【벽辟은 음이 벽이다】

'제齊'는 가지런하다는 뜻이다.【『설문』에 "벼와 보리의 이삭이 나오면 위로 가지런하다"라고 하였다】 '벽辟'은 편偏과 같다. '오만하고 게을리 함'은 예로서 대하지 않는다는 말이다.【타惰는 업신여긴다는 뜻이다】 '싹이 크다'는 구절은 윗구절에 따라서 표현한 것이다.
○공적 의론 『중용』에서 "좋아하고 싫어하는 것을 동일하게 하는 것은 친한 사람을 친애하는 것을 권면하는 것이다"라고 하였는데, '친한 사람을 친하게 대하는 것'은 집안을 가지런히 하는 것이다. (그러므로) 집안을 가지런히 하는 법은 좋아하고 싫어하는 바를 동일하게 하는 것보다 나은 것이 없으니 이는 요점을 파악한 성인의 말이다.▶

◀有五子焉, 於其季而偏愛之, 有五婦焉, 於其仲而偏惡之, 有諸父焉, 畏其貴而慢其卑*, 有諸僕焉, 憐其甲而㤼其乙, 有諸臣焉, 有所禮有所不禮, 則失其平等, 極矣。我之所以御家人者, 失其平等, 則家人胥怨胥罵, 暗涕潛訕, 亦不能整齊輯睦。斯其所以一辟字, 爲齊家之深戒也。

考訂 鄭曰: "辟, 讀爲譬。" ○朱子曰: "舊音·舊說,[190] 以上章例之而不合, 以下文逆之而不通。"【見《或問》】 ○陸子靜曰: "以比量爲取譬者, 一家之中, 誰當愛敬, 自二親漸殺, 或過或不及, 絜量比度。然且有倫常之變, 親愛不終者。至于賤惡傲惰, 則宜用與否, 隨施隨譬, 故好不劇好, 惡不劇惡。惟能譬者始知之, 天下有幾? 諺言可驗也。"[191]

---

* 卑: 新朝本에는 '阜'로 되어 있다.

190) '比辟'의 음은 '비'이며 뜻은 '비유'와 같다는 정현의 설을 가리킨다.

191) 毛奇齡, 『四書賸言補』, 卷1.

◀다섯 아들이 있는데 막내를 편벽되게 사랑하고, 다섯 며느리가 있는데 둘째 며느리를 편벽되게 싫어하며, 아버지의 형제들이 있는데 지위가 높으면 두려워하고 지위가 낮으면 업신여기며, 여러 종이 있는데 갑은 불쌍히 여기면서 을은 괄시하고, 여러 신하가 있는데 예로써 대하는 사람도 있고 예로써 대하지 않는 사람도 있다면, 평등을 잃은 것이 극에 달한 것이다. 내가 집안사람을 이끌어가는 바가 평등을 잃게 된다면 집안사람들은 서로 원망하며 꾸짖기도 하고, 몰래 눈물을 흘리며 숨어서 비방할 것이니, 또한 가지런하고 화목하게 할 수 없을 것이다. 이것이 '벽辟(편벽됨)'자가 집안을 가지런히 하는 데 깊이 경계해야 할 바가 되는 까닭이다.

고증하여 바로잡음 정현이 말하였다. "'비辟'는 비譬로 읽어야 한다."

○주자가 말하였다. "옛 음과 옛 설은 윗장의 예에도 맞지 않고 아랫글을 통해 거꾸로 보아도 통하지 않는다."【『혹문或問』에 보인다】

○육자정陸子靜이 말했다. "견주어 헤아림으로써 깨우침을 취하는 자는 한 집안 내에서 누구를 사랑하고 공경해야 할지를 양친으로부터 점차 줄여서 혹은 지나치게도 하고 모자라게도 하면서 양을 재고 정도를 가늠한다. 그런데도 윤리강상의 비정상적인 사태로 친애를 다하지 못하는 사람이 있게 된다. 천하게 여기고 싫어함[賤惡]과 오만하고 게으르게 대함[傲惰]에 이르면, 마땅한 적용의 여부는 베푸는 일에 따르고 깨우치는 바에 따르므로 좋아하지만 너무 좋아하지 않고 싫어하지만 너무 싫어하지 않을 수 있다. 깨우칠 수 있는 자만이 비로소 알 수 있는 것이니, 천하에 몇이나 있겠는가? 속언을 통해서 징험할 수 있다."

○毛曰: "下章曰'所藏乎身不恕, 而能喻諸人', 喻亦譬也。至平天下, 則直以絜矩·好惡, 申明譬字。此與《中庸》忠恕·成己·成物, 相爲表裏, 卽曾子'一貫', 子貢'終身行'[192], 孟子'强恕'[193], 聖道聖學, 皆從此出。若解作僻者, 則無一可通, 是一家九族, 公然有可賤·可惡二等人, 無理極矣。然且親愛畏敬, 無可分屬。第據二親, 則愛之與敬, 方懼不足, 何有過情? 若傲惰賤惡, 則卽此已過, 安得叉僻? 如謂僻是下章'辟則爲天下僇矣'之僻, 則彼是乖僻頗僻, 好人所惡, 惡人所好, 爲放流一種, 安得引例!"[194]【唐國子石經五辟字, 皆是譬字】

---

192) 『論語』, 「衛靈公」 제23장.
193) 『孟子』, 「盡心」上 제4장.
194) 毛奇齡, 『四書賸言補』, 卷1.

○모기령이 말하였다. "아랫장에서 '자신이 간직하고 있는 것을 미루어 나가지 아니하고서 다른 사람을 깨우칠 수 있다'라고 할 때의 '유喩'자도 깨우친다[譬]는 뜻이다. 평천하장에서는 곧바로 '자로 잼[絜矩]'과 '좋아하고 싫어함[好惡]'으로써 '비譬'자의 뜻을 거듭 밝혔다. 이는『중용』의 충서忠恕, 성기成己, 성물成物과 서로 표리가 되는 것으로, 증자가 말한 '하나로 관통한다'와 자공이 말한 '종신토록 행한다'와 맹자가 말한 '서恕를 힘쓴다'는 것이니, 성인의 도와 성인의 학문이 모두 여기에서 나온다. 만약 '편벽됨'으로 해석한다면 하나도 통할 수 없으니, 이는 일가의 9족에 공공연하게 천하게 여기거나 싫어할 만한 하등下等의 사람이 있다는 것이니 지극히 이치에 맞지 않는다. 게다가 친하고 사랑함과 두려워하고 공경함은 나누어 속하게 할 수 없다. 다만 양친에 의거하여 본다면 사랑함과 공경함은 부족할까 두려운 것이지 어찌 지나친 정이 있겠는가? 오만하고 게으르게 대함과 천하게 여기고 싫어함은 그 자체에서 이미 지나친 것이니 어찌 또 편벽될 수 있겠는가? 만일 '벽僻'자가 아랫장의 '편벽되면 천하사람들에게 죽임을 당하게 될 것이다'고 할 때의 '벽僻'이라면, 저들은 성질이 어그러지고 치우쳐서 남들이 싫어하는 것을 좋아하고 남들이 좋아하는 것을 싫어하여 추방해야 될 종류의 사람이니, 어찌 예로 인용했겠는가!【당나라 국자감의 석경石經에는 5개의 '벽僻'자가 모두 '비譬'자로 되어 있다】

○**鏞案** 譬者, 比也, 比物以喻人也。家翁愛季子, 比物以自喻曰 '均吾子也, 其伯仲不可殊也', 此之其所親愛而譬也。家翁敬叔 父, 比物以自喻曰'均諸父也, 其伯·仲不可殊也', 此之其所畏敬 而譬也。昔者, 吾友[195]多主此說, 然此說於賤惡·敖惰二節, 不 能脗合, 且與下諺不能聯貫, 不成文理。當從朱子之說。

答難 或問曰: "譬者, 絜矩之術也。故孔子曰, '能近取譬, 可謂 仁之方也已。'【〈雍也〉末】我愛我子, 能近取譬, 則知兄之愛其子。 我敬我舅, 能近取譬, 則知弟之敬其舅。有佐可惡, 能近取譬, 則平其惡。有賓可傲, 能近取譬, 則降其傲。齊·治·平三章, 皆 是絜矩之義, 舊說豈可易乎?"

---

195) 吾友는 아마도 이벽李蘗일 것이다. 『중용강의보』에서도 이벽을 망우亡友라고 칭하였다.

○**나의 판단** '비臂'는 견준다는 뜻으로 사물에 견주어 사람을 깨우치는 것이다. 집안 어른이 막내아들을 사랑하는데 그 아들에 견주어 스스로 깨우쳐 말하기를 "똑같은 내 자식이니 맏이나 둘째나 차별해서는 안 된다"라고 한다면, 이것은 그가 (막내를) 친애하는 바에 견주어 깨우친 것이다. 집안 어른이 숙부를 공경하는데 그 숙부에 견주어 스스로 깨우쳐 말하기를 "똑같은 내 삼촌이니 큰아버지나 둘째아버지를 차별해서는 안 된다"라고 한다면, 이것은 그가 (숙부를) 두려워하고 공경하는 바에 견주어 깨우친 것이다. 이전에 나의 벗이 자주 이 설을 주장하였는데, 이 설은 '천하게 여기고 싫어함[賤惡]'과 '오만하고 게으르게 대함[敖惰]'의 두 절에는 꼭 들어맞지 않고, 또 아래의 속언과도 연관시킬 수 없어 문리가 이루어지지 않는다. 마땅히 주자의 설을 따라야 한다.

논난에 답함 어떤 사람이 물었다. "'견주어 깨우친다는 것'은 혈구의 방법이다. 그러므로 공자는 '가까운 것에서 취하여 견주어 깨우칠 수 있으면 인을 행하는 방법이라 할 수 있다'고 하였다.【『논어』「옹야雍也」의 끝부분이다】 내가 나의 자식을 사랑하는 마음으로 가까운 것에서 취하여 견주어서 깨우칠 수 있으면 형도 그의 자식을 사랑한다는 것을 알게 된다. 내가 나의 장인을 공경하는 마음으로 가까운 것에서 취하여 견주어 깨우칠 수 있으면 동생도 그의 장인을 공경하고 있음을 알게 된다. 미워할 만한 조카가 있는데 가까운 것에서 취하여 견주어 깨우칠 수 있으면 그 미워하는 마음을 가라앉힐 수 있다. 오만하게 대할 만한 손님이 있는데 가까운 것에서 취하여 견주어 깨우칠 수 있으면 그 오만한 마음을 누그러뜨릴 수 있다. 제가·치국·평천하 세 장은 모두 혈구의 뜻이니, 구설을 어찌 바꿀 수 있겠는가?"

○答曰 五辟取譬, 皆鉏鋙不合, 豈本旨乎? 經曰:"人之其所親愛而辟焉。"經曰:"人莫知其子之惡。"兩人字, 皆衆人也, 五辟者, 衆人之病也。如子之言, 則衆人皆能近取譬, 衆人皆自知仁術, 聖人立敎, 贅矣。子貢曰:"我不欲人之加諸我也, 吾亦欲無加諸人。"子曰:"賜也, 非爾所及。"[196] 衆人之所皆能, 而子貢弗能, 非過貶乎? 如子之說, 則此章之下一半, 經宜先言, 而繼之曰:"故君子, 之其所親愛而譬焉, 之其所賤惡而譬焉", 以爲救病之術。今也不然, 先言五辟, 備說衆人之病, 繼言偏私之害,【天下鮮矣節】繼言偏私之譏,【諺曰節】以明五辟之義。讀辟爲譬, 豈可通乎? 後儒輕疣*, 凡漢‧宋之異釋者, 必欲違宋而從漢, 雖義理明白, 聖起不易, 而必欲啄毀求疵, 以成其拗曲之說, 豈公論乎?

---

* 疣: 문맥상 '疪'가 옳은 듯하다.

196)『論語』,「公冶長」제11장.

○**답변** 다섯 개의 '벽'자를 '견주어 깨우침'으로 해석하면 모두 어긋나서 맞지 않으니, 어찌 본래의 뜻이겠는가? 경문에서 "사람은 그 친애하는 것에 편벽된다"라 하고 "사람은 그 자식의 악함을 알지 못한다"고 할 때의 두 '인人'자는 모두 일반 대중이니, 다섯 가지 '편벽됨'은 일반 대중의 병이다. 그대의 말과 같다면 일반 대중이 모두 가까운 것에서 취하여 깨우칠 수 있다는 것이니, 일반 대중이 모두 스스로 인의 방법을 알고 있다는 것이므로, 성인이 세운 가르침은 군더더기가 된다. 자공이 "저는 남이 저에게 그렇게 하기를 원하지 않는 일을 저도 남에게 그렇게 하는 일이 없고자 합니다"고 하자, 공자가 "사야, 네가 할 수 있는 바가 아니다"고 하였다. 대중이 모두 할 수 있는 것을 자공이 할 수 없다고 했다면, 지나치게 깎아내린 것이 아니겠는가? 그대의 말과 같다면 이 장의 아래 절반을 경문에서 먼저 말하고 이어서 "그러므로 군자는 그가 친하고 사랑하는 사람에 견주어 깨우치며, 그가 천하게 여기고 싫어하는 사람에 견주어 깨우친다"고 말해서 그 병폐를 구제하는 방법으로 삼았어야 한다. 그러나 지금은 그렇지 않고 먼저 다섯 가지 편벽된 일을 말하여 대중의 병폐를 모두 설명하고, 이어서 사사로운 편벽됨의 해로움과【'천하선의天下鮮矣'절이다】사사로운 편벽에 대한 비판【'언왈諺曰'절이다】을 말하여 다섯 가지 편벽됨의 뜻을 밝혔다. '벽辟'을 '비譬'로 읽는다면 어찌 통할 수 있겠는가? 후대의 유학자가 경솔하고 가벼워 한대와 송대의 해석이 다른 경우에 반드시 송대의 학설을 멀리하고 한대의 설을 따르려고 한다. 비록 그 의리가 명백하여 성인이 다시 태어나도 바꾸지 않을 내용까지도 반드시 쪼아 훼손하여 흠을 찾아서 왜곡된 설을 성취하고자 하니, 어찌 공적 의론이라 할 수 있겠는가?

考訂 朱子曰: "敖惰之爲凶德也, 以無所不敖爾。若因人之可敖而敖之, 則事理當然。夫子取瑟而歌,[197] 孟子隱几而臥。[198]"【見《或問》】○**鏞案** 御家之道, 有罪*則敎**之罰之而已。賤惡・敖惰, 皆非至德, 何待辟焉而後爲咎? 經所言者, 於其一家之中, 偏愛一人, 此'之其所親愛而僻'也, 於其一家之中, 偏惡一人, 此'之其所賤惡而僻'也。偏敬一老, 於其地醜者而慢焉, 偏慢一兄, 於其屬同者而敬焉, 皆偏僻之爲病也。親愛・畏敬之爲吉德, 賤惡・敖惰之爲凶德, 何擇焉? 朱子以敖惰爲當然之理, 亦恐未然。

考訂 朱子曰: "溺愛者不明, 貪得者無厭, 家之所以不齊也。" ○盧玉溪云: "子之惡, 苗之碩, 皆就家而言。" ○**鏞案** 古諺所戒, 在於以私滅公, 而經之所取, 只在上句[199]而已。貪得之戒, 恐非本旨。

---

* 罪: 新朝本에는 '敎'로 되어 있으나 奎章本에 따라 바로잡는다.
** 敎: 新朝本에는 '罪'로 되어 있으나 奎章本에 따라 바로잡는다.

197)『論語』, 「陽貨」, 제20장.
198)『孟子』, 「公孫丑」下, 제11장.
199) 여기서 말하는 상구上句는 주자가 말한 '溺愛者不明'을 가리킨다.

고증하여 바로잡음 주자가 말하였다. "오만하고 게으르게 대함[敖惰]이 흥덕이 되는 것은 오만하지 않음이 없기 때문이다. 오만하게 대할 사람에게 오만하게 대하는 것은 사리에 당연한 것이다. 공자는 '비파를 끌어다가 노래를 불렀으며', 맹자는 '안석에 기대어 누웠다.'"【『혹문或問』에 보인다】

○**나의 판단** 집안을 다스리는 도는 죄가 있으면 가르치고 벌을 주는 것이다. 천하게 여기고 싫어함과 오만하고 게으르게 대함은 모두 지극한 덕이 아니니, 어떻게 편벽되기를 기다린 뒤에야 허물이 되겠는가? 경문에서 말한 것은 한 집안 안에서 한 사람만을 편애하는 것, 이것이 '그 친애함에 있어서 편벽된다'는 것이며, 한 집안 안에서 한 사람만을 편벽되게 싫어하는 것, 이것이 '그 천하게 여기고 싫어함에 있어서 편벽된다'는 것이다. 한 노인만을 편벽되게 공경하면서 지위가 같은 사람에게 거만하게 대하며, 한 형에게 편벽되게 거만하면서 다른 형제를 공경하는 것은 모두 편벽됨이 병폐가 된 것이다. 길한 덕인 친애와 외경, 흉한 덕인 천오와 오만하고 게으르게 대함을 어찌 구별하겠는가! 주자가 오만하고 게으르게 대함을 당연한 이치라고 한 것도 그렇지 않은 것 같다.

고증하여 바로잡음 주자가 말하였다. "사랑에 빠진 사람은 밝지 못하며 얻기만을 탐하는 사람은 만족함이 없으니 집안이 다스려지지 않는 이유이다."

○노옥계가 말하였다. "자식의 악이나 싹이 크게 자람은 모두 집안에 대하여 말한 것이다."

○**나의 판단** 옛 속담에서 경계한 것은 사私로써 공公을 멸하는 것에 있으며, 경문에서 취한 뜻은 단지 윗 구절에 있을 뿐이다. 얻는 것을 탐하는 것에 대한 경계는 본지가 아닐 듯하다.

(백승철 옮김)

所謂治國必先齊其家者，其家不可敎而能敎人者，無之。故
君子不出家，而成敎於國。孝者，所以事君也，弟者，所以事
長也，慈者，所以使衆也。〈康誥〉曰：“如保赤子。”心誠求之，
雖不中，不遠矣。未有學養子而后嫁者也。

保，抱養也。【本作呆，象左右護幼子】如保赤子，至誠也。治國牧民，
其事至難，惟誠則得之，如新婦善養子。○議曰 孝弟慈，《大學》
之敎也。身治孝弟慈，以御于家邦，不必別求他德。惟此孝弟慈，
推而用之耳。其中慈德，所以牧民者，故繼引〈康誥〉，爲國之所
重，在牧民也。

이른바 '나라를 다스리려면 반드시 그 집안을 먼저 가지런히 하여야 한다'는 것은, 집안사람을 잘 가르치지 못하면서 다른 사람을 가르칠 수 있는 사람은 없다는 것이다. 그러므로 군자는 집을 나서지 않고서도 나라에서의 가르침을 이룬다. 효도는 임금을 섬기는 방법이 되고, 공손은 어른을 섬기는 방법이 되며, 자애는 백성을 부리는 방법이 된다. 『서경』의 「강고康誥」에서 "갓난아기를 보살피듯이 하라"라고 하였다. 마음으로 정성스럽게 구한다면 비록 들어맞지는 않는다 해도 크게 벗어나지는 않을 것이다. 자식을 기르는 것을 배운 뒤에 시집가는 사람은 없다.

'보保'는 안아 기르는 것이다.【본래는 '보못'인데, 좌우에서 어린애를 보호하는 것을 형상한 것이다】 '갓난아기를 보살피듯이 한다'는 것은 정성을 지극히 함이다. 나라를 다스리고 백성을 기르는 일은 지극히 어려우나, 오직 정성스럽게 하면 마치 새댁이 아기를 잘 기르는 것과 같이 그렇게 할 수 있다.

○**공적 의론** 효도·공손·자애는 『대학』의 가르침이다. 몸소 효도·공손·자애를 닦아 집안과 나라를 통솔한다면, 따로 다른 덕을 구할 필요가 없다. 오직 이 효도·공손·자애를 미루어 쓸 뿐이다. 그 중에서 자애의 덕은 백성을 기르는 방법이므로 이어서 『서경』「강고」를 인용한 것이니, 나라를 위해 중요한 것이 백성을 기르는 데에 있기 때문이다.

考訂 朱子曰: "孝弟, 不失者鮮, 惟保赤子, 罕有失者。故特卽人所易曉者以示訓, 與孟子孺子入井之喩同。"[200]【胡雲峰之說亦然】又曰: "保赤子, 慈於家也, 如保赤子, 慈於國也。保赤子, 是慈, 如保赤子, 是使民。" ○**鏞案** 朱子上說, 謂擧一反三也。[201] 然如保赤子, 不可以喩事君事長, 此義恐非也。下說雖若精密, 亦恐難通, 何也? 在家慈子, 旣進於國, 以此使衆, 爲如保赤子之象, 則此正是學養子而嫁者。經文上下, 角弓反張, 何以通矣?〈康誥〉以下, 別爲一節, 以明至誠之無所不能, 以爲牧民者之戒而已, 不可連上文慈字說。○孝弟慈一節, 謂推此道可以爲國也。〈康誥〉一節, 謂不推此道亦可以爲國也。至誠則可以成物,[202] 又何待於推矣?

---

200) 원나라 사백선史伯璿이 편찬한『사서관규四書管窺』,「대학」전傳 10장조에『주자어록』에 있는 말로 인용되고 있다.

201)『論語』,「述而」, 제8장, "한 모퉁이를 들었을 때 세 모퉁이로 반응하지 못하면 다시 더 일러주지 않는다.[擧一隅, 不以三隅反, 則不復也]"

202)『中庸』, 25장, "정성을 다하면 자기를 이루는 데 그치는 것이 아니라 물物物를 이루어준다.[誠者, 非自成己而已也, 所以成物也]"

고증하여 바로잡음 주자가 말하였다. "효도와 공손은 잃지 않는 자가 드물지만 오직 갓난아기를 보살피는 일은 잘못하는 자가 드물다. 그러므로 특별히 사람들이 쉽게 깨달을 수 있는 것을 가지고 가르침을 보였으니, 맹자가 어린아이가 우물 속에 빠지는 것을 보았을 때의 상황을 비유로 든 것과 같다."【호운봉胡雲峰의 설도 그러하다】 또 말하였다. "갓난아기를 보살피는 것은 집안에서 자애함이고, 갓난아기를 보살피듯이 하는 것은 나라에서 자애함이다. 갓난아기를 보살피는 것은 자애이고, 갓난아기를 보살피듯이 하는 것은 백성을 부리는 것이다."

○**나의 판단** 주자의 위의 설은 '한 모퉁이를 들었을 때 세 모퉁이로 반응한 것'이라고 하겠다. 그러나 갓난아기를 보살피듯 한다는 것으로, 임금을 섬기고, 어른을 섬기는 것의 비유로 삼을 수는 없으니, 이러한 의미는 아마도 아닐 것이다. 아래의 설은 정밀한 듯 보이지만, 역시 통하기 어려운 듯한데 어째서인가? 집안에서는 아이를 자애롭게 돌보고, 나라에 나아가서 자애로써 백성을 부리는 것이 갓난아기 보살피듯 하는 형상이라면, 이는 바로 아이 기르는 법을 배우고 나서 시집가는 것이다. 경문의 위아래가 활을 서로 반대로 당기듯 하니, 어찌 통하겠는가? 『서경』「강고」이하는 따로 한 절을 이루어, 지극한 정성은 불가능한 것이 없다는 것을 밝혀서 백성을 기르는 사람의 경계로 삼았을 뿐이니, 윗 문장의 '자慈'자에 관한 설명과 연결시켜서는 안 될 것이다.

○'효도·공손·자애'의 한 절은 이 도道를 미루어서 나라를 다스릴 수 있음을 말한 것이다. 『서경』「강고」의 한 절은 이 도道를 미루어나가지 않더라도 나라를 다스릴 수 있음을 말한 것이다. 정성을 지극하게 하면, 다른 사람들을 완성할 수 있는데, 또 어찌 미루어나가기를 기다리겠는가?

引證《孝經》, 子曰: "君子之事親孝, 故忠可移於君, 事兄悌, 故順可移於長."

一家仁, 一國興仁, 一家讓, 一國興讓, 一人貪戾, 一國作亂, 其機如此。此謂一言僨事, 一人定國。堯·舜帥天下以仁, 而民從之。桀·紂帥天下以暴, 而民從之。其所令反其所好, 而民不從。是故君子有諸己而后求諸人, 無諸己而后非諸人。所藏乎身不恕而能喻*諸人者, 未之有也。故治國在齊其家。

---

* 喻: 新朝本에는 '恕'로 되어 있다.

인용하여 증명함 『효경』에서 공자가 말하였다. "군자가 어버이를 섬김이 효성스러우므로, 충성스러움이 임금을 섬김에 옮아갈 수 있고, 형을 섬김이 공손하므로 순종이 어른을 모심에 옮아갈 수 있다."

임금 한 집안이 어질면 온 나라에 어짊이 일어나고, 임금 한 집안이 겸양하면 온 나라에 겸양함이 일어나며, 임금 한 사람이 탐욕스럽고 사나우면 온 나라에 난리가 일어나게 되니, 그 기틀이 이와 같다. 이것이 '한 마디 말이 일을 그르치고, 한 사람이 나라를 안정시킨다'는 것이다. 요임금과 순임금이 어짊으로 천하를 거느리자 백성들은 그들의 어짊을 그대로 따랐다. 걸왕과 주왕이 포악함으로 천하를 거느리자 백성들은 그들의 포악함을 그대로 따랐다. 그 명령하는 것이 그 자신이 좋아하는 것과 반대되면 백성은 따르지 않는다. 그러므로 군자는 자기에게 있은 뒤에야 남에게 그것을 요구하며, 자기에게 없은 뒤에야 남의 그러한 것을 그르다고 한다. 자신의 몸에 간직한 것을 미루어 나아가지 않고서 다른 사람들을 깨우쳐 줄 수 있는 사람은 없다. 그러므로 나라를 다스리는 것은 그 집안을 가지런히 하는 데에 있다.

上節明明德也，此節新民也。興者，作新之意。一家，君之家也。一人，君也。貪者，讓之反。戾者，仁之反。機，一動而萬動者也。【即弩牙】帥，身導也。仁者，人倫之明德，乃孝弟慈之總名也。有諸己，謂孝弟慈之德有諸己也。無諸己，謂不孝‧不弟‧不慈之惡無諸己也。所藏乎身，謂懷諸內以待用者也。恕者，絜矩之道，所以爲*孝弟慈以成仁者也。強恕而行，求仁莫近焉。[203] 喻，曉也。○許東陽云：“仁讓必一家，方能一國化，貪戾只一人，便能一國亂。至於僨事，又只在人之一言。以此見，爲善難，爲惡易，不可忽，如此。”[204]

考訂 朱子曰：“有善於己，然後可以責人之善。無惡於己，然後可以正人之惡。皆推己以及人，所謂恕也。”

---

* 爲: 新朝本에는 ‘謂’로 되어 있다.

203)『孟子』,「盡心」上 제4장.
204)『讀四書叢說』, 傳 9장.

윗 절은 '밝은 덕을 밝힘'에 해당하고, 이 절은 '백성을 새롭게 함'에 해당한다. '일어난다[興]'는 것은 새로워진다는 뜻이다. '한 집안'이란 임금의 집안이다. '한 사람'이란 임금이다. '탐貪'이란 겸양[讓]의 반대요, '사나움[戾]'이란 어짊[仁]의 반대이다. '기틀'이란 하나가 움직이면 만 가지가 움직이는 것이다.【곧 쇠뇌의 시위를 거는 곳이다】 '거느림[帥]'은 몸소 인도하는 것이다. '어짊'이란 인륜의 밝은 덕이니 곧 효도·공손·자애를 통틀어 이름한 것이다. '자기에게 있다'는 것은 효도·공손·자애의 덕이 자기에게 있음을 말한 것이다. '자기에게 없다'는 것은 불효하고 공손하지 않고 자애롭지 않는 따위의 악이 자기에게 없음을 말한 것이다. '자기의 몸에 간직한 것'이란 자기 속에 간직하고 있으면서 쓰여질 때를 기다리고 있는 것을 말한다. '서恕'는 헤아려 바로잡는 도道이니, 효도·공손·자애를 행하여 어짊을 이루는 방법이다. '힘써 서恕를 행하면 어짊을 구하는 데 이보다 가까운 것이 없다.' '깨우친다[喩]'는 것은 밝히는[曉] 것이다.

○허동양許東陽이 말하였다. "어짊과 겸양은 반드시 한 집안에서 이루어져야만 바야흐로 온 나라를 교화시킬 수 있는데, 탐욕과 사나움은 단지 한 사람만으로도 곧바로 온 나라를 어지럽게 할 수 있다. 일을 그르치는 것은 또 다만 사람의 한 마디 말에 달려 있다. 이로써 선을 하기란 어렵고 악을 하기란 쉬움을 알 수 있으니, 소홀히 할 수 없음이 이와 같다."

고증하여 바로잡음 주자가 말하였다. "자기에게 선이 있은 뒤에야 남에게 선하기를 요구할 수 있고, 자기에게 악이 없은 뒤에라야 남의 악을 바로잡을 수 있다. 이는 모두 자기를 미루어 남에게 미치는 것이니, 이른바 '서恕'라는 것이다."

○鏞案 恕有二種。一是推恕, 一是容恕。其在古經, 止有推恕,
本無容恕, 朱子所言者, 蓋容恕也。《中庸》曰: "施諸己而不願,
亦勿施於人。"[205] 此推恕也。子貢曰: "我不欲人之加諸我也, 吾
亦欲無加諸人。"[206] 此推恕也。此經曰: "所惡於上, 毋*以使下,
所惡於下, 毋**以事上。"此推恕也。孔子曰: "己所不欲, 勿施於
人。"[207] 此推恕也。推恕者, 所以自修也。故孟子曰: "強恕而行,
求仁莫近焉。"[208] 謂人與人之交際惟推恕爲要法也。先聖言恕,
皆是此義。若所謂容恕者, 《楚辭》曰'恕己以量人'[209], 〈趙世家〉
曰'老臣自恕'[210], 《後漢書·劉寬傳***》曰'溫仁多恕'[211], 此容恕
也。推恕·容恕, 雖若相近, 其差千里。推恕者, 主於自修, 所以
行己之善也, 容恕者, 主於治人, 所以寬人之惡也。斯豈一樣之
物乎? 乃若此經之言求諸人·非諸人, 即推恕之倒言者, 非直推
恕也。▶

---

* 毋: 新朝本에는 '母'로 되어 있다.
** 毋: 新朝本에는 '母'로 되어 있다.
*** 傳: 新朝本에는 '傅'로 되어 있다.

205) 『中庸章句』, 제13장.
206) 『論語』, 「公冶長」, 제11장.
207) 『論語』, 「衛靈公」, 제23장.
208) 『孟子』, 「盡心」上, 제4장.
209) 『楚辭』, 「離騷經」.
210) 『史記』, 「趙世家」, 33년조. "(촉섭觸讋이) 천천히 걸어가 앉으면서 사죄하기를, '노신은
발에 병이 나 빨리 걸을 수가 없어서 오랫동안 알현하지 못했습니다. 저는 스스로 용서
하였지만 태후의 옥체는 불편하신것 같아 걱정이 되었기에 태후를 알현코자 했습니다'라
고 하였다.[徐趨而坐, 自謝曰, 老臣病足, 會不能疾走, 不得見久矣, 竊自恕而恐太后體之
有所苦也, 故願望見太后]"
211) 『後漢書』, 「劉寬傳」, "남양태수가 세 군을 돌았는데 따뜻하고 어질어 용서함이 많았고,
비록 짧은 시간이더라도 말을 빨리 하거나 얼굴빛을 급작스럽게 바꾼 적이 없었다.[南陽
太守, 典歷三郡, 溫仁多恕, 雖在倉卒, 未嘗疾言, 遽色]"

○**나의 판단** '서恕'에는 두 가지가 있다. 하나는 미루어 생각한다는 의미의 추서推恕이며, 또 하나는 용서한다는 의미의 용서容恕이다. '서'는 옛 경서에는 추서의 의미만 있을 뿐, 본래 용서의 의미는 없는데, 주자가 말한 것은 대개 용서에 해당한다. 『중용』에서 "자기에게 베풀기를 원하지 않는 것을 남에게 베풀지 말라"라고 하였는데, 이것은 추서이다. 자공이 "내가 남이 나에게 하는 것이 달갑지 않은 것을 나도 남에게 하는 일이 없도록 하고 싶다"라고 하였는데, 이것은 추서이다. 이 『대학』에서 "윗사람에게서 싫은 일로 아랫사람을 부리지 말고, 아랫사람에게서 싫은 일로 윗사람을 섬기지 말라"라고 하였는데, 이것은 추서이다. 공자는 "자기가 원하지 않는 것을 다른 사람에게 베풀지 말라"라고 하였는데, 이는 추서이다. '추서'는 스스로를 닦는 방법이다. 그러므로 맹자가 "힘써 '서'를 행하면 어짊을 구하는 데 이보다 가까운 것이 없다"라고 말하였으니, 사람과 사람이 교제할 때에는 오직 추서만이 요긴한 방법임을 말한 것이다. 옛 성현이 말한 '서'는 모두 이 뜻이다. '용서'라는 것은 『초사』에 나오는 "자기를 용서하는 마음으로 다른 사람을 헤아려라", 『사기』 「조세가」에 나오는 "늙은 신하가 스스로 용서한다", 『후한서』 「유관전」에 나오는 "따뜻하고 어질어 용서함이 많다"와 같은 것이니, 이것은 용서이다. 추서와 용서는 비록 서로 가까운 것 같지만, 그 차이가 천 리나 된다. 추서는 스스로를 닦는 것을 주로 하여 자기의 선을 행하는 것이고, 용서는 다른 사람을 다스리는 것을 주로 하여 다른 사람의 악을 너그럽게 보아주는 것이다. 이 어찌 같은 것이겠는가? 따라서 이 『대학』에서 말한 '남에게서 구한다', '남을 그르다고 한다'는 것은 추서를 뒤집어 말한 것이니, 곧바로 추서는 아니다.▶

◀先聖之所謂恕者, 求諸人而后有諸己, 非諸人而后無諸己。[212]
此經之所謂恕者, 有諸己而后求諸人, 無諸己而后非諸人, 表裏
本末不換倒乎? 然其所戒, 在於推恕, 而不在於容恕。今人於
此, 誤讀而誤推之, 則將曰: "同浴者不可譏倮, 同盜者不可譏
穿。" 以我之心, 度他人之心, 怡然相容, 莫相非議。即其弊將物
我相安狃於爲惡, 而不相匡正, 斯豈先聖之本意乎? 經所言者,
謂將欲化民, 必先自修, 將欲自修, 必先藏恕。恕者, 絜矩之道
也。絜矩, 則我有孝弟, 乃可以求諸民。絜矩, 則我無不孝, 乃可
以非諸民。理雖相通, 言必有序。今直以求諸人·非諸人爲恕, 則
表裏本末即地換倒。故曰'求諸人·非諸人, 推恕之倒言者'也。

---

212) 『中庸』 13장의 君子之道 네 가지를 가리킨다. 자식에게 바라는 것으로 부모를 섬기고, 신
하에게 바라는 것으로 임금을 섬기고, 아우에게 바라는 것으로 형을 섬기고, 벗에게 바
라는 것으로 내가 먼저 베푸는 것이다.

◀옛 성현이 말하는 '서恕'는 남에게 그것을 요구한 뒤에 자기에게 있게 하는 것이고, 남의 그러한 것을 그르다 한 뒤에 자기에게 없게 하는 것이다. 이 경문에서 말하는 '서'는 '자기에게 있은 뒤에야 남에게 그것을 요구하고', '자기에게 없은 뒤에야 남의 그러한 것을 그르다고 하는' 것이니, 겉과 속, 근본과 말단이 바뀌어 거꾸로 되지 않았는가? 그러나 그 경계하는 것은 추서에 있지, 용서에 있지 않다. 오늘날 이를 잘못 읽고 잘못 미루어 생각하면, 장차 "같이 목욕하는 사람은 발가벗은 것을 나무랄 수 없고, 같이 도둑질하는 사람은 담벼락 뚫는 것을 나무랄 수 없다"라고 말할 것이니, 나의 마음으로 다른 사람의 마음을 헤아려서 기꺼이 서로 용납하면서 비난하지 않을 것이다. 곧 그 폐단이 장차 남과 내가 모두 악을 행하는 데에 편안하고 익숙해져서 서로 바로잡아 주지 않게 될 것이니, 이 어찌 옛 성현의 본뜻이겠는가? 『대학』에서 말하는 것은 장차 백성을 교화하고자 하면 반드시 먼저 스스로를 닦아야 하고, 장차 스스로를 닦고자 하면 반드시 먼저 (몸에) 간직한 것을 미루어야 한다는 것이다. '서恕'란 헤아려 바로잡는 도[絜矩의 道]이니, 헤아려 바로잡는다면 나에게 효도와 공손이 있어야 백성에게 요구할 수 있고, 헤아려 바로잡는다면 내가 효도하지 않음이 없어야 백성을 그르다고 할 수 있다. 이치는 비록 서로 통한다 하더라도 말에는 반드시 차례가 있는 것이다. 지금 곧바로 '남에게 그것을 요구한다', '남의 그러한 것을 그르다고 한다'를 서恕라고 한다면 겉과 속, 근본과 말단이 바로 그 자리에서 바뀌어 거꾸로 될 것이다. 그러므로 "'남에게 그것을 요구한다', '남의 그러한 것을 그르다 한다'는 것은 추서를 뒤집어 말한 것이다"라고 말하였다.

考訂 朱子曰: "伊川云, '恕字須兼忠字說.' 蓋忠是盡己, 盡己而後爲恕, 今人不理會忠, 而徒爲恕, 其弊只是姑息。張子韶《中庸解》云, '聖人, 因己之難克, 而知天下皆可恕之人.' 即是論之, 因我不會做, 皆使天下之人不做。如此則相爲懈怠而已, 此言最害理。"【見《心經》[213]】 ○ **鏞案** 程·朱之說, 已知此矣。【惟忠恕者, 實心行恕也, 不可作兩頭說】

引訂《家語》曰: "君子有三恕。有君不能事, 有臣而求其使, 非恕也。有親不能孝, 有子而求其報, 非恕也。有兄不能敬, 有弟而求其順, 非恕也。" ○ **鏞案**《中庸》曰: "所求乎臣以事君, 未能也。所求乎子以事父, 未能也。所求乎弟以事兄, 未能也。"[214] 正與《家語》, 本末換倒。而《家語》所言, 乃求諸人·非諸人, 非推恕之倒言者乎?

---

213) 『心經』, 제11장.
214) 『中庸』, 제13장.

고증하여 바로잡음 주자가 말하였다. "이천은 '서恕자는 모름지기 충忠자를 겸한다'는 설을 말하였다. 대개 충은 자기를 다함이고, 자기를 다한 후에야 서恕할 수 있다는 것이다. 요즈음 사람들은 충을 깨닫지 못하고 한갓 서만을 행하니, 그 폐단은 단지 고식적으로 되는 것일 뿐이다. 장자소張子韶는 『중용해中庸解』에서 '성인은 자기가 하기 어렵다는 것으로 말미암아 천하 사람들이 모두 용서할 만하다는 것을 아는 사람이다'고 말하였다. 이에 의거하여 논한다면, 내가 할 수 없기 때문에, 천하 모든 사람들도 하지 않게 하는 것이다. 이와 같다면 서로 게으르게 될 뿐이니, 이 말은 도리를 가장 해친다."【『심경』에 보인다】

○**나의 판단** 정자와 주자의 설은 이미 이러한 것을 알고 있었다.【오로지 '충서'라는 것은 진실한 마음으로 서를 행하는 것이니, 두 가지로 나누어 설명해서는 안 된다】

인용하여 바로잡음 『공자가어』에서 말하였다. "군자에게는 세 가지 서恕가 있다. 임금을 섬기지 못하면서 신하에게는 부려지기를 요구한다면 서恕가 아니다. 어버이에게 효도하지 못하면서 자식에게는 보답하기를 요구한다면 서恕가 아니다. 형을 공경하지 못하면서 아우에게는 공순하기를 요구한다면 서恕가 아니다."

○**나의 판단** 『중용』에서 말하였다. "신하에게 요구하는 것으로서 임금을 섬기지 못하며, 자식에게 요구하는 것으로서 어버이를 섬기지 못하며, 아우에게 요구하는 것으로 형을 섬기지 못한다." 이는 바로 『공자가어』와는 본말이 바뀌어 거꾸로 된 것이다. 『공자가어』에서 말한 것은 곧 '남에게 그것을 요구한다', '남의 그러한 것을 그르다고 한다'이니, 추서를 거꾸로 한 말이 아니겠는가?

○恕之爲物，本所以自治，而倒言之，則或近於治人。若遂於此，認恕爲治人之物，則大謬，斯故明辨之。

考訂 或曰："所藏乎身，心也。自其口出，言也。"[215] ○**鏞案**《易》曰："藏器於身，待時而動。"[216] 所藏乎身，謂所懷之道，非謂心也。

《詩》云："桃之夭夭，其葉蓁蓁。之子于歸，宜其家人。"[217] 宜其家人而后，可以敎國人。《詩》云："宜兄宜弟。"[218] 宜兄宜弟而後，可以敎國人。《詩》云："其儀不忒，正是四國。"[219] 其爲父子兄弟，足法而后，民法之也。此謂治國在齊其家。

---

215) 출전 미상.
216)『易經』,「繫辭下傳」, 제5장.
217)『詩經』,「周南・桃夭」.
218)『詩經』,「小雅・蓼蕭」.
219)『詩經』,「曹風・鳲鳩」.

○서恕라는 것은 본래 스스로를 다스리는 방법이나 거꾸로 말하면 혹 다른 사람을 다스리는 데 가깝게 된다. 만약 드디어 여기서 서를 다른 사람을 다스리는 것으로 인식하게 된다면 크게 그르치게 되므로, 분명하게 구별하여 밝혔다.

고증하여 바로잡음 혹자가 말하였다. "몸에 간직한 것은 마음이다. 그 입에서 나오는 것은 말이다."

○**나의 판단** 『역경』에서 "몸에 무기를 간직하고 때를 기다려 움직인다"라고 하였다. '몸에 간직한 것'이란 품고 있는 도를 말한 것이지 마음을 말한 것이 아니다.

『시경』에서 "복숭아꽃의 어여쁨이여, 그 잎새 무성하구나. 그 아가씨 시집가서, 그 집안사람들과 화순和順하겠네"라고 하였으니, 그 집안사람들과 화순한 뒤에야 나라 사람들을 가르칠 수 있다. 『시경』에서 "형과 화목하고 아우와 화순하구나!"라고 하였으니, 형과 아우와 화순한 뒤에야 나라 사람들을 가르칠 수 있다. 『시경』에서 "그 거동이 어그러지지 않아, 사방의 나라를 바로잡았네"라고 하였으니, 그의 아비 됨·아들 됨·형 됨·아우 됨이 본받을 만한 뒤에야 백성들이 본받는다. 이것이 '나라를 다스리는 것은 그 집안을 가지런히 하는 데에 있다'는 것이다.

宜者, 和順之意.【《毛傳》[220]云】宜其家人者, 和順其家人也。宜兄
宜弟者, 和順其兄弟也。儀者, 人所法之象也。忒, 差也。其爲
人父·爲人子·爲人兄弟之德, 皆止於至善, 足令人法之, 然後民
法之也。○議曰 此家齊而后國治也。爲人子, 足令人法之者, 止
於孝也。爲人父, 足令人法之者, 止於慈也。爲人兄弟, 足令人法
之者, 弟也。治國之法, 亦明德以新民, 則意·心·身不可爲明德
之條目, 於斯明矣。

所謂平天下在治其國者, 上老老而民興孝, 上長長而民興弟,
上恤孤而民不倍。

---

220) 한나라 모형毛亨, 모장毛萇이 전한 『시경詩經』.

'의宜'는 화순하다는 의미이다.【『모전毛傳』에서 말하였다】 '의기가인宜其家人'
은 그 집안사람들과 화순한 것이다. '의형의제宜兄宜弟'는 그 형·아우와
화순한 것이다. '의儀'는 사람들이 본받는 형상이다. '특忒'은 어그러짐
이다. 그의 아비 됨·아들 됨·형 됨·아우 됨의 덕이 모두 지극한 선에
머물러, 다른 사람들로 하여금 본받게 할 만한 뒤에야, 백성들이 본받
는다.

○**공적 의론** 이것이 집안이 가지런한 뒤에 나라가 다스려진다는 것이
다. 아들이 되어서 다른 사람들로 하여금 본받을 만하게 한다는 것은
효에 머묾이다. 아비가 되어서 다른 사람들로 하여금 본받을 만하게 한
다는 것은 자애에 머묾이다. 형·아우가 되어서 다른 사람들로 하여금
본받을 만하게 한다는 것은 공손함(에 머묾)이다. 나라를 다스리는 법도
덕을 밝혀서 민이 새로워지게 하는 것이니, 뜻과 마음과 몸은 명덕明德
의 조목이 될 수 없음이 여기서 분명해진다.

이른바 '천하를 평안하게 하는 것이 그 나라를 다스리는 일에
달려있다'는 것은, 윗사람이 노인을 노인으로 대접하면 백성들
이 효도를 일으키고, 윗사람이 어른을 어른으로 대접하면 백성
들이 공손함을 일으키고, 윗사람이 고아들을 구휼하면 백성들
이 배반하지 않는다는 것이다.

老老, 謂天子養耆老也。長長, 謂世子齒于學也。恤孤, 謂天子饗孤子也。此三禮, 皆太學之所有事也。孤者, 幼而無父之稱。不倍, 謂不偝死者撫其遺孤也。○**議曰** 自修之孝弟慈, 已言於上節, 不必再言。此節之孝弟慈, 皆老民之老, 長民之長, 慈民之幼, 而使民興起自新, 各自爲孝弟慈也。

考訂 朱子曰: "老老, 所謂老吾老也。"[221] ○**鏞案** 天子·諸侯之自養其親, 其可曰老老乎? 天子之於臣民不序長幼, 其可曰長長乎? 老老·長長, 明係太學之禮。經所云‘太學之道, 在明明德’, 其正解只在此節。今以此節爲自修之孝弟慈, 則孝弟慈三德, 仍與太學無涉, 此書不得爲太學之書, 此道不得爲太學之道。▶

---

221) 『大學章句』, 傳 10장, 朱熹注.

'노인을 노인으로 대접한다'는 것은 천자가 기로耆老를 봉양한다는 것이다. '어른을 어른으로 대접한다'는 것은 세자가 학궁에서 나이에 따른 예를 지킨다는 것이다. '고아를 구휼한다'는 것은 천자가 고아에게 잔치를 베푼다는 것이다. 이 세 가지 예는 모두 태학에서 행하는 일이다. '고아'는 아비를 여읜 어린 아이를 칭한다. '배반하지 않는다'는 것은 백성들이 죽은 자를 저버리지 않고 뒤에 남은 고아를 보살피는 것을 말한다.

○**공적 의론** 자기 스스로 닦는 효도·공손·자애는 이미 앞 절에서 말했으니 다시 말할 필요가 없다. 이 절의 효도·공손·자애는, 모두 백성의 노인을 노인으로 대접하고 백성의 어른을 어른으로 대접하고 백성의 어린이를 자애하여서, 백성으로 하여금 떨쳐 일어나 스스로 새로워져, 각자가 효도·공손·자애하도록 함을 말한다.

고증하여 바로잡음 주자는 말하였다. "'노인을 노인으로 대접한다'는 것은 '나의 노인을 노인으로 대접한다'는 것이다."

○**나의 판단** 천자와 제후가 자기의 부모를 스스로 봉양하는 것을 '노인을 노인으로 대접한다'고 할 수 있겠는가? 천자는 신민과 더불어 장유長幼의 서열을 따지지 않는 것인데, '어른을 어른으로 대접한다'고 말할 수 있겠는가? '노인을 노인으로 대접하고 어른을 어른으로 대접하는 것'은 분명히 태학의 예와 관계된다. 『대학』에서 말한 '태학의 도는 밝은 덕을 밝히는 데에 있다'는 것의 올바른 해석은 오직 이 절에 달려 있다. 지금 이 절의 내용이 '자기 스스로가 닦는 효도·공손·자애'라고 생각한다면, 효도·공손·자애의 세 가지 덕은 그만 태학과 무관하게 되어, 이 책은 태학의 책이 되지 못하고, 이 도道는 태학의 도가 되지 못할 것이다.▶

◀先聖先王, 處冑子於太學, 教冑子以老老·長長之禮, 示萬民以老老·長長之法, 使嗣世之爲人君者, 身先孝弟, 以率天下, 使當世之爲臣民者, 興於孝弟, 咸歸大化。其大經大法, 亦皆湮晦而不章, 其失不小。今人讀此經, 不知斯義, 所謂買櫝而還珠[222]也。

引證 〈王制〉曰:"凡養老, 有虞氏[223]以燕禮[224], 夏后氏以饗禮[225], 殷人以食禮[226], 周人修而兼用之。五十養於鄕, 六十養於國, 七十養於學。"○又曰:"有虞氏, 養國老於上庠, 養庶老於下庠。夏后氏, 養國老於東序, 養庶老於左學。周人, 養國老於東膠, 養庶老於虞庠, 虞庠在國之西郊。"【又云:"有虞氏深衣[227]而養老, 夏后氏燕衣[228]而養老, 殷人縞衣[229]而養老, 周人玄衣[230]而養老。"】

---

222) 이 이야기는 초나라 사람이 정나라 사람에게 구슬을 팔면서 구슬함을 예쁘게 장식하여 구슬을 담아 보냈더니, 정나라 사람이 구슬함만 사고 구슬은 돌려보냈다는 고사(『한비자』, 「외저설좌外儲說左」上)에서 나온 것이다.

223) 순임금을 말한다.

224) 燕禮: 당에 올라서 1헌의 예를 행한다. 이것을 끝내고는 모두 자리에 앉아서 술을 마신다. 개고기를 먹었으며 밥은 없었다. 연례에 두 가지 종류가 있었으니, 하나는 천자가 동성에게 연회를 베푸는 것이다.

225) 饗禮: 희생을 통째로 놓지만 먹지 않고 술잔을 가득 채우지만 마시지 않으며 서 있을 뿐 앉지 않는다. 의식을 끝내고 나면 신분에 따라 헌수한다.

226) 食禮: 밥이 있고 안주가 있다. 술이 있기는 하나 마시지는 않는다. 밥이 주가 되기 때문에 사례라고 이름 붙이게 되었다. 주대에는 봄·여름에는 연향의 예를, 그리고 겨울에는 사례를 행하였다.

227) 深衣: 백포로 만든 옷.

228) 燕衣: 검은 빛의 옷.

229) 縞衣: 흰 비단으로 만든 옷.

230) 玄衣: 검정 빛 옷, 조복을 말한다.

◀옛 성인과 옛 왕은 주자(冑子: 맏아들)를 태학에 머물게 하여, 주자冑子에게 '노인을 노인으로 대접하고 어른을 어른으로 대접하는' 예를 가르치고, 만백성에게는 '노인을 노인으로 대접하고 어른을 어른으로 대접하는' 법을 보임으로써, 대를 이어서 임금이 될 자에게는 효도 공손을 몸소 먼저 행하여 천하를 이끌도록 하고, 당대의 신민臣民된 자에게는 효도와 공손을 일으켜서 모두 크게 교화되도록 하였다. 그 큰 도리와 법도가 모두 막히고 캄캄해져 드러나지 못하였으니, 그 잃어버림이 적지 않다. 오늘날의 사람들은 이 『대학』을 읽고도 이러한 뜻을 알지 못하니 '구슬함만 사고 구슬은 돌려보내는' 격이다.

인용하여 증명함 『예기』 「왕제」에서 말했다. "노인을 봉양하는 데 유우씨는 연례燕禮로써 하고, 하후씨는 향례饗禮로써 하고 은나라 사람은 사례食禮로써 하였고, 주나라 사람은 이를 다듬어서 함께 시행하였다. 50세가 되면 지방[鄕]에서 봉양하고, 60세가 되면 서울[國]에서 봉양하고, 70세가 되면 태학에서 봉양한다."

○또 말했다. "유우씨는 상상上庠에서 나라의 원로를 봉양하고, 하상下庠에서는 서민 노인을 봉양하였다. 하후씨는 동서東序에서 나라의 원로를 대접하고, 좌학左學에서 서민 노인을 봉양하였다. 주나라 사람은 동교東膠에서 나라의 원로를 봉양하고, 우상虞庠에서 서민 노인을 봉양하였는데, 우상은 서울의 서쪽 교외에 있었다."【또 말했다. "유우씨는 심의를 입고 노인을 봉양하고, 하후씨는 연의를 입고 노인을 봉양하고, 은나라 사람은 호의를 입고 노인을 봉양하고, 주나라 사람은 현의를 입고 노인을 봉양하였다."】

○〈文王世子〉曰: "天子視學, 適東序, 遂設三老·五更·群老[231]
之席位焉。適饌, 省醴養老之珍具。遂發咏[232]焉, 退修之以孝
養也。反, 登歌〈淸廟〉[233]。旣歌而語, 言父子·君臣·長幼之道,
合德音之致。禮之大者也!"○又曰: "凡祭與養老, 乞言合語之
禮, 皆小學正[234]詔之於東序。"○又曰: "凡大合樂, 必遂養老。"
○〈禮運〉曰: "三公在朝, 三老在學。"○〈內則〉曰: "凡養老, 五
帝憲, 三王有乞言。"○〈樂記〉曰: "食三老·五更於大學。"○〈祭
義〉曰: "祀乎明堂, 所以敎諸侯之孝也。食三老·五更於太學, 天
子袒而割牲, 執醬而饋, 執爵而酳, 冕而總干, 所以敎諸侯之弟
也。▶

---

231) 삼로는 삼공으로서 치사한 자를 가리키고, 오경은 고경孤卿으로서 치사한 다섯 사람 가
    운데서 선발한 자이다. 군로는 대부나 사로서 치사한 자를 가리킨다.
232) 發咏: 노래 부르고 음악을 연주하면서 노인을 맞아들이는 것.
233) 淸廟: 문왕의 덕을 노래한 시로, 『시경』, 「주송周頌」에 있다.
234) 小學正: 교육을 맡았던 관직명이다.

○『예기』「문왕세자」에서 말했다. "천자가 학궁을 시찰할 때, 동서東序에 나아가서 드디어 삼로三老·오경五更·군로群老의 자리를 마련한다. 음식을 차려놓은 자리에 친히 나아가서 예주와 봉양하는 진수를 살핀다. 그리고 드디어 노래로 맞아들이고, 물러가서 닦기를 효양孝養으로 한다. 자리로 돌아가면, 악공으로 하여금 『시경』「청묘」를 노래하게 한다. 노래가 다 끝나면 부자·군신·장유의 도에 관한 말을 주고받으니, 덕음德音의 지극함에 부합하도다. 예의 큰 것이로다!"

○또 말했다. "무릇 제사와 노인을 봉양하는 의식에서 말씀을 청하고 이야기를 나누는 예는 모두 소학정小學正이 동서東序에서 가르친다."

○또 말했다. "무릇 대합주악이 있을 때는 반드시 노인을 봉양하는 의식을 행한다."

○『예기』「예운」에서 말했다. "삼공은 조정에 있고 삼로三老는 학궁에 있다."

○『예기』「내칙」에서 말했다. "노인을 봉양하는 것을 오제五帝는 법으로 삼았고, 삼왕은 말씀을 청하는 예를 두었다."

○『예기』「악기」에서 말했다. "태학에서 삼로와 오경五更에게 음식을 대접한다."

○『예기』「제의祭義」에서 말했다. "명당에서 제사지내는 것은 제후에게 효를 가르치는 것이다. 삼로·오경에게 태학에서 음식 대접하면서, 천자가 옷깃을 걷어 올리고 희생을 칼질하며, 간장을 떠서 드리고, 술잔을 들고 안주를 올리기도 하며, 머리에 면류관을 쓰고서 방패를 쥐고 춤추는 것은 제후에게 공손함을 가르치는 것이다.▶

◀是故鄕里有齒, 而老窮不遺, 強不犯弱, 衆不暴寡, 此由太學來也。”○《大戴禮》曰:“天子, 春秋入學, 坐國老, 執醬而親饋之, 所以明有孝也。”【〈保傅*〉篇】○**鏞案** 此太學老老之禮也。國老者, 公卿大夫七十而致仕, 老於鄕里者也。<u>季孫</u>用田賦,[235] 稱<u>孔子</u>爲國老, 是也。【見《國語》】庶老者, 士庶之老者也。《禮疏》<u>熊氏</u>稱養老之禮, 其目有四。三老‧五更, 一也。死事者之父祖, 二也。公卿致仕之老, 三也。庶人之老, 四也。一歲之間, 凡七行之, 其義皆非也。養老只有二等。三老‧五更, 原是公卿之老, 死事者父祖, 當屬庶人之老。一曰國老, 養於太學, 二曰庶老, 養於虞庠, 如斯而已。

---

* 傅: 新朝本에는 '傳'으로 되어 있으나 篇名이므로 바로잡는다.

235) 『國語』, 「魯語」下, “계강자가 토지에 따라 부세를 매기고자 하여 염유로 하여금 중니를 방문케 하였으나, 중니는 응대해주지 않았다.[季康子, 欲以田賦, 使冉有訪諸仲尼. 仲尼不對]”

◀이 때문에 향리에서는 나이를 존중하여 늙고 곤궁한 사람도 버려두지 않고, 강한 자가 약한 자를 범하지 않고, 많은 무리가 적은 무리에게 횡포하지 않으니, 이는 태학에서 말미암은 것이다."

○『대대례』에서 말했다. "천자가 봄가을로 학궁에 들어가 나라의 원로를 모시고 간장을 떠서 친히 드리니, 효도를 밝히는 것이다."【『대대례』「보부保傅」편이다】

○**나의 판단** 이는 태학에서 '노인을 노인으로 대접하는' 예이다. '나라의 원로[國老]'란 공경대부로서 70세가 되어 벼슬을 그만두고 향리에서 노년을 보내는 사람을 말한다. 계손季孫이 전부田賦제도를 쓰려고 했을 때 공자를 일컬어 나라의 원로라 한 것이 그 예이다.【『국어』에 보인다】 일반 노인[庶老]은 사士와 서인인 노인을 말한다. 『예기의소』에서 웅안생熊安生이 '노인을 봉양하는 예'라고 일컬으며 그 세목으로 네 가지를 들었는데, 삼로·오경이 그 첫 번째이고, 나라 일을 위해 죽은 사람의 아비와 할아비가 두 번째이고, 공경 벼슬을 하다 나이가 들어 벼슬을 그만둔 노인이 세 번째이고, 서인 노인이 네 번째라고 하였다. 1년 동안에 모두 일곱 번 대접한다고 하였는데, 그 의미가 모두 잘못되었다. 노인을 봉양하는 것은 단지 두 등급이 있다. 삼로·오경은 원래 공경벼슬을 했던 노인이고, 나라를 위해 죽은 사람의 아비와 할아비는 당연히 서인 노인에 속한다. 첫 번째는 '나라의 원로'라 하여 태학에서 봉양하고, 두 번째는 '일반 노인'이라 하여 우상虞庠에서 봉양하니, 이와 같이 할 따름이다.

引證 〈文王世子〉曰:"行一物而三善皆得者, 惟世子而已, 其齒
於學之謂也。故世子齒於學, 國人觀之曰, '將君我而與我齒讓,
何也?'曰, '有父在, 則禮然。'然而衆知父子之道矣。其二曰,
'將君我而與我齒讓, 何也?'曰, '有君在, 則禮然。'然而衆著於
君臣之義也。其三曰, '將君我而與我齒讓, 何也?'曰, '長長也。'
然而衆知長幼之節矣。父子‧君臣‧長幼之道, 得而國治。"○《大
戴禮》引〈學禮〉[236]曰:"帝入東學, 上親而貴仁, 則親疎有序矣。
帝入南學, 上齒而貴信, 則長幼有差矣。帝入西學, 上賢而貴德,
則聖智在位矣。帝入北學, 上貴而尊爵, 則貴賤有等矣。▶

---

236) 주희가 편찬한 『의례경전통해儀禮經傳通解』 37권 가운데 「학례」 11권이 있다.

인용하여 증명함 『예기』「문왕세자」에서 말했다. "한 가지를 행하고서 세 가지 좋은 점을 모두 얻게 되는 사람은 오직 세자뿐이니, 그가 학궁에서 나이에 따른 예를 지킴을 말함이다. 그러므로 세자가 학궁에서 나이를 존중하면, 나라 사람들이 이를 보고서 '장차 나의 임금이 되실 분이 나와 더불어 나이를 따져 사양하는 것은 왜 그렇습니까?'라고 물으면, '아버지가 계신다면, 예가 그러한 것입니다'라고 대답할 것이니, 그렇게 되면 뭇 사람이 아비와 아들 간의 도道를 알게 될 것이다. 그 두 번째는 '장차 나의 임금이 되실 분이 나와 더불어 나이를 따져 사양하는 것은 왜 그렇습니까?'라고 물으면, '임금이 계신다면, 예가 그러한 것입니다'고 대답할 것이니, 그러면 뭇 사람이 임금과 신하의 의義를 잘 알게 될 것이다. 그 세 번째는 '장차 나의 임금이 되실 분이 나와 더불어 나이를 따져 사양하는 것은 왜 그렇습니까?'라고 물으면, '어른을 어른으로 대접하는 것이다'라고 대답할 것이니, 그러면 뭇 사람이 어른과 어린이[長幼]의 예절을 알게 될 것이다. 아비와 아들, 임금과 신하, 어른과 어린이의 도를 얻게 되면 나라가 다스려질 것이다."

○『대대례』에서 「학례學禮」를 인용하여 말했다. "제왕이 동학東學에 들어가서 친한 이를 높여서 어짊을 귀하게 여기면, 가깝고 먼 관계에 차례가 있게 될 것이다. 제왕이 남학南學에 들어가서 나이든 이를 높여서 믿음을 귀하게 여기게 되면, 어른과 어린이의 차등이 있게 될 것이다. 제왕이 서학西學에 들어가 현명한 이를 높여서 덕을 귀하게 여기게 되면 성지聖智를 갖춘 사람이 지위를 얻게 될 것이다. 제왕이 북학北學에 들어가 귀인을 높여서 작위를 존중하게 되면 귀천에 등급이 있게 될 것이다.▶

◀帝入太學, 承師問道, 則德智長而理道得矣。"【〈保傅〉篇。又見《書大傳》】 ○鏞案 此太學長長之禮也。

引證 〈郊特牲〉曰: "春饗孤子, 秋食耆老, 其義一也。"【注云: "孤子, 死事者之子孫。"】 ○〈月令〉云: "仲春, 養幼少, 存諸孤。仲秋, 養衰老, 授几杖。" ○《大戴禮》曰: "司徒典春, 朝孤子八人, 以成春事。司空司冬, 息國老六人, 以成冬事。"【〈千乘〉篇】 ○〈文王世子〉曰: "天子視學,【節】登歌〈清廟〉, 下管象·武。有司告以樂闋, 王乃命群吏曰, '反, 養老幼于東序。' 終之以仁也。" ○《毛詩·靈臺》[237]疏云: "辟雍·大射, 養孤之處。靈臺, 望氣之觀。" ○《韓詩外傳》云: "事老養孤, 以化*民, 升賢賞功, 以勸善。"▶

---

* 化: 新朝本에는 '代'로 되어 있으나《韓詩外傳》卷8에 따라 바로잡는다.

237)『모시毛詩』,「대아大雅」의 영대靈臺편을 말함.

◀제왕이 태학에 들어가 스승을 받들어 도道를 묻는다면 덕과 지혜가 자라나서 다스리는 도道를 얻게 될 것이다."【『대대례』「보부保傅」편에 있다. 또 『서대전書大傳』에 보인다】

○**나의 판단** 이는 태학에서 어른을 어른으로 모시는 예이다.

인용하여 증명함 『예기』「교특생」에서 말했다. "봄에는 아비를 여읜 자식에게 잔치하여 먹이고, 가을에는 벼슬을 그만둔 노인에게 음식을 대접하니, 그 뜻은 한가지다."【주注에서 "아비를 여읜 자식은 나라를 위해 죽은 사람의 자손이다"라고 하였다】

○『예기』「월령」에서 말했다. "중춘(2월)에는 어린이를 양육하여 여러 고아들을 살리고, 중추(8월)에는 쇠약한 노인들을 봉양하고 안석과 지팡이를 준다."

○『대대례』에서 말했다. "사도司徒는 봄을 담당하니 아비를 여읜 자식 8인을 조회시켜서 봄의 일을 이룬다. 사공司空은 겨울을 맡았으니 나라의 원로 6인을 편안하게 모셔 겨울의 일을 이룬다."【「천승」편이다】

○『예기』「문왕세자」에서 말했다. "천자가 학궁을 시찰할 때,【생략】 위에서는 「청묘」편을 노래하고 아래에서는 상무象舞와 대무大武를 춘다. 유사有司가 악樂이 끝났음을 아뢰면, 왕은 곧 여러 관리들에게 '돌아가서 동서東序에서 노인과 어린이를 봉양하라'고 명령하니, 이는 어짊으로써 마치는 것이다."

○『모시』「영대靈臺」편 소疏에서 말했다. "벽옹辟雍·대사大射는 고아들을 양육하는 곳이다. 영대는 천기를 살피는 누각이다."

○『한시외전韓詩外傳』에서 말했다. "노인을 섬기고 고아를 양육하여 백성을 교화하고, 현인을 등용하고 공이 있는 사람에게 상을 주어 선善을 권장한다."

◀○《後漢書》云: "中元[238]元年, 初建三雍, <u>顯宗</u>親行其禮。尊養三老<u>李躬</u>・五更<u>桓榮</u>, 命有司, 尊者耉, 恤幼孤。" ○**鏞案** 此大學恤孤之禮也。辟雍養孤, 旣有明文, 而〈郊特牲〉春饗秋食, 文旣雙擧, 則明其禮皆行於學宮。乃〈文王世子〉, 明有'養老幼東序'之文, <u>孔疏</u>備言其義, 則養老・恤孤, 皆是學宮之禮, 明矣。【陳澔說云: "王石梁塗去幼字"。妄矣】[239] 〈王制〉興學之條云: "司徒, 養耆老以致孝, 恤孤獨以逮不足。"或亦鄕學之法也。總之, 上老老者, 太學之養老也。上長長者, 太學之序齒也。上恤孤者, 太學之饗孤也。此三大禮, 爲太學興孝・興弟・興慈之本。若去此三禮, 則經所云'大學之道', 不知何道。經所云'明明德於天下', 不知何德。
▶

---

238) 中元: 중국 한漢나라 경제景帝의 연호(B.C. 149~144)이다.
239) 『구경변자독몽九經辨字瀆蒙』의 진호陳澔의 주석에 이 말이 있다.

○『후한서』에서 말했다. "중원中元 원년(B.C. 149)에 처음으로 삼옹三雍을 세웠는데, 현종이 친히 그 예를 집행하였다. 삼로三老인 이궁과 오경五更인 환영을 받들어 봉양하였고, 유사에게 명하여 벼슬을 그만둔 노인을 존대하고 어린 고아를 구휼하도록 하였다."

○나의 판단 이것은 태학에서 고아를 구휼하는 예이다. '벽옹에서 고아를 양육한다'는 것은 이미 분명한 문장이 있고, 『예기』「교특생」에는 '봄에 잔치하여 먹이고' '가을에 대접한다'는 문장을 이미 나란히 거론하였으니, 그 예가 모두 학궁에서 거행되었음을 밝힌 것이다. 그리고 『예기』「문왕세자」에 분명히 '동서에서 노인과 어린이를 양육하라'는 문장이 있고, 공영달의 소에서도 그 뜻을 모두 다 말하였으니 노인을 봉양하고 고아를 구휼하는 일이 모두 학궁의 예임이 명확하다.【진호陳澔가 "왕석량王石梁이 '유幼'자를 지워버렸다"라고 한 것은 망령된 설이다】「왕제」'흥학興學'조에서 "사도는 기로耆老를 봉양하여 효를 다하고, 고아와 자식이 없는 늙은이를 구휼하여 부족한 것을 채워 준다"라고 하였으니, 이는 혹시 향학鄕學의 법인지도 모른다. 총괄하건대, '윗사람이 노인을 노인으로 대접한다'는 것은 태학에서 노인을 봉양하는 것이다. '윗사람이 어른을 어른으로 대접한다'는 것은 태학에서 나이에 따른 예를 지키는 것이다. '윗사람이 고아를 구휼한다'는 것은 태학에서 고아를 잔치하여 먹이는 것이다. 이 세 가지 큰 예는, 태학에서 효도를 일으키고 공손을 일으키고 자애를 일으키는 근본이다. 만약 이 세 가지 예를 제거하면, 경에서 말하는 '태학의 도'는 무슨 도인지 알지 못할 것이다. 또 경에서 말하는 '천하에 밝은 덕을 밝힌다'는 덕이 무슨 덕인지 알지 못할 것이다.▶

◀余所謂買櫝還珠, 非敢爲過實之言也.【行此禮, 所以明此德也】

引證《周禮·地官·司門》[240]云: "以其財, 養死政者之老與其孤."
【疏云: "老, 死國事之父祖也. 孤, 其子也."】○〈地官·遺人〉[241]云: "門關[242]之委積, 以養老孤." ○〈天官·外饔〉[243]云: "邦饗耆老孤子, 則掌其割亨之事."【注云: "孤子者, 死王事者之子." ○疏云: "耆老, 死事者之父祖, 兼有國老·庶老."】○〈天官·酒正〉[244]云: "饗耆老·孤子, 皆共其酒." ○〈地官·槀人〉[245]云: "若饗耆老·孤子, 士庶子共其食." 【疏云: "耆老, 謂死王事者之父. 孤子, 謂死王事者之子."】○〈夏官·羅氏〉[246] 云: "中春, 羅春鳥, 以養國老."

---

240) 司門:『주례』,「지관」에 속한 관직 이름. 사문은 나라의 관문을 개폐하는 일을 관장한다.
241) 遺人:『주례』,「지관」에 속한 관직 이름. 유인은 남은 예산으로 은혜를 베푸는 일을 담당한다.
242) 門關: 문과 관. 문은 국문國門으로 나라 사이의 관문이고, 관은 관문으로 주요 통행로의 길목이다. 정현의 주에 의하면, 12국문과 12관문을 가리킨다.
243) 外饔:『주례』,「천관」에 속한 관직 이름. 외옹은 바깥 제사에서 포脯를 바치는 일을 담당한다.
244) 酒正:『주례』,「천관」에 속한 관직 이름. 주정은 술에 관련된 정무를 담당한다.
245) 槀人:『주례』,「지관」에 속한 관직 이름. 고인은 조정의 종사자에게 음식을 제공하는 일을 관장한다.
246) 羅氏:『주례』,「하관」에 속한 관직 이름. 나씨는 새를 잡는 일을 관장한다.

◀내가 이를 일러 '구슬함만 사고 구슬은 돌려보내는 격'이라고 한 것은 감히 지나친 말이 아니다.【이 예를 행하는 것은 이 덕을 밝히기 위한 것이다】

인용하여 증명함 『주례』 「지관地官·사문司門」에서 말했다. "그 재물을 가지고, 정사를 위해 죽은 사람의 노인과 그의 고아를 양육한다."【疏소에서 "'노인'은 나라 일을 위해 죽은 사람의 아비와 할아비이다. '고아'는 그 자식이다"라고 하였다】

○『주례』 「지관·유인遺人」에서 말했다. "문관門關에 쌓아 놓은 곡식으로 노인과 고아를 양육한다."

○『주례』 「천관天官·외옹外饔」에서 말했다. "나라에서 기로耆老와 아비를 여읜 자식들을 잔치하여 대접하면 그 음식 요리하는 일을 관장한다."【注주에서 "'아비를 여읜 자식'이란 임금의 일을 위해 죽은 사람의 자식이다"라고 하였다. ○疏소에서는 "'기로'는 나라 일을 위해 죽은 사람의 아비와 할아비, 그리고 나라의 원로와 일반 노인을 겸하여 가리킨다"라고 하였다】

○『주례』 「천관·주정酒正」에서 말했다. "기로와 아비를 여읜 자식을 잔치하여 대접할 때, 모두 그 술을 함께 마신다."

○『주례』 「지관·고인槀人」에서 말했다. "기로와 아비를 여읜 자식을 잔치하여 대접할 때, 사士와 서인의 자식도 그 식사를 함께 한다."【疏소에서 "'기로'는 나라 일을 위해 죽은 사람의 아비이다. '아비를 여읜 자식'은 나라 일을 위해 죽은 사람의 자식이다"라고 하였다】

○『주례』 「하관·나씨羅氏」에서 말했다. "중춘(2월)에 봄새를 그물로 잡아서 나라의 원로를 봉양한다."

○鏞案 外饔所掌, 卿大夫之孤也。槀人所掌, 士庶子之孤也。總之, 養老饗孤, 皆於太學行之, 有司皆就太學, 共其所職而已。○又按 庶人之老, 不應就養於學宮。蓋惟死事者之父祖爲庶老耳。○又案 先王恤孤之法, 其死事者之孤, 公養之, 其凡民之孤, 勸民以養之。〈大司徒〉云: "以保息六養萬民, 一日慈幼, 二曰養老。"慈幼者, 恤孤也。【鄭注云: "産子三人, 與之母, 二人, 與之餼。" ○鄭注, 忽以越句踐之法[247]爲慈幼, 其義非也】《汲冢周書》[248]云: "立勤人以職孤, 立正長[249]以順幼。"《管子》云: "國都皆有掌孤之職。養一孤者, 一子無征。"《韓詩外傳》云: "民有能敬長憐孤者, 告于其君, 得乘飾車駢馬。"[250] 皆恤孤之法也。其饗於學宮者, 惟死事之孤, 得與是恩, 凡民勿然也。

---

247) 월왕 구천은 건장한 사내는 늙은 아내를 취하지 못하게 하고, 늙은 사내는 젊은 처자를 취하지 못하게 하였으며, 여자가 17세가 되어도 시집가지 못하면 그 부모를 벌주고, 장부가 20세가 되어도 장가들지 못하면 그 부모에게 벌을 주는 등의 법을 사용했다. 『국어』, 「월어越語」에 보인다.

248) 『汲冢周書』: 진晉나라 때 총부冢部 사람 부준不準이 위魏나라 양왕襄王의 무덤에서 얻은 고서.

249) 正長: 고대古代의 학교 선생을 가리킨다.

250) 『韓詩外傳』, 卷6.

○**나의 판단** 외옹外饔이 관장하는 것은 경대부의 고아이다. 고인이 관장하는 것은 사와 서인의 고아이다. 총괄하면, 노인을 봉양하고 고아를 잔치하여 먹이는 것은 모두 태학에서 행하니, 유사는 모두 태학에 나아가서 그 직책을 함께 다할 뿐이다.

○**又 생각건대** 서인의 노인을 학궁에 나아가 봉양하는 것은 맞지 않다. 대개 나라를 위해 죽은 사람의 아비와 할아비만을 서로庶老라 한 것이다.

○**又 나의 판단** 옛 왕이 고아를 구휼하는 법은, 나라 일을 위해 죽은 사람의 고아는 공적으로 양육하고, 일반 백성의 고아는 백성에게 권하여 양육하게 한다. 『주례』「대사도」에서는 "보호하여 편안하게 하는 여섯 가지 방식으로 만 백성을 양육하는데, 첫째는 어린이를 자애함이고, 둘째는 노인을 봉양함이다"라고 하였으니, '어린이를 자애함'은 고아를 구휼함이다.【정현의 주注에 "세쌍둥이를 낳으면 유모를 주고, 쌍둥이를 낳으면 먹을 것을 준다"라고 하였다. ○정현의 주는 갑자기 월왕 구천의 법을 가지고 어린이를 자애하는 방식으로 삼았으니, 그 뜻이 잘못되었다】『급총주서』에서는 "근인勤人을 세워 고아들을 담당하게 하고, 정장正長을 세워 어린이를 돌보게 한다" 하였다. 『관자』에서는 "서울에는 모두 고아를 관장하는 직책이 있다. 고아 한 명을 양육한 사람은 그 한 아들의 부역을 면제해준다"라고 하였다. 『한시외전』에서는 "백성 가운데 어른을 공경하고 고아를 가엽게 여기는 사람은 그 임금에게 보고하여 두 필의 말이 끄는 장식한 수레를 탈 수 있게 한다"라고 하였다. 모두 고아를 구휼하는 법이다. 학궁에서 베푸는 잔치는 오직 나라를 위해 죽은 사람의 고아들만이 이 은혜에 참여할 수 있었고, 일반 백성의 고아는 그렇지 못하였다."

引證 哀二十七年,《左傳》云:"齊師將興,【伐*晉也】陳**成子, 屬孤子, 三日朝,【杜云:"屬死事者之子, 使朝三日以禮之。"】設乘車兩馬, 繫五邑***焉。召顏涿聚之子晉曰, '濕之役, 而父死焉, 以國之多難, 未女恤也。'"○〈吳語〉云:"越王曰, '越國之中, 死者吾葬之, 老其老, 慈其幼, 長其孤。'"○《漢書·百官公卿表》云:"取從軍死事者之子孫, 養羽林宮, 敎以五兵251), 號曰羽林孤兒。"○《唐書·李翰傳****·張巡功狀表》云:"聖王*****, 襃死難之士, 養死******事之孤。"○**鏞案** 恤孤之法, 有典章·有事實如此, 而今之爲國者, 不知此禮。昔越王句踐大徇*******於軍, 召有耆老而無昆弟者, 命之曰:"子有父母耆老, 子爲我死, 子之父母, 將轉於溝壑。"【見〈吳語〉】養老恤孤, 皆此義也。

---

* 伐: 新朝本에는 '代'로 되어 있다.
** 陳: 新朝本에는 '晉'으로 되어 있다.
*** 邑: 新朝本에는 '馬'로 되어 있다.
**** 傳: 新朝本에는 '傅'로 되어 있다.
***** 王:《新唐書》에는 '主'로 되어 있다.
****** 死: 新朝本에는 '老'로 되어 있다.
******* 徇: 新朝本에는 '狗'으로 되어 있다.

251) 五兵: 다섯 가지의 무기. 과戈, 수殳, 극戟, 추모酋矛, 이모夷矛. 또는 모矛, 극戟, 궁弓, 검劍, 과戈.

인용하여 증명함 『춘추좌전』 '애공 27년'조에서 말했다. "제나라가 장차 군사를 일으키려고 할 때【진晉나라를 치기 위해서이다】 진성자가 고아들을 모아놓고 삼일간 조회에 참석하게 하여,【두예杜預는 주注에서 "나라를 위해 죽은 사람들의 자식을 모아서 삼일간 조회하여 예를 갖추게 한 것이다"라고 말하였다】 말 두 필이 끄는 수레를 베풀고, 다섯 읍을 더해주었다. 안탁취顔涿聚의 아들 진晉을 불러놓고 '습濕의 전쟁에서 너의 아비가 죽었는데, 나라에 어려운 일이 많아 너를 아직 구휼하지 못하였다'고 하였다."

○『국어國語』의 「오어」에서 말했다. "월왕이 '월나라 안에서, 죽은 자는 내가 장사지내고, 그 (죽은 자의) 노인은 노인으로 섬기고, 그 어린애는 자애하고, 그 고아는 기를 것이다'고 하였다."

○『한서』 「백관공경표」에서 말했다. "종군하다 나라를 위해 죽은 사람들의 자손을 데려와 우림궁에서 양육하고 오병五兵을 가르치니, 부르기를 '우림의 고아'라고 하였다."

○『당서』 「이한전」의, (이한李翰이 지은)「장순張巡의 공을 아뢰는 표문」에서 말했다. "성왕은 국난에 죽은 선비를 포상하고, 나라 일을 위하여 죽은 사람의 고아를 양육한다."

○**나의 판단** 고아를 구휼하는 법은 이처럼 전장典章에도 있고 역사적 사실로도 있었으나, 지금 나라를 다스리는 사람은 이 예법을 모른다. 옛날 월왕 구천이 군사를 순시할 때 집안에 늙은 사람이 있으나 형이나 아우가 없는 자를 불러서 명하기를 "그대에게는 늙은 부모가 계시는데, 그대가 나를 위해서 죽으면 그대의 부모는 도랑과 산골짜기에 뒹굴게 될 것이다"라고 하였다.【『국어』 「오어」에 보인다】 노인을 봉양하고 고아를 구휼한다는 것은 모두 이 같은 뜻이다.

引證 孔子曰: "君子篤於親, 則民興於仁, 故舊不遺*, 則民不偷."【〈泰伯〉篇】 ○〈坊記〉曰: "朝廷敬老, 而民作孝." ○《大戴禮》孔子曰: "上敬老則下益孝。上順齒則下益悌。上樂施則下益諒."【〈主言〉篇】 ○〈祭義〉, 子曰: "立愛, 自親始, 敎民睦也。立敬, 自長始, 敎民順也." ○揚子《法言》[252]云: "老人老, 孤人孤." ○《大戴禮》曰: "恭老恤孤, 不忘貧旅, 冉求之行也."【〈衛將軍〉】

引證 〈坊記〉, 子云: "利祿, 先死者而後生者, 則民不偝。先匚**者而後存者, 則民可以託。以此坊民, 民猶偝死, 而號無告." ○**鏞案** 民不倍者, 不偝其故舊之死者也, 豈不偝其長上之謂乎?

---

* 遺: 新朝本에는 '遭'으로 되어 있다.
** 匚: 新朝本에는 '迖'으로 되어 있다.

252) 『法言』: 서한 말기의 양웅(揚雄, B.C. 53년경~A.D. 18년)의 저작. 양웅은 맹자의 성선설性善說이나 순자의 성악설性惡說 같은 극단적인 입장을 떠나 인간의 본성에는 선과 악이 뒤섞여 있다고 보았다. 주요 저작으로 『법언』, 『태현경太玄經』이 있다.

인용하여 증명함 공자가 말하였다. "군자가 부모에게 도타우면 백성은 어진 마음이 일어나고, 옛 친구를 버리지 않으면 백성은 야박해지지 않다."【『논어』 「태백」 편이다】

○『예기』 「방기」에서 말했다. "조정에서 노인을 공경하면 백성은 효도를 일으킨다."

○『대대례』에서 공자가 말하였다. "윗사람이 노인을 공경하면 아랫사람은 더욱 효도하게 된다. 윗사람이 나이에 따른 예를 지키면 아랫사람은 더욱 공손하게 된다. 윗사람이 베풀기를 즐기면 아랫사람은 더욱 남의 사정을 헤아리게 된다."【「주언」 편이다】

○『예기』 「제의」에서 공자가 말하였다. "사랑을 세움은 자신의 부모로부터 시작하여 백성들에게 화목할 것을 가르치는 것이다. 공경을 세움은 자신의 어른으로부터 시작하여 백성들에게 순종할 것을 가르치는 것이다."

○양자의 『법언』에서 말했다. "남의 노인을 노인으로 대접하고, 남의 고아를 고아로 보살핀다."

○『대대례』에서 말했다. "노인을 공경하고 고아를 구휼하고 가난한 사람들을 잊지 않음은 염구冉求의 행실이다."【「위장군」에 나온다】

인용하여 증명함 『예기』 「방기」에서 공자가 말하였다. "이익과 녹봉을 죽은 자에게 먼저 주고 산 자에게 나중에 주면 백성은 저버리지 않는다. 없어진 자에게 먼저 주고 남아있는 자에게 나중에 주면 백성은 의탁할 데가 있다. 이렇게 백성을 인도하여도, 백성이 오히려 죽은 자를 저버려서, 의지할 데가 없다고 호소하는 자가 있다."

○**나의 판단** '백성이 배반하지 않는다'는 것은 그 죽은 옛 친구를 저버리지 않는다는 것이지 어찌 그 윗사람을 저버리지 않는다는 말이겠는가?

(김선경 옮김)

是以, 君子有絜矩之道[253]也。所惡於上, 毋以使下, 所惡於
下, 毋以事上, 所惡於前, 毋以先後, 所惡於後, 毋以從前, 所
惡於右, 毋以交於左, 所惡於左, 毋以交於右。此之謂絜矩之
道。【先, 去聲】

絜*, 以繩約物, 以度其大小也。矩者, 直角之尺, 所以正方也。
以我之孝弟慈, 知民之亦皆願孝弟慈。於是就太學行三禮,【養老·
序齒·恤**孤, 三禮也】而民果興孝弟慈。是故知我之所好, 人亦好
之。行絜***矩之道, 即恕也。毋以先後, 謂勿以此事居人前也。
【謂後輩人之先輩】毋以從前, 謂勿以此事居人後也。

---

* 絜: 新朝本에는 '潔'로 되어 있다.
** 恤: 新朝本에는 '人'으로 되어 있다.
*** 絜: 新朝本에는 '潔'로 되어 있다.

253) '재는 자와 같은 도'란 도덕의 척도를 말한다.

이 때문에 군자는 재는 자와 같은 도道가 있는 것이다. 윗사람에게서 싫은 것으로 아랫사람을 부리지 말고, 아랫사람에게서 싫은 것으로 윗사람을 섬기지 말고, 앞사람에게서 싫은 것으로 뒷사람을 이끌지 말고, 뒷사람에게서 싫은 것으로 앞사람을 따르지 말고, 오른쪽에서 싫은 것을 왼쪽으로 건네지 말고, 왼쪽에서 싫은 것을 오른쪽으로 건네지 말라. 이것을 일러 '재어서 방정하게 하는 도'라고 한다.【'선先'은 거성이다】

'혈絜'은 밧줄로 물건을 묶어서 그 크기를 재는 것이다. '구矩'는 곱자로서, 모난 곳을 반듯하게 하는 것이다. 나의 효도와 공손과 자애로서 백성들도 모두 효도와 공손과 자애를 바란다는 것을 안다. 이렇기 때문에 태학에 나아가 세 가지 예를 행하면【노인을 봉양하는 것, 나이에 따라 대우하는 것, 고아를 구휼하는 것이 세 가지 예이다】 백성들도 과연 효도와 공손과 자애를 일으킬 것이다. 이 때문에 내가 좋아하는 것으로서 남도 또한 그것을 좋아한다는 것을 안다. 재는 자와 같은 도를 행한다는 것은 곧 서恕이다. '뒷사람을 이끌지 말라'는 것은 이 일(싫은 일)로 남(뒷사람)의 앞에서 하지 말라는 말이다.【뒷사람에 대한 앞사람을 말한다】 '앞사람을 따르지 말라'는 것은 이 일(싫은 일)로 남(앞사람)의 뒤에서 하지 말라는 말이다.

○議曰 人生斯世, 其萬善萬惡, 皆起於人與人之相接。人與人之相接而盡其本分, 斯謂之仁。仁者, 二人也, 事父孝曰仁, 子與父*二人也。事兄悌曰仁, 弟與兄二人也。育子慈曰仁, 父與子二人也。君臣二人也, 夫婦二人也, 長幼二人也, 民牧二人也。仁親·仁民, 莫非仁也。乃聖人之言曰: "強恕而行, 求仁莫近焉。"[254] 恕者, 仁之道也。子貢問: "一言而有可以終身行之者乎?"[255] 孔子曰: "其恕乎。" 門人問一貫之旨, 曾子曰: "夫子之道, 忠恕而已。"[256] 一恕字以貫上下, 以貫前後, 以貫左右。但曰'己所不欲, 勿施於人'[257], 其爲道至簡至約。只一恕字, 而放之則彌乎六合, 六合正方, 可絜之以矩也。人慢我父, 我則惡之, 故太學養老之禮以敬人父, 而民果興孝。人侮我兄, 我則惡之, 故太學序齒之禮以敬人兄, 而民果興弟。是故君子有絜矩之道也。【襄二十四年,《左傳》云: "恕思以明德。"[258]】

* 子: 新朝本에는 '于'로 되어 있다.

254) 『孟子』, 「盡心」上.
255) 『論語』, 「衛靈公」.
256) 『論語』, 「里仁」.
257) 『論語』, 「顏淵」.
258) 『左傳』, 「襄公」 24년 2월.

○**공적 의론** 사람이 이 세상을 살아감에 온갖 착함과 온갖 악함은 모두 사람과 사람이 서로 만나는 데서 일어난다. 사람과 사람이 서로 만나며 그 본분을 다하는 것, 이것을 '인仁'이라고 한다. 인仁이란 두 사람이다. 부모를 효도로 섬기는 것을 '인仁'이라고 하는데, 자식과 어버이 두 사람이다. 형을 공손함으로 섬기는 것을 '인'이라고 하는데, 아우와 형 두 사람이다. 자식을 자애로 기르는 것을 '인'이라고 하는데, 부모와 자식 두 사람이다. 임금과 신하도 두 사람이며, 지아비와 지어미도 두 사람이며, 어른과 아이도 두 사람이며, 백성과 목민관도 두 사람이다. 어버이를 사랑하는 데서부터 백성을 사랑하는 데 이르기까지 인仁 아닌 것이 없다. 그러므로 성인이 말하기를 "서恕를 힘써 행하면 인仁을 구하는 데 이보다 가까운 것이 없다" 했으니, '서恕'는 인仁의 길이다. 자공子貢이 "한 마디 말로 평생토록 실천할 만한 것이 있습니까?"라고 묻자, 공자가 "그것은 서恕이다"라고 했다. 문인門人들이 '하나로 관통한다는 것'의 뜻을 묻자 증자가 "선생님의 도는 충서忠恕일 따름이다"라고 했다. '서恕' 한 글자로 상하를 관통하고, 전후를 관통하고, 좌우를 관통한다. 다만 "내가 하기 싫은 것을 남에게 베풀지 말라"라고만 말했으니, 그 도가 지극히 간략하다. 다만 '서恕' 한 글자이지만 펼치면 육합六合에 가득 차니, 육합의 모난 곳을 바로잡는 것은 구矩를 가지고 잴 수 있는 것과 같다. 남이 나의 부모에게 태만하면 나는 그를 미워하게 되므로 태학에서 노인을 봉양하는 예로 남의 부모를 공경하면 백성은 과연 효도를 일으킨다. 남이 내 형을 업신여기면 나는 그를 미워하게 되므로 태학에서 나이에 따라 대우하는 예로 남의 형을 공경하면 백성은 과연 공손함을 일으킨다. 때문에 군자는 재는 자와 같은 도를 가지고 있다. 【『춘추좌전』 양공襄公 24년에서 "헤아리고 생각하여 덕을 밝힌다"라고 하였다】

考證[*] 鄭云: "絜, 猶結也, 絜也." ○朱子曰: "絜, 度也." 《莊子·人間世》云: "匠石見社櫟樹, 其大蔽牛, 絜之百圍."[259]【註云: "絜, 猶束也, 是將一物圍[**]束, 以爲之則也."】賈誼〈過秦論〉云: "度長絜大, 比量權[***]力."【見《或問》】○**鏞案** 絜矩者, 絜之以矩也.[260] 上下四方, 絜之以恕, 皆人與人之交際也.

考訂 朱子曰: "推以度物, 使彼我之間, 各得[****]分願, 則上下四旁, 均齊方正, 而天下平矣."[261] ○又曰: "矩者, 心也, 我心所欲, 即他人所欲. 我欲孝弟慈, 必使他人皆如我之孝弟慈."【饒云: "匠以矩爲矩, 君子以心爲矩."】○**鏞案** 矩者, 直角之尺也. 凡方正之器, 必有六面. 其稜角面體, 或斜或曲, 或[*****]突或陷, 惟絜[******]之以矩, 可以正之. 絜其上稜, 知其所斜曲, 則遂以此矩去絜下稜, 平其斜曲.▶

---

[*] 證: 新朝本에는 '訂'으로 되어 있다.
[**] 圍: 新朝本에는 '團'으로 되어 있다.
[***] 量權: 〈過秦論〉에는 '權量'으로 되어 있다.
[****] 得: 新朝本에는 '則'으로 되어 있다.
[*****] 或: 新朝本에는 빠져 있다.
[******] 絜: 新朝本에는 '潔'로 되어 있다. 이 節의 '絜'은 모두 이와 같다.

259)『莊子』, 「人間世」. "匠石之齊, 至於曲轅, 見櫟社樹. 其大蔽數千牛, 絜之百圍."
260) 다산의 혈구絜矩에 대한 견해가 「대학강의大學講義」와 차이가 있다.
261)『大學章句』의 集註.

고증하여 증명함 정현鄭玄은 말했다. "'혈絜'은 맺는다는 것과 같고, 잰다는 뜻이다."

○주자가 말했다. "'혈絜'은 잰다는 뜻이다." 『장자莊子』 「인간세人間世」에서 말했다. "장석匠石이 사직에 있는 가죽나무를 보았는데, 그 크기가 소를 가렸고, 재어보니 백 아름이나 되었다."【주에서 말했다. "'혈絜'은 묶는다는 것과 같으니, 한 물건으로 둘러 묶어 그것으로 기준을 만드는 것이다"】가의賈誼의 「과진론過秦論」에서 말했다. "장단을 재고 크기를 헤아리며, 권력을 비교하고 헤아린다."【『혹문』에 나온다】

○**나의 판단** '혈구絜矩'는 곱자로 재는 것이다. 상하와 사방을 서恕로 재는 것은 모두 사람과 사람의 교제를 말한다.

고증하여 바로잡음 주자가 말했다. "미루어 사물을 헤아려 저와 나 사이에 각기 분수에 맞는 바람을 얻게 하면 상하와 사방이 고르게 되고 반듯해져서 천하가 평안하다."

○또 말했다. "'곱자'는 마음이니, 내 마음이 바라는 것은 곧 다른 사람이 바라는 것이다. 내가 효도와 공손과 자애를 바란다면, 반드시 다른 사람도 모두 나와 같이 효도와 공손과 자애를 행할 수 있도록 해야 한다."【요로饒魯가 말했다. "장인匠人은 곱자로 법도를 삼고, 군자는 마음을 법도로 삼는다."】

○**나의 판단** '구矩'는 직각의 자이다. 네모반듯한 물건은 반드시 여섯 면이 있다. 모서리와 면이 더러 기울기도 하고 굽기도 하며, 불룩하기도 하고 움푹하기도 하니, 곱자로 재어야만 바로잡을 수 있다. 위쪽 모서리를 재어서 그 기울고 굽은 것을 알게 되면 곧 이 곱자를 가지고 아래 모서리를 재어 그 기울고 굽은 것을 평평하게 한다. ▶

◀絜其下面, 知其有凹突, 則遂以此矩去絜上面, 平其凹突。前後左右, 莫不皆然, 於是乎六合平正, 得爲方正之器。吾人之強恕以求仁也, 其法亦然。以心爲矩, 以絜六合之交際, 齊其不齊, 平其不平, 於是乎心與身皆正矣。正己以正物, 此平天下之要法也。【絜, 本繩度之名, 其以爲矩度之名者, 假借也】

考訂 毛曰: "天下之數, 出於圜方。[262] 圜出於方, 方出於矩。平矩以正繩, 仰矩以望高, 覆矩以測深, 臥矩以知遠, 環矩以爲圜, 合矩以爲方, 則一言矩, 而*上下前後左右擧是矣。絜者, 絜此而已, 絜至此, 而得至善矣。"○**鏞案** 矩者, 正方之器也。凡方物必六合, 故絜之以矩。毛說似精而**實粗也。絜矩略如反隅, 擧一隅反三隅者,[263] 謂於屋之四角, 以其一角, 推其所未見之三角也。但矩在我心, 隅在物體, 是其異也。

---

* 而: 新朝本에는 '以'로 되어 있다.
** 而: 新朝本에는 '以'로 되어 있다.

262) 원은 하늘을 가리키며, 방은 땅을 가리킨다. 『역경』, 「계사상전繫辭上傳」에 천天과 지地에서 1~10의 수가 나왔다고 하였다.
263) 『論語』, 「述而」.

◀그 아래쪽 면을 재어 그 움푹 패이거나 불룩한 것이 있다는 것을 알게 되면, 곧 이 곱자를 가지고 윗면을 재어 그 움푹 패이거나 불룩 솟은 것을 평평하게 한다. 전후좌우 모두 그렇지 않은 것이 없으니, 이에 여섯 면이 평평하고 반듯하게 되어 네모반듯한 물건을 만들 수 있다. 우리들이 힘써 서恕를 행하여 인仁을 구하는 법도 또한 그런 것이다. 마음을 곱자로 삼아 모든 방면의 사람들과의 사귐을 헤아려 가지런하지 못한 것을 가지런히 하며, 공평하지 못한 것을 공평하게 하면 이에 마음과 몸이 모두 바르게 된다. 자기를 바로잡음으로써 남을 바로잡는 것, 이것이 천하를 평안하게 하는 중요한 방법이다.【'혈絜'은 본래 밧줄로 잰다는 뜻인데, 곱자로 잰다는 뜻으로 썼으니 빌려 쓴 것이다】

고증하여 바로잡음 모기령毛奇齡이 말했다. "천하의 수는 원과 네모에서 나왔다. 원은 네모에서 나오고, 네모는 직각에서 나왔다. 곱자를 평평하게 해서 밧줄을 바로잡고, 곱자를 위로 해서 높이를 재며, 곱자를 엎어서 깊이를 측정하고, 곱자를 눕혀서 거리를 알고, 곱자를 빙 돌려서 원을 만들고, 곱자를 합쳐서 네모를 만드니, 곱자 하나를 말함으로써 상하, 전후, 좌우가 모두 바르게 되었다. '혈絜'은 이것을 잰다는 뜻일 뿐이지만, 재는 것이 이것에 이르러야 지극한 선을 얻은 것이다."

○**나의 판단** '곱자'는 모서리를 바로잡는 도구이다. 모난 사물은 반드시 여섯 면을 가지기 때문에 곱자로 재어야 한다. 모기령의 설은 정밀한 듯하나 실상은 거칠다. 곱자로 재는 것은 대략 '모서리로 대답한다'는 것과 같으니, '한쪽 모서리를 들면 세 모서리를 가지고 대답한다'는 것은 지붕의 네 모퉁이에서 한 모퉁이를 가지고 보지 못한 세 모퉁이를 미루어 아는 것이다. 다만 곱자는 내 마음에 있고 모서리는 물체에 있는 것이 다른 점이다.

考訂 朱子曰: "一有私意存乎其間, 則一膜之外,[264] 便爲胡越, 雖欲絜*矩, 不能通矣。若趙由之爲守則易尉, 而爲尉則陵守。[265] 【《史記·酷吏**傳》】王肅之方於事上, 而好人佞己,[266] 推其所由, 蓋出於此。"【見《或問》】○ **鏞案** 朱子以一私字, 爲不能推恕之本, 其義明矣。

引證 〈祭統〉云: "所不安于上, 則不以使下, 所惡於下, 則不以事上。非諸人行諸己, 非敎之道也。"

《詩》云: "樂只君子, 民之父母。"[267] 民之所好好之, 民之所惡惡之, 此之謂民之父母。《詩》云: "節彼南山, 維***石巖巖。赫赫師尹, 民具爾瞻。"[268]▶

---

* 絜: 新朝本에는 '潔'로 되어 있다.

** 吏: 新朝本에는 '史'로 되어 있다.

*** 維: 新朝本에는 '惟'로 되어 있다.

264) 부모 형제와 같이 살갗을 맞댄 가까운 사이를 말한다.

265) 『사기』, 「혹리열전酷吏列傳」에 따르면, 조유趙由는 난폭하고 오만방자하여 태수가 되어서는 도위 보기를 현령 같이 보았고, 도위가 되어서는 태수를 무시하여 태수의 권력을 넘보았다. 조유는 태수로 있을 때 법을 무시하면서 자신의 호오에 따라 처벌을 좌우하였으며, 하동河東의 도위로 갔을 때는 태수 승도공勝屠公과 권력다툼을 벌여 서로 상대방의 죄행을 고발하였다. 결국 둘 다 형벌을 받아 승도공은 자결하고 조유는 기시棄市에 처해졌다.

266) 『위지魏志』, 「왕숙전王肅傳」에 따르면, 왕숙王肅은 태화太和 연간에 산기상시散騎常侍에 임명되었는데, 유식劉寔의 사평史評에 의하면 왕숙은 임금을 섬김에 있어서 아랫사람이 자기에게 아첨하는 것을 좋아하였다고 한다. 왕숙의 자는 자옹子雍이며 동해군東海郡 사람이다.

267) 『詩經』, 「小雅·南山有臺」.

268) 『詩經』, 「小雅·節南山」.

고증하여 바로잡음 주자가 말했다. "하나라도 사사로운 생각이 그 사이에 있으면 피부의 바깥이 호(胡: 북방국가)와 월越처럼 멀어지니, 비록 헤아리고자 하여도 통할 수 없다. 마치 조유趙由가 태수가 되어서는 도위都尉를 업신여기고 도위가 되어서는 태수를 능멸했던 것과 같다.【『사기』「혹리전」이다】 왕숙王肅이 윗사람을 섬길 때 남들이 자기에게 아첨하는 것을 좋아하였다고 하니, 그 이유를 미루어보면 대개 이것에서 나왔다.【『혹문』에 보인다】

○**나의 판단** 주자가 '사私' 한 글자가 서恕를 미루어나가지 못하는 근원이라고 하였으니, 그 뜻이 분명하다.

인용하여 증명함 『예기』「제통」에서 말했다. "윗사람에게서 편안하지 않은 것으로 아랫사람을 부리지 않으며, 아랫사람에게서 싫은 것으로 윗사람을 섬기지 않는다. 남더러 그르다고 하면서 자기는 그렇게 하는 것은 가르치는 도리가 아니다."

『시경』에서는 "즐거운 군자여, 백성의 부모로다"라고 했다. 백성들이 좋아하는 바를 좋아하며, 백성들이 싫어하는 바를 싫어하니, 이를 백성의 부모라 한다. 『시경』에서는 "깎아지른 저 남산이여, 바위가 험준하구나. 빛나는 사윤師尹이여, 백성들이 모두 그대를 본다"라고 했다.▶

◀有國者, 不可以不愼, 辟則爲天*下僇矣。《詩》云: "殷之未喪師, 克配上帝。儀監于殷, 峻命不易。"[269] 道得衆則得國, 失衆則失國。

此立賢之戒也。民之所好, 謂賢德之人, 民之所惡, 謂奸邪之人。師者, 帥也。尹者, 正也。師尹之職, 所以帥民而正民也。引此詩者, 言百官爲民所瞻, 用人不可不愼也。辟, 僻也。僻於親愛而姦邪進, 僻於賤惡而賢德黜。如是, 則違民之好惡, 其禍必至於失衆, 故其終戒之以失國。○**議曰** 爲國者, 其大政有二, 一曰用人, 二曰理財。大凡人生斯世, 其大欲有二, 一曰貴, 二曰富。在上者, 其所欲在貴, 在下者, 其所欲在富。▶

---

* 天: 新朝本에는 '大'로 되어 있다.

269)『詩經』,「大雅·文王」.

◀나라를 다스리는 자는 삼가지 않으면 안 되니, 치우치면 천하 사람들에게 죽임을 당한다. 『시경』에서는 "은나라가 백성을 잃지 않았을 때에는 상제에 짝할 수 있었다. 은나라를 거울로 삼는 것이 마땅하니, 준엄한 천명을 보존하기가 쉽지 않도다"라고 했다. 백성을 얻으면 나라를 얻고, 백성을 잃으면 나라를 잃는다는 말이다.

이는 어진 이를 등용할 때의 경계警戒이다. 백성들이 좋아하는 것이란 어질고 덕 있는 사람을 말하고, 백성들이 미워하는 것이란 간사하고 사특한 사람을 말한다. '사師'는 이끈다는 뜻이다. '윤尹'은 바로잡는다는 뜻이다. 사윤師尹의 직책은 백성을 이끌어서 바로잡는 것이다. 이 시를 인용한 것은 백관百官은 백성들이 바라보는 자리이니 인재를 등용하는 데 신중하지 않을 수 없다는 말이다. '벽辟'은 치우침이다. 친애함에 치우치면 간사한 무리가 나서고, 천하게 여기고 싫어함에 치우치면 어질고 덕 있는 이가 쫓겨난다. 이와 같이 하면 백성들의 좋아하고 싫어하는 것을 어기게 되어 그 화가 반드시 백성을 잃는 지경에 이르기 때문에 나라를 잃는다는 경계로 끝맺었다.

○**공적 의론** 나라를 다스리는 자에게 큰 정사가 두 가지가 있다. 첫째는 '인재를 등용하는 일'이며, 둘째는 '재물을 다스리는 일'이다. 대개 사람이 이 세상을 살아가면서 크게 바라는 것이 두 가지이다. 첫째는 '귀하게 되는 것'이며, 둘째는 '부자가 되는 것'이다. 윗자리에 있는 사람은 그 바라는 것이 귀함에 있고, 아랫자리에 있는 사람은 그 바라는 것이 부유함에 있다.▶

◀惟其擧用之際, 其賢愚邪正之升降黜陟, 不違於衆心, 其徵斂
之日, 賦稅財賄之出納收發, 不違於衆心, 則物情平允, 邦國以
安。如其不然, 菑禍立至, 故自古以來, 朝廷之治*亂得失, 恒起
於立賢, 野人之苦樂恩怨, 恒起於斂財。雖百度庶工, 千頭萬緒,
而靜究厥趣, 則朝野所爭, 唯此而已。聖人知其然也, 故用人,
則賢其賢而親其親, 以待君子, 理財, 則樂其樂而利其利, 以待
小人。[270] 盛德至善之使民不忘, 其要在此。此節重言複言, 丁寧
申戒, 皆此義也。

引證 皐陶曰: "都! 在知人, 在安民。" 禹曰: "吁! 咸若時, 唯帝
其難之。知人則哲, 能官人, 安民則惠, 黎民**懷之。能哲而惠,
何憂乎驩兜[271]!"[272]

---

* 治: 新朝本에는 '活'로 되어 있다.
** 黎民: 新朝本에는 '黎'로 되어 있다.

270) 인재를 등용하는 일은 군자가 바라는 대로 하고, 이재에 관한 일은 소인이 바라는 대로
　　한다는 뜻이다.
271) 순임금 때 사흉四凶의 한 사람. 사흉은 공공共工, 환도驩兜, 삼묘三苗, 곤鯀을 가리키는
　　데, 각각 유주幽洲, 숭산崇山, 삼위三危, 우산羽山에 유배되었다. 『書經』, 「舜傳」참조.
272) 『書經』, 「皐陶謨」.

◀인재를 등용할 때 어질고 어리석음과 간사하고 곧음에 따라 승진시키고 내쫓는 것이 백성들의 마음에 어긋나지 않고, 세금을 거두어들일 때 부세를 수납하고 재정을 지출하는 것이 백성들의 마음에 어긋나지 않으면 여론이 안정되고 믿게 되어 나라가 편안해진다. 그렇지 않으면 재앙이 곧바로 생겨나기 때문에 예로부터 조정의 치란治亂과 득실은 항상 어진 이를 등용하는 데서 일어나고, 일반 백성의 고락과 은원은 항상 세금을 거두는 데서 일어난다. 비록 온갖 법도와 모든 일들이 천만 가지 갈래지만 그 귀추를 조용히 따져보면 조정에서 다투는 것은 오직 이것일 뿐이다. 성인이 그러함을 알았기 때문에 인재를 등용함에는 군자가 어질게 여기는 이를 어질게 여기고, 군자가 친하게 여기는 이를 친하게 여겨 군자를 대우하였으며, 재물을 다스림에는 소인이 즐거워하는 것을 즐겁게 여기고, 소인이 이롭게 여기는 것을 이롭게 해주어 소인을 대우하였다. 성대한 덕과 지극한 선을 백성들이 잊지 않도록 하는 것은 그 요체가 여기에 있다. 이 절에서 거듭거듭 말하고 간곡하게 경계한 내용은 모두 이런 뜻이다.

인용하여 증명함 고요가 말하였다. "아! 사람됨을 알아봄에 있으며 백성을 편안히 함에 있습니다." 우가 말하였다. "그러하도다! 모든 일을 이와 같이 함은 요임금도 어렵게 여기셨다. 사람됨을 알아보면 명철하니 훌륭한 사람을 등용할 수 있으며, 백성을 편안히 하면 은혜로우니 모든 백성이 그리워할 것이다. (임금이) 명철하고 은혜로울 수 있으면 어찌 환도驩兜를 걱정하겠는가!"

○**鏞案** 〈皋陶謨〉一篇, 乃《大學》之淵源。千聖相傳之旨, 始於此 〈謨〉, 終於《大學》, 不可不察也。上云'愼厥身修, 惇叙九族, 庶 明勵翼, 邇可遠在玆'[273]者, 《大學》之修身·齊家·治國而平天下 也。此云知人之哲·安民之惠, 即《大學》此章之兩大義也。下云 三德·六德·九德之辨[274], 即官人之法。下云艱食·鮮食·乃粒之 奏[275], 即惠民之績。上下二千年之遠, 而其言若合符契, 斯豈非 治平之宗旨乎? 爲天下國家者, 盍亦深思!

---

273)『書經』, 「皋陶謨」.
274)『書經』, 「皋陶謨」에 "日宣三德, 夙夜浚明有家, 日嚴祗敬六德, 亮采有邦, 翕受敷施, 九德咸事, 俊乂在官, 百僚師師, 百工惟時, 撫于五辰, 庶績其凝."라 하여 삼덕三德, 육덕六德, 구덕九德이 나온다. 구덕은『서경』, 「고요모」에서 "皋陶曰, 寬而栗, 柔而立, 愿而恭, 亂而敬, 擾而毅, 直而溫, 簡而廉, 剛而塞, 彊而義"라고 하였다. 곧 ①관대하면서도 장엄함, ②유순하면서도 꼿꼿함, ③삼가면서도 공손함, ④다스리면서도 경외함, ⑤길들여 익숙하면서도 굳셈, ⑥곧으면서도 온화함, ⑦간략하면서도 모가 남, ⑧강건하면서도 독실함, ⑨용맹하면서도 의를 좋아함. 3덕, 6덕은 9덕 가운데 세 가지, 여섯 가지를 가리킨다.
275)『書經』, 「益稷」. 다산은 「익직」편을 원래대로 「고요모」에 속한 것으로 보았기 때문에 따로 구분하지 않고 아래에서 말했다고 인용하였다.

○**나의 판단** 「고요모」편이야말로 『대학』의 연원이다. 모든 성인이 서로 전한 뜻이 이 「고요모」에서 시작하여 『대학』에서 끝맺으니 살피지 않으면 안 된다. 위에서 말한 '몸을 닦음을 삼가서 구족을 돈독하게 펼치면 여러 현명한 이들이 힘써 돕게 될 것이니, 가까운 데서 시작하여 멀리 미칠 수 있는 방법이 여기에 있습니다'라는 것은 『대학』의 '몸을 닦아 집안을 가지런히 하고 나라를 다스리며 천하를 평안하게 한다'는 것과 같다. 여기에서 말한 '사람됨을 알아보는 명철함과 백성을 편안하게 하는 은혜로움'은 곧 『대학』이 장의 두 가지 큰 뜻이다. 아래에서 말한 '세 가지 덕', '여섯 가지 덕', '아홉 가지 덕'에 대한 변별은 곧 사람을 등용하는 방법이다. 아래에서 말한 '어렵게 농사지어 먹은 것', '새나 짐승의 고기', '곡식'을 백성들에게 주었다는 것은 백성에게 은혜로운 공적이다. 상하(「고요모」와 『대학』)가 2천 년이나 떨어져 있으나 그 말이 부절과 계약서처럼 부합하니 이것이 어찌 (나라를) 다스리고 (천하를) 평안하게 함의 종지宗旨가 아니겠는가? 천하와 나라를 다스리는 자가 어찌 깊이 생각하지 않으리요!

是故君子先愼乎德。有德此有人, 有人此有土, 有土此有財, 有財此有用。德者本也, 財者末也。外本內末, 爭民施奪。是故財聚則民散, 財散則民聚。是故言悖而出者, 亦悖而入, 貨悖而入者, 亦悖而出。〈康誥〉曰: "惟命不于常。" 道善則得之, 不善則失之矣。

此散財之戒也。先愼乎德, 孝弟慈也。德敎旣行, 乃得民也。"有人, 謂得衆。有土, 謂得國。"【朱子云】[276] 爭民施奪, 謂與民相爭, 強施而強奪之。如今社倉[277]然也。其終戒之以失國。

考訂 朱子曰: "爭鬪其民, 而施之以劫奪之敎。"[278] ○ **鏞案** 辭理或不能通活。

---

276) 『大學章句』의 제10장 朱熹注.
277) 社倉: 본래 재해를 입은 농민들에게 곡식을 대여해 주던 향촌의 빈민구제기관을 말한다. 그 연원은 주자朱子의 사창론社倉論에 있다. 이이李珥, 윤선거尹宣擧, 송시열宋時烈 등이 일부 지역에서 실시한 바 있으며, 1674년(숙종 4)에는 「사창절목社倉節目」이 마련되기도 하였으나, 실제 실시된 것은 대원군 집권기인 1867년(고종 4)이었다. 다산茶山의 경우 환곡제 자체의 개혁을 구상하였는데(「환향의還餉議」 참조) 사창제는 구휼과 진대에 그 기능을 제한한 경우만을 긍정하였다.
278) 『大學章句』제10장의 朱熹注. 다산茶山은 '쟁민시탈爭民施奪'을 지배층이 백성과 이익을 다투는 것으로 해석했다.

이 때문에 군자는 먼저 덕을 삼간다. 덕이 있으면 사람이 있게 되고, 사람이 있으면 땅이 있게 되고, 땅이 있으면 재물이 있게 되고, 재물이 있으면 쓰임이 있게 된다. 덕은 근본이요 재물은 말단이다. 근본을 밖으로 하고 말단을 안으로 하면 백성과 (이익을) 다투어 강제로 주고 빼앗는다. 이 때문에 재물이 모이면 백성이 흩어지고, 재물이 흩어지면 백성들이 모인다. 이 때문에 말이 (도리에) 어긋나게 나가면 또한 어긋나게 들어오고, 재물이 어긋나게 들어오면 또한 어긋나게 나간다. 「강고康誥」에 "천명은 일정하지 않다" 했으니, 선하면 (나라를) 얻고, 선하지 못하면 잃음을 말한 것이다.

이는 재물을 흩어야 한다는 경계警戒이다. '먼저 덕을 삼간다'는 것은 효도와 공손과 자애이다. 덕에 의한 교화가 행해지면 백성을 얻는다. "'사람이 있다'는 것은 백성을 얻는다는 말이고, '땅이 있다'는 것은 나라를 얻는다는 말이다."【주자가 말했다】'쟁민시탈爭民施奪'은 백성과 서로 다투며 강제로 베풀고 강제로 빼앗는다는 뜻이다. 지금 사창社倉 같은 것이 그렇다. 그러므로 나라를 잃는다는 경계로 끝맺었다.

고증하여 바로잡음 주자가 말했다. "그 백성들을 싸우게 하여 강제로 빼앗는 교육을 시행한다는 뜻이다."

○**나의 판단** 말의 이치가 더러 시원하게 통하지 않는다.

引證 《易大傳》[279]曰：“何以聚人？曰財。”[280] ○《國語》曰：“王人者，將以導利而布之上下者也。”[281] 故財聚於上，則民散於下矣。財散於下，則民歸於上矣。

考訂 鄭曰：“君有逆命，則民有逆辭，上貪於利，則下人侵畔。”【言悖·貨悖注*】 ○朱子曰：“得其旨矣。”【見《或問》】[282] ○**鏞案** 言悖·貨悖，本是當時俗語，此經所取，貨悖句而已。以其爲至理之名言，故並引二句。鄭氏逆命·逆辭之解，拘矣。

〈楚書〉曰：“楚國，無以爲寶，惟善以爲寶。”[283] 舅犯曰：“亡人，無以爲寶，仁親以爲寶。”[284]▶

---

* 悖注: 新朝本에는 '注也'로 되어 있다.

279)『여유당전서與猶堂全書』2집, 44권, 「주역사전周易四箋」「계사상전繫辭上傳」에 “‘계사繫辭’는 단사彖詞와 효사爻詞인데 요사繇詞를 괘효卦爻 아래에 달아놓았기 때문에 그렇게 불렀다고 한다. 단사彖詞는 문왕文王이 달았고, 효사爻詞는 주공周公이 달아놓았다. 공자孔子가 이 두 성인의 말씀을 취하여 그 깊은 뜻을 드러내고 이름을 단전彖傳, 상전象傳으로 붙여 각기 2편씩을 만들었다. 이것이 십익十翼의 넷이 되었고, 이것을 계사전繫辭傳이라 하였다. 이 편은 『역경』의 대체를 통론했기 때문에 『사기』에서 이를 인용하여 ‘역대전易大傳’이라 하였다. 한유漢儒들도 역대전이라고 일컬은 사람들이 많았다. 계사전이라고 일컫게 된 것은 전해지는 과정에서 잘못이 있었던 듯싶다”라는 내용이 있다.

280)『周易』, 「繫辭下傳」.

281)『國語』, 「周語」上.

282) 『易大傳』에서 말한다'부터 ‘뜻을 알았다'까지가 『혹문』에 나온다.

283)『國語』, 「楚語」上.

284)『禮記』, 「檀弓」下.

인용하여 증명함 『역대전』에서 말했다. "무엇으로 사람을 모으는가? 그것은 재물이다."

○『국어』에서 말했다. "왕이 된 사람은 이익을 이끌어 윗사람과 아랫사람에게 널리 베풀어야 한다." 그러므로 재물이 위로 모이면 백성들이 아래에서 흩어지고, 재물이 아래로 흩어지면 백성들은 위로 돌아가게 된다.

고증하여 바로잡음 정현이 말했다. "임금이 거스르는 명령을 내리면 백성은 거스르는 말을 하고, 윗사람이 이익을 탐내면 아랫사람은 밭두둑의 경계를 침범한다."【말의 어긋남과 재물의 어긋남에 대한 주석이다】

○주자가 말했다. "그 뜻을 알았다."【『혹문』에 나온다】

○**나의 판단** '말이 어긋나게 나가면~', '재물이 어긋나게 들어오면~'이라는 말은 본디 당시의 속어인데, 이 경문에서 취한 것은 '재물이 어긋나게 들어오면~'에 대한 구절뿐이다. 지극한 이치가 있는 명언이므로 두 구절을 모두 인용했다. 정현의 '거스르는 명령과 거스르는 말'이라는 풀이는 구차하다.

『국어國語』「초서楚書」에서 말했다. "초나라는 보배로 삼을 것이 없고, 오직 선한 사람을 보배로 삼는다." 구범舅犯이 말했다. "도망다니는 사람은 (달리) 보배로 여길 것이 없고, 부모를 사랑함을 보배로 여긴다."▶

◀〈秦誓〉曰: "若有一个臣, 斷斷兮無他技, 其心休休焉, 其如有容焉, 人之有技, 若己有之, 人之彦聖, 其心好之, 不啻若自其口出, 寔能容之, 以能保我子孫黎民, 尚亦有利哉。人之有技, 媢疾以惡之, 人之*彦聖, 而違之, 俾不通, 寔不能容, 以不能保我子孫黎民, 亦曰殆哉。"[285] 唯仁人, 放流之, 迸諸四夷, 不與同中國, 此謂仁人, 爲能愛人, 能惡人。[286] 見賢而不能舉, 舉而不能先, 命也, 見不善而不能退, 退而不能遠, 過也。好人之所惡, 惡人之所好, 是謂拂人之性, 菑必逮夫身。是故君子有大道, 必忠信以得之, 驕泰以失之。

---

* 之: 新朝本에는 빠져 있다.

285) 『書經』, 「秦誓」.
286) 『論語』, 「里仁」.

◀『서경』「진서秦誓」에서 말했다. "만일 어떤 한 신하가 성실하기만 하고 다른 기예가 없으나, 그 마음이 곱고 고와 포용함이 있는 듯하여, 남이 가지고 있는 기예를 자기가 가진 것처럼 하고, 남의 훌륭하고 밝음을 마음으로 좋아함이 자기 입으로 칭찬하는 것보다도 더하다면, 이 사람은 남을 포용할 수 있기 때문에 나의 자손과 백성을 보전할 것이니, 오히려 또한 이로움이 있을 것이다. 남이 가진 기예를 시기하고 미워하며, 남의 훌륭하고 성스러움을 어기어 통하지 못하게 하면, 이 사람은 포용할 수 없기 때문에 나의 자손과 백성을 보전하지 못할 것이니, 또한 위태롭다고 하겠다." 오직 어진 사람이어야 이들을 내쫓아 유배하되 사방 오랑캐의 땅으로 쫓아내 나라 안에 함께 살 수 없게 하니, 이를 일러 '오직 어진 사람이어야 남을 사랑할 수 있으며, 남을 미워할 수 있다'고 한다. 어진 이를 보고도 들어 쓰지 못하며, 들어 쓰되 먼저 하지 못함은 천명이요, 착하지 않은 자를 보고도 물리치지 못하며, 물리치되 멀리하지 못하면 잘못이다. 남이 미워하는 것을 좋아하며, 남이 좋아하는 것을 미워함을 일러 사람의 성품을 어긴다고 하니, 재앙이 반드시 그 몸에 미칠 것이다. 이 때문에 군자에게는 큰 도리가 있으니, 반드시 충신忠信으로써 얻고, 교만하고 방자함으로써 잃게 된다.

此立賢之戒也。承上理財而言, 故以寶爲言。【意斷處文續。*】〈楚
書〉, 賢賢之義也。舅犯之言, 親親之義也。賢賢親親, 所以爲
至**善也。彦, 美士也。聖, 通明也。心好之甚於口譽, 故曰'不
啻'也。見賢而不能先擧, 或其人時有未至, 故曰命也。謂不進
賢, 猶有辭, 不退惡, 無可諉也。好人之所惡, 愛奸邪也, 惡人
之所好, 厭賢德也。其終戒之以失國。

考訂 毛曰: "一个臣, 《尙書》作一介臣,[287) 介·个, 通字。《左傳》
襄八年, '不使一个行李'注, '个, 一本作介', 可驗。蓋个與箇同。
《荀子》'負矢五十箇'[288), 《國語》'一个負矢***, 將百群皆奔'[289)。"

---

* 文續: 新朝本에는 '續文'으로 되어 있다.

** 至: 新朝本에는 '仁'으로 되어 있다.

*** 矢: 新朝本에는 '失'로 되어 있다.

287) 『書經』, 「秦誓」에 나온다.

288) 『荀子』, 「議兵」. 위씨魏氏가 무졸武卒을 헤아려 뽑는데, 삼속三屬의 갑옷을 입고, 12석
石의 노弩를 다루며, 화살 50개를 짊어지고, 그 위에 과戈를 놓고, 투구를 쓰고 검을 차
고, 3일치 양식을 메고, 하루에 100리를 달려야 했다.

289) 『國語』, 「吳語」.

이는 어진 이를 등용할 때의 경계警戒이다. 위의 재물을 다스리는 일을 이어서 말했기 때문에 보배를 가지고 말하였다.【뜻은 끊어지는 곳인데, 글은 이어진다】「초서楚書」의 말은 어진 이를 어진 이로 대우하는 의리이다. 구범舅犯의 말은 친족을 친애하는 의리이다. 어진 이를 어진 이로 대우하고 친족을 친애하는 것은 지극한 선善을 행하는 것이다. '언彦'은 훌륭한 선비이다. '성聖'은 통하여 밝은 것이다. 마음으로 좋아하는 것이 말로 칭찬하는 것보다 더하므로 '뿐만 아니라[不啻]'라고 하였다. 어진 이를 보고도 먼저 들어 쓸 수 없는 것은 혹 그 사람에게 때가 이르지 않았기 때문이므로 '명命'이라고 하였다. 어진 이를 등용하지 못하는 일은 오히려 할 말이 있으나 악인을 물리치지 못하는 일은 변명할 수도 없다는 말이다. 남이 싫어하는 것을 좋아한다는 것은 간사한 사람을 사랑하는 것이고, 남이 좋아하는 것을 싫어한다는 것은 어질고 덕 있는 사람을 싫어하는 것이다. 그러므로 나라를 잃는다는 경계로 끝맺었다.

고증하여 바로잡음 모기령은 말했다. "'한 신하[一个臣]'는 『상서尙書』에서 '한 신하[一介臣]'라고 하였는데, '개介'와 '개个'는 통하는 글자이다. 『춘추좌전春秋左傳』 양공襄公 8년(B.C. 564)에 '한 사람의 사신도 보내지 않았다'의 주에 '개个는 어떤 책에서는 개介라고 하였다' 했으니 증거가 될 만하다. 대체로 '개个'는 '개箇'와 같다. 『순자荀子』(「의병議兵」)에는 '화살 50개箇를 짊어졌다'고 했고, 『국어國語』(「오어吳語」)에 '한 마리[个]만 화살에 맞아도 모든 짐승이 다 달아나버린다'고 했다."

考訂 盧玉溪[290]云: "不啻若自其口*出, 好善有誠, 而口不足以盡其心也。"[291] ○**鏞案** 一解云'彥聖, 謂嘉言也',【彥者, 言也。聖者, 聲也】故曰'其心好之, 不啻若自其口出'。

考訂 鄭曰: "命, 當作慢。" ○程子曰: "命, 當作怠。" ○朱子曰: "未解孰是, 命·慢聲相近, 近是。" ○**鏞案** 孟子曰: "智之於賢者也, 命也。有性焉, 君子不謂命也。"[292]【〈盡心下〉】經旨若曰: "人之承受大任, 若有天命。見賢而不能先舉, 尚可諉之於命, 見不善而不能遠退, 將亦何辭而文之乎? 不得不自任其過也。"承上放流之文, 故以退不善爲重也。古經不宜輕改, 曰慢曰怠, 將何徵乎?** 《大學》改三字,【親·身·命三字[293]】恐皆當以不改爲善也。

---

* 口: 新朝本에는 '古'로 되어 있다.
** 乎: 新朝本에는 '矣'로 되어 있다.

290) 원대元代의 학자 노효손盧孝孫을 가리킨다.
291) 『大學章句大全』세주에 있다.
292) 『孟子』, 「盡心」下.
293) 『대학』경문에서 정자가 고친 것은 다음과 같다. ① 大學之道, 在明明德, 在親民, 在止於至善.【程子曰, "'親', 當作'新'."】② 所謂修身在正其心者, 身有所忿懥, 則不得其正, 有所恐懼, 則不得其正, 有所好樂, 則不得其正, 有所憂患, 則不得其正.【程子曰, "身有之'身', 當作'心'."】③ 見賢而不能舉, 舉而不能先, 命也. 見不善而不能退, 退而不能遠, 過也.【'命', 鄭氏云, "當作慢." 程子云, "當作'怠'."】

고증하여 바로잡음 노옥계가 말했다. "'입으로 칭찬하는 정도만이 아니라'는 것은 선을 좋아함이 진실해서 말로는 그 마음을 다하기에 부족하다는 것이다."

○**나의 판단** 어떤 풀이에는 '언성彦聖은 아름다운 말이다'라고 했다.【'언彦'은 말이고, '성聖'은 소리이다】때문에 '(남의 좋은 말을) 마음으로 좋아하여 (자기) 입에서 나오는 것과 같이 여길 뿐만이 아니다'라고 한 것이다.

고증하여 바로잡음 정현이 말했다. "'명命'은 만慢자여야 한다."

○정자[程頤]가 말했다. "'명命'은 태怠자여야 한다."

○주자가 말했다. "누가 옳은지 알 수 없으나 명命과 만慢이 소리가 가까우니 옳은 듯싶다."

○**나의 판단** 맹자는 "지혜가 어진 이에게 있는 것은 천명이나, 그러나 본성이 있기 때문에 군자는 그것을 천명이라고 하지 않는다"라고 했다.【『맹자』「진심盡心」하에 있다】경문의 뜻은 다음과 같다. "사람이 큰 임무를 맡는 것은 천명이 있는 것 같다. 어진 이를 보고도 먼저 들어 쓸 수 없는 것은 오히려 천명이라고 변명할 수 있으나, 착하지 않은 자를 보고도 멀리 물리칠 수 없다면 또한 무슨 말로 꾸며댈 수 있겠는가? 스스로 그 잘못을 떠맡을 수밖에 없다." 위의 '내쫓아 유배한다'는 문장을 이어 말했으므로 착하지 않은 사람을 내쫓는 것을 중요하게 여겼다. 옛 경전은 가벼이 고칠 수 없으니, '만慢'이나 '태(怠)'라는 것은 무엇으로 증명하겠는가? 『대학』에서 세 글자를 고쳤는데,【친親·신身·명命 세 글자이다】모두 고치지 않는 것이 좋을 듯싶다.

生財有大道。生之者衆, 食之者寡, 爲之者疾, 用之者舒, 則
財恒足矣。仁者以財發身, 不仁者以身發財。未有上好仁而下
不好義者也。未有好義, 其事不終者也, 未有府庫財非其財
者也。孟獻子[294]曰:"畜馬乘[295], 不察於鷄豚, 伐冰之家[296], 不
畜牛羊, 百乘之家[297], 不畜聚斂之臣, 與其*有聚斂之臣, 寧有
盜臣。"此謂國不以利爲利, 以義爲利也。長國家而務財用者,
必自小人矣, 彼爲善之。【句】小人之使爲國家, 菑·害並至, 雖
有善者, 亦無如之何矣。此謂國不以利爲利, 以義爲利也。

---

* 其: 新朝本에는 '立'으로 되어 있다.

294) 노魯나라 대부大夫 중손멸仲孫蔑을 가리킨다.

295) 馬乘: 네 마리 말이 끄는 마차를 사용할 수 있는 신분을 뜻한다. 『대학집주』에서 신안新
安 진씨陳氏는 사士가 처음 등용되어 대부가 된 자라고 하였다.

296) 伐冰之家: '벌빙지가'는 초상과 제사에 얼음을 쓰는 집안인데 경대부卿大夫 이상의 신분
을 말한다.

297) 百乘之家: 제후의 대부大夫로 채지采地가 있다. 『孟子』, 「梁惠王」上.

재물을 생산하는 데 큰 도리가 있다. 생산하는 자가 많고 먹는 자가 적으며, 만드는 자는 빨리 하고, 쓰는 사람은 천천히 하면 재물은 항상 풍족할 것이다. 어진 사람은 재물로써 몸을 일으키고, 어질지 못한 사람은 몸으로써 재물을 일킨다. 윗사람이 인仁을 좋아하면서 아랫사람이 의義를 좋아하지 않는 경우는 없다. 의義를 좋아하면서 섬기기를 끝까지 하지 않는 자는 없으니, 부고府庫의 재물이 윗사람의 재물이 아닌 경우가 없다. 맹헌자孟獻子가 말하였다. "말 네 필을 기르는 사람은 닭과 돼지를 살피지 않고, 얼음을 쓰는 집안은 소와 양을 기르지 않고, 백승百乘의 집안은 세금을 과중하게 거두어들이는 신하를 기르지 않으니, 그 세금을 과중하게 거두어들이는 신하를 둘 바엔 차라리 도둑질하는 신하를 두라." 이것은 '나라는 이익을 이로움으로 여기지 않고 의義를 이로움으로 여겨야 한다'는 말이다. 국가의 장관이 되어 재용財用에 힘쓰는 것은 반드시 소인 때문인데, 저 소인들은 자기가 잘 한다고 생각한다.【구句이다】 소인에게 나라를 다스리도록 하면 하늘의 재앙과 사람의 해로움이 함께 이르게 되니, 비록 선한 사람이 있더라도 또한 어쩔 수 없다. 이것은 "나라는 이익을 이로움으로 여기지 않고 의義를 이로움으로 여긴다"는 것이다.

此散財之戒也。有大道，承上文也。【意斷處文續】其事不終，謂忠愛無終也。府庫，民之府庫也。藏富於民，皆君之財也。【孟獻子一節，義見《章句》】長國家，爲長官於國家也。【如所云達官[298]之長】彼爲善之，謂彼小人自以爲善理財也。其終戒之以失國。○議曰 樂只君子以下，其微言妙義，間見層出，雖若多端，大約只是四節。第一節立賢之戒，終之以失國。第二節散財之戒，終之以失國。第三節申言立賢之戒，終之以失國。第四節申言散財之戒，終之以失*國。四節而已。惟其上下節，承接之際，或接之以語脈，【如得衆得國，有人有土】或接之以章法，【如〈康誥〉·〈楚書〉】或接之以文例。【如君子有大道，生財有大道】故學者未易尋索，其作文之妙，乃至是矣。

---

* 失: 新朝本에는 '天'으로 되어 있다.

298) 임용할 때 보고하여 임금의 재가를 받아야 하는 관리. 『禮記』注疏.

이는 재물을 흩어야 한다는 경계이다. '큰 도리가 있다'는 것은 앞의 글을 이어받은 것이다.【뜻은 끊어지는 곳인데 글은 이어진다】 '기사부종其事不終'이란 충성과 사랑을 끝까지 함이 없다는 말이다. '부고府庫'는 백성의 창고이다. 백성에게 쌓아둔 부富는 모두 임금의 재화이다.【맹헌자孟獻子한 대목은 뜻이 『장구章句』에 나온다】 '장국가長國家'는 나라의 장관이 된다는 뜻이다.【'달관達官의 장長'이라는 말과 같다】 '피위선지彼爲善之'는 저 소인이 스스로 재화를 잘 다스린다고 생각한다는 말이다. 그러므로 나라를 잃는다는 경계로 끝맺었다.

○**공적 의론** '즐거운 군자여' 이하는 그 은미한 말과 오묘한 뜻이 때때로 드러나고 거듭 나타나 비록 여러 단서가 있는 듯하지만 대략 네 구절일 뿐이다. 첫 대목은 어진 이를 등용할 때의 경계警戒로서 나라를 잃는다는 것으로 끝맺었다. 둘째 대목은 재물을 흩어야 한다는 경계로서 나라를 잃는다는 것으로 끝맺었다. 셋째 대목은 어진 이를 등용할 때의 경계를 거듭 말한 것으로서 나라를 잃는다는 것으로 끝맺었다. 넷째 대목은 재물을 흩어야 한다는 경계를 거듭 말한 것으로서 나라를 잃는다는 것으로 끝맺었다. 이 네 가지일 뿐이다. 그 앞뒤 대목이 이어질 때 더러 어맥語脈에 따라 잇기도 하고,【'백성을 얻으면 나라를 얻고'나 '사람이 있으면 땅이 있다'와 같은 것이다】 또는 문장 표현으로 잇기도 하고,【「강고康誥」나 「초서楚書」와 같은 것이다】 또는 문장의 예로 잇기도 하였다.【'군자는 큰 도리가 있다'든지, '재물을 생산하는 것은 큰 도리가 있다'와 같은 것이다】 그러므로 배우는 자가 뜻을 이해하기 쉽지 않은데, 문장을 짓는 법이 오묘해서 그렇다.

考訂 吳季子曰: "好行小惠, 以干百姓之譽, 而非出於至誠者, 事久論定, 人知其心, 則愛戴之情弛矣, 是以不終." ○鏞案 不必如是說.【孟子曰'未有仁而遺其親者, 未有義而後其君者'[299], 即此句之意】

考訂 朱子曰: "府庫之財, 無悖出之患也."[300] ○鏞案 府庫, 民之府庫也. 荀息之言曰: "取之中府, 藏之外府."[301]【《公羊》僖二年】語意相類, 亦藏富於民也.

考訂 朱子曰: "食君之祿, 而享民之奉, 不當復與之爭. 此公儀子所以拔園葵去織婦,[302] 而董子因有'與之齒者去其角, 傅之翼者兩其足'[303]之喻, 皆絜*矩之義也. 昔孔子以臧文仲之妾織蒲, 而直斥其不仁,[304] 以冉求聚斂於季氏, 而欲鳴鼓以聲其罪,[305] 其意亦可見矣."【見《或問》】

考訂 鄭曰: "彼, 君也, 君將欲以仁義善其政."【彼爲善之註】

---

* 絜: 新朝本에는 '潔'로 되어 있다.

299) 『孟子』, 「梁惠王」下.
300) 『大學章句』 제10장의 朱熹注.
301) 『春秋公羊傳』, 僖公 2년.
302) 『사기』에 공의휴公儀休가 노상魯相이 되었을 때, 채소를 먹고 맛있게 여겨 자기 밭의 푸성귀를 뽑아 버렸고, 집안에서 짠 베가 질이 좋은 것을 보고 베 짜는 여자를 쫓아내고 베틀을 불태웠다고 한다. 자기 능력이 채소나 베를 살 수 있으면서도 자급하게 되면 서민들이 먹고살 길이 없음을 뜻한다. 곧 윗사람으로서 아랫사람과 이익을 다투지 않았다는 뜻이다. 공의휴는 노나라 박사博士로 재능과 덕망이 뛰어나 목공穆公 때 재상이 되었다.
303) 『漢書』, 「董仲舒傳」, 「賢良對策」. 큰 것을 받은 짐승들은 작은 것을 취하도록 하지 못했다는 것이니, 곧 상하가 각기 분수에 맞도록 이익을 추구해야 함을 말한다.
304) 『左傳』, 文公 2년, "중니가 말하기를, '장문중은 어질지 못함이 세 가지가 있고, 예의에 대해 알지 못한 점이 세 가지가 있다. 전금의 지위를 떨어뜨린 것과 여섯 관문을 폐지한 것과 처자들에게 자리를 짜게 한 것은 어질지 못한 세 가지 점이다. 쓸데없는 그릇을 만들고 순서를 어기어 제사지내고 원거라는 바닷새에게 제사지낸 것은 예를 모르는 세 가지 점이다'라고 하였다.[仲尼曰, '臧文仲, 其不仁者三, 不知者三. 下展禽, 廢六關, 妾織蒲, 三不仁. 作虛器, 縱逆祀, 祀爰居, 三不知也.']"
305) 『論語』, 「先進」.

고증하여 바로잡음 오계자가 말했다. "작은 은혜를 베풀기 좋아하여 백성들의 칭찬을 구하지만 지극한 정성에서 나오지 않은 것은, 일이 오래되고 여론이 정해져 사람들이 그 마음을 알게 되면 사랑하고 받드는 정이 풀어지게 되므로 끝까지 섬기지 않는다."

○**나의 판단** 반드시 이렇게 말할 필요는 없다.【맹자가 "어질면서도 그의 어버이를 버린 자는 없으며, 의롭고서도 그 임금을 나중으로 돌린 자는 없었다"라고 했으니 이 구절의 뜻이다】

고증하여 바로잡음 주자가 말했다. "부고의 재물은 잘못 나갈 걱정이 없다."

○**나의 판단** '부고'는 백성의 창고이다. 순식荀息이 "중부中府에서 취해서 외부外府에 쌓아둔다"라고 했다.【『춘추공양전』 희공僖公 2년이다】 말뜻이 비슷하니 또한 백성에게 부를 쌓아두는 것이다.

고증하여 바로잡음 주자가 말했다. "임금의 녹을 먹고 백성의 봉양을 누리니 다시 백성과 다투어서는 안 된다. 이는 공의자公儀子가 밭의 푸성귀를 뽑고 옷감 짜는 여인네를 내쫓은 까닭이며, 동자董子는 그 때문에 '날카로운 이빨을 가진 동물에게는 뿔을 주지 않고, 날개를 준 동물에게는 두 개의 발만 주었다'는 비유를 들었으니, 모두 혈구絜矩의 뜻이다. 옛적에 공자는 장문중臧文仲의 첩이 갯버들로 돗자리를 짜자 곧바로 어질지 못하다고 꾸짖었고, 염구冉求가 계씨季氏를 위해서 세금을 과중하게 걷자 북을 울려 그 죄를 성토하고자 했으니, 그 뜻을 또한 볼 수 있다."【『혹문』에 나온다】

고증하여 바로잡음 정현이 말했다. "'저彼'는 임금이니, 임금이 인의로써 정치를 잘하고자 한다는 뜻이다."【'피위선지彼爲善之'의 주이다】

○朱子曰：“彼爲善之上下，疑有闕文誤字[*]。”○金仁山改之云：“彼爲不善之小人。”○顧麟士曰：“彼反以小人爲善，則下使字，亦屬君，似從俗也。”○鏞案 顧說最長，然訓彼爲君，亦非也。彼爲善之者，彼小人自以爲善之也。彼雖自以爲善，如此小人，使爲國家，則菑害並至也。未見其爲闕文。

與猶堂全書 第二集 第一卷 終

○주자가 말했다. "'피위선지彼爲善之'의 위와 아래에 아마 빠진 문장과 잘못된 글자가 있는 것 같다."

○김인산金仁山은 (원문을) 고쳐 "저 사람은 착하지 못한 소인이다."라고 고쳤다.

○고린사顧麟士가 말했다. "저 임금이 도리어 소인이 잘한다고 생각하게 되면, 아래의 '부린다'는 글자도 임금에게 속하게 되니, 아마 속설을 따른 듯하다."

○**나의 판단** 고린사의 설이 제일 낫다. 그러나 '그[彼]'를 '임금'이라고 풀이한 것은 잘못이다. '피위선지彼爲善之'는 저 소인이 스스로 잘 한다고 여기는 것이다. 그가 비록 스스로 잘한다고 여겨도 이와 같은 소인에게 나라를 다스리도록 하면 재앙과 해害가 함께 이른다. 문장이 빠졌다고 볼 수 없다.

(정두영 옮김)

大學講義[*]

장동우

문석윤

* 다산은 1789년 28세 때 반시泮試에 급제하여 내각內閣 초계抄啓에 제수되었
다. 그 해 4월에 정조가 희정당에 나와 초계제신을 불러놓고『대학大學』을
강론토록 하였는데, 그때 강론한 내용을 돌아와 기록한 것이『희정당대학강
의』이다. 이 내용을 수정보완한 것이『대학강의大學講義』이다. 강론은 주로
『대학장구大學章句』를 중심으로 이루어졌으며 주자서朱子序, 전傳 7·8·9·10
장에 대한 것이다.

大學講義

<u>乾隆</u>[1]己酉春, 余忝甲科[2], 卽被內閣抄啓。四月, 上御<u>熙政堂</u>[3], 召抄啓諸臣, 講《大學》。歸而錄之如左。

朱子序

上曰: "小學謂何? 大學謂何?" 臣對曰: "童子之學, 其節文小, 止於灑掃文字之末, 故曰小學。大人之學, 其功用大, 至於修齊治平之極, 故曰大學也。"

上曰: "小學·大學, 是學宮之名耶, 抑學問之名耶?" 臣對曰: "小學·大學之所以分, 雖由學問體用之大小, 而〈序〉亦云'幾歲入小學, 幾歲入大學', 則此是學宮之名也。"

上曰: "必也十五歲入大學, 則若年至十四, 而小學之工, 猶未長進, 亦當按歲而陞之耶, 抑將考業而留之耶? 不可躐等而徑入, 則其將至老死, 長在小學耶? 如之何, 其可也?"

---

1) 1736년에서 1795년까지 사용한 청 고종高宗의 연호이다.
2) 상위 3등 내에 들었다는 것이다.
3) 희정당熙政堂은 창덕궁昌德宮에 있던 왕의 연거지소燕居之所로서, 왕이 일상적으로 늘 기거하면서 생활하던 건물이다. 1917년 화재로 소실되었는데, 1920년 경복궁 강녕전康寧殿을 이전하여 재건하였다.

건륭乾隆 기유(己酉: 1789)년 봄 나는 갑과甲科로 합격하고 바로 내각초계 內閣抄啓에 선임되었다. 4월에 임금께서 희정당熙政堂에 납시어 초계 제 신을 불러 『대학』을 강론케 하셨다. 돌아와 그 내용을 기록하였는데, 다음과 같다.

주자의 서序에 관련하여

임금께서 물었다. "소학은 무엇을 말하며, 대학은 무엇을 말하는가?"

신이 대답했다. "어린이들의 배움은 그 절도와 형식[節文]이 작아 물 뿌 리고 청소하며 글자를 익히는 등의 말단의 일에 그치므로 '소학'이라고 합니다. 대인의 배움은 그 효과와 쓰임새[功用]가 커 수신·제가·치국· 평천하의 지극한 것에까지 이르므로 '대학'이라고 합니다."

임금께서 물었다. "소학과 대학은 학교의 명칭인가 아니면 학문의 명칭 인가?"

신이 대답했다. "소학과 대학이 나뉘는 이유는 학문의 체용體用에 크고 작음의 구분이 있기 때문이기도 하지만, 주자의 「서序」에서도 '몇 살에 소학에 들어가고, 몇 살에 대학에 들어간다'고 말하였듯이 이것은 학교 의 명칭입니다."

임금께서 물었다. "반드시 열다섯에 대학에 들어간다면, 나이는 열네 살 이 되었지만 소학의 공부가 아직 크게 진전되지 않은 경우라도 나이를 고 려하여 승급시켜야 하는가, 아니면 학업의 성취도를 고려하여 유급시켜야 하는가? 단계를 뛰어넘어 곧바로 대학에 들어갈 수 없다면 그 사람은 늙 어 죽을 때까지 오래도록 소학에 있어야 하는가? 어떻게 하면 좋은가?"

臣對曰: "孔子曰, '十有五而志學, 三十而立.'[4] 此亦槩言其爲學
之次第, 大率如是也。君子之進德修業, 隨其才品之高下·工夫之
勤慢, 造詣以殊。若其踐歷之工, 不可超躐。豈宜一切以年紀爲
準, 較爭於一二歲之間乎? 十五歲入大學之法, 亦恐如孔子之槩
言者矣。"

傳七章

弘文館[5]提學[6]徐有隣曰: "忿懥·好樂, 自我發, 使之有無, 是誠
在我。若恐懼·憂患, 是自外至者, 我惡能使之無此, 而心得其正
耶?" 鏞曰: "忿*懥等四情, 其所以發之理, 初無異致, 其所以節
制之工, 又豈異道乎? 蓋挑我忿, 動我懼, 蕩我好, 撓我憂, 是
自外至者。挑而忍, 動而毅, 蕩而恬, 撓而和, 是在我者。又惡能
使我不能免此, 而心不得其正耶? 皆在我矣。"

---

* 忿: 新朝本에는 '忿'으로 되어 있다.

4) 『論語』, 「爲政」.

5) 조선시대에 궁중의 경서·사적의 관리, 문한文翰의 처리 및 왕의 자문에 응하는 일을 맡아
보던 관청이다. 옥당玉堂·옥서玉署·영각瀛閣이라고도 하며, 사헌부·사간원과 더불어 삼
사三司라고 한다.

6) 홍문관의 구성원은 영사(정1품)·대제학(정2품)·제학(종2품)·부제학(정3품)·직제학(정3
품)·전한(종3품)·응교(정4품)·부응교(종4품) 각 1명, 교리(정5품)·부교리(종5품)·수찬(정
6품)·부수찬(종6품) 각 2명, 박사(정7품)·저작(정8품) 각1명, 정자(정9품) 등인데, 3정승을
비롯해서 경연청經筵廳과 춘추관春秋館 등의 관원들이 이를 겸직하였다.

신이 대답했다. "공자는 '열다섯에 학문에 뜻을 두고, 서른에 확립되었다'라고 하였습니다. 이 또한 학문을 하는 순서가 대략 이와 같음을 개략적으로 말한 것입니다. 군자가 덕을 진작시키고 학업을 닦음에 재능이 높은가 낮은가와 공부를 열심히 했는가 또는 태만하게 했는가에 따라 성취의 차이가 있습니다. 실천 공부와 같은 것은 단계를 뛰어넘어서는 안 됩니다. 어찌 모든 것을 나이를 기준으로 한두 살의 차이를 견주고 다투겠습니까? 열다섯에 대학에 들어간다는 법 또한 공자가 개략적으로 말한 것 같습니다."

전傳 7장에 관련하여

홍문관 제학 **서유린**이 말했다. "화내고 성내며 좋아하고 즐거워하는 것은 나로부터 발해 나오는 것이어서 있게 하거나 없게 하는 것이 진실로 나에게 달려 있다. 그런데 두려워하고 떨며 걱정하고 근심하는 것은 외부에서부터 이르는 것이니, 내가 어떻게 이것들을 없애 마음이 그 바름을 얻도록 할 수 있겠는가?"

내가 말했다. "화내고 성내는[忿懥] 등 네 가지 정情의 경우 그것이 발하게 되는 이치는 애초에 갈래가 다르지 않다. 그렇다면 그것을 절제하는 공부도 어찌 길이 다르겠는가? 대개 나를 화나도록 도발하고 두려워하도록 동요시키며 좋아하도록 충동질하고 근심하도록 흔드는 것은 밖으로부터 이르는 것이다. 도발해도 참고 동요시켜도 의연하며 충동질해도 편안하고 흔들어도 온화한 것은 나에게 달려 있는 것이다. 또 어찌 나로 하여금 이런 감정을 벗어나지 못하여 마음이 그 바름을 얻지 못하도록 할 수 있겠는가? 모두가 나에게 달려 있는 것이다."

有隣曰: "忿懥等四情, 於喜怒等七情, 可以分排而了當耶?" 鏞曰: "分排之法, 乃傅會之所以起, 通儒恥之. 然苟欲分排, 則忿懥·恐懼, 自有所屬[7], 好樂似屬喜愛, 憂患似屬哀惡欲, 則六[*]情之所聽命, 似無所不當矣. 然分四屬七, 終是苟且不可爲定論也."

有隣曰: "程子曰'身當作心', 果何所據而如是質言耶?" 鏞曰: "此章卽修身而先正心者也, 下章卽修身而後齊家者也, 則修身一事, 當於是兩章求之, 而此章之四'有所[8]'者, 只是正心工夫, 下章之五'之其[9]'者, 已是齊[**]家工夫, 則修身一事, 便若中間消落. 今若以舊本之身字爲非錯誤, 則忿懥憂樂, 爲察心之工, 而兼爲修身之根基. 且可以下文爲印證. 蓋'心不在'者, 帖四'有所', 視聽食[10]者, 帖'身不正'也."【今案, 末段誤】

---

* 六: 문맥상 '七'이 옳은 듯하다.
** 齊: 新朝本에는 '齋'로 되어 있다.

7) 분치는 노怒, 공구는 구懼에 속한다.
8) 『大學』, "몸을 닦음이 마음을 바르게 함에 있다는 것은 몸에 노여워하고 원망하는 바가 있으면 바름을 얻지 못하고, 두려워하는 바가 있으면 바름을 얻지 못하고, 좋아하고 즐기는 바가 있으면 바름을 얻지 못하고, 걱정하는 바가 있으면 바름을 얻지 못한다는 것이다.[所謂脩身在正其心者, 身有所忿懥, 則不得其正. 有所恐懼, 則不得其正. 有所好樂, 則不得其正. 有所憂患, 則不得其正.]"
9) 『大學』, "집안을 가지런히 함이 몸을 닦는 데 있다고 하는 것, 사람은 그가 친하고 사랑하는 행위에서 편벽되며, 천하게 여기고 싫어하는 행위에서 편벽되며, 두려워하고 공경하는 행위에서 편벽되며, 애처롭고 불쌍히 여기는 행위에서 편벽되며, 오만하고 게으르게 대하는 행위에서 편벽된다. 좋아하지만 그 악함을 알고, 싫어하지만 그 아름다움을 아는 사람은 천하에 드물다.[所謂齊其家在脩其身者. 人之其所親愛而辟焉, 之其所賤惡而辟焉, 之其所畏敬而辟焉, 之其所哀矜而辟焉, 之其所敖惰而辟焉. 故好而知其惡, 惡而知其美者, 天下鮮矣]"
10) 보아도 보이지 않고 들어도 들리지 않고 먹어도 그 맛을 모른다는 것을 가리킨다.

유린이 말했다. "분치忿懥(화내고 성냄) 등 네 가지 정을 희喜·노怒 등 일곱 가지 정에 분배하여 알맞게 해당시킬 수 있겠는가?"

내가 말했다. "분배하는 방법 때문에 견강부회하게 되므로 통유通儒는 이를 부끄럽게 여긴다. 그러나 굳이 분배하고자 한다면 화내고 성냄과 두려워함은 본디 속하는 곳이 있다. 좋아하고 즐거워함은 희喜·애愛에 속하는 듯하고 근심하고 걱정함은 애哀·오惡·욕欲에 속하는 것 같다. 이렇게 하면 칠정七情이 소속됨은 마땅하지 않음이 없는 듯하다. 그러나 네 가지를 칠정七情에 분속시키려는 것은 끝내 구차스러운 것으로서 정론이 될 수 없다."

유린이 말했다. "정자가 '신身은 심心이어야 한다'고 한 것은 과연 무엇에 근거하여 이처럼 단정적으로 말한 것인가?"

내가 말했다. "이 장은 바로 수신修身하기 위해서 먼저 마음을 바르게 한다는 내용이고, 다음 장은 바로 수신한 뒤에 제가齊家한다는 것이다. 그렇다면 수신하는 일은 당연히 이 두 장에서 구해야 할 것이다. 그런데 이 장의 네 가지 '하는 바가 있으면[有所]'은 마음을 바르게 하는 공부일 뿐이고, 다음 장의 다섯 가지 '그가 ~하는 데에서[之其]'는 이미 제가하는 공부일 뿐이므로, 수신하는 일은 곧 중간에 사라져 버린 듯하다. 만일 구본의 '신身'자가 착오가 아니라고 보면 분忿·구懼·우憂·요樂는 마음을 살피는 공부이면서 아울러 수신의 뿌리와 바탕이게 된다. 이는 또한 다음의 문장으로도 인증할 수 있다. 대개 '마음이 없다'는 것은 네 가지 '유소'에 해당하는 것이고, '보고 듣고 먹는 것'은 '몸이 바르지 못하다'는 것에 해당하는 것이다."【지금 살펴건대, 마지막 단락은 잘못이다】

有隣曰：“《章句》中‘一有’[11]之有字何義？”鏞曰：“是留宿在裡之意。若以念頭發起爲解，則之字恐無當矣。”

有隣曰：“欲動情勝，則所行必皆失其正。今言‘或不能不失其正’，或之下語，無乃弱乎？”鏞曰：“是四情者，人之所不能無，而且在誠意之後，故如是宛轉爲解也。”○**今案** 此對有誤。【義見余《公議》[12]】

有隣曰：“《章句》只釋忿懥，其餘三者，皆無釋義，何也？”鏞曰：“懥字稍僻，故釋之。他皆可以直解，故不釋也。”

有隣曰：“此章以下，皆以修身在正心・齊家在修身起說，而獨誠意章，不曰正心在誠意，而特以所謂誠其意者起頭者，何義？”鏞曰：“誠*意不獨爲正心之本，修齊治平，莫不以誠意二字成始成終。故說者或以爲舊本誠意章，在三綱領之前，直接經一章之後，可見其表出之意也。”【以今本觀之，文例誠可疑也】

---

* 誠: 新朝本에는 ‘誠’로 되어 있다.

11) 『大學章句』傳7장의 朱熹注. “분치는 성냄이다. 이 네 가지는 모두 마음의 작용이니 사람에게 없을 수 없는 것이다. 그러나 한 번 이것을 두고 살피지 못하면 욕심이 일어나고 감정이 드세어져서 그 작용하는 바가 더러 올바름을 잃지 않을 수 없다.[忿懥, 怒也. 蓋是四者, 皆心之用, 而人所不能無者. 然一有之而不能察, 則欲動情勝, 而其用之所行, 或不能不失其正矣]”

12) 『대학공의』 29~31판 참조.

유린이 말했다. "『장구』 가운데 '일유지一有之'의 '유有'자는 무슨 뜻인가?"

내가 말했다. "이는 안에 머물고 있다는 뜻이다. 만일 생각이 막 일어난 것으로 풀이를 하면 '지之'자는 해당될 것이 없을 듯하다."

유린이 말했다. "욕欲이 움직여 정이 이기면 행하는 바가 반드시 모두 그 바름을 잃는다. 그런데도 지금 '혹 그 바름을 잃지 않을 수 없다'고 하니, '혹'이라는 말을 쓴 것은 약하지 않은가?

내가 말했다. "이 네 가지 정은 사람에게는 없을 수 없는 것인데다가 또 성의誠意 공부의 뒤에 있으므로 이처럼 완곡하게 돌려서 풀이한 것이다." ○**지금 생각건대** 이 대답에는 잘못이 있다.【그에 관련된 내용은 나의 『대학공의』에 보인다】

유린이 말했다. "『장구』에서는 '분치忿懥'만을 풀이하고 그 나머지 세 가지에 대해서는 모두 풀이가 없는데 어째서인가?"

내가 말했다. "'치懥'자는 잘 사용하지 않는 글자이므로 풀이한 것이다. 다른 것들은 모두 바로 이해할 수 있으므로 풀이하지 않았다."

유린이 말했다. "이 장 이하에서는 모두 수신이 정심에 달려 있고 제가가 수신에 달려 있다는 것으로 설명을 시작하고 있으나 성의誠意장에서만은 '정심이 성의에 달려 있다'고 하지 않고 특별히 '이른바 뜻을 성실하게 한다'는 것으로 서두를 연 것은 무슨 뜻인가?"

내가 말했다. "성의는 정심의 근본일 뿐만 아니라 수신·제가·치국·평천하가 '성의' 두 글자로 시작하고 끝맺지 않는 것이 없다. 그 때문에 어떤 사람은 '구본 성의장은 삼강령의 앞에서 바로 경 1장의 뒤에 연결되어 있으니 성의誠意의 중요성을 드러내려던 의도를 볼 수 있다'고 말했다."【금본今本에 따르게 되면, 본문의 체제가 진실로 의심스럽다】

奎章閣直提學金熹曰: "正心是誠意以後之工, 則誠意之人, 豈有忿懥等四情, 而有此勉戒之語耶?" 鏞曰: "《大學》工夫, 雖有次第, 豈如讀書者先了上篇, 次讀下篇, 逮讀下篇, 更無事於上篇者乎? 誠者, 物之終始, 修己治人, 徹頭徹尾, 豈唯正心以誠? 雖至平天下, 亦只是一誠*字靠將去也。齊家章所戒, 卽親愛而辟·賤惡而辟也。既正心者, 宜無偏辟之病, 而猶戒之如此。此章之戒忿懥, 何以異是?"【東園云: "朱子曰, '自格物至平天下, 聖人亦是略示個先後與人看。不成做一件淨盡無餘, 方做一件, 如此, 何時做得成也?'"[13]】

熹曰: "食於人爲重, 則何以先言視聽耶?" 鏞曰: "君子之敎人, 常以多聞多見相勉, 而未嘗以多食相勸。'視思明, 聽思聰'[14], 嘗聞之矣, 未聞以'食思飽'勸人也。"

---

* 誠: 新朝本에는 '誠'로 되어 있다.

13) 『朱子語類』 권15.

14) 『論語』, 「季氏」, "공자가 말했다. 군자는 아홉 가지 생각함[九思]이 있다. 볼 때는 밝게 보기를 생각하고, 들을 때는 총명하기를 생각하고, 얼굴빛은 온화하기를 생각하고, 용모는 공손하기를 생각하고, 일은 경건하게 하기를 생각하고, 의심스러우면 묻기를 생각하고, 화가 날 때는 후환을 생각하고, 이로운 것을 보면 도의를 생각한다.[孔子曰. 君子有九思. 視思明, 聽思聰, 色思溫, 貌思恭, 言思忠, 事思敬, 疑思問, 忿思難, 見得思義]"

규장각 직제학 **김희가 말했다.** "정심正心이 성의誠意 이후의 공부라면 성의를 이룬 사람에게 어찌 분치 등 네 가지 감정이 있어 이같이 힘써 경계하는 말이 있는가?"

내가 말했다. "『대학』 공부에 비록 순서가 있지만 어찌 책을 읽는 사람이 상편을 먼저 읽은 다음 하편을 읽으며 하편을 읽을 때는 상편에 다시는 관심이 없는 것처럼 할 수 있겠는가? 성誠은 사물의 처음과 끝이 되는 것이어서, 수기와 치인에도 처음부터 끝까지 관철되는 것이니 어찌 정심만 성으로써 하겠는가? 평천하에 이르러서도 다만 하나의 성誠 자에 의지하여 나아갈 뿐이다. 제가齊家장에서 경계하는 바는 바로 '친애하는 사람에게 편벽되기 쉽고' '천하게 여기고 싫어하는 사람에게 편벽되기 쉽다'는 것이다. 이미 마음을 바르게 한 사람에게는 치우치는 병폐가 없는 것이 당연한데도 여전히 이처럼 경계하였던 것이다. 이 장에서 분치忿懥를 경계한 것 또한 어찌 이와 다르겠는가?"【동원이 말했다. "주자는 '격물에서 평천하에 이르기까지 성인은 또한 개략적인 선후를 사람들에게 보여주었다. 한 가지를 남김없이 다 공부한 뒤에 다른 것을 공부하려 해서는 안 된다. 이와 같이 해서야 언제 모든 것을 다 공부할 수 있겠는가?'라고 하였다."】

희가 말했다. "먹는 것이 사람에게 중요한데 어째서 보고 듣는 것을 먼저 언급하였는가?"

내가 말했다. "군자가 사람을 가르칠 때는 항상 많이 듣고 많이 보는 것으로 권면하지만 많이 먹는 것으로써 권면하지는 않았다. '볼 때는 밝게 보기를 생각하고' '들을 때는 밝게 듣기를 생각한다'는 말을 들은 적은 있지만, '먹을 때는 배부르게 먹기를 생각한다'는 것으로 다른 사람에게 권하는 것을 들어본 적은 없다."

憙曰: "君子之敎人以多聞多見者, 以其視正事·聽嘉言也。此章之義, 亦有此意耶?" 鏞曰: "此章, 則總論視聽之理。然人有恒言曰耳目口鼻, 耳目固先於口矣。"

憙曰: "視不見·聽不聞時候, 此心却在那裏?" 鏞曰: "逐鹿者不見泰山, 心在於鹿, 故視而不見也。坐禪者不聞雷聲, 心在於話頭, 故聽而不聞也。聖人聞韶不知肉味,[15] 心在於韶音, 故食而不知其味也。" 憙曰: "心無四'有所'之病, 則此心却在那裏?" 鏞曰: "'心有忿懥等四情, 則不得其正', '心不在所視聽, 則不見不聞', 自是二事, 恐不必相連說。"

憙曰: "心是何物?" 鏞曰: "有形之心*, 是吾內臟。無形之心, 是吾本體, 卽所謂虛靈不昧者也。"

---

* 心: 奎章本에는 '物'로 되어 있다.

15) 『論語』, 「述而」.

희가 말했다. "군자가 많이 듣고 많이 보라고 사람을 가르치는 것은 바른 일을 보고 좋은 말을 들으라는 뜻이다. 이 장의 의미에도 이 같은 뜻이 포함되어 있는가?"

내가 말했다. "이 장은 보고 듣는 이치에 관해서 총괄하여 논한 것이다. 그러나 사람들은 항상 '이목구비'라고 하니 눈과 귀가 정말로 입보다 앞서는 것이다."

희가 말했다. "'보아도 보이지 않고' '들어도 들리지 않는' 때, 이 마음은 도대체 어디에 있는가?"

내가 말했다. "사슴을 쫓는 사람은 태산을 보지 못한다. 마음이 사슴에 있기 때문에 보아도 보이지 않는 것이다. 좌선을 하는 사람은 우레소리를 듣지 못한다. 마음이 화두에 있기 때문에 들어도 들리지 않는 것이다. 성인(공자)이 '소韶 음악을 듣고 고기 맛을 몰랐던 것'은 마음이 소 음악에 있었기 때문에 고기를 먹으면서도 그 맛을 몰랐던 것이다."

희가 말했다. "마음에 네 가지 '유소有所'의 병이 없다면 이 마음은 대체 어디에 있는가?"

내가 말했다. "'마음에 분치 등 네 가지 정이 있으면 그 바름을 얻을 수 없다'는 것과 '마음이 보고 듣는 것에 있지 않으면 보이지도 들리지도 않는다'는 것은 본래 두 가지 일이어서 서로 연결하여 설명할 필요가 없을 듯하다."

희가 말했다. "마음은 어떤 것인가?"

내가 말했다. "형체가 있는 마음은 나의 내부 장기臟器이다. 형체가 없는 마음이 나의 본체이니 이른바 '텅 비고 신령스러워 어둡지 않은[虛靈不昧] 것이다."

憙曰: "虛靈不昧者, 是何物?" 鏞曰: "是無形之體, 是不屬血肉者。是能包括萬狀, 妙悟萬理, 能愛能惡者。是我生之初, 天之所以賦於我者也。"【東園曰: "《大學》初不言性命。明德是孝弟慈。"】

憙曰: "忿懥則心不得其正。然則聖人無怒情乎?" 鏞曰: "聖人一怒而安天下之民。[16] 人而無七情, 奚其爲人也? 必以義發者也。且《章句》雖曰'忿懥, 怒也', 忿懥與怒, 立言差異。" 憙曰: "然則朱子錯解耶?" 鏞曰: "不然。釋名之法, 有專有總。如云江·漢, 水也, 水則非江·漢。恒·岱, 山也, 山則非恒·岱。忿懥, 怒也, 怒則非忿懥。水山, 其總稱也。江·漢·恒·岱, 其專稱也。惡得謂朱子錯解也?"

憙曰: "七情, 先喜而次怒, 四情, 先怒而次懼, 亦有意義而然耶?"

---

16) 『孟子』, 「梁惠王」下에서, 맹자는 『詩經』과 『書經』을 인용하여 문왕文王과 무왕武王의 용기에 대해 설명하면서 두 사람 모두 한 번 화를 내어 천하 사람들을 편안하게 하였다고 말하고 있다.

희가 말했다. "'허령불매'한 것은 무엇인가?"

내가 말했다. "이것은 형상이 없는 것으로, 혈육에 속하지 않는 것이다. 이것은 온갖 현상을 포괄하여 모든 이치를 오묘하게 깨달을 수 있는 것으로, 사랑하고 미워할 수 있는 것이다. 이것은 내가 처음 태어날 때 하늘이 나에게 부여해준 것이다."【동원이 말했다. "『대학』은 애초에 성명性命을 말하지 않았다. 명덕은 효·제·자이다."】

희가 말했다. "성내고 화내면 마음이 그 바름을 얻을 수 없다. 그렇다면 성인은 화내는 감정이 없는가?"

내가 말했다. "성인은 한 번 화를 내어 천하 사람들을 편안하게 한다. 사람에게 칠정이 없다면 어찌 사람이라고 하겠는가? (성인은) 반드시 의義에 따라 발하는 것이다. 또한 『장구』에서 비록 '분치는 화내는 것'이라고 했지만 분치는 노怒와 개념 상에 차이가 있다."

희가 말했다. "그렇다면 주자가 잘못 풀이한 것인가?"

내가 말했다. "그렇지 않다. 개념을 풀이하는 방식에는 전칭專稱의 방식이 있고 총칭總稱의 방식이 있다. 예를 들어 '양자강과 한수는 강이다'고 하는 경우 강이 곧 양자강과 한수는 아니다. '항산과 대산은 산이다'고 하는 경우 산이 곧 항산과 대산은 아니다. '분치는 화내는 것이다'고 하는 경우 화내는 것이 분치忿懥는 아니다. 강과 산은 총칭이고 양자강과 한수 그리고 항산과 대산은 전칭이다. 어찌 주자가 잘못 풀이했다고 할 수 있겠는가?"

희가 말했다. "칠정의 경우에는 희喜를 앞에 두고 노怒를 다음에 두었으며, 사정四情의 경우에는 노怒를 앞에 두고 구懼를 다음에 둔 것도 의미가 있어서 그런 것인가?"

鏞曰: "七情次第, 未有講究, 而若此章則語脈專在於'心不正'三字。蓋恩恩滾急之際, 省察未到, 邪情焱發, 則心失其正。情之急發而難制者, 莫如忿怒[*], 而恐懼次之。其先後次第, 灼有名義之可言矣。"

熹曰: "夫正者, 邪之反。人心本善, 率性而行, 未有邪曲, 則復安用正之也?" 鏞曰: "論性之說甚長, 不可倉卒旣也。孟子主性善, 荀卿主性惡。以秉彝好德而言之, 則孟子之訓, 固無以易之, 驗諸行事, 則荀說之所由發, 亦可以言之。蓋人莫不有四端, 慕善恥惡, 雖禦人者, 能之。但人於行事, 從善如登, 從惡如崩, 勢之難易, 境之順逆, 不啻明白。此荀氏之意也。荀說有弊, 固醇儒之所耻道, 而大抵人性必賴克復之工, 庶免壞敗之害。正心之正字, 實有千勻之力, 恐不當謂無邪可正也。"▶

내가 말했다. "칠정의 순서에 대해서는 강구해본 적이 없으나 이 장의 경우는 그 핵심이 오직 '마음이 바르지 못함'이란 세 글자에 있다. 대개 바쁘고 급할 때 성찰이 미치지 못하여 사악한 정이 급하게 발하면 마음이 그 바름을 잃게 된다. 정이 급하게 일어나 다스리기 어려운 것으로는 분노만한 것이 없고 두려움은 그 다음이다. 그 앞뒤의 순서를 분명하게 개념을 구분하여 말할 수 있다."

희가 말했다. "대개 바름은 비뚤어짐의 반대이다. 사람의 마음은 본래 선하므로 성에 따라 행동하여 비뚤어지거나 왜곡됨이 없다면 어찌 그것을 바로잡을 필요가 있겠는가?"

내가 말했다. "성을 논하는 설들은 매우 장황하여 짧은 시간에 다 말할 수 없다. 맹자는 성선을 주장하였고, 순경은 성악을 주장하였다. '본성이 덕을 좋아하는 것[秉彝好德]'으로 말하면 맹자의 가르침이 정녕 바꿀 수가 없지만, 일상적인 행위에서 징험을 하면 순자의 주장이 제기된 이유도 이해할 만하다. 대개 사람은 사단을 가지지 않은 경우가 없어 선을 사모하고 악을 부끄러워하는 것은 비록 강도라도 그렇게 할 수 있다. 그러나 사람이 일상적인 행위에서 선을 따르는 것은 산을 오르는 것과 같고 악을 따르는 것은 흙더미가 무너지는 것과 같아 형세의 어렵고 쉬움과 상황의 순조로움과 거슬림이 매우 명백하다. 이것이 순자의 생각이다. 순자의 주장에 병폐가 있어 순유醇儒들은 입에 담기를 정말 부끄러워하지만, 대개 사람의 성품은 극기복례의 공부를 거쳐야 무너져 못쓰게 되는 해를 면할 수 있게 된다. '정심正心'의 '정正'자는 실제로 천균千鈞의 힘이 있으니 '사악함을 바로잡을 수 있는 것이 없다'고 해서는 안 될 것이다."▶

◀○ **今案** 性者，人心之嗜好也。如蔬菜之嗜糞，如芙藻之嗜水，人性嗜善。行善集義則茁壯，行惡負心則沮餒。先儒言性，皆非孟子之本旨也。

憙曰：“《大學》一部，只是敬字，則朱子之必於正心章，始言敬字，何義？”鏞曰：“敬字工夫，本屬心上。敬以直內，則心斯正矣。所以於正心章，必有此說也。”

◀○**지금 생각건대** 성이란 사람 마음의 기호嗜好이다. 마치 채소가 분뇨를 좋아하고 연꽃이 물을 좋아하는 것처럼 사람의 성품도 선을 좋아한다. 선을 행하여 의義를 쌓아 가면 튼실하게 자라고, 악을 행하여 마음을 저버리면 성장이 막히고 주리게 된다. 선유들의 성에 대한 설명은 모두 맹자의 본뜻이 아니다.

희가 말했다. "『대학』 한 책이 '경敬'자일 뿐이라면 주자가 굳이 정심正心장에서 '경敬'자를 처음으로 말한 것은 무슨 뜻인가?"

내가 말했다. "'경敬'자 공부는 본래 마음공부에 속한다. 경으로써 내면을 곧게 한다면 마음이 바르게 된다. 그 때문에 정심正心장에서 반드시 이 같은 주장을 하였다."

傳八章

徐有隣曰: "修身治國, 皆無其一字, 而獨於齊家, 下一其字[17], 何也?" 鏞曰: "齊家, 是修己治人之初界。故下一其字, 以表與物相接之意也。" 有隣曰: "忿懥等四情, 獨非與物相接而發耶?" 鏞曰: "其發也, 雖緣與物相接, 其有也, 卽是在我者, 則與家之有人家·我家, 有間矣。"

有隣曰: "敖惰, 本來惡事, 何待辟而後戒之?" 鏞曰: "敖惰, 朱子*以取瑟[18]·隱几[19]事明之[20], 不可作懶惰意看也。懶者, 卽當爲而不克行之稱也, 於取瑟·隱几處, 下懶字不得。陳北溪云'惰, 只是懶於爲禮'[21], 未見妥當。至胡雲峯則曰'非爲君子言', 是全與朱子說不同。然大凡看書, 不可如是拘曲。敖惰雖與親愛等異例, 但當以辟焉之敝, 留意體驗, 恐不當曲解敖惰謂非惡事。▶

---

* 子: 新朝本에는 '子'로 되어 있다.

17) 전傳 7장은 '수신재정기심修身在正其心'에 대해 설명하고 9장은 '치국필선제기가治國必先齊其家'를 설명하고 있는데, 8장에서는 '제기가재수기신齊其家在修其身'이라 하여, '가家'자 앞에 '기其'자를 더 넣어 설명하고 있다.

18) 『論語』, 「陽貨」, "유비孺悲가 공자를 만나고자 하였으나 공자는 질병을 핑계로 거절하였다. 명령을 전달하는 사람이 방문을 나서자마자 비파를 가져다 연주를 하면서 유비가 듣도록 하였다.[欲見孔子, 孔子辭以疾. 將命者出戶, 取瑟而歌, 使之聞之]"

19) 『孟子』, 「公孫丑」下, "맹자가 제나라를 떠날 때 주晝 땅에 머물렀다. 왕을 위하여 맹자가 떠나는 것을 만류하고자 하는 사람이 앉아서 말을 하였으나 대꾸하지 않고 안석에 기대어 누워 있었다.[孟子去齊, 宿於晝. 有欲爲王留行者, 坐而言, 不應, 隱几而臥]"

20) 『大學或問』, "공자가 비파를 가져다 연주한 것과 맹자가 안석에 기대어 누운 것은 그것이 있어 연주하거나 기댄 것이지 고의로 오만하게 대하고자 하는 의도가 있어 그런 것이 아니었다. 어찌 흉덕凶德이라고 성급하게 말할 수 있겠는가?[夫子之取瑟而歌, 孟子之隱几而臥, 蓋亦因其有以自取, 而非吾故有敖之之意. 亦安得而遽謂之凶德哉?]"

21) 『大學中庸集說啓蒙』, 「大學集說啓蒙」 傳 8장.

전 8장에 관련하여

서유린이 말했다. "수신과 치국에는 모두 '기其'자가 없는데 제가齊家에만 '기'자를 쓴 것은 왜인가?"

내가 말했다. "제가는 수기와 치인이 처음 만나는 경계이다. 그 때문에 '기其'라는 글자를 써서 외물과 서로 접한다는 의미를 표시한 것이다."

유린이 말했다. "분치 등 네 가지 정만은 외물과 접하여 발하는 것이 아닌가?"

내가 말했다. "그것이 발하는 것이 비록 외물과 접하는 것을 통해 이루어지기는 하지만, 그것이 있게 되는 것은 곧 나에게 달려 있으므로, 집에 남의 집과 내 집이 있는 것과는 차이가 있다."

유린이 말했다. "오만하고 게으르게 대함[放惰]은 본래 악한 일인데 어찌 치우침을 기다린 뒤에야 경계하겠는가?"

내가 말했다. "오타에 대해 주자는 '공자가 비파를 탄 일'과 '맹자가 안석에 기댄 일'의 일로써 밝혔으니, 게으르고 나태하다는 뜻으로 보아서는 안 된다. '나懶'는 해야 할 일을 해내지 못함을 일컫는 것이므로, '공자가 비파를 탄 일'·'맹자가 안석에 기댄 일'에 대해서는 '나懶'자를 쓸 수 없다. 진북계는 "타惰는 예를 실행함에 게으른 것일 뿐"이라고 하였는데, 이는 타당치 않다. 호운봉은 "군자를 위한 말이 아니다"라고 하였는데, 이는 전혀 주자의 설과는 맞지 않는다. 그러나 대체로 책을 볼 때는 이처럼 얽어매고 왜곡해서는 안 된다. 오타가 비록 친애 등과 다른 사례이기는 하지만 '편벽되는 폐단'이라는 사실에 유의해서 몸소 체험해 보아야지 오타를 곡해해서 악한 일이 아니라고 해서는 안 될 듯하다.▶

◀蓋傲慢爲萬惡之根柢, 纔著一些, 萬德俱壞。隱几事固不必論。如取瑟事, 是不屑之敎, 恐不當以敖惰看也。"

<u>有隣</u>曰: "親字・愛字等兩字, 皆有淺深之可分耶?" <u>鏞</u>曰: "雖無淺深之可分, 字義則固各不同。親是昵近之意, 賤是鄙侮之意, 固與愛惡有異矣。"

<u>有隣</u>曰: "敬是學者上乘工夫, 而亦有弊, 何也?" <u>鏞</u>曰: "恭愼勇直, 孰非美行, 而其弊也, 有勞葸亂絞之惡。[22] 敬亦何以異是也?"

<u>有隣</u>曰: "旣知其惡, 則何以好之?" <u>鏞</u>曰: "凡人莫不有長處, 亦莫不有短處。以長處而好之, 亦知其短處, 固何傷乎?" <u>有隣</u>曰: "惡字, 直與善字相反, 豈可但以短處言之乎?" <u>鏞</u>曰: "此惡字, 與美字對說, 則非與善相反之惡也。但當以尺朽・點瑕等疵類看之也。"

---

22) 『論語』, 「泰伯」, "공자가 말하였다. 공손하면서 예가 없으면 수고롭고, 신중하면서 예가 없으면 겁내고, 용감하면서 예가 없으면 거칠고, 정직하면서 예가 없으면 각박하다.[子曰, 恭而無禮則勞, 愼而無禮則葸, 勇而無禮則亂, 直而無禮則絞]"

◀생각건대 오만하고 게으르게 대함[傲慢]은 만 가지 악의 뿌리라서 조금이라도 있으면 만 가지 덕이 모두 무너진다. 맹자가 안석에 기댄 일은 정녕 논할 필요가 없다. 공자가 비파를 탄 일은 달갑게 여기지 않음을 드러내 가르친 것이니 오타敖惰로 보아서는 안 될 듯하다.”

유린이 말했다. “‘친親’자와 ‘애愛’자 등의 앞뒤 두 글자는 모두 깊고 얕은 차이를 구분할 수 있는가?”

내가 말했다. “비록 깊고 얕은 차이를 나눌 수는 없지만 글자의 의미는 본래 각각 다르다. 친親은 가까이 한다는 뜻이고, 천賤은 비루하게 여기고 깔본다는 뜻이니 애愛·오惡자와는 차이가 있다.”

유린이 말했다. “경敬은 학자들의 최고의 공부인데도 폐단이 있는 것은 왜인가?”

내가 말했다. “공손하고 신중하고 용감하고 정직한 것 어떤 것인들 아름다운 행동이 아니리오마는 그것들의 폐단으로 수고롭고 겁내고 거칠고 각박하게 되는 악이 있게 된다. 경 또한 이것들과 무엇이 다르겠는가?”

유린이 말했다. “이미 그의 악한 점을 알았다면 어떻게 그를 좋아하겠는가?”

내가 말했다. “사람들은 누구나 장점을 가지지 않은 경우가 없고 단점을 가지지 않은 경우도 없다. 장점 때문에 그를 좋아하는 것이니 그의 단점을 안다고 해서 어찌 좋아하는 감정을 해치겠는가?”

유린이 말했다. “악이란 글자는 선이라는 글자와 정반대의 뜻인데 어찌 그저 단점이라고만 말할 수 있겠는가?”

내가 말했다. “여기에서 악惡자는 미美자와 상대하여 설명한 것이므로 선과 상반된 악이 아니다. 다만 ‘약간의 썩은 부분[尺朽]’, ‘한 점의 티[點瑕]’ 등 하자의 종류로 보아야 한다.”

有隣曰：“天下鮮矣云者，無或近於無好人之云耶？”鏞曰：“好惡得正者之難得，甚於好人之難得。鮮字之渾厚，異於無字之斷定，豈不大相不侔乎？”

有隣曰：“不善齊家之端，有許多般，必以偏辟爲戒者，何也？”鏞曰：“齊家者，所以御衆也。御之不均·不公，則怨起而爭興。爭興則難治，故必齊之。齊者，無長短·厚薄·不均·不公之謂也。辟字正與齊字相反相悖，若水火冰炭。齊家章之五個辟字，信乎至約而至要矣。”

金憙曰：“修身章之論不正有四條，此章之論辟焉有五條。其四其五，亦有所以歟？”鏞曰：“四也，故四之，五也，故五之，恐未必有多寡等級之差而然矣。”

유린이 말했다. "'세상에 드물다'고 말한 것은 좋은 사람이 없다고 말하는 것에 가까운 것이 아닌가?"

내가 말했다. "좋아하고 미워함이 정도正道에 맞는 사람을 얻기 어려운 것은 좋은 사람을 얻기 어려운 것보다 심하다. '드물다'는 글자의 혼후渾厚한 맛은 '없다'는 글자에 함축된 단정적인 것과는 다르니, 어찌 크게 다르지 않겠는가?"

유린이 말했다. "제가齊家을 잘하지 못하는 발단에는 여러 가지가 있는데 하필 '편벽'으로 경계한 것은 왜인가?"

내가 말했다. "'제가齊家'란 여러 사람을 다스리는 것이다. 다스리는 것이 고르지 않거나 공정하지 않으면 원망이 일어나고 분쟁이 생겨난다. 분쟁이 생겨나면 다스리기 어려우므로 미리 가지런하게 해 두어야 한다. '가지런하게 한다[齊]'는 것은 길고 짧음, 두텁고 박함에 고르지 않거나 공정하지 않음이 없음을 가리키는 말이다. '편벽[辟]'이란 글자는 바로 '가지런하게 한다[齊]'는 것과 반대되고 어긋나기가 마치 물과 불 그리고 얼음과 숯과 같다. 제가齊家장의 다섯 개 '벽辟'자는 진실로 지극히 간략하면서도 지극히 요체가 되는 것이다."

김희가 말했다. "수신修身장에서 '바르지 못함'을 논할 때는 조목이 네 개였고, 이 장에서 '편벽됨'을 논하면서는 조목이 다섯 개이다. 네 개로 하고 다섯 개로 한 데도 이유가 있는가?"

내가 말했다. "네 가지이기 때문에 넷으로 한 것이고, 다섯 가지이기 때문에 다섯으로 한 것이지, 많고 적음에 등급의 차이가 있어서 그런 것은 아닌 듯하다."

憙曰: "莫知其苗之碩, 亦屬齊家邊事耶?" 鏞曰: "因明辟焉之意
而引是諺, 因引是諺而並說兩句。引諺之法, 本多如是, 恐不必
曲解爲齊家邊事也。" 憙曰: "然則《章句》以溺愛不明·貪得無厭,
爲家之所以不齊, 何也?" 鏞曰: "作是諺者, 未必爲《大學》齊家
而作也, 則本義只在乎偏私之爲害。《章句》則似以田苗爲家中財
貨而言之矣。"

憙曰: "此章結語, 特稱'身不修, 不可以齊其家', 與上凡例不同,
何也?" 鏞曰: "修身而齊家者, 自明德入於新民之地界也。推己
之德而將以治人, 其表準軌範, 不可不愼。故特如是警人矣。"

憙曰: 《章句》釋人[23]爲衆人, 此乃誠意以後之事, 則誠意之事,
亦可謂之衆人歟?"

---

23) 『대학장구』 傳 8장 앞부분에 나오는 "人之其所親愛而辟焉"의 '人'자를 가리킨다.

희가 말했다. "'제 곡식의 싹이 크다는 것을 알지 못한다'는 것도 제가 齊家에 속하는 일인가?"

내가 말했다. "'편벽됨'의 의미를 밝히면서 이 속담을 인용하고, 이 속담을 인용하면서 두 구를 아울러 말한 것이다. 속담을 인용하는 방법은 본래 이와 같은 경우가 많다. 따라서 '제가'의 일이라고 곡해할 필요는 없을 듯하다."

희가 말했다. 그렇다면 『장구』에서 '사랑에 빠지면 밝지 못하고', '얻기를 탐하면 만족함이 없다'는 것을 집안이 가지런하지 못하게 되는 이유로 든 것은 왜인가?"

내가 말했다. "이 속담을 만든 것은 반드시 『대학』의 '제가'를 위해서 만든 것이 아니다. 본래 의도는 치우치거나 사사로움의 해가 된다는 것에 있다. 『장구』에서는 '밭의 곡식[田苗]'를 집안의 재화로 보고 말한 것인 듯하다."

희가 말했다. "이 장의 결어 부분에서 '몸이 닦이지 않으면 집안을 가지런하게 할 수 없다'고 특별히 칭한 것은 윗장의 일반적인 사례와 다른데 왜인가?"

내가 말했다. "몸을 닦아서 집안을 가지런하게 한다는 것은 명덕明德으로부터 신민新民으로 들어가는 경계이다. 자기의 덕을 미루어 장차 다른 사람을 다스릴 때는 그 표준과 법도를 삼가지 않을 수 없다. 그 때문에 특별히 이와 같이 사람들에게 경계한 것이다."

희가 말했다. "『장구』에서는 '사람'을 '중인衆人'으로 풀이하였고, 이 장은 성의誠意 이후의 일이다. 그렇다면 성의誠意 또한 중인의 일이라고 할 수 있겠는가?"

鏞曰：“誠意之工，徹上徹下，不可以一番用工，謂之了當。若其不然，則正心章以後之勉戒處，皆將以誠意以後疑之乎。一番用工於誠意者，皆放恣無忌，以從心所欲不踰矩自處，而無復有戒慎恐懼之工，則幾何不爲異端邪道乎？大抵《大學》之道，雖有本末先後，豈可今日誠意，明日正心，又明日修身齊家，纔了一工，此便忘憂，無復著手，如起屋，今日築基，明日竪柱者乎？統論其道，則有本末先後，條論其事，則當交修並進。此朱子所以釋人爲衆人者也。”

내가 말했다. "성의誠意의 공부는 상하를 관철하는 것이므로 한 번의 공부로 모두 마쳤다고 할 수 없다. 만약 그렇지 않다면 정심正心장 이후에 권면하고 경계하는 곳들이 모두 성의 이후의 것이라고 생각하게 될 것이다. 성의를 한 번 공부한 이들이 모두 방자하게 거리낌 없이 '마음이 하고자 하는 대로 따라 행하여도 법도에 어긋나지 않는다'는 것으로 자처하면서 계신戒愼·공구恐懼의 공부를 다시 하지 않는다면 이단의 비뚤어진 도가 되지 않을 자가 얼마나 되겠는가? 대저『대학』의 도는 본말과 선후가 있지만, 마치 집을 지으면서 오늘 기초를 닦고 내일 기둥을 세우는 것처럼, 어찌 오늘 성의誠意를 하고 내일 정심正心을 하며 또 그 다음날 수신·제가를 하여 한 번의 공부를 마치자마자 근심을 잊고 다시 손을 대지 않을 수 있겠는가? 그 도道를 통괄하여 말하면 본말과 선후가 있지만, 그 일을 조목조목 논하면 교차하여 닦으며 함께 진행해야만 한다. 이것이 주자가 사람을 중인으로 해석한 이유이다."

(장동우 옮김)

傳九章

金憙曰: "如保赤子, 何謂也?" 鏞曰: "君尊而民卑*, 民之疾苦, 未可盡通於上也。比之赤子之不能自言, 誠切至矣。"

憙曰: "孝弟慈中, 獨言慈道, 何也?"[24] 鏞曰: "三者之中, 惟慈, 人所易有, 故必因此立喻, 而勉其孝弟。古人云'養子, 方知父母恩', 是喻於孝也。'因孝而敬父母所生之子', 是喻於弟也。" 憙曰: "如斯而已乎?" 鏞曰: "不唯是也。孝弟, 所以事君·事長也。此章是治國之道, 則使衆底當緊[25], 故必言慈道也。"

徐有隣曰: "此云'孝者所以事君也', 人子之爲孝也, 必欲事君而爲之耶?" 鏞曰: "忠孝本無二致。移孝爲忠, 求忠於孝, 豈可分而言之乎!"

---

* 卑: 新朝本에는 '皁'로 되어 있다.

24) 집안을 가지런히 하는 것[齊家]에 대해 말할 때는 효孝, 제弟, 자慈를 이야기하였으나, 여기서는 자식을 기르는 자慈에 대해서만 『書經』를 인용하여 부연 설명하는 것에 대해 물은 것이다.

25) 원문의 '당긴當緊'은 백화白話로서 '긴급하다, 긴요하다'라는 의미를 가진다.

전 9장에 관련하여

김희가 말했다. "'갓난아기를 돌보는 듯이 한다'는 것은 무엇을 말하는 것인가?"

내가 말했다. "임금은 존귀하고 백성은 비천하여, 백성들이 질고疾苦를 임금에게 다 알릴 수 없다. 그것을 갓난아기가 스스로 말할 수 없는 것에 비유한 것이니 진실로 적절하고 지극하다."

희가 말했다. "효孝·제弟·자慈 중에서 오직 자慈의 도리만을 말한 것은 왜인가?"

내가 말했다. "세 가지 중에서 자慈는 사람이 쉽게 가질 수 있으므로 반드시 그로 말미암아 가르침을 세워서 그 효孝와 제弟를 힘쓰게 한다. 옛사람들이 말하기를 '자식을 길러보아야 비로소 부모의 은혜를 알게 된다'고 하였으니, 이것은 (慈가) 효를 깨우쳐 준 것이다. '효로 말미암아 부모가 낳으신 (다른) 자식들까지 공경하게 된다'고 하였으니, 이것은 (慈가) 제弟를 깨우쳐 준 것이다."

희가 말했다. "그뿐인가?"

내가 말했다. "그렇지만은 않다. 효孝와 제弟는 그로써 임금을 섬기고 윗사람을 섬기는 것이다. 그런데 이 장章은 나라를 다스리는 도리에 관한 것이므로 뭇 사람을 부리는 것이 긴급한 일이다. 그러므로 반드시 자慈의 도리를 말한 것이다."

서유린이 말했다. "여기에서 '효는 임금을 섬기는 것이다'고 하였는데, 자식으로서 효를 하는 것은 반드시 임금을 섬기려고 그렇게 하는 것인가?"

내가 말했다. "충忠과 효孝는 본래 두 갈래가 아니다. 효를 옮겨 충을 하며 효에서 충을 구하는 것이니, 어찌 분리해서 말할 수 있겠는가!"

甕曰: "悌亦屬仁耶?" 鏞曰: "嘗*聞之'孝弟也者, 其爲仁之本'[26], 可知悌亦屬仁矣."

甕曰: "'堯·舜帥天下'之下, 忽言恕字, 何也?" 鏞曰: "是推己及人[27]之意也."

有隣曰: "堯·舜帥仁, 而四凶[28]不從, 不可曰盡從歟?" 鏞曰: "林蔥之中, 不從者四, 可謂盡從矣."

甕曰: "父子兄弟足法, 何謂也?" 鏞曰: "此有二說. 一曰其爲父爲子爲兄爲弟之道, 足令人法之, 然後民法之. 一曰我之修身, 足令我父子兄弟法之. 二說皆似得之, 然上說帖孝弟慈, 似尤妥當矣."

有隣曰**: "父兄不可法子弟, 下說非矣."

東園云: "下說大誤. 不但父兄之不可法子弟, 解一足字不得. 足字屬儀不忒者, 法字屬父子兄弟,[29] 不成文義."***

---

* 嘗: 新朝本에는 '當'으로 되어 있다.

** 有隣曰: 신조본과 규장본에 모두 다산의 대답에 이어져 있으나, 김희의 질문에 대한 서유린의 별도의 의견으로 분리하는 것이 좋을 것 같다.

*** '東園云' 이하의 말은 신조본과 규장본에 모두 쌍주의 형식이 아니라 본문의 형태로 되어 있으나 쌍주로 처리하는 것이 맞을 것 같다.

26) 『論語』, 「學而」.

27) 『大學章句大全』, 朱熹注. "나에게 선함이 있고 난 후에야 다른 사람의 선함을 요구할 수 있으며, 나에게 악함이 없고 난 후에야 다른 사람의 악함을 바로잡을 수 있다. 모두 나에게서 미루어 다른 사람에게 미치는 것이니 이른바 서恕이다.[有善於己然後, 可以責人之善, 無惡於己然後, 可以正人之惡. 皆推己以及人, 所謂恕也]"라고 했다. 이에 대한 소주小註 "교봉 방씨는 말하기를, 이 장은 자신을 다스리는 마음으로 남을 다스리는 서恕 같고, 혈구 장은 자신을 사랑하는 마음으로 남을 사랑하는 서恕 같다.[蛟峯方氏曰, 此章是如治己之心以治人之恕. 絜矩章是如愛己之心以愛人之恕]"라고 한 것도 참고.

28) 사흉四凶은 순舜의 통솔에 복종하지 않은 네 부족의 수령으로서, 혼돈渾敦, 궁기窮奇, 도올檮杌, 도철饕餮를 가리킨다. 모두 순舜에 의해 유방流放되었다. 『左傳』, 文公 18년조 참고. 한편 『書經』, 「舜典」에는 "순이 공공을 유주에 유배시키고, 환도를 숭산으로 쫓아냈으며, 삼묘는 삼위로 몰아냈고, 곤은 우산에서 죽였다. 네 번 죄를 주니 천하가 모두 복종하였다.[流共工於幽州, 放驩兜於崇山, 竄三苗於三危, 殛鯀於羽山, 四罪而天下咸服]"라고 하여 『左傳』의 기록과 조금 다르다.

29) 후자의 설에 따르면 본문은 "그 행위가 부자형제가 본받기에 충분하다"라고 해석된다. 그

희가 말했다. "제悌도 인仁에 속하는가?"

내가 말했다. "일찍이 듣건대, '효孝와 제弟는 인仁의 근본이다'고 하였으니 제悌도 인仁에 속한 것임을 알 수 있다."

희가 말했다. "'요堯와 순堯이 천하를 통솔하기를' 아래에 갑자기 '서恕'를 말한 것은 무엇 때문인가?"

내가 말했다. "그것은 '자기에서 미루어 남에게 미친다'는 의미로서 말한 것이다."

유린이 말했다. "요堯와 순舜이 인仁으로 통솔하였으나 사흉四凶이 순종하지 않았으니, 모두 순종했다고 말할 수는 없지 않겠는가?"

내가 말했다. "빽빽하게 많은 중에서 순종하지 않은 자가 넷뿐이니, 모두 순종했다고 할 만하다."

희가 말했다. "부자형제족법父子兄弟足法이라고 한 것은 무엇을 의미하는가?"

내가 말했다. "여기에는 두 가지 설이 있다. 하나는, '그가 아비 노릇하고 아들 노릇하고 형 노릇하고 동생 노릇하는 도道가 사람들로 하여금 본받게 하기에 충분한 뒤에야 백성들이 그를 본받는다'고 해석하는 것이다. 다른 하나는 '내가 수신修身한 것이 나의 부자형제로 하여금 본받게 하기에 충분하다'는 것이다. 두 가지 설이 모두 옳은 것 같다. 그러나 전자의 설이 효孝·제弟·자慈를 아우르고 있으니 더 타당한 것으로 보인다."

유린은 말했다. "부형父兄이 자제子弟를 본받을 수는 없으니, 후자의 설은 잘못이다."【동원이 말했다. "후자의 설은 크게 잘못되었다. 부형이 자제를 본받을 수 없을 뿐만 아니라, '족足' 한 글자를 해석할 수 없다. '족足'자는 '행동거지가 어김이 없다'에 속하고, '법法'자는 '부자형제'에 속하게 되니 문장의 뜻이 이루어지지 않는다."】

熹曰：“未有學養子而後嫁一句，所發明者何處？”鏞曰：“'君子不出家，而成敎於國'，似可照應也。”

有隣曰*：“所藏乎身者，何物？”鏞曰：“此只是心字之註脚。如云自其口出，只是言字之註脚。雲峯·新安之直以忠字釋[30]之者，恐不妥當。”

有隣曰：“其機之機字，何義？”鏞曰：“直是機栝[31]之機字。盖機者，以一動，動諸動者也。'一家仁，一國興仁，一人貪戾，一國作亂'，正與機動相似。”

有隣曰：“一言償事，不已過歟？”鏞曰：“'一言喪邦,[32] 夫子有云。奚特償事哉？”

有隣曰：“凶德極多，何必曰貪戾？”鏞曰：“貪是讓之反，戾是仁之反。饒氏謂'仁屬孝，讓屬弟，貪戾者，慈之反'[33]，此說恐未精。”

런데 그런 의미에서 제대로 된 문장이라면 "其爲足爲父子兄弟所法" 정도가 되어야 할 것이다. 본문대로라면 '본받는다[法]'는 말의 주어와 '충분하다[足]'의 말의 주어가 갈리게 되고, 따라서 '足'자를 제대로 해석하지 못하게 된다는 것이다.

* 曰: 新朝本에는 '日'로 되어 있다.

30) 『大學章句大全』. "운봉 호씨는 말하기를 … '자기 몸에 간직하고 있다'는 말은 이미 자신을 다하는 충忠을 가지고 말한 것이다.[雲峯胡氏曰, …… '藏乎身'三字, 己帶盡己之忠言矣]", "신안 진씨는 말했다. …… '자기 몸에 간직하고 있는 것을 서恕하지 않는다'라고 하는 것은 내면에 간직된 충忠이 없으면서 그것을 서恕하려고 하는 것이다. 이것은 곧 정자程子의 이른바 '충이 없으면 서恕를 할 수 없다'고 하는 것이다.[新安陳氏曰, …… '所藏乎身不恕', 無藏於內之忠, 而欲爲恕. 是乃程子所謂'無忠, 做恕不出'者也]"

31) 『莊子』, 「齊物論」 참고. '기괄機栝'은 쇠뇌의 연속발사장치로서, 기계를 의미한다.

32) 『論語』, 「子路」.

33) 『大學章句大全』.

희가 말했다. "'자식 기르기를 배운 후에 시집가는 이는 없다'는 구절은 본문의 어느 부분을 드러내 밝힌 것인가?"

내가 말했다. "'군자는 집을 나서지 않은 채 나라를 다스리는 것에 대한 가르침을 이룬다'고 하는 것에 조응照應할 수 있을 듯하다."

유린이 말했다. "'자기 몸에 간직하고 있는 것'이란 어떤 것인가?"

내가 말했다. "그것은 단지 '심心'자의 해석이다. 마치 '그 입으로부터 나온다'고 하는 것이 단지 '언言'자의 해석인 것과 같다. 운봉雲峯 호씨胡氏와 신안新安 진씨陳氏가 곧바로 '충忠'으로 그것을 해석한 것은 아마도 타당하지 않은 듯하다."

유린이 말했다. "'그 기機'의 '기機'자는 무슨 의미인가?"

내가 말했다. "바로 '기괄機栝(기계)'의 '기機'자이다. '기機'는 한번 작동시킴으로 여러 움직임을 일으키는 것이다. '한 집이 인仁하면 온 나라가 인仁을 일으키고, 한 사람이 탐욕스럽고 사나우면 온 나라가 어지럽게 된다'고 하는 것이 바로 기機의 움직임과 비슷한 것이다."

유린이 말했다. '한 마디 말이 일을 그르친다'고 하는 것은 너무 과하지 않은가?"

내가 말했다. "'한 마디 말이 나라를 망친다'고 공자께서 말씀하신 적이 있다. 어찌 일을 그르칠 뿐이겠는가?"

유린이 말했다. "흉덕凶德은 매우 많은데, 굳이 '탐욕스럽고 사나움[貪戾]'을 말한 것은 무엇 때문인가?"

내가 말했다. "'탐貪(탐욕)'은 '양讓(사양)'의 반대이며, '려戾(사나움)'는 '인仁'의 반대이다. 쌍봉雙峯 요씨饒氏가 '인仁은 효孝에 속하며, 양讓은 제弟에 속하며 탐려貪戾는 자慈의 반대이다'고 하였는데, 이 설은 정밀하지 못한 듯하다."

有隣曰："此謂治國在齊其家，自當爲結辭，則中間又曰'故治國在齊其家'者，何歟？"鏞曰："下段又引《詩》以咏歎之，故如是也。"

憙曰："必先齊其家，特加必字，何也？"鏞曰："至於治國，又非一身一家之比。必也先立其表準，故特下必字，以示其丁寧之意也。"

유린이 말했다. "'이것이 나라를 다스리는 것은 그 집안을 가지런하게 하는 데 있다고 하는 말이다'는 것은 마땅히 맺음말이 되어야 하는데, 중간에 또 '그런 까닭에 나라를 다스리는 것은 그 집안을 가지런하게 하는 데 있다'고 말한 것은 무엇 때문인가?"

내가 말했다. "아래 문단에서 다시 『시경』을 인용하여 그것을 읊고 찬탄하였기 때문에 그와 같이 한 것이다."

희가 말했다. "'반드시 먼저 그 집안을 가지런히 한다'에서 특별히 '반드시[必]'를 붙인 것은 무엇 때문인가?"

내가 말했다. "나라를 다스리는 데 이르면 또한 한 몸 한 집안에 비할 바가 아니다. 반드시 먼저 그 표준을 세워야 하므로 특별히 '반드시'를 덧붙여서 간곡한 뜻을 보인 것이다."

傳十章

金熹曰: "絜矩, 何義?" 鏞曰: "此有二說。一曰以矩絜之, 一曰絜而矩之。" 熹曰: "二說孰是?" 鏞曰: "注家皆作度之以矩看。然以語勢, 有可以明其不然者。凡計之以籌則曰籌計, 量之以斗則曰斗量, 不當曰計籌·量斗也。故朱子〈答江德功書〉曰, '絜矩者, 度物而得其方也, 以下文求之可見。今曰度物以矩, 則當爲矩絜, 乃得其義矣。'[34] 據此則度之以矩之說, 朱子分明擧以爲非, 而後人猶執而不捨, 誠惑矣。"

熹曰: "以上句例之, 則當曰'上幼幼而民興慈', 今言'恤孤不倍', 何也?"

---

34) 『朱文公文集』 권44.

전 10장에 관하여

김희가 말했다. "'혈구絜矩'는 무슨 의미인가?"

내가 말했다. "두 가지 설이 있다. 하나는 '구矩(곱자)로 잰다'고 해석하는 것이고, 하나는 '재어서 방정하게 한다'고 해석하는 것이다."

희가 말했다. "두 설 중 어느 것이 옳은가?"

내가 말했다. "주석가들은 모두 '구矩로 잰다'로 본다. 그러나 어세語勢로 본다면 그것이 그렇지 않음을 밝힐 수 있다. 보통 주판으로 계산을 하면 '주계籌計'라고 하며, 말로 양을 재면 '두량斗量'이라고 하지 '계주計籌'라든가 '양두量斗'라고 해서는 안 된다. 그러므로 주자는 「강덕공에게 답한 편지答江德功書」에서 '혈구絜矩란 사물을 재어 그 방정함을 얻는다는 것이다. 아래 본문에서 살펴보면 알 수 있다. 지금 구矩로 사물을 잰다로 해석하려면 마땅히 구혈矩絜이 되어야 비로소 그 의미를 얻을 수 있다'라고 하였다. 이에 근거해 본다면 '구矩로 잰다'고 보는 설은 주자가 분명하게 들어서 잘못이라고 하였으나 후세 사람들이 오히려 고집하며 버리지 않았으니, 진실로 미혹된 것이다."

희가 말했다. "앞 구절을 예로 삼는다면 마땅히 '임금이 어린아이를 어린아이답게 돌봐준다면 백성들이 자慈를 일으킨다'고 해야 한다. 그런데 지금 본문에서 '고아를 보살펴주면 (백성들이) 배반하지 않는다'고 한 것은 무엇 때문인가?"

鏞曰: "孝弟必須感發[35]而後興起, 唯慈者, 不待敎而能也, 豈曰上行而下效乎?[36] 盖*幼人之幼而孤者最可憐, 上能恤此, 則民興於是, 而不倍其故舊之已死者, 而皆能恤孤。此幼幼之極致也。"

憙曰: "不倍者, 不倍於上也。不倍故舊之死者, 有何可證?" 鏞曰: 《論語》曰, '君子篤於親, 則民興於孝, 故舊不遺, 則民不渝。'[37] 上句是興孝, 下句是不倍也。又〈坊記〉曰, '利祿先死者, 則民不偝。以此坊民, 民猶偝死, 而號無告。'[38] 此說亦符合, 不倍果是不偝故舊之死者也。彼不倍上者, 與幼幼何干?"

憙曰: "上下固當於絜矩矣。前後左右, 何與於是?"[39] 鏞曰: "矩者, 方也。方形本有六面, 奚特上下也?"

---

* 盖: 新朝本에는 '豈'로 되어 있다.

35) 감발感發이란 외부의 자극 혹은 교훈을 받아 마음에 움직임이 일어나는 것을 의미한다.

36) 『大學章句』전 10장의 朱熹注. "이 세 가지는 위에서 행하면 아래에서 본받는 것이 그림자나 메아리보다 더 빠르다. 이른바 집안이 가지런해지면 나라가 다스려진다는 것이다.[言此三者, 上行下效, 捷於影響, 所謂家齊而國治也]"라고 했다]

37) 『論語』, 「泰伯」. 그런데 여기 인용에서는 『論語』 원문의 '인仁'이 '효孝'로, '투偸'가 '투渝'로 바뀌어 있다.

38) 『禮記』, 「坊記」.

39) 『大學』 본문에 상하上下 전후前後 좌우左右가 언급된 것을 두고 물은 것이다.

내가 말했다. "효와 제는 반드시 감발感發한 뒤에 일어나는데, 오직 자慈만은 가르침을 기다리지 않고도 할 수 있으니, 어찌 '위에서 행하면 아래에서 본받는다'고 할 수 있겠는가? 어린아이 중에는 어리면서 고아인 자가 가장 가련히 여길 만하므로, 임금이 그를 잘 보살펴주면 백성들이 이에 고무되어 이미 죽은 옛 친구를 배반하지 않고 고아를 잘 보살펴주게 되는 것이다. 이것이 어린아이를 어린아이답게 대함의 극치極致이다."

희가 말했다. "'배반하지 않는다'는 것은 임금을 배반하지 않는다는 것이다. 죽은 옛 친구를 배반하지 않는다고 해석하는 데는 무슨 근거가 있는가?"

내가 말했다. "『논어』에 '군자가 어버이에게 독실하게 하면 백성들이 효孝를 일으키며, 옛 친구를 버리지 않으면 백성들이 각박해지지 않는다'고 하였다. 앞의 구절은 효를 일으킨다는 것이고, 아래 구절은 배반하지 않는다는 것이다. 또한 『예기禮記』 「방기坊記」에 '이록利祿을 죽은 사람에게 먼저 주면 백성이 (죽은 사람에게) 등을 돌리지 않는다. 이렇게 해서 백성들의 잘못을 막아주어도 백성들이 오히려 죽은 자에게 등을 돌리고 (버려진 자들이) 소리쳐 무고함을 호소하겠는가?'고 하였다. 이 설도 역시 부합하는 것으로, 배반하지 않는다는 것은 과연 죽은 옛 친구에 등을 돌리지 않는 것이다. 임금을 배반하지 않는다는 것이 어린아이를 어린아이답게 대하는 것과 무슨 상관이 있겠는가?"

희가 말했다. "위와 아래는 본래 혈구에 해당한다. 그런데 전前과 후後, 좌左와 우右는 이것과 무슨 상관이 있는가?"

내가 말했다. "구矩는 네모난 것이다. 네모난 입체는 본래 여섯 개의 면을 가지니 어찌 위와 아래뿐이겠는가?"

憙曰: "非謂是也。絜矩之道, 上行下效而已。前後左右, 何謂也?" 鏞曰: "絜矩之上下, 與上行下效之上下不同。若云同也, 則踐天子而臨天下者, 無上矣。所惡於上者, 何處乎?" 憙曰: "然則上下四方, 何以看得?" 鏞曰: "此只是'己所不欲, 勿施於人'[40], 而投之所向, 無適不然之意也。"

有隣曰: "先後, 何謂也?" 鏞曰: "前者之於後者, 皆先而爲也。如先而遮攔之, 先而掩覆之, 皆是也。"

有隣曰: "從前, 何謂也?" 鏞曰: "後者之於前者, 皆從而爲也。如從而排擠之, 從而拘牽之, 皆是也。"

有隣曰: "民之好惡, 未必皆得正, 而從而好惡, 無弊耶?" 鏞曰: "如省刑罰・薄賦[41]斂, 豈非可從乎?"【東園云: "民之好惡得正而後, 方可謂之好惡。民之好惡不得正而從之, 是謂好人之所惡, 惡人之所好。"】

---

40) 『論語』, 「顏淵」.
41) 『孟子』, 「梁惠王」上. 『孟子』 본문에는 '세稅'로 되어 있으나 다산은 '부賦'로 인용하고 있다.

희가 말했다. "그것을 말하는 것이 아니다. 혈구의 도道는 위에서 행하고 아래에서 본받는 것일 따름이다. 전후좌우는 무슨 말인가?"

내가 말했다. "혈구絜矩의 도道에서의 위와 아래는 '위에서 행하고 아래에서 본받는다'에서의 '위와 아래'와는 다르다. 만약 같다고 한다면 천자天子의 자리에 있으면서 천하에 군림하는 자는 위가 없다. '위에 대해 미워하는 바'라고 한 것은 어디를 말하는가?"

희가 말했다. "그렇다면 위와 아래, 사방四方을 어떻게 이해할 수 있겠는가?"

내가 말했다. "그것은 다만 '자기가 욕구하지 않는 바를 다른 사람에게 베풀지 않는 것'일 뿐이니, 어디를 향하든 가는 곳마다 그렇지 않음이 없다는 뜻이다."

유린이 말했다. "'선후先後'란 무엇을 말하겠는가?"

내가 말했다. "앞의 것은 뒤의 것에 대해서 모두 먼저[先] 하게 된다. 먼저 막는다거나 먼저 덮는다는 것이 모두 그러한 것이다."

유린이 말했다. "'앞을 따른다'는 말은 무엇을 말하는가?"

내가 말했다. "뒤의 것은 앞의 것에 대해서 모두 좇아서[從] 하게 되는 것이다. 좇아서 물리친다거나 좇아서 끌어당긴다는 것이 모두 그러한 것이다."

유린이 말했다. "백성들이 좋아하고 싫어하는 것이 반드시 모두 올바른 것은 아니지만 그것을 좇아서 좋아하고 싫어한다면 폐단이 없겠는가?"

내가 말했다. "'형벌을 덜어주고 세금을 가볍게 해주는 것' 등이 어찌 따를 만한 것이 아니겠는가?"【동원이 말했다. "백성들의 좋아하고 싫어함은 올바름을 얻은 뒤에 비로소 좋아함과 싫어함이라고 할 수 있다. 백성들의 좋아하고 싫어함이 올바름을 얻지 못했는데도 그것을 좇는다면, 그것은 이른바 '사람들이 싫어해야 할 것을 좋아하고 사람들이 좋아해야 할 것을 미워하는 것'이라고 하겠다."】

有隣曰: "然則雖什一之稅, 一切蠲減, 民斯好之, 而<u>孟子</u>之以 貉[42]爲戒者, 何歟?" 鏞曰: "出粟米以事上, 亦吾民秉彝之天 也。[43] 若謂什一並蠲, 而民斯好之, 則待斯民, 不亦大薄乎?" ○**今案** 民所好者, 賢德之臣也, 民所惡者, 奸邪之臣也。問答俱 未允。

憙曰: "不曰得失天下, 而曰得國失國者, 何也?" 鏞曰: "國者, 一王受命之稱。故剙業者必云建國。又如國祚·國運之國, 皆天 子之所同稱也。"

憙曰: "禮樂刑政, 治天下之大經大法, 而不少槪見, 只以理財用 人立言者, 何也?" 鏞曰: "治天下, 固不出於用人理財。擧賢則 百官修職而朝廷安, 豐産則萬姓樂生而野人安。▶

---

42) 『孟子』, 「告子」下. 『孟子』 본문에는 '맥貉'으로 되어 있으나 다산은 '맥貊'으로 인용하고 있다.
43) 『詩經』, 「大雅·烝民」.

유린이 말했다. "그렇다면 십일세조차도 모두 깎아주면 백성들이 그것을 좋아할 것이다. 그러나 맹자가 그것을 맥貊의 예를 들어 경계한 것은 무엇 때문인가?"

내가 말했다. "(세금으로) 곡식을 내어 윗사람을 섬기는 것도 우리 백성들이 하늘로부터 받은 떳떳한 본성이다. 십일세마저 깎아주면 백성들이 이에 기뻐할 것이라고 한다면 이는 이 백성에 기대하는 것이 지나치게 박한 것이 아닌가?" ○지금 생각건대 "백성들이 좋아하는 것은 현덕賢德한 신하이며, 백성들이 싫어하는 것은 간사奸邪한 신하들이다. 물음과 답변이 모두 합당하지 않았다."

희가 말했다. "'천하天下를 얻고 잃는다'고 하지 않고 '나라[國]를 얻고 나라를 잃는다'고 말한 것은 무엇 때문인가?"

내가 말했다. "'나라[國]'는 한 왕이 천명天命을 받았을 때의 칭호이다. 그러므로 창업한 자는 반드시 '나라를 세운다'고 말한다. 그리고 '국조國祚', '국운國運' 등에서의 '국國(나라)'은 모두 천자天子도 함께 사용하는 칭호이다."

희가 말했다. "예禮·악樂·형刑·정政은 천하를 다스리는 큰 원칙이요 큰 법도인데, 조금도 드러내지 않고 다만 재화를 운용하는 것과 사람을 쓰는 것에 대해서만 말을 한 것은 무엇 때문인가?"

내가 말했다. "천하를 다스리는 것은 본래 사람을 쓰고 재화를 운용하는 것에서 벗어나지 않는다. 현자賢者를 등용하면 모든 관료들이 자신의 직책을 잘 수행하여 조정이 편안해지며, 생산이 풍부해지면 모든 백성이 생을 즐기게 되어서 조정 밖 사람들이 편안해진다.▶

朝野旣治, 禮樂自興, 刑政自平, 將誰與不治乎? 且人主不能絜矩, 皆由利心, 故循己欲而不知有人。此所以專言財用也。人才用舍, 最係人心向背。若能以公滅私, 好惡從衆, 則當於人心。此所以繼言用人也。" ○今案 生民之所大欲, 不出於富*貴二物。君子之所大欲在貴, 小人之所大欲在富。用人理財二事, 所以馭此二情也。【東圃云: "《易》曰, '何以守位? 曰仁。何以聚民? 曰財。'[44] 仁當作人。"】

熹曰: "親作新,[45] 字形相近, 身作心,[46] 文勢固然。至於命作慢,[47] 則字形文勢, 俱無近似。《章句》亦云'未詳孰是'[48]。若以命字看則果不成耶?"

---

* 富: 新朝本에는 '當'으로 되어 있다.

44) 『周易』, 「繫辭傳」下.

45) 『大學章句』"在親民"에 대한 주희의 주에, "정자는 말하기를, 친親은 마땅히 신新이 되어야 한다[程子曰, 親, 當作新]"라고 했다.

46) 『大學章句』"身有所忿懥, 則不得其正."에 대한 주희의 주에, "程子曰, 身有之身, 當作心"이라고 했다.

47) 『大學章句』, "현자를 보고도 등용하지 못하거나 등용해도 먼저 하지 못하는 것은 명命이다.[見賢而不能擧, 擧而不能先, 命也]"에 대한 주희의 주에 "명命은 정씨가 말하기를 마땅히 만慢이 되어야 한다고 했고, 정자는 말하기를 마땅히 태怠가 되어야 한다고 했다. 무엇이 옳은지 잘 모르겠다[命, 鄭氏云, 當作慢, 程子云, 當作怠. 未詳孰是]"라고 했다.

48) 위의 주 참고.

조정의 안과 밖이 다스려지면, 예악禮樂은 저절로 일어나며, 형정刑政
은 저절로 공평해질 것이니, 장차 어떤 백성인들 다스리지 못하겠는가?
또한 임금이 재어서 방정하게 하지[絜矩] 못하는 것은 전적으로 이익을
탐하는 것에 말미암기 때문에 자신의 욕심을 좇고 다른 사람이 있는
줄 알지 못한다. 이것이 오로지 재화의 운용에 대해서만 말한 이유이
다. 인재를 등용하고 버리는 것은 인심의 향배向背와 가장 많은 관련을
가지고 있다. 만약 공公으로써 사私를 멸하며, 좋아하고 미워하는 것을
뭇 사람을 따라 할 수 있다면 사람의 마음에 마땅하게 될 것이다. 이것
이 이어서 인재를 등용하는 것을 말한 이유이다." ○지금 생각건대 사
람들의 큰 욕구는 부유함과 귀함 두 가지에서 벗어나지 않는다. 군자
君子의 큰 욕구는 귀해지는 데 있고, 소인小人의 큰 욕구는 부유해지는
데 있다. 인재를 등용하고 재화를 운용하는 두 가지의 일은 바로 이
두 가지 욕구를 이용해서 다스리는 방법이다. 【동원이 말했다. "『역경』에서
'무엇으로 지위를 지킬 것인가? 인仁이다. 무엇으로 백성을 모을 것인가? 재財이다'
고 하였다. '인仁'은 마땅히 '인人'이 되어야 한다."】

희가 말했다. "(程子가) '친親'을 '신新'으로 쓴 것은 글자의 모양이 서로
비슷하고, '신身'을 '심心'으로 쓴 것은 문세文勢가 본래 그러하기 때문이
다. 그런데 명命을 만慢으로 쓰는 것은 글자의 모양이나 문세文勢에서
모두 그럴듯하지 않다. 『대학장구大學章句』에서도 '무엇이 옳은지 잘 모
르겠다'고 하였다. 만약 '명命' 그대로 본다면 과연 문장이 이루어지지
않는가?"

鏞曰：“知之於賢者，命也。[49]《集註》引張子曰，‘晏嬰智矣，而不知仲尼[50]，是非命耶？’此所謂君子而未仁者也。[51] 據此則命字，亦不爲無理矣。”

有隣曰：“春耕秋斂，自有其時。何謂爲之者疾？”鏞曰：“惰農自安[52]，不昏作勞，則異乎爲之者疾。春耕秋斂之中，亦豈無早晚遲疾乎？”【東園云：“晝茅宵綯，[53] 示爲農作而預備也。”】

憙曰：“此章本有分節，而亦有他般看得之道耶？”鏞曰：“分節之法，本難得當。必欲穿鑿截斷，反使照應聯貫之旨，晦而不顯。莫如渾全融會，熟讀詳味之爲有得也。”

---

49) 『孟子』, 「盡心」下.

50) 『史記』 「孔子世家」에 따르면 공자가 35·6세 되었을 때, 제齊 경공景公이 그를 기용하려 했으나 안영晏嬰이 반대하였다고 한다.

51) 『大學章句』 해당 구절에 대한 주희의 주에, “이와 같은 자는 사랑하고 미워할 바를 알지만 사랑하고 미워하는 도리를 다하지는 못한 것이다. 군자이면서 아직 인仁하지 못한 자이다.[若此者, 知所愛惡矣, 而未能盡愛惡之道. 蓋君子而未仁者也]”라고 했다. 이는 『論語』 「이인里仁」의 “오직 인仁한 사람만이 사람을 좋아할 수도 있고 사람을 미워할 수도 있다.[惟仁者, 能好人, 能惡人]”라고 한 것을 배경으로 한다.

52) 『書經』, 「商書·盤庚」.

53) 『詩經』, 「豳風·七月」. 원문은 다음과 같다. “晝爾于茅, 宵爾索綯.”

내가 말했다. "'현자가 인정받느냐 아니냐 하는 것은 운명[命]이다'에 대해 『맹자집주孟子集註』에서는 장재의 말을 인용하여 '안영은 지혜로운 자였으나 공자를 알아보지 못하였으니, 이것이 운명이 아닌가?'라고 말하였다. 이것이 이른바 '군자이지만 인仁하지는 못한 자'인 것이다. 이에 근거해 본다면 '명命'자도 무리한 것은 아니다."

유린이 말했다. "봄에는 밭을 갈고, 가을에는 수확하니 적합한 때가 있는 것이다. 어째서 '농사짓기를 빨리 한다'고 하였는가?"

내가 말했다. "'게으른 농부가 스스로 안일하게 하면서 열심히 일하지 않는' 것이 '농사짓기를 빨리 한다'는 것과는 다르다. 봄에 밭 갈고 가을에 수확하는 중에 또한 어찌 이르고 늦으며 천천히 하고 빨리 하는 차이가 없겠는가?"【동원이 말했다. "'낮에는 띠풀을 모으고 밤에는 새끼를 꼰다'고 했으니, 농사를 짓기 위해 예비하는 것을 보인 것이다."】

희가 말했다. "이 장에는 본래 분절이 있는데, 또한 달리 볼 수 있는 방법이 있는가?"

내가 말했다. "분절의 법은 본래 마땅함을 얻기가 어렵다. 반드시 천착하고 절단하려 하면 오히려 조응하고 연관된 취지를 어둡게 하여 드러나지 못하게 할 것이다. 전체적으로 이해하면서 깊이 읽고 상세하게 음미해서 자득하는 것만한 것이 없다."

課講既畢，上特命諸試官與諸講員，合同會坐，總抽一篇之旨，更相問難。一如私室講學之儀，猗其爲盛擧也。余以傳六章而上，未獲應講，故所發難止此，俾卒己業。斯以下，不復參論。

金憙曰：“明明德於天下，有二說。是明天下人之明德耶，是明吾之明德於天下耶？”金履喬曰：“謂之明天下人之明德，然後功用尤大矣。”

安廷善曰：“如是看，然後可謂之新民矣。”鏞曰：“二說不可偏廢。盖明吾之明德[*]，以明天下人之明德者也。”金羲淳曰：“《章句》已言之。”[54]

鏞曰：“工夫當先自在我，則格物何以在誠意之先？憙曰，‘知先而行後。不格物，何以致知乎？’”鏞曰：“程子曰‘先立誠意以格之’，此言何謂耶？”憙曰：“格致亦豈非在我者乎？”▶

---

* 德: 新朝本에는 이 뒤에 ‘吾之明德’이 있다.

54) 『大學章句』, 朱熹注. “명덕을 천하에 밝힌다고 하는 것은 천하 사람이 모두 자신의 명덕을 밝힐 수 있도록 하는 것이다.[明明德於天下者, 使天下之人皆有以明其明德也]”라고 했다.

과강課講이 끝나고 나서, 임금께서는 특별히 시관試官들과 강원講員들 모두에게 함께 모여 앉아 『대학』한 편의 취지를 종합적으로 뽑아내어 다시 한 번 서로 묻고 논란하도록 명하셨다. 한결같이 사적인 모임에서 강학講學하는 모습과 같았으니 아름답고 성대한 거사였다. 나는 전傳 6장 이전은 강講에 참여하지 못하였으므로 따진 것이 여기에 그침으로써 나의 일을 마친다. 이 아래는 임금이 참여하지 않았다.

김희가 말했다. "'천하에 명덕明德을 밝힌다'고 하는 것에 대해서는 두 가지 설이 있다. 천하 사람들의 명덕明德을 밝히는 것인가, 아니면 천하에 나의 명덕을 밝히는 것인가?"

김이교가 말했다. "천하 사람들의 명덕을 밝힌다고 해석하는 것이 공용功用이 더욱 크다."

안정선이 말했다. "그렇게 보아야 '백성을 새롭게 하는 것'이라고 해석할 수 있을 것이다."

내가 말했다. "두 가지 설은 어느 한쪽도 폐할 수 없다. 나의 명덕을 밝히는 것은 그로써 천하 사람들의 명덕을 밝히는 것이기 때문이다."

김희순이 말했다. "『대학장구』에서 이미 말하였다."

내가 말했다. "공부工夫는 마땅히 먼저 나에게 있는 것에서 시작해야 하는 것인데, 격물格物(사물에 나아가 이치를 탐구하는 공부)이 어떻게 성의誠意보다 앞서 있는 것인가?"

희가 말했다. "지지가 앞서고, 행行은 뒤이다. 격물格物을 하지 않으면 무엇으로 지식을 넓히겠는가?"

내가 말했다. "정자가 '먼저 성의誠意를 세운 후 격格한다'고 하였는데, 이 말은 무엇을 의미하는 것인가?"

희가 말했다. "격치格致도 어찌 나에게 있는 것이 아니겠는가?"▶

◀鏞曰：“比之視物，吾目先明，然後方可辨物。格致，恐不在誠意之先矣。”熹曰：“先明吾目，則將瞑目而視之耶？我自有目，則物自可視矣。”[55]

履喬曰：“格物·物格，何以看得？”[56] 熹曰：“暗中有物，硯在東，床在西。秉燭而臨之，旣分明看得，則物果各在其所。[57] 此栗谷語意也。”[58]

鏞曰：“暗中有物，非燭莫視。是燭者，果非誠意乎？誠意之在後，終莫曉也。”履喬曰：“燭固然矣。如鑑明而物自來照，則豈有疑乎？”鏞曰：“鑒亦明，然後物來照矣。明此鑒時，豈無一段工夫耶？”

鏞曰：“致知，何以爲誠意交承？”熹曰：“是知行分界處。”沈能迪曰：“致知·格物，是兩件事耶？”熹曰：“不可分而言之。”鏞曰：“然則何謂物格而后知至耶？”

---

55) 성의誠意라는 과정 없이 격치格致가 가능하다는 말이다.

56) 김이교는 '격물格物'이 '사물을 보는 것'이라고 한다면 '물격物格'은 '사물이 보이는 것'에 해당하는 것으로 이해할 수 있다고 보아서 이런 질문을 한 것이다.

57) 불을 켜고 사물들의 위치를 확인하여 보는 것이 격물格物이고, 물건들이 제자리에 있음이 확인된 것이 물격物格이라는 것이다. 즉, 이치를 탐구하는 것이 격물이라면, 물격은 이치가 탐구되었다는 것을 의미한다는 것이다. 그렇게 본다면 둘 사이에 실제적인 의미의 차이는 없고 다만 기술의 관점의 차이만 있는 것이 된다.

58) 『聖學輯要』, 「統說」. "물격物格과 지지知至는 다만 한 가지 일이다. 사물의 이치로써 말하면 물격物格이라고 하니, 사사물물의 이치가 각각 그 극極한 데 이른 것을 말한다. 나의 마음으로써 말하면 지지知至라고 하니, 나의 마음이 그 이른 바를 따라서 다하지 않음이 없는 것을 말한다.[物格知至, 只是一事. 以物理言之, 謂之物格, 謂事物之理各詣其極也. 以吾心言之, 則謂之知至, 謂吾心隨所詣而無不盡也]"

◀내가 말했다. "사물을 보는 것에 비유한다면, 내 눈이 먼저 밝은 후에 비로소 사물을 분별할 수 있다. 격치格致는 아마도 성의誠意보다 앞서 있지 않는 것 같다."

희가 말했다. "먼저 내 눈을 밝게 한다는 것이 눈을 부릅뜨고서 그것을 보겠다는 것인가? 나에게 그저 눈이 있으니 사물이 저절로 보이는 것이다."

김이교가 말했다. "격물格物과 물격物格은 어떻게 해석할 수 있는가?"

희가 말했다. "어둠 속에 사물이 있는데, 벼루는 동쪽에 책상은 서쪽에 있다고 하자. 불을 켜 들고 그에 비추어 분명히 볼 수 있다면 그것들은 과연 각각 자기 자리에 있는 것이다. 이것이 율곡栗谷 이이李珥의 견해이다."

내가 말했다. "어둠 속에 사물이 있는 경우 촛불을 켜지 않으면 보이지 않는다. 촛불을 켠다는 것은 과연 성의誠意가 아니겠는가? 성의를 뒤에 두는 것은 끝내 이해되지 않는다."

김이교가 말했다. "불을 켜는 것은 본래 그렇다. 그러나 맑은 거울에 사물이 스스로 와서 비추인다고 하는 것에 어찌 의심이 있겠는가?"

내가 말했다. "거울도 맑은 후에야 사물이 와서 비추이는 것이다. 이 거울을 맑게 할 때 어찌 한 단계의 공부工夫가 없겠는가?"

내가 말했다. "치지致知는 어째서 성의誠意로써 받게 되었는가?"

희가 말했다. "지知와 행行의 경계가 나뉘는 곳이기 때문이다."

심능적이 말했다. "치지致知와 격물格物은 두 가지의 일인가?"

희가 말했다. "나누어서 말할 수 없다."

내가 말했다. "그렇다면 어째서 "물격物格한 후에 지知가 지극해진다"라고 한 것인가?"

鏞曰: "不晦何明, 不舊何新, 不詐何誠, 不邪何正, 不廢何修, 不差何齊, 不亂何治, 不側何平? 由是觀之,《大學》一部, 似是克己復理之道。[59] 意·心·身·家·國·天下屬物, 誠·正·修·齊·治·平屬事。物有本末, 則修身爲本·本亂末治·此謂知本等本末字, 當是格物之解。知所先後, 則第四節六個先字,[60] 第五節七個后字,[61] 知本·知至等知字, 當是致知之解。誠意章起頭, 既是特例。[62] 而心廣之心字, 潤身之身字, 已有正修意思。〈淇澳〉[63]·〈前王〉[64]二詩, 盛言自修之工, 遂及治平之效。是或一回咏歎, 以誠意二字, 爲成始成終之要者也。三綱領章下, 卽著聽訟一節, 而以此謂知本四字結之。[65] 盖知本二字, 並包格致。▶

---

59) 이하의 내용은 다산이 자신의 생각을 열거하고 있는 것으로, 주희朱熹의 『大學章句』가 아니라 『禮記』에 수록된 원래의 고본古本『大學』을 텍스트로 하고 있음에 주의해야 한다.

60) 『大學』, "古之欲明明德於天下者, 先治其國. 欲治其國者, 先齊其家. 欲齊其家者, 先脩其身. 欲脩其身者, 先正其心. 欲正其心者, 先誠其意. 欲誠其意者, 先致其知. 致知在格物."

61) 『大學』, "物格而后知至, 知至而后意誠, 意誠而后心正, 心正而后身脩, 身脩而后家齊, 家齊而后國治, 國治而后天下平."

62) 고본古本『大學』의 체제를 두고 말한 것이다.

63) 『詩經』, 「衛風·淇奧」. 『大學』에 인용된 것은 '奧'이 '澳'으로, '匪'가 '斐'로 '咺'이 '喧'으로, '諼'이 '諠'으로 되어 있다.

64) 『詩經』, 「周頌·烈文」. 『大學』에 인용된 것은 '乎'가 '戲'로 되어 있다. 주희는 『大學章句』에서 이 두 시를 "지선에 멈춘다[止於至善]"를 해석한 것이라고 보아 다시 편집하고, "성의誠意장 아래에 잘못 놓였다.[誤在誠意章下]"라고 주석하였다.

65) 역시 고본古本『大學』의 체제에 따른 것이다.

내가 말했다. "어둡지 않다면 어찌 밝히겠으며, 구태의연하지 않다면 어째서 새롭게 하겠으며, 거짓되지 않다면 어째서 진실하게 하겠으며, 비뚤어지지 않았다면 어째서 바로잡겠으며, 폐해지지 않았다면 어째서 닦겠으며, 들쑥날쑥하지 않다면 어째서 가지런히 한다고 하겠으며, 어지럽지 않다면 어째서 다스리겠으며, 기울지 않았다면 어째서 평정하겠는가? 이로써 본다면, 『대학』이라는 책은 '자기를 이기고 리理에로 돌아가라'는 가르침인 것 같다. 의意, 심心, 신身, 가家, 국國, 천하天下는 물物에 속하며, 성誠, 정正, 수修, 치治, 평平은 사事에 속한다. 사물에는 본本과 말末이 있으니, '수신修身을 본本으로 한다'거나, '본本이 어지럽고 말末이 다스려진다'거나, '이것을 본本을 아는 것이라고 한다'라거나 하는 등의 '본本'·'말末'자는 격물格物의 해석으로 보는 것이 마땅하다. 앎에는 먼저 할 바[先]과 나중에 할 바[后]가 있으니, 제4절의 여섯 개 '선先'자, 제5절의 일곱 개 '후后'자, 그리고 '본本을 안다'거나 '지知가 지극해진다' 등의 '지知'자는 치지致知의 해석으로 보는 것이 마땅하다. '성의誠意'장으로 시작한 것은 이미 특별한 예이다. 그런데 '마음이 넓어지고'에서의 '심心'자와 '몸을 윤택하게 한다'에서의 '신身'자에는 이미 '바르게 하고[正: 正心]' '닦는다[修: 修身]'는 의미가 들어있다. (또한 뒤 이은) '기욱淇奧'과 '전왕前王' 두 시는, 스스로 닦는 공부에 대해 성대하게 말하고 이어서 나라를 다스리고 천하를 평정한 효과에 대해 언급한 것이다. 이것은 혹은 한번 읊고 노래하여, '성의誠意' 두 글자로써 시작과 끝을 이루는 요체로 삼은 것이다. 삼강령三綱領장 아래에 곧 '청송聽訟' 한 절을 붙이고 '이것을 본本을 아는 것이라고 한다'라는 말로 결론지었다. 본本을 안다는 것은 격치格致를 아울러 포괄한다.▶

◀本則是物，知則是知也。然則此或重言格致，以爲《大學》前一半統結之辭者也。自正心章而下，旣有前所論矣。"

◀'본本'은 곧 이 (격물格物의) 물物이며, '지知'는 곧 이 (치지致知의) 지知이다. 그렇다고 한다면 이것은 격치格致를 거듭 말하여 『대학』 전반부를 종합하여 결론지은 말로 삼은 것 같다. '정심正心'장부터 그 이하는 이미 앞에서 논하였다."

(문석윤 옮김)

小學枝言

한정길
황금중
장동우

小學枝言

程子曰：“古之人，自能食能言而教之。是故小學之法，以豫爲先。”[1] ○陳淳曰：“程子說主敬工夫，可以補小學之闕。”[2] ○鏞案《小學》之書，成於朱子之手，[3] 而小學之說，本起於程子。特朱子繼其志耳。古者，小學踐小道習小藝而已。今《小學》六篇所論，[4] 或涉於大道大藝，不但爲童子之學。朱子所謂做人樣子*，誠至言也。今人謂古者小學專教六書。然六書者，小學所習之藝，非小學所踐之道。所踐之道，顧不在是乎？

毛老晴云[5]：“小學者，寫字之學，非小子之所爲學也。古小子之學，則《記》原有之。其在〈曲禮〉，則有灑掃·應對·隨行·侍坐之事。其在〈內則〉，則有書數·方名·學樂·誦詩之事。▶

---

* 子: 新朝本에는 '字'로 되어 있다.

1) 『小學集註』,「小學集註總論」.
2) 『小學集註』,「小學集註總論」.
3) 『小學』의 편찬자에 대해서는 주희의 지시를 받아 문인인 유청지劉淸之(1134~1190)가 편집한 것으로 보는 것이 정설이다.
4) 『小學』은 서문에 해당하는「제소학題小學」다음에「소학제사小學題辭」가 있으며, 본문은 내편과 외편으로 나뉘어 있다. 내편은 입교立敎·명륜明倫·경신敬身·계고稽古의 네 편이고, 외편은 가언嘉言과 선행善行 두 편으로 이루어져 있다.
5) 이하의 글은 모기령毛奇齡의 『사서잉언四書賸言』권1의 내용 가운데 일부분이다.

정자程子가 말했다. "옛 사람들은 아이가 밥을 먹을 수 있고 말을 할 수 있을 때부터 가르쳤다. 그러므로 소학의 법은 미리 함을 우선으로 한다."

○진순陳淳이 말했다. "정자가 '경을 위주로 하는 공부는 소학 공부의 빠진 것을 보충할 수 있다'고 하였다."

○**나의 판단** 『소학』이라는 책은 주자의 손에서 이루어졌으나 소학에 관한 설은 본디 정자로부터 제기되었다. 주자는 다만 정자의 뜻을 이었을 뿐이다. 옛날 소학에서는 작은 도리를 실천하고 작은 기예技藝를 익혔을 뿐이다. 이제 『소학』 여섯 편에서 논하고 있는 내용 가운데는 큰 도리와 큰 기예에 관련된 것도 있으므로 어린아이들을 위한 공부에 한정되지 않는다. 주자가 '사람답게 만든다'고 한 것은 진실로 지극한 말이다. 지금 사람들은 '옛날 소학에서는 오직 육서六書만을 가르쳤다'고 한다. 그러나 육서란 소학에서 익히는 기예이지 소학에서 실천하는 도리가 아니다. 그렇다면 실천하는 도리는 소학에 없었다는 말인가?

모노청毛老晴이 말했다. "소학은 글자를 쓰는 공부이지 어린아이가 배우는 것을 가리키는 것은 아니다. 옛날 어린아이의 학문에 관해서는 『예기』에 원래 그 내용이 있다. 「곡례」에는 '물 뿌리고 청소하기', '응대하기', '뒤 따르기', '(선생을) 모시고 앉기'와 관련된 일이 기록되어 있다. 「내칙內則」에는 '글쓰기와 셈하기', '방위의 명칭', '음악 배우기', '시 암송하기'와 관련된 일이 기록되어 있다.▶

◀其在〈學記〉, 則有離經・辨志・博習・親師之事。然或稱小成, 或稱少儀, 或稱幼學,[6] 而并不謂之小學。惟漢 文博士作〈王制〉, 漢儒伏生作《尙書大傳》, 戴德作《大戴禮》, 賈誼作《新書》, 班固作《漢・志》, 始有小學之名, 見于諸書。然皆係天子太子・諸侯・卿・大夫適子之學, 而士・庶子弟不得與焉, 故《大戴・保傅》篇云 '太子少長, 知妃色, 則入小學。小者所學之宮也',【註, 小學在師氏[7] 虎門外, 大學在王宮之東】而《白虎通》[8]謂'八歲毀齒, 始入小學而學書計'[9], 此太子之禮。若《尙書大傳》云'使公卿之世子・大夫・元士之適子, 十有三年而入小學, 二十入大學', 而〈王制〉云'小學在公宮南之左, 大學在郊', 則又諸侯之學, 而卿・大夫之適子, 得與其間。【天子・諸侯, 小學俱在內。且上庠・下庠・東序・西序, 皆大・小學之名, 不分內外。有謂天子小學在外, 諸侯小學在內, 非也】▶

---

6) 『禮記』, 「曲禮」上, "人生十年曰幼, 學"에 대한 鄭玄注. "名曰幼, 時始可學也."라고 되어 있다.
7) 師氏: 보씨保氏와 함께 소학小學으로 국자國子를 교육하는 일을 관장하는 직책이다. 호문虎門의 왼쪽에 자리하여 왕의 조회를 살핀다. 『周禮』, 「地官・師氏」.
8) 『白虎通』: 『백호통의白虎通義』를 말한다. 후한後漢의 반고班固(32~92)가 편찬한 경서經書로 『백호통덕론白虎通德論』이라고도 한다. 후한의 장제章帝가 79년에 북궁北宮 백호관白虎觀에 여러 유학자를 모아, 유교 경서에 관한 해석이 학자에 따라 다른 점에 대해 토론케 하고 그때 나온 각종 의견을 정리하여 반고가 칙령을 받아 편찬한 것이다.
9) 『白虎通』, 「德論」上. "八歲毀齒, 始有識知, 入學, 學書計."

◀「학기學記」에는 '장구章句를 끊는 것', '지향志向을 변별하는 것', '널리 익히는 것', '스승을 친애하는 것'에 관한 일이 기록되어 있다. 그러나 '소성(小成: 작게 이룸)'이라고 부르기도 하고, '소의(少儀: 어린아이의 예절)'라 부르기도 하며, '유학(幼學: 어린아이의 학문)'이라고 부르기는 하였지만, 결코 '소학'이라고 부르지는 않았다. 한나라 문제文帝 때 박사들이 『예기』의 「왕제」편을 짓고, 한나라 유학자인 복생伏生이 『상서대전尚書大傳』을 짓고, 대덕戴德이 『대대례기大戴禮記』를 짓고, 가의賈誼가 『신서新書』를 짓고, 반고班固가 『한서』 「예문지」를 지으면서, 비로소 소학이라는 이름이 여러 책에 나타나게 되었다. 그러나 모두가 천자의 태자太子와 제후 또는 경대부의 적자適子의 학교여서 사士와 서인庶人의 자제는 입학할 수 없었다. 그 때문에 『대대례기』 「보부保傅」편에서는 '태자가 조금 성장하여 이성을 알게 되면 소학에 들어가니, 어린 사람이 배우던 궁이다'라고 하였다.【주에 '소학은 사씨師氏의 호문虎門 밖에 있고, 태학은 왕궁의 동쪽에 있다'고 하였다】 『백호통白虎通』에서는 '여덟 살이 되어 배냇니를 갈면 비로소 소학에 들어가 글쓰기와 셈하기를 배운다'라고 하였는데, 이는 태자太子의 예이다. 『상서대전』에서 '공경公卿의 세자世子와 대부大夫·원사元士의 적자適子들에게 열세 살에 소학에 들어가게 하고 스무 살에 태학에 들어가게 하였다'고 한 것과 『예기』 「왕제」에서 '소학은 공公의 궁 남쪽의 왼쪽에 있고, 태학은 교郊에 있다'고 한 것과 같은 것은 또 제후의 학교인데, 경대부의 적자들도 거기에 입학할 수 있었다.【천자와 제후는 소학이 모두 궁 안에 있다. 아울러 상상上庠·하상下庠·동서東序·서서西序는 모두 태학과 소학의 명칭인데 궁의 안에 있는 것인지 아닌지를 구분하지 않았다. '천자의 소학은 궁 밖에 있고 제후의 소학은 궁 안에 있다'고 말하기도 하는데 이는 잘못이다】▶

◀蓋學分大小, 經無明文,【祇〈王制〉二句, 亦漢 文博士之書】而漢儒疏義, 但以養老有差等, 而學由以分。如所謂養國老于上庠, 養庶老于下庠者,[10] 上庠爲大, 即下庠爲小。而天子·諸侯之子, 又別無鄕·州·黨·族·遂·縣·鄙·酇諸學, 因不得已而限年以入之, 故其在小學, 則祇如賈誼《新書》·班氏〈食貨志〉所云'蹍小節, 觀齒讓, 識父子長幼', 與大學業大道, 知君臣之禮·上下之位者, 稍有不同, 則是小學之名, 亦祇如下庠·少學之爲稱, 並非小子之學。【朱子以小學爲小子之學, 則小學當爲少子之學矣。且《朱子集傳》云'大學者, 大人之學', 以年長稱大人, 亦載籍未見。少學見〈食貨志〉[11]】而且天子·諸侯, 不及士庶, 則幷非凡爲小子之學。又天子·諸侯之子, 不必皆習洒掃·應對諸節, 而八歲十三,[12] 參錯不一, 則更不得限之爲洒掃·應對, 幷八歲所入之學。▶

---

10) 『禮記』, 「王制」.
11) 『漢書』卷24, 「食貨志」, "諸侯歲貢少學之異者於天子, 學于大學."
12) 『백호통』에는 여덟 살에 소학에 들어가는 것으로 되어 있으나, 『상서대전』에는 열세 살에 소학에 들어가는 것으로 되어 있다.

◀생각건대 학교를 태학과 소학으로 구분한 것과 관련하여 경전에는 분명한 문장이 없고,【『예기』「왕제」에서 언급한 두 구절도 한나라 문제 때 박사의 글이다】 한유漢儒들의 의소義疏에서는 다만 노인을 받드는 것에 차등이 있으므로 학교도 그에 따라 구분된다고 보고 있다. 예를 들어 '국가의 원로[國老]들을 상상上庠에서 받들고, 뭇 노인[庶老]들을 하상下庠에서 받든다'고 한 것에서 상상上庠이 태학이라면 하상下庠은 소학이 된다. 천자와 제후의 자제들의 경우는 달리 향鄉·주州·당黨·족族·수遂·현縣·비鄙·찬酇 등의 여러 학교가 없어 부득이하게 나이 제한을 두어 입학을 시켰던 것이다. 그들이 소학에서 가의賈誼의 『신서』와 반고의 『한서』「식화지」에서 말한 것처럼 '작은 예절을 실천하고, 나이든 이를 보면 사양하며, 부자와 장유의 인륜을 알도록 한' 것은 태학에서 큰 도리를 배워 군신의 도리와 상하의 지위를 알도록 한 것과는 약간의 차이가 있었다. 그렇다면 소학이라는 이름도 하상이나 소학少學과 같은 것을 일컬은 것이지 소자小子의 학은 아니다.【주자가 소학을 소자小子의 학문으로 보았는데, 그렇다면 소학小學은 소자少子의 학문이어야 한다. 아울러 『주자집전』에 "대학은 대인의 학문이다"라고 하였는데, 연장자를 대인大人이라 부르는 것 역시 경전에 기재된 것을 보지 못하였다. 소학少學은 「식화지」에 보인다】 또한 (소학은) 천자 및 제후와 관련되지 사서인士庶人과는 관련되지 않으니 결코 모든 소자를 위한 학교는 아니다. 또 천자와 제후의 자제가 모두 '물 뿌리고 청소하며, 응대하는' 등의 여러 예절을 반드시 배워야 할 필요는 없으며, 여덟 살 또는 열세 살로 일정하지 않으니, '물 뿌리고 청소하며, 응대하는 것'을 배운다거나 또 '여덟 살에 들어가는 학교'로 한정할 수도 없다.▶

◀故西漢以後, 東京明帝, 爲郭·樊·陰·馬建四姓小侯學, 則正倣諸侯之學, 而唐 高祖 武德元年, 詔皇族子姓及功臣子弟于秘書外省, 別立小學,[13] 此正與舊時天子·諸侯小學無異。若宋 寧宗置諸王宮小學, 敎南宮北宅子姓, 則祇及同姓, 而外姓不與, 然亦天子·諸侯小學之意。至若民間小子之學, 則三代之制, 原有塾門·外舍·里社·鄰·遂諸名, 非小學也。【《尙書大傳》:"致仕之臣, 朝夕坐塾門, 而敎出入*之子弟。"《大戴·保傅**》篇:"古者八歲出就外舍。"一曰外舍·里塾通稱】夫小學小藝, 大學大藝, 戴德·班固皆言之, 則學之大小, 由于養老, 而藝之大小, 由于分學。然而藝之小者, 究無定指。▶

---

* 入: 新朝本에는 '六'로 되어 있다.
** 傅: 新朝本에는 '傳'으로 되어 있다.

13) 『舊唐書』卷189.

◀그 때문에 (소학이라는 이름이 등장한) 서한西漢 이후 동한東漢의 명제明帝가 동경東京에 곽郭·번樊·음陰·마馬씨를 위해 사성소후학四姓小侯學을 세웠는데 바로 제후의 학교를 본뜬 것이고, 당唐 고조高祖 무덕武德 원년에 황족의 자손과 공신의 자제를 위해 비서외성秘書外省에 별도로 소학을 세우도록 조칙을 내렸는데 이는 바로 옛날 천자와 제후의 소학과 다름이 없었다. 송나라 영종寧宗이 왕궁에 소학을 설치하여 남궁(南宮: 皇室 및 王侯의 자제가 머무는 궁)과 북택北宅의 자손들을 교육하였는데, 동성同姓에게만 미쳤을 뿐 외성外姓은 참여하지 못하였지만 역시 천자와 제후의 소학이라는 의미를 지닌 것이었다. 민간의 어린아이들의 학교의 경우는, 삼대의 제도에 원래 숙문塾門·외사外舍·이사里社·찬酇·수遂 등의 여러 명칭이 있었지만, 소학은 아니었다.【『상서대전』에 "벼슬을 물러난 신하가 아침저녁으로 숙문塾門에 앉아서 출입하는 자제들을 교육한다"라고 하였다. 『대대례기』「보부」편에 "옛날에는 여덟 살이 되면 외사外舍로 나간다"라고 하였는데, 일설에 외사外舍와 이숙里塾은 통용되는 명칭이라고 한다】 소학의 작은 기예와 태학의 큰 기예에 대해서는 대덕戴德과 반고班固가 모두 언급하였는데 학교의 대소는 노인을 봉양하는 데서 연유하고 기예의 대소는 학교의 구분에서 연유한다. 그러나 기예의 작은 것에 대해서는 끝내 일정하게 가리키는 내용이 없다.▶

◀惟班氏《白虎通》云'始入小學, 而學書計', 而〈食貨志〉亦云'八歲入小學, 學六甲·五方·書計之事', 則鑿指書數·方名諸學。而劉歆《西京雜記》有云'小學者《爾雅》之屬, 至宋置書學, 使習篆·隷·草三體文字及《說文》·《字說》·《爾雅》·《博雅》·《方言》五書', 則又以書數·方名諸學幷爲書學。蓋三倉·《爾雅》·《方言》·《算數》·《枝幹》·《甲乙》, 皆字詁中事, 故漢設小學, 飭以尉律[14]。凡學僮學字, 能諷籀書九千字以上, 乃得爲吏, 通六體[15]課最者, 擧以爲史書令史,[16] 故《漢書·藝文志》云'凡《小學》十家四十五篇, 無非字書[17]', 而北魏 孝文遷都, 建四門小學于洛陽, 即舊時平城所稱中書學者, 則是三代以前, 原無小學明文, 而漢後建置, 沿革不一, 且不必盡屬天子·諸侯之學。然而言小學者, 皆指習字兼及五書, 無他義也。"

---

14) 한대의 율령으로 정위廷尉(진한대의 벼슬이름. 형옥刑獄을 맡음)가 관장하였다.
15) 『前漢書』卷30. 육체六體는 고문古文, 기자奇字, 전서篆書, 예서隷書, 무전繆篆, 충서蟲書를 말한다.
16) 『前漢書』卷30.
17) 字書: 『설문』처럼 육서에 의하여 문자를 분석하고 해석한 책.

◀오직 반고의 『백호통』에서 '비로소 소학에 들어가 글쓰기와 셈하기를 배운다'고 하였고, 『한서』 「식화지」에 역시 '여덟 살에 소학에 들어가 60갑자와 동서남북 중앙의 방위, 글쓰기와 셈하는 일을 배운다'고 하였으니 (작은 기예는) 분명히 글쓰기와 셈하기, 방위의 명칭에 관한 여러 학문을 가리킨다. 그리고 유흠劉歆의 『서경잡기西京雜記』에 '소학은 『이아』와 같은 종류인데 송나라에 이르러서는 서학書學을 설치하여 전서와 예서 그리고 초서의 세 가지 글자체와 『설문』·『자설字說』·『이아爾雅』·『박아博雅』·『방언方言』 등 다섯 가지 책을 익히게 하였다'고 하였으니 또 글쓰기와 셈하기, 방위의 명칭 등 여러 학문을 서학書學에 통합시킨 것이다. 『삼창三倉』·『이아』·『방언』·『산수算數』·『지간枝幹』·『갑을甲乙』 등은 모두 글자의 훈고에 관한 일이다. 그러므로 한나라에서는 소학을 설치하고 위률尉律로써 바로잡았다. 무릇 학동들은 글자를 배워서 주문을 암송하여 9,000자 이상을 쓸 수 있어야 관리가 될 수 있었으며, 육체六體에 통달하여 성적이 가장 뛰어난 사람을 천거해서 사서史書의 영사令史로 삼았다. 그러므로 『한서』 「예문지」에서는 '무릇 『소학』10가의 45편 가운데 자서字書가 아닌 것이 없다'고 하였다. 그리고 북위의 효문제孝文帝가 도읍을 옮기고 낙양의 사문에 소학을 세웠는데, 그것은 예전에 평성平城에서 중앙의 서학書學이라고 일컫던 것이다. 삼대 이전에는 원래 소학이라는 분명한 글은 없었고, 한나라 이후에 설치하였는데, 그 연혁도 일정하지 않다. 게다가 반드시 모두 천자나 제후의 학교에 속한 것도 아니었다. 그러니 소학이라고 하는 것은 모두 글자를 익히고 아울러 오서五書에까지 이르는 것을 가리켰을 뿐 다른 뜻은 없었다."

○又曰: "嘗考北魏 延昌三年, 江式上〈字書表〉曰, '周禮八歲入小學, 保氏*敎以六書.'[18] 今《周禮》傳本, 並無其文. 然漢人稱周禮, 即周制也. 江式爲江强之孫, 雖說本《漢·志》, 然此時去古未遠, 必當時周制原有專敎六書之文. 著之《小學》, 在《白虎通》·《尙書大傳》之前, 而惜其文不全見耳. 故漢 孝宣時, 召通蒼頡文者杜鄴·張敞, 轉受《小學》, 而平帝 元始中, 徵天下通《小學》者以百數, 皆令寫字于未央廷中. 當是時, 以沛人爰禮爲小學元士, 即寫字官也. 是以東漢 劉祐爲郡主簿時, 郡將之子使買菜, 而以筆應之曰, '郎君不當入小學耶?' 許愼作《說文》, 其自爲序曰, '今尉律不課, 小學不修, 久矣.'[19] 而盧植以書法敎示後進, 因上書曰, '臣從通儒馬融, 專受古經, 乃不幸降爲小學, 以爲敎字者, 小學師耳.'[20] 其後晉 王內史[21]作〈小學篇〉, 則羲之字書[22]也. ▶

---

* 氏: 新朝本에는 '民'으로 되어 있다.

18) 『魏書』卷91. 이때 가르친 육서六書는 지사指事, 상형象形, 해성諧聲, 회의會意, 전주轉注, 가차假借이다.
19) 『說文解字』卷15上.
20) 『五禮通考』卷수卷首 第2.
21) 王內史: 왕희지王羲之를 가리킨다. 왕희지는 회계會稽 내사內史를 역임한 바 있다.
22) 字書: 육서六書에 의하여 문자를 분석하여 해설한 책.

○**또 말했다.** "일찍이 살펴보니 북위 연창延昌 3년(514)에 강식江式이 「자서표字書表」를 올리면서 '주례에 따르면 8세에 소학에 들어가면 보씨保氏가 육서를 가르쳤다'고 하였다. 이제 『주례』의 전해지는 책에는 그러한 문장이 전혀 없다. 그러나 한나라 사람들이 말하는 '주례'는 바로 주나라의 제도이다. 강식은 강강江强의 손자인데, 비록 이 설은 『한서』「식화지」에 근거하지만 그때는 고대로부터 그리 멀리 떨어져 있지 않았으므로 반드시 당시의 주나라 제도에는 원래 육서만을 가르쳤다는 문장이 있었다. 『백호통』과 『상서대전』 이전에 『소학』을 지었으나, 애석하게도 그 문장이 온전히 보이지는 않는다. 그러므로 한나라 효선제孝宣帝 때 창힐蒼頡 문자에 통달한 두업杜鄴과 장창張敞을 불러들여 돌아가면서 『소학』을 배웠으며, 평제平帝 원시元始(1~5) 연간에는 천하에 『소학』에 통달한 사람 백여 명을 불러들여 모두 미앙정未央廷에서 글자를 쓰게 했다. 당시에 패읍沛邑 출신인 원례爰禮를 소학원사小學元士로 삼았으니 바로 사자관寫字官이다. 이 때문에 동한의 유우劉祐가 군의 주부主簿가 되었을 때 군의 장수의 아들이 과자를 사오라고 시키자 글로써 '낭군은 소학에 들어가야 하지 않겠는가?'라고 응답하였다. 허신은 『설문』을 짓고 그 자서自序에서 '이제 위율에 따라 시험을 보지 않아 소학을 닦지 않은 지 오래되었다'고 하였으며, 노식盧植은 서법을 후진에게 가르치게 되자 글을 지어 왕에게 올리면서 '신은 통유通儒인 마융에게 오로지 고경을 전수받았으나 불행하게도 소학으로 강등되어 글자를 가르치는 사람이 되었으니 소학 선생일 뿐입니다'고 하였다. 그 뒤에 진晉나라의 왕내사王內史는 「소학편小學篇」을 지었는데 바로 왕희지의 자서字書이다.▶

◀北魏 崔浩寫《急就章》[23]以百數, 而劉蘭入小學轉書之。唐 顏師古云, '《急就篇》者, 其源出于小學.'[24]《柳紕訓序》言, '其在蜀時, 嘗鬻字書小學于市, 悉是雕本.'[25] 即五代荒略, 古學難據, 然南唐 徐鉉進〈說文表〉猶云, '至于六籍[26]舊文, 相承傳寫, 多求便俗, 小學之徒, 莫能較正.'[27] 即至宋人羅願, 與朱子同時。其在淳熙年, 作〈急就章〉跋, 亦云'濫觴于小學之源, 而涵泳于大學之流'[28], 未嘗曰'小學者, 弟子之學'也。【陳子襄云: "小學與少儀, 本是一類, 亦本可通稱." 然小學二字, 有專屬矣, 所謂羅敷自有夫也。[29] 如〈王制〉小學已比虞庠右公宮東南, 則不得又稱外舍 · 稱鄉塾, 可驗】自朱子認爲童學, 且急著爲書, 而嗣是以後, 昧昧相承, 東宮失習書之例, 黨庠多幼學之名。▶

---

23) 「急就章」: 한나라 사유史游가 지은 아동용 자서로 『급취편』이라고도 한다. 당唐 안사고 顏師古의 주注, 송宋 왕응린王應麟의 보주補注 등이 전해진다.

24) 『急就篇』, 「急就篇原序」.

25) 『蜀中廣記』 卷94; 『文獻通考』 卷174. 『經義考』 卷293.

26) 六籍: 6경六經을 가리킨다.

27) 朱長文, 『墨池篇』, 卷1 참조.

28) 羅願, 『鄂州小集』 卷4, 「書急就篇後」.

29) 한대 악부樂府 가운데 「나부행羅敷行」이 있는데, 이에 따르면 전국시대 조나라의 서울 한단邯鄲에 진나부秦羅敷라는 예쁜 여인이 있었는데 그의 남편 왕인王仁이 조나라 왕의 가신이 되어 출전한 사이에 조왕이 그녀를 유혹하자 이 노래를 불러 왕의 마음을 돌렸다고 한다. 그 가사 가운데 "사군께서는 아내가 있고 나부에게는 지아비가 있습니다.[使君自有婦, 羅敷自有夫]"라는 말이 있다.

◀북위의 최호崔浩가 『급취장急就章』을 백여 번 썼으며, 유란劉蘭이 그것을 소학에 편입시켜 옮겨 적었다. 당唐의 안사고顏師古는 '『급취편』은 그 근원이 소학에서 나왔다'고 하였다. 『유비훈서柳紕訓序』에서 '그가 촉 땅에 있을 때 일찍이 시장에서 자서字書인 소학小學을 팔았는데, 이는 모두 판각본이었다'고 하였다. 오대五代시대는 거칠고 소략하여 고문의 근거를 찾기가 어렵지만, 남당南唐의 서현徐鉉이 「설문표說文表」를 올리면서 오히려 '육적六籍의 옛 문자에 이르기까지도 서로 이어 전하여 쓰는 가운데 대부분 편리하고 속된 것을 추구하여서 소학의 무리도 바로잡을 수 없었다'고 하였다.

송대 사람 나원羅願은 주자와 동시대 인물이다. 그는 순희淳熙(1174~1189) 연간에 「급취장急就章」의 발문을 지으면서, 역시 '소학의 근원에서 출발하여, 태학의 흐름에서 노닌다'고 말하였으나 '소학이란 어린 아이의 학문이다'라고 말한 적은 없다.【진자양陳子襄은 '소학과 소의少儀는 본래 같은 부류이며, 통칭할 수 있다'고 하였다. 그러나 소학이라는 두 글자는 이른바 '나부羅敷에게 본래 지아비가 있다'는 말처럼 그것에만 해당하는 뜻이 있다. 예를 들면 『예기』「왕제」에서 소학은 우상虞庠에 비해 공궁公宮의 동남쪽에 있다고 하였으니, 또 외사外舍라고 하거나 향숙鄕塾이라고 칭할 수 없는 데서 징험할 수 있다】주자가 (소학을) 아동의 학문이라고 생각하고 또 급하게 소학서를 지어서 이를 계승한 뒤로 사리에 어두운 채 서로 이어받아 동궁에서는 글자를 익힌 사례를 잃어버렸고, 당상黨庠에서는 유학幼學이라는 이름이 많아지게 되었다.▶

◀雖以王應麟·馬端臨·焦竑之博, 而應麟作《小學紺珠》,【姚立方云: "王伯厚作《困學記聞》有云, '徐楚金《說文繫傳》, 呂太史謂原本斷爛, 使精小學者, 以許氏《說文》參釋, 則猶可補也.' 是應麟亦專以小學屬寫字矣。惟《紺珠》所收類, 則稍附朱子耳。"】端臨作《通考》, 竑作《經籍志》, 遂收朱子書。雖禩以《爾雅》·《算數》·《五方》·《六甲》之舊, 然總與經典分門, 一《易》·二《書》·三《詩》·四《禮》, 以至八《孝經》·九《小學》。四部分類, 一經類·二禮類·三學類·四小學類之專屬字學者, 一旦歇絕。嗚呼! 已矣。" ○又云: "楊終〈戒馬廖不訓子書〉有云, '人君之子, 八歲爲置外傅, 教之書計, 以開其明, 十五置太傅, 教之經典, 以道其志.[30] 亦云, '小學教書計.' 且亦云, '是人君之子之事也.'" 又: "《漢書·律曆*志》云, '其法在算術宣于天下小學.' 是則算即計也。然則所云書計者, 即是書數, 以寫字計數, 俱小學中事也。▶

---

* 曆: 新朝本에는 '歷'으로 되어 있다.

30) 『後漢書』卷78.

◀비록 왕응린王應麟, 마단림馬端臨, 초횡焦竑이 박학다식하지만 왕응린이 『소학감주小學紺珠』를 짓고,【요립방이 말했다. "왕백후王伯厚가 지은 『곤학기문困學記聞』에 '서초금徐楚金의 『설문계전說文繫傳』에 대해서 여태사呂太史는 '원본에 빠지고 문드러진 글이 있으니 소학에 정밀한 사람으로 하여금 허씨의 『설문』을 참조하여 풀이하게 한다면 보충할 수 있을 것이다'고 평하였다. 이것은 왕응린도 소학을 글자를 쓰는 것에만 소속시킨 것이다. 오직 『감주』에 수록하여 분류할 때만 다소 주자에 의지하였을 뿐이다."】 마단림이 『통고通考』를 짓고, 초횡이 『경적지經籍志』를 지을 때 드디어 주자의 소학서를 수록하였다. 비록 『이아爾雅』, 『산수算數』, 『오방五方』, 『육갑六甲』 등의 옛 책과 뒤섞였으나, 전체 경전과 함께 나누어, 1. 『역』, 2. 『서』, 3. 『시』, 4. 『예』로부터 8. 『효경』, 9. 『소학』까지로 분류하게 되었다. 그 이후 사부四部로 분류할 때의 1. 경류, 2. 예류, 3. 학류, 4. 소학류 가운데서 문자학에만 속하던 소학류가 슬프게도 하루아침에 끊어져 다하게 되었다."

○又 말했다. "양종楊終은 「마료馬廖가 그의 자식을 가르치지 않은 것을 경계한 편지」에서 '임금의 아들은 여덟 살이 되면 바깥에다 스승을 두어 글쓰기와 셈하기를 가르쳐 그의 총명함을 열어주고, 15세가 되면 태부太傅를 두어 경전을 가르쳐 그의 뜻을 인도한다'고 하였으니, 그도 역시 '소학에서 글쓰기와 셈하기를 가르친다'고 한 셈이며, 또 역시 '이것은 임금의 자식의 일이다'고 한 것이다." 또한 "『한서』「율력지」에 '그 법은 산술을 천하의 소학에 널리 알리는 데 있다'고 하였는데, 여기에서 말하는 산술은 곧 셈하기이다. 그렇다면 양종이 말한 '서계書計'란 곧 글쓰기와 셈하기이니, 글자를 쓰는 것과 수를 헤아리는 것을 모두 소학의 일로 여긴 것이다.▶

◀或謂'許叔重〈說文序〉有云尉律不課, 小學不修[31], 似小學兼習律令', 則不然。蓋漢至和帝時, 蕭何所草律已不行, 學僮不試古文。其時入小學者止二人, 故兼擧言之。律曆*與律令, 兩律不同。若律令, 豈小學事乎?"○又: "《南史·陸澄傳》, 澄嘗〈與王儉書〉云, '世有《孝經》, 題爲鄭玄註。案, 玄不註《孝經》, 且是書爲小學之瑣, 不宜列在帝典。' 儉答云, '《孝經》雖**非鄭註, 僕以爲此書明百行之首, 不與《蒼頡》·《凡將》之流, 同日語也。'" 又: "〈杜鄴傳〉'鄴從張吉學, 吉子竦又幼孤, 從鄴學, 並著于世, 然尤長小學', 謂字學也。顏之推《家訓》云'惟有姚元標工于楷隸, 留心小學'[32], 俱指寫字言。" 又北魏高祐爲兗州刺史, 令縣立講學, 黨立教學, 村立小學。[33] 此民間立小學所始。然猶是寫字之學, 故與教學·講學分別, 可驗。"

---

* 曆: 新朝本에는 '歷'으로 되어 있다.
** 雖: 新朝本에는 '難'으로 되어 있다.

31)『說文解字』卷15上.
32)『顏氏家訓』卷下, 「雜藝篇」第19.
33)『魏書』卷57.

◀어떤 사람이 말하기를 '허숙중許叔重의 「설문서說文序」에 위율이 부과되지 않아 소학이 닦여지지 않는다고 말한 것이 있으니, 소학에서 율령을 겸하여 익힌 것 같다'고 하였지만 그렇지 않다. 한나라 화제和帝 때에 이르러서는 소하蕭何가 초를 잡은 법률이 이미 행해지지 않아, 학동에게 옛글을 시험하지 않았다. 그래서 그 당시 소학에 들어간 사람이 단지 두 사람에 그쳤기 때문에 함께 들어서 말한 것이다. 율력律曆과 율령律令에서 두 율律자의 의미는 같지 않다. 율령 같은 것이 어떻게 소학에서 배우는 것이겠는가?"

○또 "『남사南史』 「육징전陸澄傳」에 의하면 육징이 일찍이 「왕검王儉에게 보내는 서신」에서 '세상에 정현鄭玄의 주라고 표제가 붙은 『효경』이 있는데, 자세히 살펴보면, 정현은 『효경』에 주를 달지 않았으며, 또 이 글은 소학의 자질구레한 것이니 제전帝典에 들어가는 것은 마땅하지 않다'고 하자, 왕검이 답하기를 '『효경』은 비록 정현의 주는 아닐지라도 나는 『효경』이 온갖 행실의 으뜸된 도리를 밝힌 것으로 『창힐蒼頡』·『범장凡將』의 무리와는 같이 말할 수 없다고 생각한다'고 하였다." 또 "「두업전杜鄴傳」에 '업은 장길張吉에게 배웠는데, 장길의 아들인 송竦 또한 어려서 부모를 여의고 두업에게 배워 모두 세상에 이름을 남기게 되었으며, 소학에 더욱 뛰어났다'고 하였으니, 이는 자학字學을 말한 것이다. 안지추顏之推의 『가훈』에 '요원표姚元標만이 해서와 예서에 능하여 소학에 마음을 두었다'고 하였는데, 이는 모두 글자 쓰기를 가리켜 말한 것이다." 또 "북위北魏의 고우高祐는 연주자사兗州刺史가 되어 '현마다 강학소를 세우고, 당黨마다 교학을 세우고, 촌마다 소학을 세우게 했다'고 하니, 이는 민간에 소학을 세우게 된 시초이다. 그러나 오히려 글자 쓰기를 익히는 학교이므로 교학이나 강학과 구분하였다는 것을 징험할 수 있다."

○**鏞案** <u>毛氏</u>雜引諸文，以證小學爲字學。然字學者，小學之藝也。學之敎，有道有藝。大學躡大道習大藝，小學躡小道習小藝。豈必小學有藝而無道乎？其說偏而妄矣。

○**나의 판단** 모씨는 많은 문장을 잡다하게 인용하여 소학이 자학字學임을 증명하였다. 그러나 자학이란 소학의 기예이다. 학교의 가르침에는 도가 있고 기예가 있다. 태학은 대도大道를 실천하고 대예大藝를 익히는 곳이며, 소학은 소도小道를 실천하고 소예小藝를 익히는 곳이다. 어떻게 반드시 소학에 기예만 있고, 도가 없을 수 있겠는가? 그 설은 치우치고 망령되다.

(한정길 옮김)

立敎

列女傳³⁴⁾胎敎節³⁵⁾

○此是小學之先天。朱子謂'敎人在蒙養, 而猶以蒙養爲晚, 推以至於胎敎'。然以此文而授[*]童幼, 却似不合。此終是成人夫婦之所宜知, 童子非所急也。○大抵〈立敎〉諸篇, 總宜降在篇末, 恐不必弁首於一部。

內則擇於諸母節³⁶⁾

○朱子曰: "《列女傳》, 可者作阿者, 卽所謂阿保也。" 金沙溪曰: "《後漢書》有阿母。" ○按〈范雎^{**}傳〉³⁷⁾: "不離阿保之手。" 阿者, 保也。故保衡亦稱阿衡。

方名, 非東西南北, 只此四名, 豈足爲一年之敎?³⁸⁾▶

---

* 授: 新朝本에는 '援'으로 되어 있다.
** 雎: 新朝本에는 '雎'로 되어 있다.

34) 『列女傳』: 한漢나라 유향劉向의 저작이다. 고대에서 한대까지의, 올바름과 그름의 행실을 상징하는 대표적인 부녀자들에 대해 유형별로 분류해서 열거해 놓았다.

35) 『小學』,「立敎」1장. 이하의 장 구분은 명明 정유程愈의 『소학집설小學集說』(1486)에 따른다. 『열녀전』은 여자가 임신했을 때 기울게 자지 말고 가장자리에 앉지 말고 외발로 서지말라는 등의 태교 방법들이 기록되어 있다.

36) 『小學』,「立敎」2장. 아이의 나이에 따른 교육방식을 언급하였다. 그 가운데 "凡生子, 擇於諸母與可者, 必求其寬裕慈惠溫良恭敬愼而寡言者, 使爲子師."라는 구절이 있다. 『禮記』,「內則」.

37) 「范雎傳」: 『사기』의 「범저채택열전范雎蔡澤列傳」을 말한다. 범저는 전국시대 위魏나라 사람이며 자는 숙叔이다.

38) 『小學集註』에서는「입교」의 "六年, 敎之數與方名."이라는 구절과 관련해서 진호陳澔의 해설을 수용하고 있는데, 진호는 "數謂一十百千萬, 方名東西南北也."라고 풀이하였다.

「입교」편

'『열녀전』의 태교'절

○이것은 소학 이전의 일이다. 주자는 "사람을 가르치는 것은 어려서부터 길러야 하지만 어려서부터 기르는 것도 오히려 늦다고 생각해서 나아가 태교에까지 이르게 된 것이다"라고 말했다. 그러나 이러한 글을 어린아이에게 가르치는 것은 합당하지 못한 듯하다. 이것은 결국 성인 부부가 알아야 할 것이지 어린아이에게 시급한 것이 아니다.
○대체로 「입교」의 여러 편은 모두 책의 말미에 두어야지, 책의 첫머리에 둘 필요는 없는 것 같다.

'「내칙」에 여러 어머니 가운데서 선택하여 ……'절

○주자는 "『열녀전』에서 '가자可者'는 '아자阿者'로 되어 있으니 이른바 '아보'阿保이다"라고 하였고, 김사계는 "『후한서』에는 '아모'阿母라는 말이 있다"라고 하였다.
○「범저전范雎傳」을 살펴보면, "아보阿保의 손에서 떨어지지 않았다"라고 했으니, 아阿는 보保이다. 그러므로 '보형'保衡은 '아형'阿衡이라고도 불린 것이다.
'방명'方名이란 동·서·남·북이 아니니, 이 네 방위의 이름만으로 어떻게 1년의 교육과정이 될 수 있겠는가?▶

◀○〈聘禮〉云: "百名以上書於策, 百名以下書於方。"[39] 名者, 字也, 方者, 方版也。方名者, 天地父母等百餘字之先敎者也。東園云。

舞勺舞象,[40] 吳註, 以勺爲文舞, 以象爲武舞。【又云'文舞不用兵器'】然衛宏小序[41], 以〈酌〉[42]詩爲告大武之歌, 以〈維淸〉[43]爲奏象舞之歌。【又以〈武〉[44]詩爲奏大武之詩】〈酌〉之爲勺, 〈維淸〉之爲象, 雖不可知, '於鑠王師, 遵養時晦', 分明是頌武功也, '維淸緝熙, 文王之典', 分明是頌文德也。烏覩其爲勺文而象武耶?〈燕禮〉云: "若舞則勺。"[45] 鄭註以爲萬舞奏〈酌〉。宣八年《公羊傳》云: "萬入去籥。"萬者, 干舞也, 籥者, 籥舞也。去其有聲者, 廢其無聲者。【廢, 置也, 不去也】蓋謂萬舞執干戚, 故爲無聲, 籥舞執羽籥, 故爲有聲也。勺之爲萬, 旣有〈燕禮〉之註, 而象之爲籥, 其證更多。▶

---

39) 『儀禮』, 「聘禮」, "百名以上書於策, 百名以下書於方." 이에 대해 『의례집설儀禮集說』에서 정현鄭玄은 "策, 簡也. 方, 板也"라고 하여 책策을 죽간竹簡으로, 방方을 목판木板으로 풀이하였다.

40) 『小學』, 「立敎」 2장. "十有三年, 學樂誦詩舞勺, 成童, 舞象學射御."

41) 「모시서毛詩序」를 말한다.

42) 『詩經』, 「周頌·閔子小子之什·酌」. "於鑠王師, 遵養時晦, 時純熙矣, 是用大介. 我龍受之, 蹻蹻王之造. 載用有嗣, 實維爾公允師."

43) 『詩經』, 「周頌·淸廟之什·維淸」. "維淸緝熙, 文王之典. 肇禋, 迄用有成, 維周之禎."

44) 『詩經』, 「周頌·臣工之什·武」. "於皇武王, 無競維烈. 允文文王, 克開厥後, 嗣武受之, 勝殷遏劉, 耆定爾功."

45) 『儀禮』, 「燕禮」. "升歌鹿鳴, 下管新宮, 笙入三成. 遂合鄕樂, 若舞則勺."

◀○『의례』「빙례」에서는 "백 명名 이상은 책策에 쓰고 백 명名 이하는 방方에 쓴다"라고 하였는데, '명名'이라는 것은 글자이고 '방方'이라는 것은 모가 난 널판지方版이다. (따라서) 방명方名이라는 것은 천, 지, 부, 모 등 우선 가르쳐야 할 백여 글자이다. 이상은 동원의 말이다.

'무작(舞勺: 작을 춤추다)'과 '무상(舞象: 상을 춤추다)'에 대해서 오씨의 주석에서는 작勺을 문무文舞로 보고, 상象을 무무武舞로 여겼다.【또한 '문무는 병기를 사용하지 않는다'고 했다】 그런데 위굉衛宏의 소서小序에서는 「작酌」시는 대무大武에게 고하는 노래로 보고 「유청」시는 상무象舞를 아뢰는 노래라고 보았다.【또한 「무武」시는 무왕의 공을 노래하는 시라고 보았다】「작酌」이 곧 작勺이고 「유청維淸」이 곧 상象인지는 모르겠지만, (「작」시의) "아, 성대한 천자의 군대여, 이치에 따라 힘을 기르되 때를 기다려 감추니"는 분명 무왕의 공을 칭송하고 있으며, (「유청」시의) "청명하게 하여 이어 밝힐 것은 문왕의 법이라"는 분명히 문왕의 덕을 노래하고 있다. (그런데) 어찌 작勺이 문무文舞이고 상象이 무무武舞라고 볼 수 있겠는가? (『의례』의) 「연례」편에서 "약무즉작若舞則勺"이라고 했는데, 정현의 주에서는 만무萬舞를 출 때 「작酌」시를 연주하는 것으로 이해하였다. 선공 8년의 『공양전』기록에서는 "만입거약萬入去籥"을 말하되, 만萬은 방패춤[干舞]이고 약籥은 피리춤[籥舞]이니, 소리 있는 춤은 없애고 소리 없는 춤은 그대로 두는 것으로 설명하였다.【'폐廢'는 그대로 두는 것이며 없애지 않는 것이다】 대개 만무萬舞에서는 방패와 도끼를 잡으므로 소리가 없게 되고, 약무籥舞에서는 깃과 피리를 잡으므로 소리가 있게 된다. 작勺이 만萬이라는 것은 이미 『의례』「연례」의 주석에 있으며 상象이 약籥이라는 것은 그 증거가 더욱 많다.▶

◀〈文王世子〉曰:"下管象, 舞大武."〈明堂位〉曰:"下管象, 朱干玉戚, 冕而舞大武."〈祭統〉曰:"下而管象, 朱干玉戚以舞大武."〈仲尼燕居〉曰:"下而管象, 示事也."[46] 凡言象舞, 必稱管象, 管者, 簫也, 所謂簫舞, 非卽象舞乎?〈祭統〉, 陳澔《集說》, 明以象舞爲文舞, 誠以執簫者, 必文舞也. 何氏詩說, 乃訓勺爲簫, 遂以勺舞爲文舞. 孔氏〈周頌〉之疏, 稱文王之時, 有擊刺之法, 武王作樂, 象而爲舞, 號其樂曰象舞.[47] 此等謬說紛然雜出, 故吳註遂以象爲武也. 襄二十九年, 季札觀樂, 見舞象箾·南籥者曰'美哉! 猶有憾'. 孔疏以南籥爲文舞, 以象箾爲武舞, 其實不知南籥爲何物. 象箾·南籥者同一簫舞, 非二舞也. 又《左傳》隨會之言, 以〈勺〉·〈武〉二詩俱作武力, 勺豈是文舞乎?▶

46)『禮記』,「仲尼燕居」, "升歌淸廟, 示德也, 下而管象, 示事也."
47) 황중송黃中松이 편찬한『시의변증詩疑辨證』에 동일한 문장이 보인다.

◀『예기』「문왕세자」에서 "당 아래로 내려와 피리로 상을 연주하고 대무의 춤을 춘다"라고 하고, 『예기』「명당위」에서 "당 아래에서 피리로 상을 연주하고 붉은 방패와 옥도끼를 들고 면류관을 쓰고서 대무의 춤을 춘다"라고 하며, 『예기』「제통」에서는 "당 아래로 내려와 피리로 상을 연주하고 붉은 방패와 옥도끼를 가지고 대무를 춘다"라고 하며, 『예기』「중니연거」에서는 "당 아래로 내려와 피리로 상을 연주함은 업적을 표현하는 것이다"라고 하였다. 대체로 상무象舞를 말할 때는 반드시 관상管象이라고 불렀는데, 관管은 피리이니, 이른바 약무籥舞라는 것이 곧 상무象舞가 아니겠는가? 「제통」에 대해 진호의 『예기집설』에서는 분명하게 상무가 문무文舞라고 하였으니, 진실로 피리를 잡는 것은 반드시 문무이기 때문이다. (그런데) 하씨의 시설詩說에서는 작勺을 약籥으로 풀이하고서 드디어 작무勺舞를 문무라고 여겼다. 공씨의 『예기』「주송」에 대한 소疏에서는 "문왕 때에 치고 찌르는 법이 있어, (이에 따라) 무왕이 음악을 짓고 이를 본떠서 춤을 만들고서, 그 음악을 상무라고 불렀다"라고 설명했다. 이러한 잘못된 설들이 혼잡하게 일어났기 때문에 오씨[吳訥]의 주석에서 드디어 상象을 무무武舞라고 여겼다. 양공 29년에 계찰이 음악을 감상하다가 상소象箾와 남약南籥을 춤추는 것을 보고 "아름답구나! 그러나 유감스러운 점이 있다"라고 했는데, 공씨의 소에서는 남약은 문무이며 상소는 무무라고 하였으니, 실제로는 남약이 어떤 것인지 알지 못한 것이다. 상소와 남약은 동일한 (문무인) 약무이지 두 가지 춤이 아니다. 또한 『좌전』에 나오는 수회의 말에 의하면 「작勺」과 「무武」, 두 시를 가지고서 모두 무력을 일으킨다고 하니, 작勺이 어찌 문무文舞이겠는가?▶

◀○勺是干舞, 是武舞也。象是籥舞, 是文舞也。然古者, 歌舞異用, 勺之爲〈酌〉, 未必然也。詩所以歌, 豈所以舞乎?

'內而不出',[48] 謂如瀦澤之納衆水而儲蓄不出也。內, 當讀之爲納, 不當如字讀。

二十而嫁, 有故, 容有二十二年而嫁者, 其必三年者,[49] 古禮, 昏禮必用二月也。此星翁說。

學記家有塾節[50]

○古者, 王都之制, 五族爲黨,【五百家】黨有庠。五黨爲州,【二千五百家】州有序。五州爲鄕,【萬二千五百家】鄕有校。六鄕爲國,【七萬五千家】國有太學。此[51]不言鄕校者, 文不具也。'鄭子産不毀鄕校', 鄕有校, 審矣。古者匠人營國, 九分其國, 中爲王宮, 面朝後市, 左右六鄕, 兩兩相嚮, 鄕者, 嚮也。▶

---

48) 『小學』, 「立敎」 2장, "二十而冠, 始學禮, 可以衣裘帛, 舞大夏, 惇行孝悌, 博學不敎, 內而不出."
49) 『小學』, 「立敎」 2장, "十有五年而笄, 二十而嫁, 有故, 二十三年而嫁."
50) 『小學』, 「立敎」 4장, "學記曰, 古之敎者, 家有塾, 黨有庠, 州有序, 國有學."
51) 『小學』, 「立敎」 4장에 실린, 『禮記』, 「학기」의 '가유숙家有塾'절을 말한다.

◀○작勺은 방패를 잡고 추는 춤이니 무무武舞이고, 상象은 피리를 잡고 추는 춤이니 문무文舞이다. 그런데 옛날에 '가歌'와 '무舞'는 다르게 쓰였으니, 작춤의 가사가 「작」시라고 하는 것은 반드시 그렇지는 않다. 시는 노래하기 위한 것이지 어찌 춤추기 위한 것이겠는가?

'납이불출納而不出'이란 저수지에 많은 물을 끌어들여서 저장해 놓고서 흘려보내지 않는 것과 같은 것이다. '내內'는 '납納'으로 읽어야지 글자 그대로 읽어서는 안 된다.

나이 20세에 시집가는데, 유고가 있으면 22세에 시집가는 경우도 있다. 23세라고 한 것은, 고례에서 혼례는 반드시 2월에 하였기 때문이다. 성호 이익의 말이다.

'「학기」에 가에는 숙이 있고 ……'절

○옛날 수도에 관한 제도를 보면, 5족族이 당黨【500 가구】이 되고, 당에는 상庠이 있다. 5당이 주州【2,500 가구】가 되고, 주에는 서序가 있다. 5주는 향鄕【12,500 가구】이 되고, 향에는 교校가 있다. 6향은 국國【75,000 가구】이 되고, 국에는 태학太學이 있다. 여기서 향교를 말하지 않은 것은 글을 일일이 갖추어 쓰지 않은 것이다. '정자산은 향교를 훼손하지 않았다'라고 하니 향에 교가 있음이 분명하다. 옛날에 장인이 국도를 건설할 때, 국도를 아홉 등분하여 중앙을 왕궁으로 삼고, 앞에는 조정, 뒤에는 저자를 두며, 좌우의 6향을 둘씩 서로 마주보게 하였으니, 향鄕이란 마주한다는 의미다.▶

◀然則鄕學·州黨之學, 皆是京都之學, 而今人以外邑爲鄕, 其在外邑者, 謂之鄕校, 名實未允。

孟子曰契爲司徒節[52]

○夫婦有別者, 各配其匹, 不相瀆亂也。《禮》曰: "娶于異姓, 所以附遠厚別也。"【〈郊特牲〉】《禮》曰: "男女, 非有行媒, 不相知名, 非受幣, 不交不親。故日月以告君, 齊戒以告*鬼神, 爲酒食以召鄕黨僚友, 以厚其別也。"【〈曲禮〉文】《禮》曰: "執贄以相見, 敬章別也。【疏云: "壻親迎,[53] 入門而後, 與婦相見, 以明夫婦有別。"】男女有別, 然後父子親, 父子親, 然後義生, 義生, 然後禮作, 禮作, 然後萬物安。無別無義, 禽獸之道也。"【〈郊特牲〉】又曰: "章民之別, 使民無嫌。"

---

* 告: 新朝本에는 '先'으로 되어 있다.

52) 『小學』, 「立敎」 5장. 맹자가 말한 오륜을 언급하였다. 그 가운데 "使契爲司徒, 敎以人倫, 父子有親, 君臣有義, 夫婦有別, 長幼有序, 朋友有信."라는 구절이 있다. 『孟子』, 「滕文公」上.

53) 親迎: 결혼 육례六禮 중의 하나로서, 사위가 처가에 이르러 신부를 맞아오는 의식이다. 혼행婚行이라고도 한다.

◀그렇다면 향의 학교와 주·당의 학교는 모두 수도의 학교인데, 지금 사람들은 (수도) 바깥 고을을 향으로 여기고서, 바깥 고을에 있는 것을 향교라고 하니 이름과 실제가 부합하지 않는다.

'『맹자』에 설을 사도로 삼아 ……'절

○'부부유별夫婦有別'이란 각자 그 배우자를 정해서 서로 어지럽히지 않는 것이다. 『예기』에서 "다른 성씨에게 장가드는 것은 멀리 있는 사람과 혼인하게 해서 구별을 두터이 하는 것이다"라고 말했다.【『예기』 「교특생」】『예기』에서 "남녀는 중매가 없다면 서로 이름을 알지 못하며, 폐백을 받지 않으면 서로 교제하지도 않고 친하지도 않는다. 그러므로 (혼인) 날짜를 정해서 임금에게 알리고, 재계하고서 귀신에게 고하며, 술과 음식을 만들어 향당의 벗들을 초청함으로써, 그 구별을 두터이 하였다"라고 했다.【『예기』 「곡례」의 문장이다】『예기』에서 "폐백을 가지고 가서 서로 만났으니 그 구별을 삼가 드러낸 것이다.【소에서는 '신랑이 신부를 맞으러가서 문에 들어간 뒤에 신부와 서로 만나게 함으로써, 부부유별을 밝혔다'고 한다】 남녀의 구별이 있게 된 뒤에야 아버지와 아들이 친하게 되고, 부자가 친하게 된 다음에 의가 생겨나고, 의가 생겨난 다음에 예가 일어나며, 예가 일어난 다음에 모든 일이 안정된다. 분별이 없고 의가 없는 것은 금수가 사는 길이다"라고 했다.【『예기』 「교특생」】 또한 "백성에게 남녀의 구별을 드러내어 백성으로 하여금 혐의가 없도록 한다"라고 말했다.

○《詩傳》稱‘雎*鳩摯而有別’, 亦謂其‘乘居而匹處, 各有定配’也。
《禮》曰: “昏姻之禮, 所以分男女之別也。” ○今人, 以嚴內外之分
爲夫婦有別, 誤。

《春秋傳》史克之言,[54] 以父義・母慈・兄友・弟恭・子孝爲五敎。梅
氏《書傳》皆如是說。《中庸》之五達道,[55] 似與孟子所言五倫[56]同,
而彼云兄弟, 此云長幼, 又不同。

周禮大司徒節[57]

○虞法令, 司徒敎百姓, 典樂敎胄子, 周法令, 大司徒敎萬民, 大
司樂敎國子, 周之國子, 卽虞之胄子也。虞・周敎法兩下雙行, 不
可偏廢。朱子, 於虞兩取之, 於周取司徒而不取司樂。此小學之
闕文也。

---

* 雎: 新朝本에는 ‘睢’로 되어 있다.

54) 『左傳』, 文公 18년.
55) 『中庸』, 20장. 군신, 부자, 부부, 형제, 친구와의 사귐 이 다섯 가지가 천하의 달도達道라
   고 하였다.
56) 『孟子』, 「滕文公」上. 부자유친, 군신유의, 부부유별, 장유유서, 붕우유신을 말한다.
57) 『小學』, 「立敎」 7장. 『주례周禮』에 나오는 대사도大司徒의 교육내용을 언급하였다. 그 가
   운데 “대사도가 향삼물鄕三物로써 만민을 가르쳐서 빈객으로 천거하였다.[大司徒以鄕三
   物, 敎萬民而賓興之]”라는 구절이 있다. 향삼물은 첫째가 여섯 가지 덕[六德]이고 둘째가
   여섯 가지 행실[六行]이며 셋째가 여섯 가지 재주[六藝]이다. 『周禮』, 「地官・司徒」.

○『시집전詩集傳』에 '물수리는 정분이 지극하면서도 구별이 있다'라고 하며, 또한 '네 마리가 함께 살거나 한 마리만 머무는 것을 보지 못했으니 각각 정해진 짝이 있다'라고 하였다. 『예기』에서는 "혼인의 예는 남녀의 구별을 나누는 것이다"라고 하였다.

○지금 사람들은, 안과 밖의 구분을 엄격히 하는 것을 '부부유별'로 여기는데, (이는) 잘못이다.

『춘추전』에 사관인 극克의 말에서는, 아버지의 의로움, 어머니의 자애로움, 형의 우애, 아우의 공경함, 자식의 효도를 '다섯 가지 가르침'으로 삼았다. 매색의 『서전』에서도 모두 이와 같이 말했다. 『중용』의 '다섯 가지 보편적인 도'는 맹자가 말한 '다섯 가지 인륜[五倫]'과는 같은 듯하지만 저곳에서는 '형제兄弟'라고 하고 이곳에서는 '장유長幼'라고 한 것은 또한 같지 않다.

'『주례』에 대사도가 ……'절

○우虞나라의 법령은 사도司徒가 백성을 가르치고, 전악典樂이 주자冑子를 가르치는 것이며, 주周나라의 법령은 대사도大司徒가 모든 백성을 가르치고 대사악大司樂은 국자國子를 가르치는 것인데, 주나라의 국자가 바로 우나라의 주자이다. 우나라와 주나라의 교육법은 두 가지 제도가 함께 실행되었으니, 어느 하나도 없앨 수 없다. 주자朱子는 우나라에 대해서는 두 가지를 취했고, 주나라에 대해서는 사도는 취하되 사악은 취하지 않았다. 이것은 소학에서 빠뜨린 문장이다.

弟子職節[58]

○‘志毋[*]虛邪’, 邪與徐通,《詩》曰‘其虛其邪’[59], 是也。立志, 宜奮發勇往也。

---

* 毋: 신조본에는 母로 되어 있다.

58)『小學』,「立敎」9장. 공부하는 태도와 방법이 다섯 가지로 요약되어 있다. 그 가운데 뜻은 텅비고 느리지 말게 하며[志毋虛邪] 행동은 반드시 바르고 곧아야 하며 놀고 거할 때도 떳떳해야 하며 반드시 덕이 있는 데로 나아가야 한다는 말이 있다.『管子』,「弟子職」.

59)『詩經』,「國風·邶·北風」, "北風其涼, 雨雪其雰. 惠而好我, 携手同行. 其虛其邪徐. 旣亟只且."

'「제자직」'절

○'지무허사(志毋虛邪: 뜻은 텅비고 느리지 말며)'의 사邪자는 서徐자와 통하
니, 『시경』의 '기허기서(其虛其邪: 여유 있으며 느리게)'가 이것이다. 뜻을 세
웠으면 반드시 분발하여 용감하게 나아가야 한다는 의미이다.

明倫

內則曰子事父母節[60]

○子事父母, 男女未冠笄者事父母, 皆言拂髦, 獨婦事舅姑, 不言拂髦。共姜之詩曰: "髧彼兩髦[61]*, 實維我儀。"[62] 蓋髦者, 子事父母之儀, 非適人之婦所有事也。共姜之指髦爲誓, 明不嫁也。容臭, 香囊也。〈大雅·公劉〉篇注, 或曰: '容刀如容臭, 謂鞞鞛之中容此刀耳', 朱子曰'容臭如今之香囊', 是也。

---

* 髦: 新朝本에는 '髦'으로 되어 있다.

60) 『小學』, 「明倫」 1장. 아들과 며느리가 부모와 시부모를 섬길 때 해야 하는 일들을 언급하였다. 그 가운데 "男女未冠笄者, 鷄初鳴, 咸盥漱, 櫛縰, 拂髦, 總角, 衿纓, 皆佩容臭, 昧爽而朝, 問何食飮矣."라는 구절이 있다. 『禮記』, 「內則」.

61) 모髦: 다팔머리. 100일째 되는 날부터 갓난아이의 배냇머리를 잘라 묶어 만든 것으로, 아이의 눈썹까지 드리운 앞머리를 말한다.

62) 『詩經』, 「國風·鄘·柏舟」, "汎彼柏舟, 在彼中河. 髧彼兩髦, 實維我儀, 之死矢靡慝. 母也天只, 不諒人只!"

「명륜」편

'「내칙」에 자식이 부모를 섬길 때는 ……'절

○자식이 부모를 섬기는 일에 있어서, 아직 관례를 행하지 않은 남자와 비녀를 꽂는 예를 행하지 않은 여자가 부모를 섬길 때에는 모두 다팔머리[髦]를 털어 붙이는 의식을 말하지만, 며느리가 시아버지와 시어머니를 섬길 때만은 다팔머리를 털어 붙이는 일을 말하지 않았다. 공강共姜의 시에 "더풀거리는 저 두 갈래의 다팔머리를 한 이가 실로 나의 짝이로다"라고 했는데, '다팔머리'라는 것은 자식이 부모를 섬기는 의례이지, 남에게 시집간 며느리가 하는 일이 아니다. 공강이 '다팔머리'를 가리키며 맹세한 것은 다른 사람에게 시집가지 않겠다는 의사를 밝힌 것이다.

'용취容臭'는 향주머니이다. 『시경』「대아·공유」의, 주석에서 어떤 사람은 "용도容刀는 용취와 마찬가지로 칼집에 칼이 담긴다는 말일 뿐이다"라고 했지만, 주자가 "용취는 지금의 향주머니와 같다"라고 한 것이 이것이다.

(황금중 옮김)

禮記曰父命呼節[63]

○親癠。癠者, 齊也。〈旣夕記〉曰: "有疾, 疾者齊, 養者皆齊。" 此古人愼終之大端也。〈文王世子〉曰: "世子親齊, 玄而養。"[64]【玄者, 玄端[65]也。】癠, 直作齊, 可驗。○今注[66]訓癠爲病, 疏矣。

內則曰父母有婢子節[67]

○'由衣服·飲食, 由執事', 由, 於也, 謂於衣服·飲食·執事, 毋[*] 敢視彼也。《詩·大雅》: "無易由言。"《箋》云: "由, 於也。" 若訓 自也, 則義終不明。孔穎達曰: "由, 自也。爲自己所愛妾之衣 服·飲食·執事, 毋[**]敢視父母所愛者。" 古文雖簡奧, 由一字, 安得包含許多字義乃爾耶? 衣服·飲食, 以豐·約言, 執事, 以 勞·逸言。

---

* 毋: 新朝本에는 '母'로 되어 있다.
** 毋: 新朝本에는 '母'로 되어 있다.

63) 『小學』, 「明倫」 15장. 효자의 대체적인 예절을 언급하였다. 부모가 부르시면 재빨리 대답하고 느리게 대답하지 말라거나, 부모가 늙으시면 외출할 때 목적지를 변경하지 말고 돌아올 시간을 넘기지 말아야 하고 몸소 단정히 하여 얼굴색을 강하게 가지지 않아야 한다[親癠, 色容不盛]는 등이다. 『禮記』, 「玉藻」.

64) 『禮記』, 「文王世子」. "世子親齊, 玄而養"에 대하여 정현은 "親猶自也. 養疾者齊. 玄, 玄冠, 玄端也."라고 하였다.

65) 玄端服: 검은색 베로 만든 옷웃이다. 그 소매가 곧고 단정하므로 현단이라고 한다. 현단은 복식의 일종이기도 한데, 현관玄冠, 치포의緇布衣, 현상玄裳, 작필爵韠을 가리킨다. 현단복은 사士이 일상적으로 착용하는 예복禮服이고, 천자와 제후의 경우는 평상시 거처할 때 입는 복이다. 현단은 때로는 조복朝服을 가리키기도 한다.

66) 『禮記』, 「玉藻」 해당 조목에 대한 정현의 주를 가리킨다.

67) 『小學』, 「明倫」 16장. 부모에 대한 자식의 공경은 부모가 돌아가시더라도 변치 말아야 한다는 내용을 언급하였다. 그 가운데 "子有二妾, 父母愛一人焉, 子愛一人焉, 由衣服飲食, 由執事, 毋敢視父母所愛, 雖父母沒不衰."라는 구절이 있다. 『禮記』, 「內則」.

'『예기』의 아버지가 부르시면 ……'절

○'친제親癠'에서 '제癠'는 단정하게 한다는 뜻이다. 『의례儀禮』「기석기既夕記」에 "병이 위중해지면, 병자를 단정하게 하며 봉양하는 사람도 모두 단정히 한다"라고 하였다. 이는 옛 사람들이 죽음을 신중히 하는 큰 단서였다. 『예기』「문왕세자」에 "세자는 몸소 단정히 하는데 현단복을 입고 모신다"라고 하였다.【'현玄'은 현단복玄端服이다】'제癠'를 곧바로 '제齊'로 쓰고 있는 것을 통해서도 징험할 수 있다.

○이제 주에서는 '제癠'를 질병으로 풀이하고 있는데, 거리가 있다.

'「내칙」에 부모가 계집종의 자식을 ……'절

○"유의복음식由衣服飲食, 유집사由執事"에서 '유由'는 '~에 있어'라는 뜻으로, '의복과 음식, 일을 집행함에 있어 부모가 아끼는 쪽에 감히 견주지 말라'는 뜻이다. 『시경』「대아·억」에 "명령을 소홀히 하지 말라"라고 한 것에 대하여 정현의 『전箋』에서는 "유由는 '어於'라는 뜻이다"라고 하였다. 만일 '자기[自]'라고 풀이한다면 의미가 끝내 분명하지 않다. 공영달은 "'유由'는 '자기'라는 뜻이다. 자기가 사랑하는 첩의 의복과 음식, 일의 집행을 부모가 사랑하는 첩과 감히 견주지 말라는 뜻이 된다"라고 하였다. 고문古文이 간략하면서도 뜻이 깊기는 하지만, '유由' 한 글자가 어찌 이처럼 여러 가지 의미를 포함할 수 있겠는가? 의복과 음식을 견주지 말라는 것은 풍성함과 소략함을 기준으로 말한 것이고, 일의 집행을 견주지 말라는 것은 수고로움과 편안함을 기준으로 말한 것이다.

孔子曰五刑之屬三千節[68]

○〈康誥〉戒刑, 首以不孝不友爲元惡大憝。凡不孝不友, 戒之曰 '刑茲無赦'。今世不孝之刑, 廢之不用, 久矣。臣民有一言觸忤, 皆施不忠之刑, 而不忠者未息。若申明不孝之刑, 以修其本, 則 不忠者不作矣。

論語曰賓退節[69]

○'賓不顧', 卽賓禮所應有之告辭, 如今笏記所載, 非孔子獨行之 也。聘禮宜檢。

---

68) 『小學』, 「明倫」 39장. 공자가 "五刑之屬三千, 而罪莫大於不孝."라고 한 말을 언급하였다.
　　『孝經』, 「五刑」.
69) 『小學』, 「明倫」 42장. 공자가 군주의 명으로 빈례를 치를 때의 신중한 태도를 언급하였다.
　　그 가운데 "賓退, 必復命曰, 賓不顧矣."라는 구절이 있다. 『論語』, 「鄕黨」.

'공자가 말하기를, 다섯 가지 형벌에 해당하는 조목이 3,000가지이지만 ……'절

○『서경』「강고」에서 형벌을 경계하면서, 첫머리에 부모에게 불효한 것과 형제간에 우애하지 않는 것을 큰 악과 크게 미워할 일로 보았다. 불효하고 우애하지 않는 모든 자에 대하여 경계하기를 '법에 따라 처리하고 용서하지 말라'고 하였다. 오늘날 불효에 관한 형벌은 폐지되어 사용되지 않은 지가 오래되었다. 백성들이 한 마디라도 심기를 거스르면 모두 불충不忠의 죄목으로 처벌하지만 불충한 자는 잦아들지 않고 있다. 만일 불효의 형벌을 다시 밝혀 근본을 닦는다면 불충한 자가 일어나지 않을 것이다.

'『논어』에 손님이 물러가면 ……'절

○'손님이 돌아보지도 않고 잘 가셨습니다'라는 말은 바로 빈례賓禮에서 당연히 있어야 하는 고사(告辭: 보고하는 말)인데, 오늘날 홀기에 기록된 것과 같은 것으로 공자만 행한 것이 아니다. 빙례를 맡으면 점검을 잘 해야 한다.

入公門節[70]

○'過位', 非過君之虛位[71]。位者, 百官立之位也,【如今之品石】下云 '復其位', 可驗。

士昏禮父醮子節[72]

○《禮》注云:"酌而無酬酢曰醮。"《說文》曰:"醮, 冠娶禮祭也。" 蓋祭始制禮者。今俗以夫婦共牢爲醮禮, 謬。【《列女傳》云:"一與之 醮, 終身不改。"[73] 古人亦或以合巹之酌爲醮】

禮記曰昏禮節[74]

○'幣必誠, 辭無不腆'者,〈郊特牲〉疏曰:"幣帛必須誠信, 使可 裁制, 勿令虛濫。"▶

---

70)『小學』,「明倫」43장. 공자가 궁문을 드나들 때와 당에 오르내릴 때의 삼가는 태도를 언급하였다. 그 가운데 "入公門, 鞠躬如也, 如不容."라는 구절이 있다.『論語』,「鄕黨」.
71) 주희는 '位位'를 '군주의 빈 자리[君之虛位]'라고 보았다.
72)『小學』,「明倫」61장. 아버지가 아들에게 초례를 하는 과정을 언급하였다. 그 가운데 "父 醮子, 命之曰, '往迎爾相, 承我宗事, 勗帥以敬, 先妣之嗣, 若則有常.' 子曰, '諾, 唯恐弗 堪, 不敢忘命'"라는 구절이 있다.『儀禮』,「士昏禮」.
73)『烈女傳』卷4,「蔡人之妻」.
74)『小學』,「明倫」62장. 혼례의 의미와 폐백을 올릴 때의 고사告辭에 내포된 정신을 언급하 였다. 그 가운데 "幣必誠, 辭無不腆."라는 구절이 있다.『禮記』,「郊特牲」.

'궁궐문에 들어갈 때는 ……'절

○'자리를 지날 때[過位]'라는 것은 임금의 빈자리를 지나는 것이 아니다. 위位는 백관이 서는 자리로서,【오늘날의 관품석과 같다】 아래에서 '자기 자리로 돌아온다'고 한 것을 통해 징험할 수 있다.

'「사혼례」에 아버지가 아들에게 초례하면서 ……'절

○『의례』「사관례」의 정현주에 "잔을 드리기만 하고 주고받지는 않는 것을 초醮라 한다"라고 하였고, 『설문』에 "초醮는 관례와 혼례 때의 제사이다"라고 하였으니, 대개 예를 처음 만든 사람에게 드리는 제사이다. 오늘날 풍속에 부부가 희생을 함께 먹는 것을 초례醮禮라고 보는데 잘못이다.【『열녀전』에 "한번 초례를 함께하면 죽을 때까지 마음을 바꾸지 않는다"라고 하였으니, 옛사람도 더러 신혼부부가 함께 술 마시는 것을 초醮라고 본것이다】

'『예기』에 혼례는 ……'절

○"폐백을 반드시 정성스럽게 하고 '변변치 않습니다[不腆]'라는 말을 사용하지 않는다"는 것에 대해, 『예기』「교특생」(가공언賈公彦의) 소에서는 "폐백을 반드시 정성스럽고 신실하게 한다는 것은 잘 마름질하여 모자라거나 넘치지 않도록 하는 것이다"라고 하였다.▶

◀〈昏禮〉曰: ‘皮帛必可制’, 言可裁制爲衣也。此所謂幣必誠也。古者致辭, 必有不腆二字。幣曰‘不腆之幣’, 器曰‘不腆之器’,【《春秋傳》[75]】至納徵之辭, 則但云‘儷皮束帛, 使某也請納徵’, 不用不腆二字。腆, 善也。不嫌言其幣之不善者, 不詐飾也, 此所謂辭無不腆也。故曰‘告之以直信’。

‘男女有別然後父子親’, 馬氏說[76]糊塗不明, 陳氏說爲長。陳氏曰: "禽獸知有母而不知有父, 無別故也。" 斯經旨也。今娼妓之子, 率多謂他人父者, 以無定配也。各配其配, 非所謂有別乎?

75) 『左傳』, 「文公」 12년조.
76) 馬氏說: 오늘 吳訥의 『소학집해』에 소개된 마씨의 설을 가리킨다. 그는 "男女無別於內, 則夫婦之道喪, 淫辟之罪多, 雖父子之親, 亦不得而親之也. 男女有別然後, 父子有相親之恩, 父子有相親之恩, 則必有相親之義."라고 하였다.

◀『의례』「사혼례士昏禮」에 "가죽과 비단은 (옷을) 만들 수 있는 것이어야 한다"라고 하였는데, 옷을 만들 수 있음을 말한다. 이것이 '폐백을 반드시 정성스럽게 한다'는 것이다. 옛날 사양하는 말에는 반드시 '변변치 않다[不腆]'는 글자가 들어간다. 폐백의 경우는 '변변치 않은 폐백'이라 하고, 기물의 경우는 '변변치 않은 기물'이라고 하였다.【『춘추전』】납징할 때의 인사말에서는 다만 '한 쌍의 가죽과 비단 묶음을 아무개 편으로 보내 납징納徵하기를 청합니다'라고만 하고 '변변치 않은'이라는 글자를 사용하지 않는다. 전腆은 좋다는 뜻이다. 폐백이 변변치 않다고 겸손하게 말하지 않는 것은 거짓으로 꾸미지 않는 것이다. 이것이 '변변치 않다는 말을 사용하지 않는다'는 것이다. 그러므로 '정직과 신의로 고한다'고 말한다.

"남녀의 구별이 있은 뒤에 부자의 친함이 있다"는 것에 대한 마씨의 설은 애매하고 분명하지 않으며 진호陳澔의 설이 낫다. 진호는 "금수는 어미가 있음은 알지만 아비가 있다는 것은 모르는데, 구별이 없기 때문이다"라고 하였다. 이것이 경문의 뜻이다. 이제 기생의 자식이 대부분 다른 사람을 아버지라고 부르는 것은 정해진 짝이 없었기 때문이다. 각각 자기의 짝을 짝으로 여기는 것이 '구별이 있다'는 것의 의미가 아니겠는가?

男不言內節[77]

○‘道路, 男子*由右’, 鄭玄曰: “地道尊右。” 道路在地, 故言地道
也。男尊於女, 所以由右。地之尊右, 以陰也。

孔子曰婦人伏於人節[78]

○‘不百里而奔喪’者, 後日而出, 先日而入, 不見星也。〈奔喪〉禮
曰‘日行百里’者, 男子也。
《大戴禮》曰: “逆天地者, 罪及五世。逆人倫者, 罪及三世。” 其云
逆家, 蓋指此耳。然鯀汩陳五行, 天不錫疇, 而禹乃嗣興,[79] 瞽
叟殺子干君, 縱象亂倫, 而舜得薦天, 罰不及嗣, 先王之道也。
○又《大戴禮》注曰: “亂者, 淫亂也。”[80]

---

* 子: 新朝本에는 ‘女’로 되어 있으나《小學·明倫》에 따라 바로잡는다.

77) 『小學』, 「明倫」 66장. 남자와 여자의 성 역할과 그에 따른 행동 방식을 언급하였다. 그 가
운데 “道路男子由右, 女子由左.”라는 구절이 있다. 『禮記』, 「內則」.

78) 『小學』, 「明倫」 67장. 공자가 말한 여자의 삼종지도와 기타 금기사항 같은 부덕婦德을 언
급하였다. 그 가운데 “女及日乎閨門之內, 不百里而奔喪, 事無獨為, 行無獨成之道.”라는
구절이 있다. 『大戴禮記』, 「本命篇」; 『孔子家語』.

79) 『尚書』, 「洪範」.

80) 『大戴禮記』, 「易本命」.

'남자는 집안일을 말하지 않고 ……'절

○'길에서 남자는 오른쪽으로 다닌다'고 한 것에 대해, 정현은 "땅의 도리는 오른쪽을 높인다"라고 하였다. 길은 땅에 있으므로 땅의 도리라고 한 것이다. 남자는 여자보다 높으므로 오른쪽으로 다닌다. 땅이 오른쪽을 높이는 것은 음이기 때문이다.

'공자가 말하기를, 부인은 다른 사람에게 복종한다. ……'절

○'백리가 넘으면 분상奔喪하지 않는다'는 것은 해가 뜬 뒤에 나가고 해가 지기 전에 들어와 별을 보지 않는다는 것이다. 『예기』「분상奔喪」에서 '하루에 백리를 간다'고 한 것은 남자의 경우이다.

『대대례기大戴禮記』에 "천지를 거슬린 자는 죄가 5세에 미치고, 인륜을 거슬린 자는 죄가 3세에 미친다"라고 하였으니, 본 절에서 '거역한 집안[逆家]'이라고 한 것은 대체로 이것을 가리킨다. 그렇지만 곤鯀이 오행을 다스리지 못하여 하늘이 구주(九疇: 천하를 다스리는 대법)를 내려주지 않았으나 (그의 아들인) 우禹는 뒤이어서 흥기하였고, 고수는 자식을 죽이려 하고 임금을 범하려 하였으며 방종한 상象은 인륜을 어지럽혔으나 순은 하늘에 천거될 수 있었으니, 죄가 자식에게까지 미치지 않는 것이 선왕의 도였다.

○또 『대대례기』의 주에 "난亂은 음란하다는 뜻이다"라고 하였다.

曲禮曰見父之執節[81]

○父執之執, 非執志同也。年齒·地位, 皆與父同, 而但其執志, 與父燕·越, 則其進退應對之禮, 皆不必如是耶? 假如父志在仕, 而父友之志在隱遯, 則便可不敬其父友耶? ○〈曲禮〉云: "僚友, 稱其弟也, 執友, 稱其仁也, 交遊, 稱其信也。"〈雜記〉云: "相趨也, 出宮而退。相揖也, 哀次[82]而退。相問也, 旣封而退。相見也, 反哭[83]而退, 朋友, 虞[84]·附[85]而退。"鄭玄云: "相趨, 謂相聞姓名。相揖, 嘗會於他也。相問, 嘗惠遺也。相見, 嘗執摯[86]相見也。"士必相見而後, 乃成爲友, 相見之禮, 必有執摯, 此之謂執友也。執友之品, 比之相趨·相揖·相問之類, 最爲親切, 故見父之執, 其禮自別。▶

---

81) 『小學』,「明倫」71장. "見父之執, 不謂之進, 不敢進. 不謂之退, 不敢退. 不問, 不敢對." 『禮記』,「曲禮」.

82) 哀次: 대문 밖 서쪽에 빈객이 머무르도록 장막을 쳐서 만든 곳.

83) 反哭: 묘지에서 장례가 끝난 다음 신주神主를 모시고 집으로 돌아오는 동안과 돌아온 뒤에 곡하는 일.

84) 虞: 아침에 장사를 지내고 정오에 우제를 지낸다. 장사를 지낸 4일 이내에 빈궁殯宮에서 3차례 우제虞祭를 지내므로 삼우三虞라고 한다.

85) 附: 졸곡卒哭을 지낸 다음날, 소목昭穆의 서열에 따라 죽은 자를 사당에 모시고 지내는 제사. 부제를 마친 뒤 신주는 정침正寢으로 옮겼다가 대상大祥이 되면 사당으로 옮긴다. '부제附祭' 또는 '부제付祭'라고 한다.

86) 執摯: 제자가 스승을 처음 뵐 때나 신하가 임금을 알현할 때에 예폐禮幣를 가지고 가서 경의를 표하는 것.

'「곡례」에 아버지의 집우執友를 뵈면 ……'절

○'아버지의 집우執友'라고 할 때의 '집우'는 품은 뜻이 같은 사람이 아니다. 연배나 지위가 모두 아버지와 같지만 품은 뜻이 아버지와 연나라와 월나라처럼 크게 다르다면, 나아가고 물러나며 응대하는 예절 모두를 반드시 이와 같이 할 필요가 없다는 것인가? 예를 들어 아버지의 뜻은 벼슬하는 데 있고 아버지 친구의 뜻은 은둔하는 데 있다고 하여 아버지의 그 친구를 공경하지 않을 수 있겠는가?

○『예기』「곡례」에 "요우僚友들은 그의 우애를 칭찬하고, 집우執友들은 그의 어짊을 칭찬하며, 교유交遊들은 그의 신의를 칭찬하다"라고 하였다. 『예기』「잡기」에, "이름만 들은 사이[相趨]라면 (상여가) 사당 문을 나서면 물러나고, 다른 곳에서 인사를 한 적이 있는 사이[相揖]라면 (상여가) 대문 밖의 애차哀次에 이르면 물러나고, 선물을 주고받은 사이[相問]라면 봉분이 완성되면 물러나고, 집지執摯를 하고 만난 사이[相見]라면 반곡反哭을 한 뒤에 물러나고, 친구 사이[朋友]라면 우제虞祭와 부제祔祭를 마친 뒤에 물러난다"라고 하였다. 이에 대해 정현은 "상추相趨는 이름을 들어 아는 사이를 말하고, 상읍相揖은 다른 곳에서 만난 적이 있는 사이를 말하고, 상문相問은 선물을 받은 적이 있는 사이를 말하고, 상견相見은 집지執贄를 하고 만난 사이를 말한다"라고 주석하였다. 사士는 반드시 서로 만난 뒤에야 친구가 되고, 상견례를 할 때에는 반드시 집지執摯를 하는데, 이렇게 맺어진 친구를 집우執友라고 한다. 집지를 한 친구의 등급이 상추, 상읍, 상문의 친구들과 비교해 보면 가장 절친한 사이이므로 아버지의 집우를 뵈는 예는 다른 경우와 자연스럽게 구별된다.▶

◀五倫之中，其天屬之親，不以禮接。至若君臣·夫婦·朋友之倫，皆以義而合。以義而合者，必以禮而接，故不執摯以相見，不成君臣，不執摯以相見，不成夫婦，不執摯以相見，不成朋友，其義一也。故士相見禮得與士冠禮·士昏禮，並列爲禮。後世士相見之禮廢，而所謂朋友。皆塗交而市接，故偝死忘生者衆，而士君子之風俗日渝矣。夫唯執友而後，方爲五倫之朋友，此其所以見父之執，其禮自別也。

年長以倍節[87]

○或曰：“五歲之兒，五年之長，已是倍年。十歲之兒，十年之長，又是倍年也。若是者奈何？又如年滿三十者，雖二十年之長，不能爲倍年，若是者奈何？年長以倍，豈有定則邪？”▶

---

87)『小學』，「明倫」72장. “年長以倍，則父事之. 十年以長，則兄事之. 五年以長，則肩隨之.”『禮記』，「曲禮」.

◀오륜 가운데 천속天屬의 친족은 예로써 맺어진 관계가 아니다. 군신·부부·붕우의 관계는 모두 의로 결합된다. 의로 결합된 관계는 반드시 예로써 맺어야 하므로 집지를 하고 만나지 않으면 군신관계가 성립되지 않고, 집지를 하고 만나지 않으면 부부관계가 성립되지 않으며, 집지를 하고 만나지 않으면 친구관계가 성립하지 않으니, 그 의리는 동일하다. 그 때문에 사士가 서로 만나는 예가 사의 관례와 사의 혼례와 함께 하나의 동등한 예로 병렬될 수 있었다. 후세에 사가 서로 만나는 예가 없어지자 이른바 붕우라는 사람들이 모두 길에서 만나고 시장에서 맺어졌기 때문에 죽은 뒤에는 배반하고 살아서는 잊어버리는 경우가 많아져 사군자의 풍속이 날로 쇠퇴해졌다. 오직 집지를 한 친구라야 오륜에 속하는 붕우가 된다. 이것이 아버지의 집우를 뵐 때 그 예가 자연스럽게 구별되는 이유이다.

'나이가 두 배 많으면 ……'절

○혹자는 말한다. "다섯 살 아이의 경우 다섯 살이 많으면 이미 두 배의 나이다. 열 살의 아이의 경우 열 살이 많으면 또 두 배의 나이다. 이 같은 경우 어떻게 해야 하는가? 또 나이 삼십을 채운 사람의 경우 그보다 스무 살이 많더라도 두 배의 나이가 될 수 없으니, 이 같은 경우라면 어떻게 해야 하는가? '나이가 두 배 많다'는 것에 어찌 정해진 기준이 있겠는가?"

◀○古者十有五而成童, 二十而冠, 謂之成人, 故十九而死者, 爲長殤[88]。此經所云'年長以倍', 當以二十者而爲準。後世早昏, 有十五六而生子者, 若是者, 雖十五年之長, 亦當父事。○以文例言之, 十年爲五年之倍, 二十年爲十年之倍, 則所謂'年長以倍'者, 其指二十年之長, 無疑。

御同於長者節[89]

○御同, 《禮》疏作'侍食而同饌品'之意, 非謂侍坐而同食也。[90] ○《禮》疏曰: '貳, 重也.' 此食不重味之重也。○'偶坐不辭', 言有偶坐而對食者, 則亦雖貳而不辭也。

---

88) 상상이란 나이 20이 되기 전에 죽은 경우를 말하는데, 19살에서 16살까지는 장상長殤, 15살에서 12살까지는 중상中殤, 11살부터 8살까지는 하상下殤으로 다시 구분한다. 8세 이하는 상복을 입지 않는 상상殤이다. 『儀禮』, 「喪服」 참조.
89) 『小學』, 「明倫」 84장. "御同於長者, 雖貳, 不辭, 偶坐不辭." 『禮記』, 「內則」.
90) 『韓非子』, 「外儲說左下」와 『史記』, 「吳太伯世家」 참조.

○옛날에는 15세를 성동成童이라고 하였고, 스물에 관례를 치르고는 성인成人이라고 불렀으므로 열아홉에 죽은 사람은 장상長殤이 된다. 이 경에서 말하는 '두 배의 나이'는 스무 살 때를 기준으로 해야 한다. 후세에는 일찍 혼인을 하여 열대여섯에 자식을 보는 사람도 있었으니 이 경우라면 열다섯 살이 많더라도 아버지처럼 섬겨야 한다.

○본문의 흐름으로 말하더라도 열 살은 다섯 살의 두 배이고, 스무 살은 열 살의 두 배이므로 '두 배의 나이'라는 것은 스무 살 많은 것을 가리키는 것임에 의심이 없다.

'어른을 모시고 음식을 먹을 때 ……'절

○'어동御同'에 대해, 『예기』「내칙內則」(공영달의) 소에서는 '어른을 모시고 식사를 하면서 반찬이 같다'는 뜻으로 보았지, 어른을 모시고 앉아 함께 식사하는 것으로 보지 않았다.

○『예기』「내칙」(공영달의) 소에 '이貳는 중복의 뜻이다'라고 하였는데, 이는 '식사를 할 때 반찬을 중복해서 놓지 않았다'고 할 때의 중重이다.

○'우좌불사偶坐不辭'란 짝하여 앉아 마주 보고 식사를 하는 경우에는 또한 중복해서 내오더라도 사양하지 않는다는 말이다.

天子有爭臣節⁹¹⁾

○《左傳》曰: "自上以下, 降殺以兩, 禮也。"⁹²⁾ 故曰七, 曰五, 曰三也。《孝經》疏⁹³⁾以疑・丞・輔・弼及三公當七人, 諸侯・大夫之臣, 又艱難充數, 鑿矣。

官怠於宦成節⁹⁴⁾

○官, 以職事言。宦, 以名位言。

91)『小學』,「明倫」101장. 간쟁의 중요성을 언급하였다. "천자에게 간쟁하는 신하 일곱 사람이 있으면 무도하더라도 천하를 잃지 않고, 제후에게 간쟁하는 신하 다섯 사람이 있으면 무도하더라도 나라를 잃지 않으며, 대부에게 간쟁하는 신하 세 사람이 있으면 무도하더라도 집안을 잃지 않으며, 사에게 간쟁하는 친구가 있으면 아름다운 이름을 잃지 않으며, 아버지에게 간쟁하는 자식이 있으면 의롭지 못한 곳에 빠지지 않는다."『孝經』,「諫諍章」.

92)『左傳』卷37,「襄公」26년조에 보인다.

93) 송宋나라 형병邢昺의『孝經』소疏를 가리킨다.

94)『小學』,「明倫」106장. "官怠於宦成, 病加於少愈, 禍生於懈惰, 孝衰於妻子."『說苑』,「敬愼」.

'천자에게 간쟁하는 신하가 있으면 ……'절

○『좌전』에 "위로부터 아래로 둘씩 줄여나가는 것이 예이다"라고 하였으므로, 일곱 명이라 하고, 다섯 명이라 하고, 세 명이라고 한 것이다. 『효경』의 (형병의) 소에서는 의疑·승丞·보輔·필弼 및 삼공三公으로 일곱 사람에 해당시켰으나, 제후와 대부의 신하는 숫자를 채우기 어려우니 천착이다.

'벼슬은 직위가 이루어지면서 게을러지고 ……'절

○'관官'은 맡은 일로써 말하고, '환宦'은 직위로써 말하는 것이다.

敬身

言忠信節[95]

○東北曰貊, 見《周禮》之注.【〈夏官·職方氏〉, 〈秋官·貉隷〉】陳[96]注謂
之北狄, 誤.

管敬仲節[97]

○《國語》注: "敬仲, 夷吾之字." 或曰: "敬, 諡也."[98] 孟武伯[99]·
臧宣叔·管敬仲, 同一文例.

論語曰孔子節[100]

○古者, 告朔於宗廟, 因以視朔, 而於此發政. 宗廟·朝廷, 皆
政事之所出, 故曰'便便言'. 便便者, 辨別政事也. 若主禮法而言
之, 則方祭之時, 不得有言.

---

95) 『小學』, 「敬身」 6장. "言忠信, 行篤敬, 雖蠻貊之邦行矣. 言不忠信, 行不篤敬, 雖州里行乎
    哉!" 『論語』, 「衛靈公」.
96) 『소학증주小學增註』의 저자인 천태천태天台 진선陳選을 가리킨다.
97) 『小學』, 「敬身」 12장. "管敬仲曰, '畏威如疾, 民之上也. 從懷如流, 民之下也. 見懷思威, 民
    之中也.'" 『國語』, 「晉語四」.
98) 『左傳』, 「閔公·元年」, 孔穎達의 疏. "敬, 諡. 諡法, 夙夜勤事曰敬. 仲, 字. 管, 氏. 夷吾,
    名"이라고 되어 있다.
99) 마융은 '맹무백은 의자懿子의 아들인 중손체仲孫彘로, 무武는 시호'라고 보았다.
100) 『小學』, 「敬身」 21장. 공자가 향당과 종묘에 있을 때 상황에 맞게 언행이 신실하였음을
    언급하였다. 그 가운데 "其在宗廟朝廷, 便便言唯謹爾"라는 구절이 있다. 『論語』, 「鄕
    黨」.

「경신」편

'말이 진실하고 믿음이 있으면 ……'절

○동북쪽에 사는 이민족을 맥貊이라 한 것은 『주례』의 주에 보인다. 【「하관·직방씨」, 「추관·맥예」에 보인다】 진선陳選의 주에서 북적이라고 한 것은 잘못이다.

'관경중'절

○『국어』의 (위소韋昭) 주에 "경중敬仲은 이오夷吾의 자이다"라고 하였는데 혹자는 "경敬은 시호이다"라고 하니, 맹무백·장선숙·관경중도 동일한 용례이다.

'『논어』에 공자는 ……'절

○옛날에는 종묘에서 곡삭의 예를 행한 뒤 책력冊曆을 보고 여기(종묘)에서 정령을 반포하였다. 종묘와 조정은 모두 정사가 나오는 곳이므로 '변변언便便言'이라고 하였다. 변변이란 정사政事를 변별하는 것이다. 만약 예법을 위주로 말한다면 한창 제사를 드릴 때는 말을 할 수 없다.

孔子食不語節[101]

○答述曰語, 自言曰言。朱子曰: "食對人, 寢獨處, 故卽其事而言之。"[102] 然食獨無獨, 寢獨無對乎? 作互文[103]看, 恐不妨。

子見齊衰節[104]

○斬·齊之人, 古者通稱齊衰者, 〈曲禮〉云'齊衰者必式[105]', 亦是也。 ○有爵者, 未必每爲之貌。唯其冕服[106]之時, 爲之致容也。 ○凶服, 通緦[107]·功[108]而言。

---

101) 『小學』, 「敬身」 22장. "孔子食不語, 寢不言。" 『論語』, 「鄕黨」.

102) 『四書或問』 卷15.

103) 호문互文은 원래 한 구에서 문자의 중복을 피하기 위하여 동의어를 사용하는 것을 말한다.

104) 『小學』, 「敬身」 25장. "子見齊衰者, 雖狎必變, 見冕者與瞽者, 雖褻必以貌. 凶服者式之, 式負版者。" 『論語』, 「鄕黨」.

105) 式: 식軾과 같다. 수레에 탄 사람이 식軾을 잡고 몸을 굽혀 경의를 표하는 인사방식이다. 식軾은 수레 앞쪽에 잡거나 의지할 수 있도록 만든 가름대를 가리킨다.

106) 冕服: 머리에 면류관을 썼을 때 입는 옷을 모두 면복이라 한다. 예복 가운데 가장 존귀한 것이다. 변弁을 착용하였을 때 입는 변복弁服과 관을 착용했을 때 입는 관복冠服과 구별된다. 천자, 제후, 경대부에게 모두 면복이 있으나 차이가 있다.

107) 緦: 석 달 동안 입는 상복이다. 상복에는 재료를 인위적으로 가공하지 않은 순서에 따라 참최斬衰·자최齊衰·대공大功·소공小功·시마緦麻의 다섯 가지[五服]가 있고, 상복을 하는 기간에는 3년·1년·9개월·7개월·5개월·3개월 등이 있다.

108) 功: 굵은 베로 지은 대공복大功服과 가는 베로 지은 소공복少功服이 있다. 대공복은 9개월간, 소공복은 5개월간 입는 상복이다.

'공자는 음식을 먹을 때 말하지 않았으며 ……'절

○묻는 말에 대한 대답으로 자기의 의견을 서술하는 것을 '어語'라 하고 (묻지 않았는데도) 스스로 말하는 것을 '언言'이라 한다. 주자는 "식사할 때는 다른 사람과 짝하여 하고, 잠잘 때는 혼자 거처하므로 그 일에 따라 표현한 것이다"라고 하였다. 그러나 식사는 오직 혼자 할 때가 없겠으며, 잠은 오직 함께 잘 때가 없겠는가? 호문互文으로 보아도 무방할 것이다.

'공자가 자최복을 입은 이를 보면 ……'절

○참최와 자최복을 한 사람을 옛날에는 자최齊衰라고 통칭하였는데, 『예기』「곡례」에 "자최를 한 사람에게 반드시 식례式禮를 한다"라고 한 것 역시 그것이다.

○벼슬이 있는 자에게 매번 예모禮貌를 갖출 필요는 없다. 면복冕服을 입은 경우에만 그에게 예모를 갖춘다.

○'흉복凶服'은 시마복緦麻服과 공복功服을 통틀어 말하는 것이다.

禮記曰君子佩玉節[109]

○《周禮》大司樂二至奏樂, 亦但有宮·角·徵·羽, 不用商聲。其義無傳, 且當闕疑。

射義節[110]

○審者, 心知之明, 固者, 力持之强, 所以言內外也。○德, 內也。行, 外也。

曲禮曰爲人子節[111]

○昔有拘儒, 欲讀'純'如字, 非也。〈深衣〉篇曰：“具父母·大父母, 衣純以繢。具父母, 衣純[112]以靑。孤子[113], 衣純以素。”

---

109)『小學』,「敬身」32장. 군자의 풍모를 언급하였다. 그 가운데 "古之君子必佩玉, 右徵·角, 左宮·羽."라는 구절이 있다. 『禮記』,「玉藻」.

110)『小學』,「敬身」33장. "射者, 進退周還必中禮. 內志正, 外體直, 然後持弓矢審固, 持弓矢審固, 然後可以言中, 此可以觀德行矣."『禮記』,「射義」.

111)『小學』,「敬身」35장. "爲人子者, 父母存, 冠·衣不純素. 孤子當室, 冠·衣不純采."『禮記』,「曲禮」.

112) 純: '純'의 음은 '준'이고, 관과 옷의 가선테두리 장식이다. 비紕, 연緣 등의 의미와 같다. 흰색을 사용하지 않는 것은 흰색이 상喪을 상징하는 색이기 때문이다. 즉 부모가 돌아가시지 않았으므로 흰색을 사용하지 않는 것이다.

113) 孤子: 정현은 "일찍 부모를 잃으면 비록 상을 마치더라도 슬픔을 잊지 못한다. 나이가 아직 30세가 되지 않은 때를 가리킨다. 30세의 장년으로 가정을 이루면, 부모의 대를 잇는 단서를 갖게 되어 고자孤子에 해당하지 않는다"라고 주석하였다.

'『예기』에 군자는 반드시 옥을 찬다 ……'절

○『주례』(「춘관·종백」)에 태사악大司樂이 동지와 하지에 음악을 연주할 때도 궁·각·치·우의 소리만 쓰고 상성商聲은 쓰지 않았다. 그 의미에 대해서는 전하는 것이 없으므로 의심 가는 그대로 남겨두어야 한다.

'「사의射義」'절

○'심審'은 마음의 지혜가 밝은 것이고, '고固'는 잡는 힘이 강한 것으로 안과 밖을 말한다.
○덕은 안이고, 행行은 밖이다.

'「곡례」에 자식된 자는 ……'절

○예전에 융통성이 없는 유학자들이 있어 '준純'을 본래의 글자대로 읽으려 하였는데, 잘못이다. 『예기』「심의」편에 "부모와 조부모가 모두 살아계시면 붉은 색으로 상의의 테두리[純]를 두르고, 부모만 살아계시면 청색으로 상의의 테두리를 두른다. 고자孤子는 흰색으로 상의의 테두리를 두른다"라고 하였다.

論語曰食不厭精節[114]

○薑食, 如今之蜜薑者也。不撤, 謂旣飯徹[*]饌之時不撤, 不撤^{**}此薑食也。然薑性峻烈, 故不多食。

---

* 徹: 문맥상 '撤'이 옳은 듯하다.
** 撤: 新朝本에는 '徹'로 되어 있다.

114)『小學』,「敬身」43장. 공자의 식생활 습관을 언급하였다. '食不厭精' '不徹薑食, 不多食.'
　　『論語』,「鄕黨」.

'『논어』에 밥은 정精한 것을 싫어하지 않았으며 ……'절

○'강식薑食'은 지금의 밀강(蜜薑: 꿀에 잰 생강)과 같다. '불철不撤'은 식사를 마치고 음식을 치울 때 치우지 않는다는 것으로, 이 강식을 치우지 않았다는 뜻이다. 그러나 생강의 성질이 매우 맵기 때문에 많이 먹지는 않았다.

稽古

孟軻之母節[115]

○孟子喪父之時, 已仕爲士, 故前以士, 後以大夫, 前以三鼎, 後以五鼎也。【《孟子》臧倉節】趙氏謂孟子夙喪父, 幼被慈母三遷之敎, 殆不然也。雖不喪父, 賢母自應三遷。

萬章問曰舜節[116]

○'我竭力耕田, 共爲子職而已矣, 父母之不我愛, 於我何哉'二十二字, 是恝字之注脚。今以此二十二字, 爲孝子之溫言, 不亦謬乎? 東家有子焉, 噥噥然訕於其庭曰："我盡我道, 彼猶不慈, 干我甚事?" 非所謂'恝然無愁'者乎!《小學》去不若是恝四字, 義益難曉。

---

115) 『小學』,「稽古」2장. 맹모삼천지교孟母三遷之敎의 일화가 소개되어 있다. 맹자의 어머니는 맹자의 교육환경을 위해 무덤 가까운 곳에서 시장으로 이사하였으나 맹자가 장사치 흉내를 내자 다시 학교 근처로 이사하였는데 맹자가 놀면서 제기를 늘어놓고 읍하고 사양하며 나아가고 물러나는 모습을 흉내내자 드디어 그곳에서 살았다고 한다. 『烈女傳』卷1 '鄒孟軻母'.

116) 『小學』,「稽古」6장. 만장의 질문에 대해 맹자가 자식된 자의 직분을 말한 내용을 언급하였다. 그 가운데 "萬章問曰, '舜往于田, 號泣于旻天, 何爲其號泣也.' 孟子曰, '怨慕也. 不若是恝我竭力耕田, 共爲子職而已矣. 父母之不我愛, 於我何哉?'"라는 구절이 있다. 『孟子』,「萬章上」. 『小學』에서는 맹자의 대답 가운데서 '不若是恝' 네 글자를 삭제하였는데, 이곳에서의 논의는 이 네 글자에 대한 풀이와 관련된 것이다.

「계고」편

'맹가의 어머니'절

O맹자가 아버지를 여의었을 때는 이미 벼슬하여 사士가 된 상태였기 때문에 '전상(아버지의 상례)은 사士로서, 후상(어머니의 상례)은 대부의 자격으로 치렀고, 전상에는 삼정三鼎으로, 후상에는 오정五鼎으로 하였다.'【『맹자』「양혜왕」하, '장창'절】 조기趙岐는 맹자가 일찍 아버지를 여의고 어려서 자애로운 어머니의 세 번 이사하는 가르침을 받았다고 하였는데, 아마도 그렇지 않은 듯하다. 아버지를 여의지 않았더라도 현명한 어머니는 자연히 세 번 이사했을 것이다.

'만장이 묻기를 순이 ……'절

O"나는 힘을 다해 밭을 갈아 공손히 자식된 직분을 할 따름이니, 부모가 나를 사랑하지 않음이 나에게 무슨 상관이 있겠는가?"라는 22자는 '괄恝(무관심함)'자의 주석이다. 이제 이 22자를 효자의 따뜻한 말이라고 본다면 또한 잘못이 아니겠는가? 동쪽 집에 사는 자식이 중얼중얼 그 뜰에서 불평하기를 "나는 나의 도리를 다하였는데 부모님은 여전히 자애하지 않으시니 나에게 무엇을 바라는가?"라고 한다면 이것이야말로 '무심한 듯 수심이 없다'는 것이 아니겠는가! 『소학』에서 (맹자의) '불약시괄不若是恝(이처럼 무관심할 수 없음)' 네 글자를 제거하여 의미를 이해하기가 더욱 어려워졌다.

箕子者紂親戚節[117]

○鄭注曰: "箕在殷之畿內。" ○馬融·鄭玄·王肅皆以爲紂之諸父, 杜預·服虔以爲紂之庶兄。 ○胥餘, 一作須臾。 ○《論語》曰: "箕子爲之奴。"[118] 奴者, 繫於罪隷之官, 以徒隷役之也。 ○庾信碑文曰: "囚箕子於寒庫。"[119] 或曰: "囚者何以隱?" 燕惠王書云'民志不入, 獄囚自出, 然後退隱'[120], 則箕子亦自出歟? 梅《書》云'釋箕子之囚', 又何據也? 總不可解。

《呂氏春秋》云: "紂之母, 始爲妾, 生微子, 後爲妻, 生紂"[121], 故微子爲庶兄。

---

117) 『小學』,「稽古」22장. 기자箕子와 주紂에 관한 일화를 언급하였다. 그 가운데 "箕子者紂親戚."라는 구절이 있다. 『史記』,「宋微子世家」.
118) 『論語』,「微子」, "微子去之, 箕子爲之奴, 比干諫而死."
119) 『文苑英華』 卷890,「周上柱國齊王憲神道碑」.
120) 『史記』 卷80,「樂毅列傳」.
121) 『呂氏春秋』 卷11,「仲冬紀」.

'기자箕子는 주紂왕의 친척이다. ……'절

○정현의 주에 "기箕는 은의 왕기王畿 안에 있었다"라고 하였다.

○마융·정현·왕숙은 모두 주왕紂王의 삼촌이라고 보았고, 두예와 복건은 주왕의 서형이라고 보았다.

○'서여胥餘'가 다른 본에는 '수유須臾'로 되어 있다.

○『논어』에 "기자는 노복이 되었다"라고 하였는데, '노奴'는 죄수를 담당하는 관리에게 맡겨 노복으로 부려지는 자이다.

○유신庾信의 비문에 "기자를 차가운 창고에 가두었다"라고 하였는데, 혹자는 '갇힌 사람이 어떻게 은둔할 수 있는가?'라고 하였다. 연나라 혜왕의 편지에 "백성들이 받아들이지 않자 감옥에서 스스로 나온 뒤에 은거하였다"라고 되어 있으니 기자도 스스로 나온 것인가? 매색의 『고문상서』에 "기자를 풀어주었다"라고 한 것은 또 무엇에 근거한 것인가? 모두 이해할 수가 없다.

『여씨춘추』에 "주왕紂王의 어머니가 처음에 첩이 되어 미자를 낳았고, 뒤에 처가 되어 주紂를 낳았다"라고 하였으니 미자가 서형庶兄이 된다.

武王伐紂節[122]

○伯夷・叔齊餓於首陽而已, 何嘗餓死? 孔子謂餓於首陽者, 伯夷・叔齊讓國而逃, 不享國君之祿也。 故得與齊景公之有馬千駟, 較其善惡。【見《論語》】[123] 若因武王伐紂而餓死, 則此天下之浪死人, 又何必與齊景公較其善惡乎? 微子封於宋而不辭, 箕子陳〈洪範〉而不恥, 孔子皆許之以仁。 今夷・齊之行, 顯與微・箕相背, 又何以爲仁乎? 文王之時, 伯夷與太公, 聞風而往, 共受其養。 文王當時, 大勢已成, 伯夷若不知而歸之, 則其愚甚矣, 況與太公俱者乎? 早識大勢, 而至武王伐紂之日, 始乃叩馬, 不亦詐乎? 武王・周公, 聖人也, 父死不葬, 同往伐紂, 有是理乎? 古者卒哭而立主。【文二年】 旣云不葬, 安有木主? 司馬遷作〈伯夷傳〉, 都是齊東野人之說。 仲氏[124]別有所著, 今略之。

---

122) 『小學』, 「稽古」 23장. 무왕과 백이·숙제의 일화를 언급하였다. 무왕이 주왕을 정벌하자 백이와 숙제가 말고삐를 두드리며 말렸고 은나라가 평정된 뒤에는 주나라의 곡식은 먹지도 않고 수양산에 숨어서 고사리를 따먹다가 굶어 죽었다는 내용이다. 『史記』 卷61, 「伯夷列傳」.

123) 『論語』, 「季氏」, "齊景公有馬千駟, 死之日, 民無德而稱焉. 伯夷叔齊餓于首陽之下, 民到于今稱之, 其斯之謂與!"

124) 다산의 둘째형 정약전丁若銓을 말한다.

'무왕이 주왕을 정벌하자 ……'절

○백이·숙제는 수양산에서 굶주렸을 뿐 어찌 굶주려 죽었겠는가? 공자가 '수양산에서 굶주렸다'고 말한 것은 백이·숙제가 나라를 양보하고 도망가 국군으로서의 녹을 누리지 않았다는 것이다. 그 때문에 제경공이 4,000마리의 말을 소유한 것과 그 선악을 대비시킬 수 있었다.【『논어』에 보인다】만일 무왕이 주왕紂王을 정벌한 것 때문에 굶어죽었다면 이는 세상에서 헛된 죽음을 한 사람이니, 또 어찌 제 경공과 그 선악을 대비시킬 수가 있었겠는가? 미자는 송宋에 봉해졌지만 사양하지 않았고, 기자는 「홍범」을 진술하면서도 부끄러워하지 않았는데, 공자는 모두 어진 사람이라고 인정하였다. 이제 백이·숙제의 행동은 미자와 기자의 행동과 분명히 배치되는데 또 무엇을 근거로 어질다고 한 것인가? 문왕 때 백이와 태공[呂尙]은 소문을 듣고 가서 함께 문왕의 공양을 받았다. 문왕 당시에 대세가 이미 정해졌던 것이니 백이가 그것을 알지 못하고 귀부歸附하였다면 매우 어리석은 사람인데, 하물며 태공과 함께 갈 수 있었겠는가? 일찍 대세를 알았으면서도 무왕이 주왕을 정벌할 때가 되어서야 말고삐를 잡으며 말렸다면 또한 속임수가 아니었겠는가? 무왕과 주공은 성인인데, 아버지가 죽었어도 장례지내지 않고 함께 가서 주왕을 쳤다니 그럴 리가 있겠는가? 옛날에는 졸곡卒哭을 한 뒤에 신주神主를 세웠다.【문공 2년이다】이미 장례를 치르지 않았다고 하였는데 어떻게 나무로 만든 신주가 있을 수 있었겠는가? 사마천이 지은 「백이전」은 모두 제나라 동쪽 야인들의 설이다. 중씨仲氏가 여기에 대해 별도로 저술한 것이 있으므로 지금은 생략한다.

伯夷 · 叔齊節[125]

○《爾雅》作觚竹。[126] ○中子名仲遼, 則夷 · 齊非謐。世所傳別有名與字者, 皆謬悠也。

虞 · 芮之君節[127]

○虞在河東, 虞之西北有芮城, 皆中國地。

衛莊公節[128]

○石碏所云'義方', 卽義以方外也。注云'爲義之方'[129], 非也。

---

125) 『小學』,「稽古」32장. 백이 · 숙제의 일화를 언급하였다. 백이 · 숙제는 고죽군의 두 아들인데 아버지가 죽자 모두 사양하고 도망가니 백성들이 둘째 아들을 군주로 세웠다고 한다. 『史記』,「伯夷列傳」.
126) 『爾雅』,「釋地 · 野」, "觚竹 · 北戸 · 西王母 · 日下謂之四荒."
127) 『小學』,「稽古」33장. 우虞와 예芮의 군주가 주나라 무왕의 덕에 감화되었다는 일화를 언급하였다. 우와 예의 군주가 서로 토지를 다투다가 서백西伯이 어질다는 말을 듣고 토지문제를 바로잡기 위해 주周나라로 조회를 가는 길에 주나라 사람들이 서로 양보하는 모습에 감동을 받아 토지를 한전開田으로 삼고 물러났는데 이 소식을 듣고 문왕에게 귀부한 나라가 40여 나라가 되었다고 한다. 『孔子家語』,「好生」.
128) 『小學』,「稽古」45장. 위衛 장공莊公과 그의 아내 장강莊姜 그리고 장공이 총애하는 첩의 아들 주우州吁 사이에 있었던 일화를 언급하였다. 장공이 애첩의 아들 주우州吁를 총애하자 석작石碏이 장공에게 자식을 사랑하는 방법에 대해 충간하였다는 내용이다. 석작의 말 가운데 '敎之以義方, 弗納於邪.'라는 말이 있다. 『左傳』,「隱公」3년조.
129) 오눌吳訥의 『小學集解』를 가리킨다.

'백이·숙제'절

○『이아』에는 '고죽觚竹'으로 되어 있다.

○둘째의 이름이 중료仲遼라면 이夷와 제齊는 시호가 아니다. 세상에 '달리 이름과 자가 있다'고 전하는 것은 모두 잘못되고 사실과 거리가 있다.

'우와 예의 군주'절

○우虞는 황하의 동쪽에 있고, 우의 서북쪽에 예성芮城이 있는데 모두 중국 땅이다.

'위衛나라 장공莊公'절

○석작石碏이 말한 '의방義方'은 의義로써 외外를 방정하게 하는 것이다. 주에서 '의를 실천하는 방법'이라고 한 것은 잘못이다.

嘉言

馬援節[130]

○交趾人臥時, 頭向外, 足在內, 而相交。○鵠無奇章異彩, 刻之有依據, 虎有炳文神威, 畫之沒摸捉, 故及其不成, 而所類相邀也。注曰"鵠·鶩皆鳥而略相似, 虎·狗皆獸而大不同, 故云云"[131], 全失本指。

馬援方以論人長短, 戒其兄子, 而身先犯之, 議龍·杜長短, 可謂言不顧行矣。[132] 其後竟以此書招禍, 爲杜季良所害。

漢昭烈節[133]

○惡小·善小之戒, 出《易·繫》, 昭烈之言, 有所本。

---

130) 『小學』,「嘉言」6장. 마원馬援의 조카인 엄돈嚴敦이 모두 비판하고 논평하기를 좋아하고, 경박하고 호협한 사람들과 교제하자, 마원이 교지交趾에 있으면서 글을 보내어 훈계했다는 내용을 언급하였다. 마원은 용백고龍伯高와 두계량杜季良의 인품을 비교한 뒤 '용백고를 본받다가 되지 못하더라도 오히려 삼가고 조심하는 선비는 될 것이니, 이른바 고니를 조각하다가 이루지 못하더라도 오리를 닮는다는 것이다. 두계량을 본받다가 되지 못하면 천하의 경박한 사람에 빠질 것이니, 이른바 호랑이를 그리다가 이루지 못하면 도리어 개를 닮는다는 것이다'라고 하며 용백고를 본받으라고 훈계하였다. 『後漢書』,「馬援列傳」.

131) 오눌吳訥의 『소학집해小學集解』를 가리킨다.

132) 『中庸』20장.

133) 『小學』,「嘉言」7장. "漢昭烈將終, 勅後主曰, '勿以惡小而爲之, 勿以善小而不爲'."『三國志』,「蜀志·先主傳」.

「가언」편

'마원'절

○교지(交趾: 지금의 베트남 북부 하노이 지방) 사람들은 누울 때 머리는 (방) 밖을 향하고 발은 방안에 둔 채 교차시킨다.

○고니는 기이한 무늬와 채색이 없지만 조각할 때 의지할 것이 있고, 호랑이는 화려한 무늬와 신령한 위엄이 있지만 그릴 때 잡을 것이 없으므로, 완성하지 못하게 되면 실물과 전혀 다르게 된다. 주에서 "고니와 오리는 모두 새이면서 대개 비슷하지만, 호랑이와 개는 모두 짐승이면서 크게 다르므로 그렇게 말하였다"라고 하였는데, 본래의 뜻을 완전히 잃은 것이다.

마원이 사람의 장단점을 논하는 것으로 조카들을 경계하면서 자신이 먼저 그러한 잘못을 범하고, 용백고와 두계량의 장단점을 논의하였으니, '말을 하면서 자신의 행실을 돌아보지 않는다'는 것이라고 할 수 있다. 그 뒤 끝내 이 편지 때문에 화를 초래하여 두계량에게 피해를 입었다.

'한나라 소열제'절

○'악한 일은 아무리 작아도 행하지 말며'·'선한 일은 아무리 작아도 그만두지 말라'는 경계는 『주역』 「계사전」에 나왔으니 소열昭烈제의 말은 근거한 곳이 있다.

范魯公節[134]

○好承奉, 不能仰也,【好人之承我】不知玩戲, 不能俯也,【不察人之玩我】所以爲邅蹷 · 戚施。

胡文定公節[135]

○這, 音彦[136], 東人讀作宁。蓋華語稱此箇爲者箇, 俗又者爲這。華音讀者如東人之讀宁; 故東人讀之如此也。

伊川先生曰冠昏喪祭節[137]

○《訓義》曰: "始祖, 厥初生民之祖。先祖, 初祖以下 · 高祖以上之祖。"○厥初生民之祖, 不可盡知。吾東有韓氏 · 奇氏 · 鮮于氏, 謂之箕子之孫, 則子姓也, 法當祭契。有孟氏本是魯族, 則姬姓也, 法當祭稷。有黃氏本是楚族, 法當祭鬻熊。▶

---

134) 『小學』, 「嘉言」 10장. 범노공范魯公 질질이 재상이 되었는데, 조카인 고욱가 품계 올려주기를 요구하자 긴 시를 지어 깨우쳤다는 내용을 언급하였다. 범질의 시 가운데 "擧世好承奉, 昻昻增意氣. 不知承奉者, 以爾爲玩戲. 所以古人疾, 邅蹷與戚施."라는 구절이 있다. 『宋史』, 「范質列傳」.

135) 『小學』, 「嘉言」 13장. 문정공文定公 호안국胡安國이 아들에게 주는 글에서 훈계한 내용들을 언급하였다. 그 가운데 '治心脩身, 以飮食男女爲切要, 從古聖賢, 自這裏做工夫, 其可忽乎?'는 구절이 있다. 『胡氏傳家訓』.

136) 這는 '저'와 '언' 두 개의 소리가 있는 글자이다.

137) 『小學』, 「嘉言」 21장. 정이천程伊川이 관혼상제의 중요성을 언급하면서 조상에 대한 제사의 시기와 방법 등을 말한 내용을 언급하였다. 그 가운데 "某嘗修六禮大略, 家必有廟, 廟必有主, 月朔必薦新, 時祭用仲月, 冬至祭始祖, 立春祭先祖, 季秋祭禰, 忌日遷主祭於正寢, 凡事死之禮, 當厚於奉生者."라는 구절이 있다. 『二程遺書』.

'범노공范魯公'절

○'떠받들어주기를 좋아하는 것'은 우러러보지 못하는 것이고【남이 나의 비위 맞춰주기를 좋아하는 것이다】'노리개로 여김을 알지 못하는 것'은 굽어 살피지 못하는 것이므로【남이 나를 우습게 여김을 살피지 못하는 것이다】 천상바라기와 곱추가 된다.

'호문정공'절

○'저這'의 발음은 '언彦'인데 우리나라 사람들은 '저宁'로 읽는다. 생각건대, 중국어에서는 '이것'을 '자개者箇'로 칭하고, 시속에서는 '자者'를 '저這'라고도 쓴다. 중국음으로 읽는 것이 우리나라 사람이 '저'라고 읽는 것과 같으므로, 우리나라 사람들은 이와 같이 읽었다.

'이천선생이 말하기를, 관·혼·상·제는 ……'절

○『훈의』에 "시조는 맨 처음 종족을 형성한 조상이다. 선조는 시조부터 고조 이상의 조상이다"라고 하였다.

○맨 처음 종족을 형성한 조상을 모두 알 수는 없다. 우리나라의 한韓씨·기奇씨·선우鮮于씨는 기자箕子의 자손이라고 하니 자子성이므로 규정대로라면 설契을 제사해야 한다. 맹孟씨는 본래 노나라 공족이어서 희姬성이므로 규정대로라면 직稷을 제사지내야 한다. 황黃씨는 본시 초나라 공족이니 규정대로라면 육웅鬻熊에게 제사해야 한다.▶

◀有丁氏本出太公之子丁公伋, 此是姜姓, 法當祭神農。卽程氏
本出程伯休父,【周宣王時人】其先乃顓頊‧重黎之後,【見〈太史公自序〉
‧〈列傳〉】法當祭顓頊。今以報本之義, 而祭稷, 祭契, 祭顓頊,
祭神農, 恐於事體, 有多少未安。○自高祖以上, 溯至初祖, 合
而祭之者, 天子之大祫*也。大祫之禮, 先儒或稱五年一祫, 或稱
三年一祫。若每年立春, 必舉此祭, 則是天子之所不能, 何以行
矣? 然且冬至祭始祖, 立春祭先祖, 季秋祭禰, 皆絕無經證。

古者父母之喪節[138]

○公然者, 肆行於公衆所覩之意。俗作無故看, 非也。○溢者,
二十四分升之一。沈括曰: "秦‧漢以前量六斗, 當今一斗七升九
合。"

---

* 祫: 新朝本에는 '祫'으로 되어 있다. 이 단락의 '祫'은 모두 이와 같다.

138) 『小學』, 「嘉言」 23장. 사마온공이 부모의 상을 시기별로 대하는 자세와 먹을 수 있는 음
식의 종류 등을 설명한 내용을 언급하였다. 그 가운데 "古人居喪, 無敢公然食肉飮酒者
…… 隋煬帝為太子, 居文獻皇后喪, 每朝令進一溢米, 而私令外取肥肉脯鮓, 置竹筒中, 以
蠟閉口, 衣襆裹而納之."라는 구절이 있다. 『溫公書儀』.

◀정丁씨는 본래 태공太公의 아들인 정급丁伋에서 나왔는데 정급은 강姜
씨이므로 규정대로라면 신농神農을 제사해야 한다. 정程씨는 정백인 휴
보【주周 선왕宣王 때의 사람이다】에서 나왔는데, 그 선조는 바로 전욱과 중
려의 후손이므로【「태사공자서」와 「열전」에 보인다】규정대로라면 전욱을 제
사해야 한다. 이제 근본에 보답하는 의리에 근거해서 직에게 제사하고
설에게 제사하고 전욱에게 제사하고 신농에게 제사한다면 아마도 일의
모양이 다소간 편안치 않을 듯하다.

○고조로부터 거슬러 올라가 처음 조상까지를 합하여 제사지내는 것이
천자의 대협大祫이다. 대협의 예에 관해서 선유는 '5년에 한 번 협제를
지낸다'고 하기도 하고 '3년에 한 번 지낸다'고 하기도 하였다. 만일 매
년 입춘에 선조에 대한 제사를 반드시 거행해야 한다면 이것은 천자도
할 수 없는 것인데 어떻게 할 수 있겠는가? 게다가 동지冬至에 시조에
게 제사지내고, 입춘에 선조에게 제사를 지내며, 늦가을에 아버지에게
제사를 지내는 것도 모두 전혀 경전에 근거가 없는 것들이다.

'옛날에 부모의 상 ……'절

○'공연'이란 것은 많은 사람들이 보는 곳에서 함부로 행동한다는 뜻이
다. 시속에서 '아무 일 없이'라고 보는 것은 잘못이다.
○'일溢'은 1/24되이다. 심괄沈括은 "진·한 이전에 여섯 말이 지금의 1말
7되 9홉에 해당한다"라고 하였다.

劉安禮節[139]

○注曰'安禮, 字立之', 非也。立之字安禮。

文中子曰婚娶節[140]

○《易》曰: "取女見金,【句】夫不有躬。"[141]【蠱之〈象〉】婚姻論財, 聖人之所戒也。今人讀《易》, 句絶大誤, 故此戒不明。

范文正節[142]

○恩例者, 有例之內賜也。註云'異數', 誤。

心要在腔子裏節[143]

○存心有古今*之異。孟子曰: "人之所以異於禽獸者幾希。君子存之, 小人去之。"所謂幾希者, 道心之惟微也。▶

---

* 今: 新朝本에는 빠져 있다.

139) 『小學』, 「嘉言」 32장. "劉安禮問臨民. 明道先生曰, 使民各得輸其情. 問御吏曰, 正己以格物." 『二程全書』, 「明道行狀」.

140) 『小學』, 「嘉言」 40장. "文中子曰, 婚娶而論財, 夷虜之道也. 君子不入其鄉. 古者男女之族, 各擇德焉. 不以財爲禮." 『文中子』, 「事君」.

141) 몽몽괘의 육삼 효사이다. 주희의 『주역본의』에 따르면 "여자를 취하지 말 것이니, 돈 많은 지아비를 보고 몸을 두지 못하니, 이로운 바가 없다.[勿用取女, 見金夫, 不有躬, 无攸利]"라고 해석된다.

142) 『小學』, 「嘉言」 54장. 범중엄이 참지정사가 되었을 때 여러 아들에게 자신이 종족을 구제하기 위해 했던 일들을 말한 내용을 인용하였다. 그 가운데 범중엄이 "於是恩例俸賜, 常均於族人, 并置義田宅云"이라는 구절이 있다. 『宋名臣言行錄』.

143) 『小學』, 「嘉言」 64장의 전문이다. 『二程遺書』 卷7.

'유안례'절

○주에 "안례는 자字가 입지立之이다"라고 하였는데 잘못이다. 입지의 자가 안례이다.

'문중자가 말하기를, 혼인에 ······'절

○『주역』에 "여자를 취하면서 재물을 살피면【구두한다】 사내가 몸을 두지 않더라도"라고 하였다.【고蠱괘의 「상전」이다】 혼인을 하면서 재물을 논하는 것은 성인이 경계하였다. 지금 사람들이 『주역』을 읽으면서 구두를 끊음에 크게 잘못보아 이 경계警戒가 분명하지 않다.

'범문정'절

○'은례恩例'는 관례적으로 임금이 하사하는 것이다. 『소학증주』에서 '이례異例적인 대우'라고 한 것은 잘못이다.

'마음이 몸 안에 있어야 한다'절

○마음을 보존함에 옛날과 오늘날의 차이가 있다. 맹자는 "사람이 금수와 차이 나는 점은 매우 적다. 군자는 그것을 보존하고 소인은 그것을 버린다"라고 하였다. '매우 적다'는 것은 도심道心의 은미함이다.▶

◀古人言存心, 皆此說。後世存心者, 要將此心捉住在腔子裏。
兩義皆好, 而其所指不同。

腔, 軀殼也, 故訓作骨體。俗多作腸肚意看。

讀論語者節[144]

○葉氏曰: "甚生, 猶非常也。"或曰: "生, 語辭。如詩家言太憨
生, 是也。"養其本然之性, 則氣質亦隨而清粹非常矣。

橫渠先生節[145]

○過, 語辭。炒藥曰炒過, 洗酌曰洗過, 過, 已然之意。

---

144) 『小學』, 「嘉言」83장. 『論語』를 읽는 사람이 지녀야 할 마음가짐을 설명하였다. 그 가운
데 "若能於論孟中, 深求玩味, 將來涵養, 成甚生氣質.'는 구절이 있다. 『二程遺書』卷22.
145) 『小學』, 「嘉言」84장. "橫渠先生曰, '中庸文字輩, 直須句句理會過, 使其言互相發明'."
『張子全書』卷7 「學大原下」.

◀고인이 마음을 보존한다고 말한 것은 모두 이러한 뜻이다. 후세에 마음을 보존한다는 것은 이 마음을 몸 안에 잡아 두려는 것이다. 두 의미가 모두 좋지만 가리키는 뜻은 동일하지 않다.

'강腔'은 몸뚱이이므로 몸이라고 풀이한다. 시속에서는 뱃속의 뜻으로 보는 경우가 많다.

'『논어』를 읽는 사람은 ⋯⋯'절

○엽씨는 "심생甚生은 비상非常과 같다"라고 하였다. 혹자는 "생生은 어조사이다. 시인들이 '요염하나 어리석어 보인다[太憨生]'라고 할 때의 '생'이 이것이다"라고 하였다. 본연의 성을 기르면 기질 또한 그에 따라 비상하게 맑고 순수해진다.

'횡거선생'절

○'과過'는 어조사이다. 약을 볶을 때는 '볶았다[炒過]'라 하고, 잔을 씻을 때는 '씻었다[洗過]'라고 하니, '과'는 이미 그렇게 했다는 뜻이다.

六經節[146]

○六經者, 《詩》·《書》·《禮》·《樂》·《易》·《春秋》。古云六藝, 而《樂》今亡矣。《集解》去《樂》而取二禮, 非也。三禮共爲一經, 《樂》爲一經。朴燕巖《熱河日記》載鵠亭 王民皥之言曰'樂本無經', 誤矣。今〈投壺〉篇載魯鼓·薛*鼓之音節, 有方圈·圓圈, 古之《樂經》當如此文。又《漢書·藝文志》有〈河南周歌聲曲折〉七篇·〈周歌謠詩聲曲折〉七十五篇。【河南者, 周考王封其弟于河南, 爲西周】此明是古《樂經》之遺文, 何得曰'樂本無經'? ○格, 如窓槅之謂格也。

前輩節[147]

○鹵, 瀉也。莽, 荒也。田之蕪穢不治者, 謂之鹵莽。

---

* 薜: 문맥상 '薛'이 옳은 듯하다.

146) 『小學』, 「嘉言」 85장. "六經須循環理會. 儘無窮. 待自家長得一格, 則又見得別." 『張子全書』 卷6 「義理」.

147) 『小學』, 「嘉言」 88장. 『동몽훈童蒙訓』에 실려 있는 선배의 말을 소개하였다. 그 가운데 "義理精深, 惟尋思用意, 爲可以得之, 鹵莽厭煩者, 決無有成之理."라는 구절이 있다.

'육경'절

○육경은 『시詩』·『서書』·『예禮』·『악樂』·『역易』·『춘추春秋』이다. 옛날에는 육예六藝라고 했는데 『악』은 현재 망실되었다. 『소학집해』에는 『악』을 빼고 『주례』와 『예기』를 포함시켰는데 잘못이다. 삼례三禮는 합하여 하나의 경이고, 『악』이 하나의 경이 된다. 연암 박지원의 『열하일기』에 곡정鵠亭 왕민호王民皥의 "악에는 본래 경이 없었다"는 말이 실려 있는데 오류이다. 현재 『예기』 「투호投壺」편에 '노고魯鼓와 설고薛鼓'의 음절이 실려 있고, 방권方圈과 원권圓圈의 표시가 남아있다. 옛날 『악경』은 당연히 이 같은 문자로 되어 있었을 것이다. 또 『한서』 「예문지」에 「하남주가성곡절河南周歌聲曲折」7편과 「주가요시성곡절周歌謠詩聲曲折」75편이 실려 있다.【하남河南은 주나라 고왕考王이 그의 동생을 하남에 봉하여 서주西周로 삼은 곳이다】 이것들은 분명히 옛날 『악경』의 남겨진 글들인데, 어찌하여 "악에는 본래 경이 없었다"라고 할 수 있는가?
○'격格'은 바둑판 모양의 창살 무늬를 격이라 한다.

'선배'절

'로鹵'는 염분이 많다는 뜻이다. '망莽'은 거칠다는 뜻이다. 밭이 거칠고 정비되지 않은 것을 '노망鹵莽'이라고 한다.

○帙, 書衣也。高士奇曰: "如今裹袱之類。《白樂天文集》, 宋 眞宗命包以斑竹帙, 是也。" 世遂以書一部爲一帙。狼藉之藉, 當音籍。狼藉, 離披雜亂貌。《集解》謂: "狼藉草而臥, 去則穢亂, 故物之散亂曰狼藉。" 此說絶無所據, 不可從也。孟子云'粒米狼戾', 狼藉 · 狼戾, 其意相近, 不可强解如是。狼藉之藉, 東人皆去聲讀, 則此注誤之也。○〈滑稽傳〉云'杯盤狼藉, 主人留髡而送客', 入聲叶也。蘇軾〈赤壁賦〉云'杯盤狼藉, 不知東方之旣白', 亦入聲叶。

---

148) 『小學』, 「嘉言」 89장. 『안씨가훈』에서 남에게 책을 빌렸을 때 어떻게 다루어야 하는지를 설명한 내용을 인용하였다. 그 가운데, "狼藉几案, 分散部帙, 多爲童幼婢妾所點汚."라는 구절이 있다.

'『안씨가훈』'절

○'질帙'은 책갑이다. 고사기高士奇는 "지금의 책을 싸는 보자기의 종류와 같다. 『백낙천문집』을 송나라 진종이 얼룩무늬의 대나무 갑으로 싸도록 했다는 것이 그것이다"라고 하였다. 세상에서 드디어 책 한 부를 한 질이라고 여기게 되었다. '낭자狼藉'의 '자藉'는 '적籍'으로 발음해야 한다. 낭적은 나뉘고 뒤섞여 어지러운 모양이다. 『소학집해』에서는 "이리가 풀을 깔고 누웠다가 떠나면 더럽고 어지러우므로 물건이 흩어져 어지러운 것을 낭적이라고 한다"라고 하였는데, 이 설은 전혀 근거가 없는 것으로 따를 수가 없다. 맹자는 "쌀 알갱이가 이리저리 흩어져 있다"라고 하였다. 낭적과 낭려는 의미가 비슷하니, 이처럼 억지로 해석해서는 안 된다. 낭적의 '적'을 우리나라 사람들은 모두 거성去聲인 '자'로 발음하니 이 『집해』의 주가 그르친 것이다.

○『사기』「골계열전」에 '술상이 어지러운 채, 주인은 곤을 남겨두고 손님을 전송하였다'라고 하니 입성으로 협운한 것이다. 소식의 「적벽부」에 '술상이 어지러운데, 동녘 이미 밝은 줄도 몰랐네'라고 한 것도 입성으로 협운한 것이다.

善行

呂榮公節[149]

○'飯・羹許更益, 魚・肉不更進'者, 中國飲食, 皆層遞而進益之,
故其言如此。東人唯祭祀, 用此法。○魯宗道有二女, 長適張昷
之, 次適呂公著。張之女與呂之子【卽希哲】爲配。此以從母之弟,
娶從母之姊也。【東人謂之姊從四寸】吾東無此法。

明道先生節[150]

○'敦遣', 謂遣使而敦勉也。《增注》云'送之以禮', 非也。送之以
禮, 則無以萃於京師。賓興之法, 後世以爲薦士之通稱, 非也。
古者貴族・庶族, 別爲二類。貴族敎之於太學, 庶族敎之於司徒。

▶

---

149) 『小學』, 「善行」 2장. 여형공呂榮公의 장부인張夫人이 아주 작은 일에도 법도가 있었음을
설명하는 내용이다. 그 가운데 "如飮食之類, 飯羹許更益, 魚肉不更進也."라는 구절이
있다. 『童蒙訓』 卷上.

150) 『小學』, 「善行」 5장. 정명도가 송나라 조정에서 말한 통치의 근본이 풍속을 바로잡고 어
진 인재를 등용하는 것이라는 등의 건의를 인용하였다. 그 말 가운데 "의지가 독실하여
학문을 좋아하며 재질이 훌륭하고 행실이 닦여진 자가 있으면, 초빙하여 예로 우대하여
[延聘敦遣] 서울로 보내어 모이게 해서 아침저녁으로 함께 올바른 학문을 강론하여 밝
히게 해야 한다"라고 한 구절이 있다. 『近思錄』 卷9 「治法」.

「선행」편

'여형공'절

○"밥과 국은 다시 더 내도록 하였으나, 생선과 고기는 다시 더 내오지 않았다"는 것은, 중국의 음식은 모두 겹겹이 번갈아 더 내오므로 그 말이 이와 같다. 우리나라 사람의 경우는 제사에서만 이러한 방법을 사용한다.

○노종도에게 딸이 둘 있었는데, 장녀는 장온지張昷之에게 시집가고 차녀는 여공저呂公著에게 시집을 갔다. 장온지의 딸은 여공저 아들【바로 희철이다】의 배필이 되었다. 이는 이종의 남동생이 이종누나를 아내로 맞아들인 것인데,【우리나라 사람들은 이종사촌姨從四寸이라고 한다】 우리나라에는 이러한 법이 없다.

'명도선생'절

○'돈견敦遣'은 사신을 파견하여 후하게 대접하는 것이다. 『소학증주』에서 "예를 갖추어 보낸다"라고 한 것은 잘못이다. 예를 갖추어 보냈다고 한다면 경사京師에서 모인다는 것이 성립하지 않는다. 빈흥賓興하는 법을 후대에 선비를 천거하는 것의 통칭으로 보는 것은 잘못이다. 옛날 귀족貴族과 서족庶族은 나뉘어 두 부류가 된다. 귀족은 태학太學에서 교육하고 서족은 사도司徒가 맡아서 교육하였다.▶

◀司徒者, 鄕·黨·州·族之敎也。於此鄕學之中, 其或有俊秀特達之士, 則以賓禮興起之, 升之於太學, 此所謂‘大司徒以鄕三物, 敎萬民而賓興之’[151]也。詳見余大學說。

南齊庾黔婁節[152]

○庾易之病, 本是泄痢。其醫又有秘術, 欲以糞之恬苦決其死生, 令黔婁嘗之。黔婁於是乎嘗糞, 所以爲孝子。今鄕曲修飾之家, 撰其祖父行狀, 輒稱親瘁嘗糞。余問其故, 答曰:"孝子嘗糞, 則親病自愈。"此與庾黔婁之行, 若不相似然。

汲黯節[153]

○在上覆幬曰帳, 在旁圍遮曰帷, 故自帳中而避帷中。

---

151) 『周禮』, 「地官·大司徒」.
152) 『小學』, 「善行」15장. 남제의 유검루의 효행을 언급하였다. 유검루는 부친인 유이庾易가 병이 들자 벼슬에서 물러나 돌아왔는데, 의원이 병의 차도를 알기 위해서는 부친의 대변을 맛보아야 한다고 하자 그대로 하였고, 병이 차도가 없을 것을 알고는 자신이 대신 죽게 해줄 것을 빌었다고 한다. 『家範』卷4 「子上」.
153) 『小學集註』, 「善行」20장. 한나라 경제景帝 때 우직하고 엄격함으로 이름 높았던 급암에 관한 이야기를 인용하였다. 내용 가운데 "上嘗坐武帳, 黯前奏事. 上不冠, 望見黯避帷中, 使人可其奏."라는 구절이 있다. 『前漢書』卷50 「張馮汲鄭傳」.

◀사도는 향·당·주·족의 교육관리이다. 향학의 생도 가운데 빼어나고 특달한 선비가 있으면 빈례로 흥기시켜 태학으로 올려 보내는데, 이것이 '대사도가 향삼물로 만민을 교육하고 빈례로 흥기시킨다'는 것이다. 나의 『대학』에 대한 설에 자세하게 보인다.

'남제의 유검루分黔婁'절

○유이庾易의 병은 본시 설사병이었다. 그 의원은 비술秘術이 있어 대변의 달고 씀을 가지고 죽게 될지 살게 될지를 결단하고자 하여, 검루에게 그것을 맛보게 하였다. 검루가 이에 대변을 맛보았고 이 때문에 효자가 되었다. 지금 시골의 젠체하는 집안에서 조부의 행장을 지을 때는 걸핏하면 '부모가 병이 들었을 때 대변을 맛보았다'고 한다. 내가 그 까닭을 묻자, "효자가 (부모의) 대변을 맛보면 부모의 병이 저절로 낫는다"라고 대답하였다. 이는 유검루의 효행과는 비슷하지 않은 것 같다.

'급암'절

○위에서 덮어 가리는 것을 '장帳'이라 하고, 옆에서 둘러막는 것을 '유帷'라 하므로, 장막 안에서 휘장 안으로 피한 것이다.

呂榮公節[154)

○舉薦, 謂以治行薦。 ○舜從, 《名臣錄》作舜徒。

曹爽從弟節[155)

○意阻之阻, 一本作沮。

晉右僕射鄧攸節[156)

○鄧攸先遇賊, 唯其牛馬被掠, 而妻子獲全, 後雖遇賊, 未必皆死。 況其兒已能步趨, 則或步或負, 畢竟皆死, 可也。 恐其步從, 縛於樹而去,【《小學》去縛樹一段】不亦甚乎! 日後之有子無子, 都是私意。 目前之一死一生, 豈不絕悲! 鄧伯道無兒, 可謂天道有知。

---

154) 『小學』, 「善行」 26장. 여형공과 그의 아들 순종舜從의 선행을 언급하였다. 여형공은 젊었을 때부터 벼슬을 맡고 있는 곳에서 남에게 천거해 주기[舉薦]를 요구하지 않았는데, 그의 아들 순종도 회계에서 벼슬을 할 때 그러했다고 한다. 『宋名臣言行錄』 外集 卷6 「呂希哲」.

155) 『小學』, 「善行」 29장. 조상曹爽의 종제인 문숙文叔의 아내 영녀令女의 절개를 언급하였다. 문숙이 죽자 영녀의 아버지는 딸을 가엾이 여겨, 그녀가 '절개를 지키고자 하는 뜻을 단념하기를 기대하면서[冀其意阻]' 사람을 보내 풍자하게 하였다. 그러자 영녀는 칼로 코를 자르면서까지 자신의 절개를 지키고자 하였다고 한다. 『家範』 卷8 「妻上」.

156) 『小學』, 「善行」 35장. 진晉나라의 등유鄧攸가 가족을 구하기 위해 자기 자식을 포기한 희생에 대해 언급하였다. 등유는 처자와 동생의 아들을 데리고 패몰하여 도망을 가다가, 두 아이를 모두 살릴 수 없다고 판단하고는 동생의 유일한 혈육을 살리기 위하여 자기 아들은 나무에 묶어놓고 떠났다고 한다. 뒤에 등유는 후사 없이 죽었고, 조카가 그를 위해 3년복을 하였다고 한다. 『晉書』, 「列傳」 第60 「鄧攸」.

'여형공'절

○'거천擧薦'은 치적治績과 행적行績으로 천거하는 것을 말한다.

○'순종舜從'은 『명신록』에 '순도舜徒'로 되어 있다.

'조상曹爽의 종제'절

○'의조意阻'의 '조'자가 어떤 본에는 '저沮'자로 되어 있다.

'진나라 우복야右僕射 등유鄧攸'절

○등유가 앞서 도적을 만났을 때 소와 말만을 빼앗겼고 처자는 온전할 수 있었으므로, 뒤에 도적을 만나게 되더라도 반드시 모두가 죽을 것은 아니었다. 하물며 그 아이들이 이미 걷고 뛸 수 있었으니, 걷기도 하고 업기도 하며 도망가다가 끝내 모두 죽게 되더라도 어쩔 수 없는 일이다. 그런데 아이가 걸어서 따라올까 두려워하여 나무에 묶고 떠난 것은【『소학』에서는 '나무에 묶었다'는 한 단락을 뺐다】 또한 심하지 않은가! 앞으로 자식이 있을지 없을지는 모두 혼자만의 생각이다. 눈앞에서 하나는 죽고 하나는 살게 되었으니 어찌 애절하고 슬프지 않겠는가! 등백도에게 자식이 없었으니, 천도天道는 지각이 있다고 할 만하다.

萬石君節[157]

○闕, 無扉之門。○厠牏, 行圊也。行圊, 受糞函也。濯衣曰浣, 洗器曰滌。若厠牏爲小衫, 則滌字無當。

崔孝芬節[158]

○叔父之謂叔, 未知所昉。程子以濮王宜稱皇伯, 則伯父亦可稱伯。

韓文公作董生節[159]

○無時期, 一本作無休期。

王文正公節[160]

○狀元, 薦狀之首也。吾東刻本, 狀, 誤作壯。今遂以居首者爲壯元, 大誤。

---

157) 『小學』, 「善行」 43장. 만석군 석분石奮과 그의 자식들의 효행을 언급하였다. 석분은 행실이 돈독하여 집안의 모든 사람이 그의 교화를 받아 효도하고 근신하였다. 석분의 큰아들인 건建이 낭중령의 벼슬에 있었는데, 5일마다 아버지를 목욕시키기 위해 귀가해서는, 아버지의 내의와 요강[取親中裙厠牏]을 자신이 직접 빨고 씻고는[身自浣滌] 모시는 사람이 한 것처럼 하여 아버지에게 알리지 않았다고 한다. 『前漢書』 卷46 「萬石衞直周張傳」.

158) 『小學』, 「善行」 47장. 효성스럽고 의로우며 인자하고 후덕한 성품을 지녔던 최효분 형제의 선행을 언급하였다. 그 가운데 "효분의 숙부인 진振[叔振]이 사망한 뒤에 효분 등은 숙모인 이씨를 자기 부모처럼 섬겼다"라는 구절이 있다. 『北史』 卷32 「崔挺列傳」.

159) 『小學』, 「善行」 50장. 한유韓愈(768~824)가 지은 동생董生의 효성과 인자함을 노래한 「동생행董生行」이라는 시를 언급하였다. 그 가운데 "唯有天翁知, 生祥下瑞無時期."라는 구절이 있다. 『韓昌黎集』, 「董生行」.

160) 『小學集註』, 「善行」 65장. 문정공文正公 왕증王曾의 청렴을 언급하였다. 왕증은 향시鄕試·성시省試·정시廷試에서 모두 수석을 하였는데, 어떤 사람이 "삼장에서 시험을 보아 장원하였으니[壯元試三場] 일생토록 먹고 입는 것이 풍족하겠다"라고 희롱하자, 정색하고 "내 평생의 뜻은 따뜻하고 배부른 데 있지 않다"라고 대답하였다고 한다. 『宋名臣言行錄』.

'만석군'절

○'궐闕'은 문짝이 없는 문이다.

○'측투厠牏'는 요강이다. 요강은 변을 받는 통이다. 옷을 빠는 것을 '완浣'이라 하고, 그릇 씻는 것을 '척滌'이라 한다. 만일 측투가 속적삼이라면 '척滌'자가 해당이 없게 된다.

'최효분'절

○숙부를 숙叔이라 한 것이 언제 시작되었는지 모르겠다. 정자程子는 복왕濮王을 황백皇伯으로 불러야 한다고 보았으니 백부도 백伯으로 칭할 수 있다.

'한문공이 동생董生을 위한 노래를 지었다 ……'절

○'무시기(無時期: 정해진 때가 없다)'가 어떤 본에는 '무휴기(無休期: 쉬는 때가 없다)'로 되어 있다.

'왕문정공'절

○'장원狀元'은 천장(薦狀: 추천하는 문서)의 첫머리이다. 우리나라에서 판각된 본에는 '장狀'자가 '장壯'자로 잘못 되었다. 지금은 드디어 수석을 장원壯元이라고 하는데 크게 잘못된 것이다.

劉忠正公節[161]

○檃, 當作檃栝, 亦作楷. 字書: "揉之使曲曰檃, 正之使方曰楷." 然《荀子》曰: "枸木待檃栝而直."[162] 由是言之, 二者皆所以爲直也. 《淮南子》曰: "其曲中規, 檃栝之力."[163] 由是言之, 二者皆所以爲曲也. ○始也矯揉自己之言行, 而其所行不能踐其所言, 故曰'掣肘矛*盾'.

汪信民咬菜節[164]

○《集說》云"擊節, 擊手指節, 一云擊器物爲節", 皆非也. 節者, 樂器, 卽拊也, 所以節樂.《晉書 · 樂志》云: "孫氏善歌曲, 宋氏善擊節."〈蜀都賦〉云: "巴姬彈絃, 漢女擊節." 其形如手版, 故亦謂之歌版. 吾東之人, 或以摺疊扇, 節人之歌曲, 亦可云擊節.

---

* 矛: 新朝本에는 '子'로 되어 있으나《小學·善行》에 따라 바로잡는다.

161) 『小學』, 「善行」 72장. 충정공 유안세劉安世의 강직한 성품과 언행일치를 언급하였다. 유안세는 스승인 사마광에게서 '마음을 다해 실천하는 요체'가 '말을 함부로 하지 않는 것으로부터 시작해야 한다'는 답을 얻었다. 이에 처음에는 매우 쉽게 생각했는데, "물러나 스스로 날마다 행하는 것과 말하는 것을 법도에 맞춰보니[自檃栝日之所行與凡所言] 서로 제지당하고 모순되는 것이 많았음[自相掣肘矛盾者多矣]"을 깨닫게 되었다고 한다. 『宋名臣言行錄』 後集 卷12 「劉安世」.

162) 『荀子』 卷17 「性惡篇」.

163) 『淮南子』 卷19, 「修務訓」.

164) 『小學集註』, 「善行」 81장. 뜻이 있는 사람은 어떤 고난도 견뎌낼 수 있다는 왕신민汪信民의 교훈을 언급하였다. 왕신민이 "사람이 항상 나물 뿌리를 먹을 각오를 하면 모든 일을 할 수 있다"라고 하자, 호안국胡安國이 이 말을 듣고 "절을 치면서 감탄하고 칭찬하였다[擊節嘆賞]"라고 한다. 왕신민의 『문견록聞見錄』에 나온다.

'유충정공'절

○'은櫽'은 '은괄檃桰'이어야 하는데, '혼楺'으로도 쓴다. 자서字書에 "주물러서 구부리는 것을 은이라 하고 바로잡아 각지게 하는 것을 혼이라 한다"라고 하였다. 그러나 『순자』에서는 "호깨나무는 은괄을 기다린 뒤에 곧아진다"라고 하였으니, 이로써 말하면 두 가지는 모두 곧게 만드는 것이다. 『회남자』에는 "굽은 것이 표준에 맞게 되는 것은 은괄의 힘이다"라고 하였으니, 이로써 말하면 두 가지는 모두 구부리는 것이다.

○처음에 자기의 언행을 교정하고 바로잡으려 하지만 행동으로 그 말한 것을 실천할 수 없으므로 '팔을 잡아끌듯 모순이 된다'라고 한 것이다.

'왕신민이 나무뿌리를 씹었다. ……'절

○『집설』에서 "격절은 '손가락 마디를 치는 것'인데, 일설에는 기물을 쳐서 가락을 맞추는 것이라고도 한다"라고 하였는데, 모두 잘못이다. '절節'은 악기로, 바로 부拊이니 (격절이란) 절로 연주하는 음악이다. 『진서』「악지」에 "손씨는 노래를 잘하고 송씨는 절을 잘 쳤다"라고 하고, 「촉도부」에는 "파땅의 여자는 현을 타고, 한나라 여자는 절을 연주한다"라고 하였다. 그 형태가 수판과 같으므로 가판歌版이라고도 불렀다. 우리나라 사람들은 접은 부채로 남이 부르는 곡에 장단을 맞추기도 하는데, 이것 또한 '격절'이라 할 만하다.

(장동우 옮김)

心經密驗

한정길
김영봉
정호훈

心經密驗

余窮居無事, 六經・四書, 旣究索有年, 其有一得, 旣詮錄而藏之矣。於是求其所以篤行之方, 唯《小學》・《心經》, 爲諸經之拔英者。學苟於二書, 潛心力踐, 《小學》以治其外, 《心經》以治其內, 則庶幾希賢有路。顧余一生放倒, 桑楡[1]之報, 顧不在是乎?《小學枝言》者, 所以補舊注也。《心經密驗》者, 所以驗之於身以自警也。從今至死之日, 意欲致力於治心之術, 所以窮經之業, 結之以《心經》也。嗟乎! 能踐否乎! 嘉慶乙亥中夏之晦, 書于茶山之東菴。

---

1) 桑楡: 뽕나무와 느릅나무. 노년을 비유해서 이르는 말이다. 해질녘의 해그림자가 뽕나무와 느릅나무 끝에 남아 있다는 뜻에서 나왔다.

나는 궁핍하게 일 없이 살면서 육경과 사서를 벌써 여러 해 동안 탐구하였는데, 한 가지라도 얻은 것이 있으면 설명을 달고 기록하여 간직해 두었다. 이제 독실하게 실천할 방법을 찾아보니, 오직 『소학』과 『심경』이 여러 경전들 가운데 특출하게 빼어났다. 학문이 진실로 이 두 책에 침잠해서 힘써 행하되 『소학』으로는 그 외면을 다스리고, 『심경』으로 그 내면을 다스린다면 거의 현인이 되는 길을 얻게 될 것이다. 돌아보건대, 나의 한평생은 잘못되었으니 만년의 보답으로 힘써야 할 일이 도리어 여기에 있지 않겠는가? 『소학지언』은 옛 주석을 보충한 것이고, 『심경밀험』은 몸에서 체험하여 스스로를 경계한 것이다. 지금부터 죽는 날까지 마음을 다스리는 방법에 힘을 기울이고자 하여, 경전을 궁구하는 사업을 『심경』으로써 맺는다. 아! 능히 실천할 수 있을 것인가!

가경嘉慶 을해년(1815) 오월 그믐날, 다산의 동암에서 쓰다.

心性總義

神形妙合, 乃成爲人。故其在古經, 總名曰身, 亦名曰己, 而其所
謂虛靈知覺者, 未有一字之專稱。後世欲分而言之者, 或假借他
字, 或連屬數字。曰心, 曰神, 曰靈, 曰魂, 皆假借之言也。<u>孟子</u>
以無形者爲大體, 有形者爲小體,[2] <u>佛氏</u>以無形者爲法身, 有形者
爲色身, 皆連屬之言也。若古經言心, 非大體之專名。惟其含蓄
在內, 運用向外者, 謂之心。誠以五臟[3]之中, 其主管血氣者, 心
也。神形妙合, 其發用處, 皆與血氣相須。於是假借血氣之所主,
以爲內衷之通稱, 非謂此鑿七竅而懸如柿者,[4] 即吾內衷也。▶

---

2) 『孟子』, 「告子」上. "公都子問曰, '鈞是人也, 或爲大人, 或爲小人, 何也?' 孟子曰, '從其大體
爲大人, 從其小體爲小人.'"
3) 五臟: 간장肝臟, 심장心臟, 비장脾臟, 폐장肺臟, 신장腎臟을 가리킨다.
4) 『史記』, 「殷本紀」. 상왕조의 주紂가 음란하게 생활하자 왕자 비간比干이 죽음을 무릅쓰고
간언하였다. 이에 크게 노한 주는 성인에게는 7개의 심장이 있다고 들었다고 하면서 그를
해부하였다고 한다.

심성의 총괄적인 뜻

정신과 형체가 묘하게 합하여 사람이 된다. 그러므로 옛 경전에서는 그것을 총칭하여 '신身'이라고 하고, 또 '기己'라고 하였는데, 이른바 '허령지각虛靈知覺'이라는 것에 대해서는 한 글자로 그것만을 가리키는 이름[專稱]이 없었다. 후세에 분석해서 말하고자 한 자가 혹은 다른 글자를 가차假借하기도 하고, 혹은 몇 개의 글자를 연속시키기도 하였다. '심心', '신神', '영靈', '혼魂'이라고 하는 것들은 모두 가차하여 말한 것이다. 맹자가 형체가 없는 것을 '대체大體'라고 하고, 형체가 있는 것을 '소체小體'라고 한 것이나, 불교에서 형체가 없는 것을 '법신法身'이라 하고, 형체가 있는 것을 '색신色身'이라고 한 것은 모두 연속해서 말한 것이다. 옛 경전에서 말하는 심이라는 것도 대체만 가리키는 이름은 아니다. 오직 안에 함축되어 있다가 밖으로 운용하는 것을 심心이라고 한다. 참으로 오장五臟 가운데서 혈기를 주관하는 것이 심이다. 정신과 형체가 묘하게 합하여져 있으니, 그것이 작용을 일으키는 데에는 모두 혈기를 필요로 한다. 이 때문에 혈기를 주관하는 것을 빌려서 내충(마음)의 통칭으로 삼은 것이지, 일곱 개의 구멍을 뚫고 들어가면 감처럼 매달려 있는 이것이 곧 나의 내충이라고 하는 것은 아니다.▶

◀故衷之內篤曰內心, 其外飾曰外心,【見〈禮器〉[5]】衷之有憂者曰憂心,【見〈國風〉[6]】其有喜者曰歡心,【見《孝經》[7]】其篤愛者, 謂之仁心,【見《孟子》[8]】其樂施者, 謂之惠心,【見易詞[9]】欲爭奪者, 謂之爭心,【見《左傳》[10]】設機巧者, 謂之機心。【見《莊子》[11]】然則人心道心, 亦當與諸文同例, 不必以此疑心之有二也。故朱子曰: "心之虛靈知覺, 一而已。"[12]

今人以心性二字, 作爲大訟, 或云'心大而性小', 或云'性大而心小'。謂心統性情, 則心爲大, 謂性是理而心是氣, 則性爲大。以心爲大者, 主神形妙*合, 只有一心而言之也。以性爲大者, 把此性字, 以爲大體·法身之專稱也。然若必欲假借一字, 以爲大體之專名, 則心猶近之, 性則不可。性之爲字, 當讀之如雉性·鹿性·草性·木性, 本以嗜好立名, 不可作高遠廣大說也。▶

---

* 妙: 新朝本에는 '玅'으로 되어 있다.

5) 『禮記』, 「禮器」, "禮之以多爲貴者, 以其外心者也. …… 禮之以少爲貴者, 以其內心者也."

6) 『詩經』, 「國風·召南·草蟲」, "喓喓草蟲, 趯趯阜螽. 未見君子, 憂心忡忡."

7) 『孝經』, 「孝治章」, "子曰, '昔者明王之以孝治天下也, 不敢遺小國之臣, 而況於公侯伯子男乎? 故得萬國之懽心, 以事其先王.'"

8) 『孟子』, 「離婁」上, "今有仁心仁聞而民不被其澤, 不可法於後世者, 不行先王之道也."

9) 『周易』, 「益卦」, "九五, 有孚惠心, 勿問元吉. 有孚, 惠我德."

10) 『左傳』, 「昭公」, "昔先王議事以制, 不爲刑辟, 懼民之有爭心也."

11) 『莊子』, 「天地」, "有機械者, 心有機事. 有機事者, 必有機心."

12) 『中庸章句』, 「序」.

◀그러므로 충衷이 안으로 돈독한 것을 '내심內心'이라고 하고, 밖으로 꾸미는 것을 '외심外心'이라고 하며,【「예기禮器」에 보인다】 충衷에 우환이 있는 것을 '우심憂心'이라고 하고,【「국풍國風」에 보인다】 그것에 기쁨이 있는 것을 '환심歡心'이라고 하며,【『효경』에 보인다】 그것이 돈독하게 사랑하는 것을 '인심仁心'이라고 하며,【『맹자』에 보인다】 그것이 베풀기를 좋아하는 것을 '혜심惠心'이라고 하며,【역사易詞에 보인다】 다투어 빼앗고자 하는 것을 '쟁심爭心'이라고 하며,【『좌전』에 보인다】 기교를 부리는 것을 '기심機心'이라고 한다.【『장자』에 보인다】 그렇다면 인심과 도심 역시 여러 문장과 같은 사례이니, 이름이 다르다고 해서 마음에 둘이 있다고 의심할 필요는 없다. 그러므로 주자는 "마음의 허령지각은 하나일 따름이다"라고 하였던 것이다.

요즘 사람들은 심성 두 글자 때문에 큰 싸움을 일으켜, 어떤 사람은 '마음이 크고 성이 작다'고 하고, 어떤 사람은 '성이 크고 마음이 작다'고 한다. '마음이 성과 정을 통괄한다'고 하면 마음이 더 크고, '성은 리요, 심은 기'라고 하면 성이 더 크다. 마음이 크다고 여기는 사람은 정신과 형체가 묘하게 합해져 있다는 것을 주로 하여 단지 하나의 마음이 있다고 말한다. 성이 크다고 말하는 사람은 이 성性 자를 대체大體와 법신法身의 전칭專稱으로 생각한다. 그러나 만약 꼭 하나의 글자를 가차하여 대체의 전명專名으로 삼고자 한다면 심은 그래도 가깝지만, 성은 안 된다. 성이라는 글자는 마땅히 꿩의 본성, 사슴의 본성, 풀의 본성, 나무의 본성과 같이 읽어야 하며 본래 기호嗜好로써 이름을 지은 것이므로 고원하고 광대한 설을 지어서는 안 된다.▶

◀〈召誥〉曰'節性, 唯日其邁'[13), 【古今注皆云節慾】〈王制〉曰'修六禮, 以節民性'[14), 孟子曰'動心忍性'[15), 皆以嗜好爲性也。【唯〈商書〉祖伊之言'不虞天性'[16), 是《中庸》天命之性】嗜好有兩端。一以目下之耽樂爲嗜好, 如云'雉性好山, 鹿性好野, 猩猩之性好酒醴', 此一嗜也。一以畢竟之生成爲嗜好, 如云'稻性好水, 黍性好燥, 蔥蒜之性好雞糞', 此一嗜也。今論人性, 人莫不樂善而恥惡。故行一善, 則其心充然以悅, 行一惡, 則其心欿然以沮。我未嘗行善, 而人詡我以善則喜, 我未嘗無惡, 而人謗我以惡則怒。若是者, 知善之可悅而惡之可愧也。見人之善, 從而善之, 見人之惡, 從而惡之。若是者, 知善之可慕而惡之可憎也。▶

---

13) 『書經』, 「周書·召誥」. "王先服殷御事, 比介于我有周御事, 節性, 惟日其邁. 王敬作所, 不可不敬德."
14) 『禮記』, 「王制」. "司徒修六禮, 以節民性, 明七教, 以興民德."
15) 『孟子』, 「告子」下, 15장. "天將降大任於是人也, 必先苦其心志, 勞其筋骨, 餓其體膚, 空乏其身, 行拂亂其所爲, 所以動心忍性, 曾益其所不能."
16) 『書經』, 「商書·西伯戡黎」. "故天棄我, 不有康食. 不虞天性, 不迪率典."

◀「소고召誥」에서는 '성품을 절제하면, 오직 날로 매진할 것이다'고 하였고,【고금의 주석은 모두 '절욕'이라고 하였다】「왕제王制」에서는 '육예를 닦아서 백성의 성품을 조절한다'고 하였으며, 맹자는 '마음을 격동시켜 참을성[忍性]을 길렀다'고 하였는데, 모두 기호를 성으로 여긴 것이다.【오직 「상서」에서 조이祖伊가 말한 '천성을 헤아리지 않는다'의 천성은 『중용』에 나오는 '하늘이 명한 바의 성'이다】기호에는 두 가지 종류가 있다. 하나는 당장에 즐기는 것을 기호로 여기는 것으로, 예를 들면 꿩의 본성은 산을 좋아하고, 사슴의 본성은 들을 좋아하며, 성성이의 본성은 단술을 좋아한다는 것과 같은 것이니, 이것이 하나의 기호이다. 다른 하나는 평생 지속되는 성향을 기호로 여기는 것으로, 예를 들면 벼의 본성은 물을 좋아하고, 기장의 본성은 건조한 것을 좋아하며, 파와 마늘의 본성은 닭똥을 좋아한다는 것과 같은 것이니, 이것이 하나의 기호이다. 이제 사람의 본성을 논하건대, 사람은 선을 즐거워하고 악을 부끄러워하지 않음이 없다. 그러므로 한 가지 선을 행하면 그 마음은 뿌듯하게 기쁘고, 한 가지 악을 행하면 그 마음은 위축되어 풀이 죽는다. 내가 선을 행하지 않았는데 남이 나를 선하다고 칭찬하면 기뻐하며, 내가 악한 일을 했는데도 남이 나를 악하다고 비방하면 화를 낸다. 이렇게 하는 것은 선은 기뻐할 만하고, 악은 부끄러워할 만한 것임을 아는 것이다. 남의 선을 보고는 좋아서 좋게 여기고, 남의 악을 보고는 좋아서 미워한다. 이렇게 하는 것은 선은 흠모할 만하고, 악은 증오할 만한 것임을 아는 것이다.▶

◀凡此皆嗜好之顯於目下者也。積善集義之人, 其始也俯仰無怍,[17] 內省不疚。[18] 積之彌久, 則心廣體胖,[19] 睟然見乎面而盎乎背。[20] 積之彌久, 則充充然有浩然之氣, 至大至剛, 塞乎天地之間。[21] 於是富貴不能淫, 貧賤不能移, 威武不能屈。[22] 於是神而化之,[23] 與天地合其德, 與日月合其明,[24] 遂成全德之人。此其性宜於行善, 如稻宜於水種, 黍宜於旱種, 而蔥·蒜之壅雞糞也。有一夫焉, 今日行一負心事, 明日行一負心事, 欿然內沮, 怛焉內疚。自暴則曰吾事已誤, 自棄則曰吾復何望? 志爲之衰苶, 氣爲之摧蹙。誘之以利, 則如犬豕之就牽, 怵之以威, 則如狐兔之屈伏, 憔悴枯萎, 索然以就死。此其性有所拂逆天閼, 而莫之成遂者, 故其病敗如是。▶

---

17)『孟子』,「盡心」上.
18)『中庸』33장.
19)『大學』6장.
20)『孟子』,「盡心」上.
21)『孟子』,「公孫丑」上.
22)『孟子』,「滕文公」下.
23)『周易』,「繫辭傳」下.
24)『周易』,「乾卦·文言傳」.

◀이 모든 것은 당장에 드러나는 기호이다. 선을 쌓고 의를 모으는 사람은 '처음에는 굽어보고 우러러보아 부끄러움이 없으며', '안으로 살펴보아 거리끼지 않는다.' 쌓은 지 더욱 오래되면 '마음이 넓어지고 몸이 편안하게 되어' '얼굴에 함치르르하게 드러나고, 온몸에 가득 넘친다.' 쌓은 지 더욱 오래되면 충만하여 호연지기가 생기니, '지극히 크고 지극히 군세어 천지 사이에 가득 차게 된다.' 이렇게 되면 '부유하고 귀함이 그 마음을 방탕하게 할 수 없고, 가난하고 천함이 그 절개를 옮길 수 없으며, 위엄와 무력이 그 지조를 굴복시킬 수 없게' 된다. 이렇게 되면 '신묘하게 되어 교화시키는' 경지에 이르니, '천지와 더불어 그 덕을 합하고, 일월과 더불어 그 밝음을 합하여' 드디어 온전한 덕을 지닌 사람이 된다. 이것은 그 본성이 선을 행하는 데 알맞기 때문이니, 마치 벼는 물로 재배하기에 알맞고, 기장은 건조한 곳에 재배하기에 알맞고, 파와 마늘엔 닭똥으로 북돋는 것과 같다. 어떤 사람이 있는데 오늘 한결같이 마음을 저버리는 일을 하고, 내일 또 한결같이 마음을 저버리는 일을 해서 안으로 위축되어 풀이 죽고, 슬퍼하며 괴로워한다. 자신을 해쳐서는 '내 일은 이미 틀려버렸다'고 하고, 스스로 포기해서는 '내가 다시 무엇을 바라겠는가'라고 말한다. 뜻은 그 때문에 쇠약해지고, 기운은 그 때문에 꺾여서 오그라든다. 이익으로 유혹하면 개돼지가 끌려다니듯 하고, 위세로 두렵게 하면 여우나 토끼가 굴복하듯이 하며, 초췌하고 마르고 시들어서 쓸쓸히 죽음에 이른다. 이것은 그 본성을 어기고 거스르고 막아서 제대로 자라나지 못하게 함이 있기 때문에 그 병폐가 이와 같은 것이다.▶

◀凡此皆嗜好之驗於畢竟者也。天於賦生之初，子之以此性，使之違惡以趨善。故人得以依靠此物，以遵此路。子思之言性命，孟子之談性善，都是此意。今觀孟子言性，皆以嗜好立喻，【〈告子〉‧〈盡心〉篇】凡以是也。今人推尊性字，奉之爲天樣大物，混之以太極陰陽之說，雜之以本然氣質之論，眇芒幽遠，恍忽夸誕，自以爲毫分縷析，窮天人不發之秘，而卒之無補於日用常行之則，亦何益之有矣。斯不可以不辨。

人無二性，如稻性好水，再無好燥之性，黍性好燥，再無好水之性。先儒謂性有二，一曰本然之性，二曰氣質之性。乃云‘本然之性，純善而無惡，氣質之性，可善而可惡’，遂謂‘孟子單據本然之性，不論氣質之性，爲未備’。今人或以是爲顯訟告子，陰戴揚雄。嗚呼！先儒亦何苦爲是哉？先儒苦心眞情，欲明此道。▶

◀이 모든 것은 평생을 통해 경험되는 기호이다. 하늘이 처음 생명을 부여할 때 이 (기호의) 성을 주어서 악을 꺼리고 선으로 나아가게 했다. 그러므로 사람은 이것에 의지하여 이 길을 따를 수 있다. 자사子思가 말한 성명性命과 맹자가 말한 성선性善이 모두 이 뜻이다. 이제 맹자가 말한 성을 살펴보건대, 모두 기호를 가지고 비유를 삼은 것은【「고자」편과 「진심」편이다】이 때문이다. 요즘 사람들이 '성'자를 추존하여 하늘처럼 큰 물건으로 받들고, 태극음양의 설로 혼합하고, 본연과 기질의 이론으로 뒤섞어, 아득히 그윽하고 멀며, 종잡을 수 없이 과장하면서, 스스로는 터럭 끝과 실낱같이 분석해서 하늘도 사람도 드러내지 못한 비밀을 궁구하였다고 생각하지만, 끝내는 나날이 쓰고 늘 행하는 법도에 아무런 보탬이 없으니, 또 어떤 이로움이 있겠는가? 이에 분별하지 않을 수 없다.

사람에게 두 가지 본성이 있는 것이 아니다. 예를 들면 벼의 본성이 물을 좋아하면 또 다시 건조함을 좋아하는 본성은 없으며, 기장의 본성이 건조함을 좋아하면 또 다시 물을 좋아하는 본성은 없는 것과 같다. 그런데 선유先儒는 본성에 두 가지가 있다고 말하니, 하나는 본연지성이요, 다른 하나는 기질지성이다. 그리고 '본연지성은 순수하게 선하여 악이 없는 반면 기질지성은 선할 수도 있고 악할 수도 있다'고 하며, 드디어는 '맹자는 오로지 본연지성에만 의거하고 기질지성을 논하지 않았기에 다 갖추지는 못하였다'고 말한다. 요즘 사람 가운데 어떤 사람은 이러한 주장이 겉으로는 고자를 비난하면서 속으로 양웅을 떠받드는 뜻이 된다고 여긴다. 아! 선유들 또한 얼마나 고심하며 이런 말을 했겠는가? 선유들의 진정한 고심은 도를 밝히고자 한 것이었다.▶

◀雖孟子之言, 如有未備, 則不敢強從。雖告子・揚子之言, 如有所長, 則不嫌其暗合。此其苦心, 有足觀者, 而況敢輕詆之哉? 然孟子性善之論, 非孟子創爲之也。《詩》云: "民之秉彝, 好是懿德。"[25] 此明明是性善之說。而孔子又爲之勘斷曰: "爲此詩者, 其知道乎!"[26] 性善者, 先聖之本論, 非一家之私言也。說得未備, 有是理乎? 必其原初性字之義, 所認不同, 故孟子之言, 終不能慊於心耳。性者, 吾人之嗜好也。先儒乃以爲靈體之專稱, 其無差殊乎? 若論靈體, 其本體虛明, 若無可惡之理, 特以其寓於形氣之故, 衆惡夢興, 交亂本體。此本然・氣質之說, 所以不得不起也。先儒所認之性, 與孟子所認之性, 不同。

佛氏謂: "如來藏性, 淸淨本然。"【《楞嚴經》】謂本然之性, 純善無惡, 無纖毫塵滓, 瀅澈光明, 特以血氣新薰之故, 陷於罪惡。有宋諸先生皆從此說。然吾人靈體, 若論其嗜好, 則樂善而恥惡, 若論其權衡[27], 則可善可惡, 危而不安, 惡得云純善而無惡乎?▶

---

25) 『詩經』, 「大雅・蒸民」.
26) 『孟子』, 「告子」上.
27) 權衡: 저울추와 저울대, 곧 저울을 뜻한다. 여기서는 선할 수도 있고, 악할 수도 있는 가치판단의 척도라는 의미로서 '자유의지'로 이해함이 좋을 듯하다.

◀비록 맹자의 말일지라도 다 갖추지 못함이 있다면 감히 억지로 따르지 않았으며, 비록 고자나 양웅의 말일지라도 뛰어난 점이 있다면 암암리에 합치됨을 꺼리지 않았다. 이러한 고심을 충분히 이해할 수 있는데, 하물며 감히 그것을 경솔하게 꾸짖겠는가? 그러나 맹자의 성선설은 맹자가 창안한 것이 아니다. 『시경』에서 "백성이 떳떳함을 간직하고 있는지라, 이 아름다운 덕을 좋아한다"고 하였는데, 이것은 분명히 성선설을 밝힌 것이다. 공자는 또 그것을 헤아려서 "이 시를 지은 사람은 도를 아는구나!" 하고 단정하였다. 본성이 선하다는 것은 옛 성인의 본래의 이론이지, 한 학파의 사사로운 말이 아니다. 미비하게 말했다니 그럴 리가 있겠는가? 반드시 애초에 '성'자의 뜻에 대한 인식이 달랐으므로 맹자의 말이 끝내 마음에 만족스러울 수 없었던 것이다. 성이란 사람의 기호이다. 선유는 바로 그것을 영체靈體만을 가리키는 이름이라고 하였으니, 어찌 차이가 없겠는가? 만약 영체를 논한다면 그 본체는 텅 비고 밝아서 악할 수 있는 이치가 없는 것 같지만, 다만 그것이 형기에 깃들어 있기 때문에 뭇 악이 분분히 일어나서 본체를 마구 어지럽히게 된다. 이것이 본연과 기질의 설이 일어나지 않을 수 없었던 까닭이다. 선유들이 인식한 '성'은 맹자가 인식한 '성'과 같지 않다.

불교에서는 "여래장如來藏의 본성은 맑고 깨끗함이 본래 그러하다"【『능엄경』】라고 말한다. 이를테면 본연지성은 순선무악하여 조금의 티끌이나 찌꺼기가 없이 맑고 밝으나, 다만 혈기에 새로 훈습되기 때문에 죄악에 빠진다는 것이다. 송대의 여러 선생들은 모두 이 설을 따랐다. 그러나 우리의 영체는 만약 그 기호를 논한다면 선을 즐거워하고 악을 부끄러워하지만, 만약 그 권형權衡을 논한다면 선할 수도 있고 악할 수도 있어서 위태로워 불안하니 어떻게 순선무악하다고 말할 수 있겠는가?▶

◀佛氏崇讚本然，深咎新薰，其心以爲若無新薰，都無犯惡之理。然人之罪惡，槩由於食色安逸之慾，斯固形氣之所使。亦或有大惡巨慝，起於自心，而與食色安逸，絕不相涉者。若是者，將焉咎之？張霸・梅賾僞造《尚書》，上誣先聖，下罔千世，其心非求食也。毛奇齡心嫉朱子，舞文飾舌，無所不爲，以自陷於詖險之惡，其心非求色也。金聖歎作爲盜書・淫書，以蠱惑人心，流毒遐邇，其心非求四體之安逸也。今人或爭經義，或辨道理，盛氣發怒，罵詈相加，或文章相猜，橫加忮害，雖以此陷身嬰禍，而莫之恤焉，其心非求益於形氣也。且凡驕傲之病，不出於形氣。余於刑曹，閱諸道殺獄檢案，諸凡殺獄，悉由於財・酒・色・氣四者。其由氣殺人者，或於食・色・安逸，皆無所當，若言語爾・汝之類，倉卒發怒，當下殺人者甚多。▶

◀불교에서는 본연을 숭상하여 찬양하고, 새로 훈습되는 것을 깊이 허물하여, 그 마음이 만약 새로 훈습되는 것이 없다면 전혀 악을 범할 이치가 없다고 여긴다. 그러나 사람의 죄악은 대개 식색과 안일의 욕구에서 말미암으며, 이것들은 참으로 형기에 의해 부림을 받는다. 그런데 또한 커다란 악과 거대한 사특함이 자신의 마음에서 일어나지만 식색이나 안일과 전혀 상관이 없는 경우가 있다. 이와 같은 것에 대해서는 허물을 어디로 돌릴 것인가? 장패張霸와 매색梅賾이 『상서尚書』를 위조하여 위로는 앞선 성인을 모함하고 아래로는 천세를 속였으나 그 마음이 음식을 구한 것은 아니었다. 모기령毛奇齡이 주자를 마음으로 시기하여 글재주를 부리고 말을 꾸며서 하지 않은 짓이 없어, 스스로 치우치고 위태로운 악에 빠졌으나 그 마음이 여색을 구한 것은 아니었다. 김성탄金聖歎이 도서盜書와 음서淫書를 지어 사람들의 마음을 미혹시켜서 가까이에서 멀리까지 해독을 끼쳤지만 그 마음이 사지의 안일을 구한 것은 아니었다. 요즘 사람들은 혹은 경전의 뜻을 다투고 혹은 도리를 변별하면서 몹시 성을 내고 욕지거리까지 해대거나, 혹은 문장으로 서로 시기하고 함부로 해쳐서, 비록 이 때문에 몸이 재앙에 빠질지라도 근심하지 않으니 그 마음이 형기에 이로움을 구하고자 하는 것은 아니다. 게다가 모든 교만한 병통은 형기에서 나오지 않는다. 내가 형조에 있을 때, 여러 도에서 사람을 죽인 사건을 검사한 문안을 열람하였는데 사람을 죽인 사건들의 대부분이 모두 재산·술·여색·성깔 네 가지에서 비롯되었다. 그 중에서 성깔로 사람을 죽인 경우는 식·색·안일에는 모두 해당하는 바가 없다. '야', '너' 등의 반말을 했다고 하여 갑자기 화를 내서 곧바로 사람을 죽인 경우가 매우 많았다.▶

◀若是者却與形軀無涉, 安得每以形軀爲咎哉? 凡天下無形之物, 莫過於鬼神。佛氏所謂本然之體, 亦無以踰於鬼神。然鬼神之中, 亦有善神惡鬼。《周禮》'祀日月・星辰・司中・司命・社稷・五祀'[28], 此明是善神之保佑吾人者也。《左傳》云'投諸四裔, 以禦魑魅'[29], 《國語》云'木石之怪夔魍魎', 此明是惡鬼之害人者也。鬼神本無形軀, 而其有善惡若是, 即所謂本然之體, 亦豈無可惡之理乎? 人顧不之察耳。○若據行事而言之, 則又不惟可善可惡而止。抑亦從善如登, 從惡如崩,[30] 斯則形氣之累居多耳。○總之, 靈體之內, 厥有三理。言乎其性, 則樂善而恥惡, 此孟子所謂性善也。言乎其權衡, 則可善而可惡, 此告子湍水之喻, 揚雄善惡渾之說所由作也。言乎其行事, 則難善而易惡, 此荀卿性惡之說所由作也。荀與揚也, 認性字本誤, 其說以差, 非吾人靈體之內, 本無此三理也。

---

28)『周禮』卷18,「大宗伯」.
29)『左傳』,「文公」18년조.
30)『國語』,「周語」下.

◀이런 것은 도리어 몸과는 전혀 무관한데, 어떻게 매번 몸을 허물하겠는가? 천하에 형체가 없는 물건으로서 귀신보다 더한 것이 없다. 불교에서 말하는 '본연지체本然之體'도 귀신을 넘어서지는 않는다. 그런데 귀신 가운데도 선한 신과 악귀가 있다. 『주례』에서 '일월·성신·사중司中·사명司命·사직社稷·오사五祀에 제사를 지낸다'고 하였으니, 이것은 분명히 우리를 보우하는 선한 신이다. 『좌전』에서 "사방 먼 곳에 던져 버려서 이매魑魅의 재앙을 받게 하였다"고 하고, 『국어』에서 "나무와 돌의 괴기怪變와 망량魍魎"이라고 하였는데, 이들은 분명히 사람을 해치는 악귀이다. 귀신은 본래 몸이 없는데도 그것에 선악이 있음이 이와 같은데, 이른바 '본연지체'에 또 어찌 악할 수 있는 이치가 없겠는가? 사람이 다만 살피지 않았을 따름이다.

○만약 행사에 근거하여 말한다면 또 선할 수도 있고 악할 수도 있다는 데에서만 그치지 않는다. 도리어 '선을 행하기가 산에 오르는 것처럼 어렵고, 악을 행하기는 산이 무너지는 것처럼 쉬우니', 이렇게 되는 것은 대부분 형기 탓일 뿐이다.

○총괄하자면, 영체의 안에는 세 가지 이치가 있다. 그 성을 말하면 선을 즐거워하고 악을 부끄러워하니, 이것이 맹자의 이른바 성선이다. 그 권형을 말하자면 선할 수도 있고 악할 수도 있으니, 이것이 고자의 소용돌이치는 물의 비유와 양웅의 선악이 뒤섞여 있다는 설이 만들어지게 된 까닭이다. 그 행사를 말하자면 선하기는 어렵고 악하기는 쉬우니, 이것이 순경의 성악설이 만들어지게 된 까닭이다. 순경과 양웅은 '성'자에 대한 인식이 본래 잘못되어 그 설이 어긋났지만, 우리 영체의 안에 본래 이 세 가지 이치가 없는 것은 아니다.

○天旣予人以可善可惡之權衡。於是就其下面，又予之以難善易惡之具，就其上面，又予之以樂善恥惡之性。若無此性，吾人從古以來，無一人能作些微之小善者也。故曰率性[31]，故曰尊德性[32]。聖人以性爲寶，罔敢墜失者以此。

本然之義，世多不曉。據佛書，本然者，無始自在之意也。儒家謂吾人稟命於天。佛氏謂‘本然之性，無所稟命，無所始生。自在天地之間，輪轉不窮。人死爲牛，牛死爲犬，犬死爲人，而其本然之體，瀅澈自在。’此所謂本然之性也。逆天慢命，悖理傷善，未有甚於本然之說。先儒偶一借用，今人不明來歷，開口便道本然之性。本然二字，旣於六經·四書·諸子百家之書，都無出處。唯《首楞嚴經》重言復言，安望其與古聖人所言，泂然相合耶？

---

31)『中庸』1장.
32)『中庸』27장.

○하늘은 이미 사람에게 선할 수도 있고 악할 수도 있는 권형을 부여하였다. 그리고 아래로는 또 선을 행하기는 어렵고 악을 행하기는 쉬운 육체를 부여하였으며, 위로는 또 선을 즐거워하고 악을 부끄러워하는 성을 부여하였다. 만약 이 성性이 없었다면 인간 가운데서 예로부터 아주 조그마한 선이라도 행할 수 있는 사람이 없었을 것이다. 그러므로 '성을 따른다'고 하고, '덕성을 받든다'고 하였다. 성인이 성을 보배로 여겨 감히 떨어뜨려 잃어버리지 않은 것도 이 때문이다.

본연의 뜻을 세상에서는 대부분 잘 알지 못하고 있다. 불교의 서적에 근거하면 본연이란 '시작이 없이 스스로 존재한다'는 뜻이다. 유가에서는 '우리는 하늘에서 명을 받았다'고 말하지만, 불교에서는 '본연의 성은 명을 받은 바도 없고 처음 생겨난 바도 없다. 천지 사이에 스스로 존재하면서 끝없이 윤회한다. 사람은 죽어서 소가 되고, 소는 죽어서 개가 되며, 개는 죽어서 사람이 되지만, 그 본연의 체는 맑고 투철하게 스스로 존재한다'라고 한다. 이것이 이른바 본연의 성이다. 하늘을 거역하고 명을 업신여기며, 이치를 거스르고 선을 해침이 본연의 설보다 심한 것이 없다. 선유가 우연히 한번 빌려 사용한 것을 요즘 사람은 그 내력도 알지 못하고 입만 열면 곧 본연의 성을 말한다. '본연'이란 두 글자는 이미 육경사서와 제자백가의 글에 전혀 나오는 곳이 없다. 오직 『수능엄경首楞嚴經』에서 거듭 반복해서 말하고 있을 뿐인데, 어찌 그것이 옛날 성인이 말한 것과 아득하게 서로 합하기를 바라겠는가?

帝曰: "人心惟危, 道心惟微, 惟精惟一, 允執厥中。"[34)

《荀子》引《道經》曰: "人心之危, 道心之微。危微之幾, 惟明君子
而後知之。" 其下又曰: "倕[35)作弓, 浮游[36)作矢, 而羿[37)精于射,
奚仲[38)作車, 乘杜[39)作乘馬, 而造父[40)精于御。自古及今, 未有兩
而能精者也。"【〈解蔽〉篇】○案《荀子》上文有舜治一段。【舜之治天下,
不以事詔而萬物成】故梅氏作〈大禹謨〉, 遂以人心·道心二句爲帝舜
之言。《荀子》下文有精一之戒, 故又增惟精惟一句, 以承上文。
其下又取《魯論·堯曰》篇允執其中一句, 以作結句。蓋以〈堯曰〉
篇, 原有舜亦以命禹一語, 故梅氏點綴如是耳。然〈堯曰〉之文,
躬·中·窮·終四韻相叶,《荀子》之文, 危·微·幾·知四韻相叶。▶

---

33) 『심경』은 전체 37장으로 나눌 수 있다. 원본에는 장이 없지만 독자들의 편의를 위하여 장을
　　나눈다.
34) 『書經』, 「大禹謨」.
35) 倕: 고대의 장인으로 활을 처음 만들었다.
36) 浮游: 활을 처음 만든 것으로 알려진다.
37) 羿: 하나라 때의 제후로 활을 잘 쏘았다.
38) 奚仲: 하나라 때 수레를 담당하던 관리였다.
39) 乘杜: 주나라의 조상인 설契의 손자로 가장 먼저 말로 수레를 몰았다.
40) 造父: 주나라 목왕穆王의 수레를 몰던 사람이다.

제1장

순임금이 말하였다. "인심은 오직 위태롭고 도심은 오직 은미하니, 오직 정밀하게 살펴서 하나만 지켜야 진실로 그 중中을 잡을 것이다."

『순자』에서 『도경』을 인용하여 말하였다. "인심은 위태롭고 도심은 은미하다. 위태로움과 은미함의 기미는 오직 밝은 군자인 뒤라야 알 수 있다." 그 아래에서 또 말하였다. "수倕가 활을 만들고, 부유浮游가 화살을 만들었지만, 예羿가 활을 쏘는 데 정통하였고, 해중奚仲이 수레를 만들고 승두乘杜가 마차를 만들었지만, 조보造父가 수레를 모는 데 정통했다. 예로부터 지금까지 두 가지에 모두 정통할 수 있는 사람은 없었다."【「해폐」편】

○**나의 판단** 『순자』의 위의 문장 앞에는 순임금이 천하를 다스렸다는 한 단락이 있다.【순임금이 천하를 다스릴 때 일일이 지시하지 않았는데 만물이 이루어질 수 있었다】 그러므로 매색은 「대우모大禹謨」를 지어서 '인심과 도심' 두 구절을 드디어 순임금의 말로 만들어 버렸다. 『순자』의 위의 문장 아래에는 '정일精一'에 관한 훈계가 있기 때문에 매색은 또 '유정유일'의 구절을 보태어 윗 문장을 이었다. 그 아래에는 또 『노론』「요왈」편의 '윤집기중' 한 구절을 취하여 맺는 구절로 삼았다. 「요왈」편에 원래 '순임금도 이 말씀으로 우임금에게 명하였다'는 말이 있으므로 매씨는 이와 같이 말을 꾸몄던 것이다. 그러나 「요왈」편의 글은 궁躬·중中·궁窮·종終 네 운이 서로 들어맞고, 『순자』의 글은 위危·미微·기幾·지知 네 운이 서로 들어맞는다.▶

◀梅氏和金帶鐵, 不覺落韻, 是其破綻處也。然人心之危, 道心
之微此二句, 乃是至理所寓, 精確無比。況道家所言, 多係羲‧
農‧黃帝之遺文。人心‧道心, 亦必是五帝[41]以來相傳之道訣, 非
後人之所能道也。今此二句, 爲萬世心學之宗, 豈可以出於荀氏,
而少忽其尊信之誠哉? 但惟精惟一, 允執厥中二句, 上承危微
之戒, 終恐齟齬而不安, 何者? '上智不能無人心, 下愚不能無道
心',[42] 朱子之說, 聖起不易。然則人心‧道心, 不可以擇執其一,
將何以惟精惟一乎?[43] 且所謂執中者, 即《中庸》所謂執其兩端,
用其中於民也。[44] 中者, 於凡事物之上, 各有至極正當底道理者
也。若就人心‧道心, 求其中而執之, 則必天理‧人欲, 相雜相
糅, 爲半是半*非之義, 然後乃爲執中。若云絶去人心, 孤存道心,
是之謂精一, 則又何云上智不能無人心乎?▶

---

* 半: 新朝本에는 빠져 있다.

41) 五帝: 삼황三皇의 다음으로 대를 이은 다섯 사람의 성천자聖天子. 곧 소호少昊‧전욱顓
頊‧제곡帝嚳‧요堯‧순舜을 가리킨다.

42) 『中庸章句』, 「序」. "人莫不有是形, 故雖上智不能無人心, 亦莫不有是性, 故雖下愚不能無道
心."

43) 성리학에서는 '정'과 '일'이 모두 공부를 의미하는 데 반하여, 다산에서는 '일'이 공부이고
'정'이 공부를 통하여 도달하게 되는 경계이다.

44) 『中庸』 6장. "子曰, 舜其大知也與! 舜好問而好察邇言, 隱惡而揚善, 執其兩端, 用其中於
民, 其斯以爲舜乎!"

◀매씨는 금을 녹여 쇠에 두르듯이 하여 운이 어그러지는 것을 깨닫지 못하였으니, 이것이 그가 파탄나게 된 지점이다. 그러나 '인심은 위태롭고 도심은 은미하다'는 이 두 구절은 바로 지극한 이치가 담겨 있는 것으로 정밀하고 확실하기가 비할 데 없다. 하물며 도가에서 말하는 것 가운데에는 복희·신농·황제의 유문遺文과 관계된 것이 많다. 인심과 도심도 반드시 다섯 임금 이래로 서로 전한 도의 비결이지, 후인이 말할 수 있는 것이 아니다. 이제 이 두 구절은 만세 심학의 종지宗旨이니 어찌 순씨에게서 나왔다고 하여 그것을 받들어 믿는 정성스러움을 조금이라도 소홀히 할 수 있겠는가? 다만 '오직 정밀하게 살펴 오직 하나만 지켜야 진실로 그 중을 잡을 것이다'는 두 구절로 위의 '위태롭고 은미하다'는 가르침을 이어받은 것은 끝내 어긋나서 순조롭지 못한 듯하니, 왜일까? '상지上智라도 인심이 없을 수 없고, 하우下愚라도 도심이 없을 수 없다'는 주자의 설은 성인이 다시 나더라도 바꾸지 못할 것이다. 그렇다면 인심과 도심은 그 가운데 어떤 하나만 선택하여 잡을 수 있는 것이 아닌데 장차 어떻게 오직 정밀하게 살펴 오직 하나만을 지킬 수 있겠는가? 또 이른바 '중을 잡는다'는 것은 곧 『중용』의 이른바 '두 끝을 잡아서 그 중을 백성에게 쓴다'는 것이다. '중'이란 뭇 사물들에 각각 지극하고 정당한 도리가 있는 것이다. 그러나 만약 인심과 도심에서 그 중간을 구하여 잡는 것이라고 한다면, 반드시 천리와 인욕이 서로 뒤섞여서 반은 옳고 반은 그른 의리가 된 뒤에야 바로 중을 잡는 것이 된다. 만약 인심을 완전히 제거하고 도심만 존재하는 것을 '정일精一'이라고 한다면, 또 어찌 '상지라도 인심이 없을 수 없다'고 말하겠는가?
▶

◀人心·道心, 自一至言, 允執厥中, 自一炯戒, 各觀其旨, 可以知道, 相連爲文, 終不合理。誠願世之君子, 毋遽大驚, 平心舒究, 則庶乎其犁然解矣。○荀子本意, 蓋謂一則能精, 兩則難精。古所云'瞽精於聽, 聾精於目', 亦此說也。然則唯一唯精, 理固然矣。先精後一, 亦與荀子意不同矣。

人心惟危者, 吾之所謂權衡也。心之權衡, 可善可惡, 天下之危殆不安, 未有甚於是者。道心惟微者, 吾之所謂性好也。天命之謂性, 率性之謂道, 斯之謂道心也。孟子曰: "人之所以異於禽獸者, 幾希。"[45] 幾希者, 微也。性之樂善, 雖根於天賦, 而爲物欲所蔽, 存者極微, 唯君子察之。

---

45) 『孟子』, 「離婁」下.

◀'인심과 도심'은 그 자체로 하나의 지극한 말이며, '진실로 그 중을 잡는다'는 것은 그 자체로 하나의 빛나는 가르침이니 각각 그 뜻을 보면 도를 알 수 있을 것이나, 서로 이어 문장을 만든다면 끝내 이치에 합하지 않는다. 진실로 바라건대, 세상의 군자들은 갑자기 크게 놀라지 말고 평온한 마음으로 차분히 연구한다면 거의 개운히 이해하게 될 것이다.

○순자의 본래 의도는 대개 정신을 통일하면 정밀해질 수 있고, 둘로 분산시키면 정밀해지기 어려움을 말한 것이다. 옛날에 이른바 '장님은 듣는 데 정밀하고, 벙어리는 보는 데 정밀하다'고 한 것도 역시 이런 이야기이다. 그렇다면 오직 '한결같이 하고 오직 정밀하게 한다'는 것은 이치가 참으로 그러하다. 먼저 정밀하게 한 뒤에 한결같이 한다는 것도 또한 순자의 뜻과는 다르다.

'인심은 오직 위태롭다'는 것은 내가 말한 '권형權衡'이다. 마음의 권형은 선할 수도 있고 악할 수도 있으니, 세상에서 위태롭고 불안한 것 가운데 이보다 심한 것이 없다. '도심은 오직 은미하다'는 것은 내가 말한 '본성의 기호'이다. '하늘이 명령한 것을 본성이라고 하고, 본성을 따르는 것을 도라고 한다'는 이것을 도심이라고 한다. 맹자는 "사람이 금수와 다른 것은 아주 적다"고 하였는데, '아주 적다幾希'는 것은 은미함이다. 본성이 선을 좋아함은 비록 하늘이 부여한 데 근본을 두지만 물욕에 가려서 존재하는 것이 매우 은미하므로 오직 군자만이 그것을 살핀다.

제2장

《詩》曰: "上帝臨女, 無貳爾心。"[46] 又曰: "無貳無虞。上帝臨女。"[47]

貳者, 岐分也, 兩屬也。虞者, 安也, 樂也。古人一心事天, 無敢岐貳, 無敢歡娛也。〈大雅〉傳曰: "無敢懷貳心。"[48] 〈魯頌〉疏曰: "天下歸周, 無有貳心, 無有疑誤。"[49]【虞, 誤也】傳則不明, 疏又大謬。

程子曰: "毋*不敬, 可以對越上帝。" ○案 毋不敬者, 非謂無事不敬也, 謂凡不敬之事, 禁之勿爲也。[50]〈曲禮〉篇中, 毋字數十, 凡毋字之下, 皆不敬也。苟得苟免,[51] 求勝求多,[52] 踐屨踖席,[53] 勦說雷同,[54] 側聽噭應,[55] 淫視怠荒,[56] 皆不敬也。▶

---

* 毋: 新朝本에는 '母'로 되어 있다. 이하 별도의 교감주 없이 바로잡는다.

46)『詩經』,「大雅·大明」.
47)『詩經』,「魯頌·閟宮」.
48)『詩經』,「大雅·大明」. 여기서의 전傳은 모형毛亨의 전이다.
49)『詩經』,「魯頌·閟宮」. 여기서의 소疏는 공영달孔穎達의 소이다.
50) '毋不敬'을 정자가 '공경하지 않음이 없다'고 해석한 것에 대한 다산의 비판이다.
51)『禮記』,「曲禮」上. "臨財毋苟得, 臨難毋苟免."
52)『禮記』,「曲禮」上. "很毋求勝, 分毋求多."
53)『禮記』,「曲禮」上. "毋踐屨, 毋踖席."
54)『禮記』,「曲禮」上. "毋勦說, 毋雷同."
55)『禮記』,「曲禮」上. "毋側聽, 毋噭應."
56)『禮記』,「曲禮」上. "毋淫視, 毋怠荒."

제2장

『시경』에서 말하였다. "상제께서 너를 내려다보고 계시니, 너의 마음을 다른 데 두지 말라." 또 말하였다. "의심하지 말고 안락하지 말라. 상제께서 너를 내려다보고 계신다."

'이貳'는 갈래가 나뉘는 것으로 양쪽에 소속되는 것이다. '우虞'는 편안하고 즐거운 것이다. 옛 사람은 한마음으로 하늘을 섬겨, 감히 둘로 분산시키지도 않았고, 감히 환락에 빠지지도 않았다. 『시경』「대아大雅」편의 전傳에서는 "감히 두 마음을 품지 말라"라고 하였고, 「노송魯頌」의 소疏에서는 "세상 사람들이 주나라에 귀의하리니, 두 마음을 두지 말고, 의심하여 그르치지 말라"라고 하였다.【'우虞'는 '그르치다'의 뜻이다】 전傳은 분명하지 않고, 소疏도 크게 잘못되었다.

정자가 말하였다. "공경하지 않음이 없으면 상제를 우러러 대할 수 있다." ○**나의 판단** '무불경毋不敬'이란 불경한 일을 함이 없음을 말하는 것이 아니라, 뭇 불경한 일을 금지하여 하지 못하게 함을 말한 것이다. 『예기』「곡례」편 가운데 '무毋'자가 수십 번 나오는데, 무릇 '무毋'자 아래에 있는 것은 모두 불경不敬한 일이다. '구차하게 얻음과 구차하게 면함', '이기기를 구함과 많은 것을 구함', '남의 신을 밟음과 남의 좌석을 넘어감', '남의 설을 표절함과 아무 생각 없이 남의 말을 따름', '기울여서 들음과 급하게 대답함', '곁눈질함과 게으르고 해이함'은 모두 불경스러운 짓이다.▶

◀故其上各戴一毋字。袒衣褰裳,⁵⁷⁾ 摶飯放飯,⁵⁸⁾ 噬羹絮羹,⁵⁹⁾ 齧骨投骨,⁶⁰⁾ 反肉刺齒,⁶¹⁾ 歠醢嘬炙,⁶²⁾ 流歠固獲,⁶³⁾ 皆不敬也。故其上各戴一毋字。

제3장

《詩》曰: "視爾友君子, 輯柔爾顔, 不遐有愆。相在爾室, 尙不愧于屋漏。無曰不顯, 莫予云覯。神之格思, 不可度思, 矧可射思。"⁶⁴⁾

朱子曰: "無曰此非顯明之處, 而莫予見也。" 又曰: "不顯亦臨, 猶懼有失。" ○西山曰: "祗敬於群居者易, 兢畏於獨處者難。"

---

57) 『禮記』,「曲禮」上. "勞毋袒, 暑毋褰裳."
58) 『禮記』,「曲禮」上. "毋摶飯, 毋放飯."
59) 『禮記』,「曲禮」上. "毋噬羹, 毋絮羹."
60) 『禮記』,「曲禮」上. "毋齧骨, …… 毋投與狗骨."
61) 『禮記』,「曲禮」上. "毋反魚肉, …… 毋刺齒."
62) 『禮記』,「曲禮」上. "毋歠醢, …… 毋嘬炙."
63) 『禮記』,「曲禮」上. "毋流歠, 毋固獲."
64) 『詩經』,「大雅·抑」.

◀그러므로 그 위에 각각 하나의 '무毋'자를 씌웠다. '소매를 걷어붙이고, 치마를 걷어올리다', '밥을 뭉치고, 밥을 흘리다', '국을 훅 들이마시고, 국에 간을 맞추다', '뼈를 깨물어 먹고, 뼈를 (개에게) 던지다', '먹던 고기를 도로 놓고, 이를 쑤시다', '젓국을 마시고, 군고기를 한입에 물다', '물 마시듯 들이마시고, 어느 것을 자신이 굳이 먹으려고 하다'는 것도 모두 불경한 짓이다. 그러므로 그 위에 각각 하나의 '무'자를 씌웠다.

제3장

『시경』에서 말하였다. "그대가 군자와 벗하는 것을 보니, 그대의 안색을 부드럽고 온화하게 하여 무슨 허물을 짓지 않을까 염려하는 것 같도다. 그대가 집에 있는 것을 보니 어두운 방구석에서도 오히려 부끄럽지 않도다. 밝게 드러나지 않는다고 해서 아무도 나를 보지 못한다고 말하지 말라. 신이 이르는 것은 헤아릴 수 없거늘, 하물며 싫증낼 수가 있겠는가?"

주자가 말하였다. "여기는 밝게 드러난 곳이 아니니 아무도 나를 보지 못한다고 말하지 말아야 한다." 또 말하였다. "드러나지 않는 곳에도 이르니, 오히려 잘못이 있을까 두려워해야 한다."
○진서산이 말하였다. "여러 사람이 있는 곳에서 조심하고 공경하기는 쉬우나, 혼자 있는 곳에서 삼가고 두려워하기는 어렵다."

○**案** 不顯者，謂鬼神無形，其跡隱微而不顯也。《中庸》顯微之說，皆論鬼神之體，似微而實顯。先儒以群居爲顯，獨處爲微，恐非本旨。【義見余《中庸》說】只此不顯亦臨四字，原是確證，不可以隱暗處爲不顯。○原來愼獨云者，謂致愼乎己所獨知之事，非謂致愼乎其所獨處之地也。人每靜坐其室，默念自己所爲，油然良心發見。此所以瞻其屋漏，而發其愧悔，非謂屋漏所臨之地，毋敢行惡也。人之行惡，每在於與人相接之處。其或行之於暗室者，唯有偃臥淫褻之咎而已。所謂愼獨，豈唯此咎是愼哉？今人認愼獨二字，原不清楚，故其在暗室，或能整襟危坐，而每到與人相接之處，施之以鄙詐險詖，謂人罔覺，謂天罔聞，所謂愼獨，豈如是乎？

○**나의 판단** '드러나지 않는다'는 것은 귀신이 형체가 없어서 그 자취가 은미하여 드러나지 않는 것이다. 『중용』에서 드러남과 은미함에 관련된 설은 모두 귀신의 체는 은미한 듯하지만 실은 밝게 드러남을 논한 것이다. 선유가 여럿이 있는 것을 드러난 것으로, 혼자 있는 것을 은미한 것으로 본 것은 본래의 뜻이 아닌 것 같다.【의미는 나의 『중용』설에 보인다】 바로 이 '불현역림不顯亦臨' 네 글자만이 원래 확실한 증거이니 은미하고 어두운 곳을 '드러나지 않음'으로 보아서는 안 된다.

○원래 '신독'이라는 것은 자기 홀로 아는 일에서 신중을 다하는 것이지, 혼자 있는 곳에서 신중을 다하는 것을 말하는 것이 아니다. 사람이 늘 그 방에서 조용히 앉아서 자신이 행한 것을 묵묵히 생각하면 양심이 구름이 일듯이 성하게 드러난다. 이것은 그 옥루屋漏(빛이 들지 않는 방의 서북쪽 모퉁이)를 바라보고도 부끄러움을 드러내는 까닭이지, 어두워 안 보이는 장소에서 감히 악을 행해서는 안 된다는 것을 말하는 것이 아니다. 사람이 악을 행하는 것은 늘 남과 서로 교제하는 곳에서이다. 때로 어두운 방에서 악을 행하는 것은 오로지 누워서 음란한 허물을 지을 때뿐이다. 이른바 '신독'이라는 것이 어찌 단지 이런 허물만을 조심하는 것이겠는가? 요즘 사람들이 '신독' 두 글자를 인식하는 것이 본래 분명하지 않기 때문에 어두운 방에 있을 때 때로 옷깃을 가지런히 하고 단정하게 앉아 있을 수 있었다고 해도, 매번 다른 사람과 교제하는 곳에서는 그에게 비루한 거짓과 모함을 베풀면서도, 남이 깨닫지 못하고 하늘이 듣지 못한다고 말하니, 이른바 '신독'이라는 것이 어찌 이와 같은 것이겠는가?

제4장

《易》乾之九二[65], 子曰：“庸言之信, 庸行之謹, 閑邪存其
誠。”[66]

閑邪者, 非禮勿視·聽·言·動也。【程子云】存其誠者, 克己而復禮
也。乾九二者, 乾之同人也, 下卦爲離。《易》例, 離則爲誠, 亦爲
禮也。同人本自姤·夬來。姤之下巽, 夬之上兌, 皆不正之卦也。
【卦形歪】離則爲閑。【見家人】○昔余訪友於月山村舍。友人曰：“余
欲作三箴以自警。一曰克己, 二曰遯世, 三曰閑邪。”其言深有理
趣。

65) 九二: ‘구九’는 양陽을 의미하고, ‘이二’는 여섯 효 가운데 제2위라는 의미이다. 건괘 구이
   란 점을 쳐서 건괘를 얻고 그 가운데 제2효가 변효變爻가 된 경우를 의미한다.
66) 『周易』, 「乾卦·文言傳」.

제4장

『주역』 건괘乾卦 구이九二에서 공자가 말하였다. "평소의 말을 미덥게 하고, 평소의 행위를 조심스럽게 하여, 사특함을 막고 성실함을 보존하라."

사특함을 막는 것은 예가 아니면 보지도 듣지도 말하지도 행동하지도 않는 것이다.【정자가 말하였다】'성실함을 보존하는 것'은 자기를 이겨내고 예를 회복하는 것이다. 건괘 구이九二는 건괘乾卦가 동인괘同人卦로 변한 것이니, 하괘下卦가 리괘(離卦: 소성괘의 리괘)가 된다. 『주역』의 용례에서 '리괘離卦'는 성실함이고 또 예禮가 된다. 동인괘는 본래 구괘姤卦와 쾌괘夬卦로부터 온다. 구괘의 하괘는 손괘巽卦이고, 쾌괘의 상괘는 태괘兌卦이니, 모두 바르지 않은 괘이다.【괘형이 바르지 않다】리괘는 막는 것이 된다.【가인괘家人卦에 보인다】

○옛날에 내가 월산촌사月山村舍로 벗을 찾아갔는데, 벗이 말하기를, "나는 세 가지 잠언을 지어 스스로를 경계하고자 한다. 하나는 자기를 이기는 것이고, 둘은 세상을 피하여 사는 것이며, 셋은 사특함을 막는 것이다"라고 하였는데, 그 말에 깊은 이치가 있다.

(한정길 옮김)

제5장

《易》坤之六二曰: "君子敬以直內, 義以方外, 敬義立而德不孤. '直方大, 不習無不利', 則不疑其所行也."[67]

敬之爲德, 束於內而施諸外. 義之爲德, 制於外而善其內. 表裏相須, 彼此胥發, 故曰德不孤. ○敬之爲德, 必應事接物, 而後乃得施行. 故〈曲禮〉首言毋不敬三字, 其下毋字數十, 皆於應事接物上存戒. 毋質, 毋訕, 毋固, 毋回, 毋怍, 毋撥, 毋蹶, 毋倨, 毋跛, 毋箕, 毋伏, 毋髢, 毋免, 毋袒,[68] 及前所列二字類[69], 皆應事接物, 致其敬也. 靜坐無事, 無所嚮往, 何以用敬? ▶

---

67) 『周易』, 「坤卦·文言傳」.
68) 『禮記』, 「曲禮」上. 위의 본문에서 두 글자씩 인용한 것은 각각 다음과 같은 구절에서 따온 것이다. "疑事毋質", "幼子常視毋誑", "將適舍, 求毋固.", "入戶奉扃, 視瞻毋回.", "將卽席, 容毋怍.", "衣毋撥, 足毋蹶.", "遊毋倨, 立毋跛, 坐毋箕, 寢毋伏, 斂髮毋髢, 冠毋免, 勞毋袒."
69) 앞에서 열거한 '구득苟得', '구면苟免', '구승求勝', '구다求多', '천구踐屨', '적석踖席', '초설勦說', '뇌동雷同', '측청側聽', '교응噭應', '음시淫視', '태황怠荒', '단의袒衣', '건상褰裳', '단반搏飯', '방반放飯', '탑갱嚃羹', '서갱絮羹', '설골齧骨', '투골投骨', '반육反肉', '자치刺齒', '철염歠醢', '최자嚌炙', '유철流歠', '고획固獲'을 가리킨다.

『주역』 곤괘坤卦 육이六二에서 말하였다. "군자는 경敬으로써 안을 곧게 하고 의로움으로써 밖을 방정하게 하여, 경과 의로움이 확립되면 덕이 외롭지 않다. '곧고 방정하고 커서 익히지 않아도 이롭지 않음이 없다'는 것은 (아무도) 그 행하는 바를 의심하지 않는 것이다."

경이라는 덕은 마음속을 단속하여 밖에 베푸는 것이고, 의로움이라는 덕은 밖을 제어하여 그 마음속을 선하게 하는 것이다. 겉과 속이 서로 따르고, 이것과 저것이 서로 발휘하므로 '덕은 외롭지 않다'고 말하였다. ○경이라는 덕은 반드시 일에 응하고 사물을 접한 후에 시행될 수 있다. 그러므로 『예기』「곡례曲禮」편에서 첫머리에 '무불경(毋不敬: 공경스럽지 않은 일을 하지 말라)'이라는 세 글자를 말하고서 그 아래 수십 개의 '무毋'자도 모두 일에 응대하고 사물에 접하는 것에 대하여 경계하였다. '단정하지 말라', '속이지 말라', '고집하지 말라', '머리를 돌리지 말라', '부끄러워하지 말라', '옷자락을 펄럭거리지 말라', '발걸음을 서두르지 말라', '거만하게 걷지 말라', '짝다리로 서지 말라', '다리를 벌리고 앉지 말라', '엎드려 자지 말라', '머리털을 늘어뜨리지 말라', '갓을 벗지 말라', '어깨를 드러내지 말라' 등과 앞에서 열거한 두 글자로 된 말들은 모두 일에 응하고 사물을 접할 때 그 공경을 다하는 것이다. 정좌하여 아무 일이 없을 때는 지향하는 바가 없는데 어떻게 공경을 행하겠는가?▶

◀惟敬天敬神, 可爲靜坐之工。然亦必默運心思, 或想天道, 或窮神理, 或省舊愆, 或紬新義, 方爲實心。敬天若絕思絕慮, 不戒不懼, 惟務方塘一面湛然不波, 則此靜也, 非敬也。

程子曰: “主一之謂敬, 無適之謂一。”○案 孔子謂曾子曰‘一以貫之’[70], 一者, 恕也,《中庸》曰‘所以行之者, 一也’[71], 一者, 誠也。古經言一, 皆有指謂。惟伊川主一之一, 當時未有明說, 後來遂無的論。一之爲何物, 旣不可認, 將如何主一耶? 若如朱子說, 【或問主一無適。朱子曰: “只是莫走作。如今人一事未*了, 又要做一事, 心下千頭萬緒。”[72]】是不拘何事, 硬執一事, 推究到底, 不以他事交亂此事也。▶

---

* 未: 新朝本에는 ‘末’로 되어 있다.

70) 『論語』,「里仁」. “子曰, ‘參乎, 吾道一以貫之.’ 曾子曰, ‘唯.’”

71) 『中庸』 20장. “知・仁・勇三者, 天下之達德也, 所以行之者, 一也.”

72) 『朱子語類』 제96권, 「程子之書 2」에 유사한 내용이 나온다. 다만 『주자어류』에서는 “問主一. 曰, ‘做這一事, 且做一事, 做了這一事, 卻做那一事. 今人做這一事未了, 又要做那一事, 心下千頭萬緒’”라는 구절이 나오고, 약간 뒤에 “問主一無適. ‘只是莫走作. 且如讀書時, 只讀書, 著衣時, 只著衣, 理會一事時, 只理會一事, 了此一件, 又作一件, 此主一無適之義’”라는 구절이 나오는데, 다산은 이 두 구절을 합성하여 인용한 듯하다.

◀오로지 하늘과 귀신을 공경하는 것이 정좌 공부가 될 수 있다. 그러나 또한 반드시 묵묵히 사색하여 때로 천도를 생각하고 때로는 귀신의 이치를 궁구하며, 때로는 옛날의 잘못을 반성하고 혹은 새로운 의미를 이끌어낼 때 비로소 진실한 마음이 된다. 하늘을 공경하는 데 만약 사려를 끊어 조심하거나 두려워하지 않고, 오로지 연못의 수면처럼 맑으면서 물결이 일어나지 않게 하는 데만 힘쓴다면 이것은 고요함이지 공경함이 아니다.

정자가 말하였다. "하나됨을 주로 하는 것을 경이라고 하며, 마음이 다른 데로 가는 바가 없는 것을 '하나됨[一]'이라고 한다."

○**나의 판단** 공자께서 증자에게 '하나로 꿰뚫는다'고 말했을 때의 '하나'라는 것은 서恕이고, 『중용』에서 "그것을 행하게 하는 것이 하나이다"라고 했을 때의 '하나'라는 것은 성誠이다. 옛 경서에서 '하나'를 말한 경우에는 모두 가리켜 일컫는 것이 있다. 오로지 정이천程伊川이 '하나됨을 주로 한다'고 했을 때의 '하나'만이 당시에 분명한 설명이 없어, 이후에 마침내 정확한 논의가 없게 되었다. '하나'가 어떤 것인지 이미 알 수 없는데, 장차 어떻게 하나를 주로 하겠는가? 만일 주자의 설에 따른다면,【어떤 사람이 '주일무적主一無適'에 대해 물었다. 주자는 말하였다. "이는 다만 마음이 제멋대로 달아나지 않게 하는 것이다. 지금 사람들은 하나의 일을 마치지도 않고 또 하나의 일을 하려고 하니 마음이 천 갈래 만 갈래가 된다."】(이는) 어떤 일에도 구애됨이 없이 한 가지 일을 굳게 잡아 끝까지 추구하여, 다른 일을 가지고 이 일을 어지럽히지 않는다는 것이다.▶

◀然伊川主敬之工, 每要心中都無一事, 不應以專想一事爲主一。
且無適者, 謂都無所適, 若專想一事, 則豈可曰無適? 此意極不
可曉。○高峯和尙禪語云: "萬法歸一, 一歸何處?"[73] 一者, 心
也。以心主心, 都不發用, 所以爲禪也。主一之一, 必與此不同,
惜無明解。

上蔡[74]云: "敬是常惺惺法。"【瑞巖僧, 每日間, 常自問: "主人翁惺惺否?"
自答曰: "惺惺。"】○佛氏無所嚮而惺惺, 所以爲禪。伊川以對越而
惺惺, 所以爲敬。

和靖[75]云: "敬者, 其心收斂, 不容一物之謂。"○案 不容一物,
何謂主一? 敬天時容得一天, 敬兄時容得一兄, 敬圭璧[76]時容得
一圭璧。若都無一物, 恐近坐禪。

73) 이 말은 원래 당나라 때 어떤 스님이 조주趙州(778~897) 선사에게 물은 말이다. 조주 선
사는 이 질문에 "내가 청주靑州에 있을 때 장삼 한 벌을 지었는데 무게가 일곱 근이다"고
대답하였다. 고봉화상은 21세 때 단교斷橋 묘륜妙輪 선사에게서 이 말을 화두로 받아서
참구參究하였다.
74) 上蔡: 북송의 학자 謝良佐(1050~1103)를 가리킨다.
75) 和靖: 북송의 학자 윤돈尹燉(1071~1142)을 가리킨다.
76) 圭璧: 제왕이나 제후가 제사나 조빙朝聘할 때 사용한 예기禮器.

◀그러나 정이천의 경을 위주로 하는 공부는 늘 마음속에 전혀 한 가지 일도 없는 것을 요구하고 있으니, 한 가지 일만을 오로지 생각하는 것을 '주일主一'로 보지는 않았을 것이다. 또 '무적無適'이라는 것은 전혀 가는 곳이 없음을 말하니, 만약 한 가지 일만을 오로지 생각한다면 어찌 '무적'이라고 말할 수 있겠는가? 이 뜻은 매우 이해할 수 없다.

○고봉화상의 선어禪語에서 "모든 법이 하나로 돌아가는데, 하나는 어느 곳에 돌아가는가?"라고 하였는데, 여기에서 하나란 마음이다. 마음으로 마음을 주재하여 전혀 드러나 작용하지 않는 것이 선禪이 되는 것이다. '하나됨을 주로 한다'의 '하나'는 반드시 이것과는 같지 않을 텐데, 애석하게도 분명한 풀이가 없다.

상채上蔡가 말하였다. "경敬은 항상 깨어있게 하는 방법이다."【서암瑞巖이라는 스님이 매일 '주인 노인은 깨어 있는가?'라고 스스로 묻고는, '깨어 있다'고 스스로 대답하였다】

○붓다는 향하는 데가 없으면서 깨어 있으니 선禪이 되는 것이다. 정이천은 (상제를) 우러러 대하면서 깨어 있으니 경敬이 되는 것이다.

화정和靖이 말하였다. "경이란 것은 그 마음을 거두어 모아서 하나의 사물도 용납하지 않는 것을 일컫는다."

○**나의 판단** '하나의 사물도 용납하지 않는다'는 것을 어떻게 '주일主一'이라고 하겠는가? 하늘을 공경할 때에는 하늘 하나만을 받아들이고, 형님을 공경할 때는 형님 하나만을 받아들이고, 규벽圭璧을 공경할 때에는 규벽 하나만을 받아들이는 것이다. 만약 하나의 사물도 없다면 아마도 좌선坐禪에 가까울 것이다.

程子曰: "惟恐不直內, 內直則外必方。" ○案〈四勿箴〉[77]曰: "發禁躁妄, 內斯靜專。"[78] 所謂制之於外, 以安其內者,[79] 此也。愚甚喜此語。大抵表裏交修, 其德不孤, 不可作一偏說。

제6장

損之〈象〉曰: "山下有澤, 損, 君子以懲忿窒慾。"[80]

朱子曰: "觀山之象以懲忿, 觀澤之象以窒慾。"[81]【又云: "窒慾如填壑, 懲忿如摧山。"[82]】○案 損自泰來。【三之上】泰之時, 乾忿太剛,【忿者, 氣滿盈也, 有乾象】坤慾太虛。【慾*者, 谿谷之虛欠也, 虛者欲受, 有坤象】移之爲損, 則澤水澄定, 是懲忿**也。艮土塞竇, 是窒慾也。▶

---

* 慾: 新朝本에는 '欲'으로 되어 있다.
** 忿: 新朝本에는 '忿'으로 되어 있다.

77) 「四勿箴」: 공자가 안연顏淵에게 "예가 아니면 보지 말며, 예가 아니면 듣지 말며, 예가 아니면 말하지 말며, 예가 아니면 움직이지 말라"(『논어』, 「안연」)라고 한 말을 가지고, 정이천이 시視·청聽·언言·동動에 대한 경계의 글을 지은 것이다.
78) 「四勿箴」 중 「言箴」.
79) 「四勿箴」 중 「視箴」.
80) 『周易』, 「損卦大象」.
81) 『朱子語類』 卷72, 「易八·損」.
82) 『朱子語類』 卷72, 「易八·損」.

정자가 말하였다. "오직 안을 곧게 하지 못할까 두려울 뿐 안이 곧으면 밖은 반드시 방정하게 된다."

○**나의 판단** 「사물잠四勿箴」에서 "조급하거나 허망한 말을 금하여야 마음속이 고요하고 전일해진다"고 말하였으니, 이른바 '바깥에서 제어하여 그 안을 안정시킨다'고 하는 것이 이것이다. 나는 이 말을 매우 좋아한다. 대개 겉과 속을 함께 닦아야 그 덕이 외롭지 않을 것이니, 한쪽으로 치우친 말을 해서는 안 된다.

제6장

손괘損卦의 「상전象傳」에서 말하였다. "산 아래에 못이 있는 것이 손괘이니, 군자는 이를 보고서 분노를 가라앉히고 욕심을 막는다."

주자가 말하였다. "산의 모양을 보고 분노를 징계하고, 연못의 모양을 보고 욕심을 막는다."【또 말하였다. "욕심을 막는 것은 골짜기를 메우듯이 하고, 분노를 징계하는 것은 산을 무너뜨리듯이 한다."】

○**나의 판단** 손괘損卦는 태괘泰卦로부터 온다.【(태괘의) 제3획이 상위로 간 것이다】 태괘일 때 건乾의 분노는 태강太剛이며【분노라는 것은 기氣가 가득 차 있는 것이니 건乾의 상이 있다】 곤坤의 욕심은 태허太虛이다.【욕심이라는 것은 계곡이 텅 비어 있는 것과 같고, 빈 것은 받아들이려 하므로 곤坤의 상이 있다】 추이推移하여 손괘損卦가 되면 연못의 물이 맑고 안정되니 이것이 '징분懲忿'이다. 간艮의 흙이 구멍을 막고 있으니 이것이 '질욕窒慾'이다.▶

◀懲者，澂也。先儒作懲戒說亦誤。先儒於推移之法，不曾致力，解《易》多懸空說。

<h2>제7장</h2>

益之〈象〉曰: "風雷益，君子以，見善則遷，有過則改。"[83]

朱子曰: "遷善當如風之速，改過當如雷之猛。"[84]　○案　益自否來。【一之四】視此震善,【震爲仁】剛自外來,【四之一】見善則遷也。乾剛太過，變而柔之，有過則改也。

伊川曰: "罪己責躬，不可無。然亦不當長留在心胷爲悔。"　○案　伊川之學，專要心中澂澈無物，故並與罪悔欲不留胸中。▶

---

83)『周易』,「益卦大象」.
84)『朱子語類』卷66,「易二」.

◀'징懲'은 맑을 '징澂'의 뜻이다. 선유先儒가 '징계懲戒'라는 설을 내세운 것은 역시 잘못이다. 선유가 추이推移의 법에 힘을 쏟은 적이 없어 『역』을 풀이하는 데에 근거 없는 설이 많다.

제7장

익괘益卦의 「상전象傳」에서 말하였다. "바람과 우레가 익괘益卦이니, 군자는 이를 보고서 선을 보면 그리로 옮겨가고 허물이 있으면 고친다."

주자가 말하였다. "선으로 옮겨가는 것은 바람처럼 빠르게 해야 하고, 허물을 고치는 것은 우레처럼 맹렬하게 해야 한다."

○**나의 판단** 익괘益卦는 비괘否卦로부터 온다.【비괘의】 초획이 제4위로 간 것이다】 이 진震의 선함을 보고【진震은 인仁이다】 강획이 밖으로부터 온 것이니【제4획이 초위로 간 것이다】 선을 보면 그리로 옮겨가는 것이다. 건乾의 강함이 너무 지나치면 변하여 부드러움이 되니 허물이 있으면 고치게 되는 것이다.

정이천이 말하였다. "자신을 탓하고 스스로를 책망하는 것이 없을 수는 없다. 그러나 또한 마음속에 오래도록 남겨두어서 후회를 삼아서는 안 된다."

○**나의 판단** 정이천의 학문은 마음속이 맑아서 아무 사물도 없는 상태만을 요구하므로 탓함과 후회함마저 가슴속에 남겨두지 아니하려고 한다.▶

◀然能泣悔往愆, 一生不忘, 則必不再作新愆。心之澂澈, 有踰於是者乎。《周易》專觀悔・吝。悔者能改過也, 吝者不改過也。悔則終吉, 吝則終凶, 聖人之戒也。人苦忘愆, 而況敢斬忘之乎。

제8장

復之初九曰:"不遠復, 無祇悔, 元吉。"子曰:"顏氏之子[85), 其殆庶幾乎。"[86)

伊川曰:"不至於悔。"[87) ○案 祇者, 多也。無祇悔者, 無多悔也。○顏子之學, 有進無退者以此。

---

85) 顏氏之子: 안연顏淵을 가리킨다.
86) 『심경』에는 이 말 뒤에 "有不善, 未嘗不知, 知之, 未嘗復行也"라는 말이 더 있는데 다산은 이를 생략하여 인용하였다. 공자의 이 말은 『周易』의 「繫辭下傳」 제5장에 나오는데, 『周易』에는 글의 순서가 "子曰, '顏氏之子, 其殆庶幾乎. 有不善, 未嘗不知, 知之, 未嘗復行也.' 『易』曰, '不遠復, 無祇悔, 元吉.'"로 되어 있다.
87) 『伊川易傳』, 「復卦・初九」.

◀그러나 지난 허물을 울고 후회하면서 일생동안 잊지 않을 수 있으면 틀림없이 새로운 허물을 다시 짓지 않을 것이다. 마음이 맑은 것이 이것보다 더 나은 것이 있겠는가. 『주역』은 오로지 후회함과 인색함을 보는 것이다. 후회하는 자는 허물을 고칠 수 있고, 인색한 자는 허물을 고칠 수 없다. 후회하면 끝내는 길하고 인색하면 끝내 흉하다는 것이 성인의 가르침이다. 사람들은 허물을 잊어버리는 것을 괴로워하는데 하물며 감히 잊어버리기를 바라겠는가.

제8장

복괘復卦의 초구初九 효사에서 "멀리 가지 않고 돌아와 많은 후회가 없으니 크게 길하다"고 한 것에 대해, 공자가 말하였다. "안씨의 아들은 거의 도에 가깝도다."

정이천이 말했다. "후회함에 이르지 않는다."
○나의 판단 '지祇'는 많다는 뜻이다. '무지회無祇悔'는 많은 후회가 없다는 것이다.
○안자의 학문이 진보는 있어도 퇴보는 없는 것은 이 때문이다.

제9장

子絶四, 毋意, 毋*必, 毋**固, 毋我。[88)]

朱子曰："意, 私意也。"[89)] ○案 意, 若億也, 臆也。<u>孔子</u>謂<u>子貢</u>
曰："億則屢中。"[90)] 億者, 意度也。<u>賈誼</u>〈服賦〉[91)]曰："請對以意。"
意者, 臆也。〈禮運〉曰："非意之也。"意之者, 億之也。人有恒言
曰："意者其如是乎。"此語妄***甚, 聖人之所不爲也。○只意一
字, 未必是私意。

---

* 毋: 新朝本에는 '母'로 되어 있다.

** 毋: 新朝本에는 '母'로 되어 있다.

*** 妄: 新朝本에는 '忘'으로 되어 있다.

88) 『論語』, 「子罕」.

89) 『論語集註』, 「子罕」.

90) 『論語』, 「先進」.

91) 「服賦」: 흔히 「복조부鵩鳥賦」라고 한다. 복服은 복(鵩: 올빼미 비슷한 새)과 통용으로 쓴
글자. 집 안에 날아든 상서롭지 못한 새 복조와의 대화를 통하여, 삶과 죽음이 같고 복과
재앙이 상호 긴밀한 것처럼 목숨은 이미 정해진 것이라는 뜻을 밝힘으로써 위안을 삼고
있다.

제9장

공자는 네 가지가 전혀 없었으니 억측함이 없고, 반드시 어떠해야 한다는 생각이 없고, 고집이 없고, 아집我執이 없었다.

주자가 말하였다. "'의意'는 사사로운 생각이다."

○**나의 판단** '의意'는 '억億'과 같으니 억측한다는 뜻이다. 공자가 자공에게 말하기를 "억측하면 자주 들어맞는다億則屢中"라고 하였으니 '억億'은 억측한다는 뜻이다. 가의賈誼의 「복부服賦」에서는 "억측으로써 대답하겠습니다請對以意"라고 하였으니 '의意'는 억측이라는 뜻이다. 『예기』의 「예운禮運」에서는 "억측한 것이 아니다非意之也"라고 하였으니 '의意'는 억측한다는 뜻이다. 사람들이 항상 말하기를 "억측해 보니 그것이 이와 같다"라고 하는데 이 말은 매우 망령된 것이니, 성인께서는 하지 않는 것이다.

○'의意' 한 글자만의 뜻으로는 반드시 '사사로운 생각'은 아닐 것이다.

제10장

顏淵問仁。子曰: "克己復禮爲仁。"[92]

橫渠曰: "禮儀三百, 威儀[93]三千, 無一物之非仁。" ○案 張子此言, 眞切體貼, 非衆人所能道也。蓋仁者, 人也, 人與人之盡分也。父與子二人也, 君與臣二人也, 凡父子·君臣之間, 所行禮節, 孰非所以爲仁之方乎! 兄弟·賓主·夫婦·長幼, 凡其禮節, 皆人與人相與之法也。復禮爲仁, 非謂是乎! ○未論他事, 只論並坐不橫肱[94]一事, 便是爲仁之法。

92) 『論語』, 「顏淵」. 『심경』에는 안연과 공자의 문답 전체가 실려 있는데 다산은 뒷부분을 생략하였다.
93) 威儀: 예의禮儀는 큰 예[經禮]이고 위의威儀는 자잘한 세부적인 예를 가리킨다. 『중용』 27장에서 "優優大哉, 禮儀三百, 威儀三千"라고 하였고, 주자의 주에서 "禮儀經禮也, 威儀曲禮也"라고 하였다.
94) 『禮記』, 「曲禮」上.

제10장

안연이 인에 대해서 물으니 공자가 말하였다. "자기를 이기고 예로 돌아가면 인이 된다."

장횡거가 말하였다. "예의禮儀 삼백 가지와 위의威儀 삼천 가지가 하나도 인仁이 아닌 것이 없다."

○**나의 판단** 장자張子의 이 말은 참으로 간절하게 몸소 깨달은 것이어서 보통 사람들이 말할 수 있는 것이 아니다. 대개 '인仁'이라는 것은 사람다움이니 사람과 사람 사이에 본분을 다하는 것이다. 부모와 자식은 두 사람이고 임금과 신하는 두 사람이니, 무릇 부모와 자식, 임금과 신하 사이에 행하는 예절이 어느 것이 인을 행하는 방도가 아니겠는가! 형과 아우, 손님과 주인, 남편과 아내, 어른과 아이 등 그 모든 예절이 다 사람과 사람이 서로 관계 맺는 법이다. 예禮로 돌아가면 인이 된다는 것은 이것을 말하는 것이 아니겠는가!

○다른 일들은 논할 것도 없이 다만 '나란히 앉았을 때 팔을 옆으로 뻗지 말라'는 한 가지 일만 논하여도 곧 이것이 인을 행하는 방법이다.

제11장

仲弓問仁。子曰: "出門如見大賓, 使民如承大祭。"[95]

朱子曰*: "伊川云'恕字須兼忠'說。蓋忠是盡己, 盡己而後爲恕。今人不理會忠, 而徒爲恕, 其弊只是姑息。"[96] ○案 盡己之謂忠, 推己之謂恕, 於今便成鐵鑄語。然從來《爾雅》·《說文》·《三倉》[97]之家, 無此訓詁。所謂忠恕者, 不過曰實心以行恕耳。若盡己推己, 必當兩下工夫, 則是夫子之道, 二以貫之, 非一貫也。若云盡己以立根本, 自此推去, 無兩下工夫, 則是忠爲主, 恕爲客, 忠爲本, 恕爲末, 所謂一貫, 是忠以貫之, 非恕以貫之也。▶

---

* 朱子曰: 新朝本에는 빠져 있으나 《心經》에 따라 보충한다.

95) 『論語』, 「顔淵」. 『심경』에는 중궁과 공자의 문답 전체가 실려 있는데 다산은 뒷부분을 생략하였다.

96) 이 문장 전체는 주자의 말이며, 『심경』에는 앞에 '朱子曰'이 붙어 있다.

97) 『三倉』: 자서字書의 이름으로, 삼창三蒼과 같다. 한漢나라 초에 이사李斯의 『창힐편蒼頡篇』, 조고趙高의 『원력편爰歷篇』, 호무경胡母敬의 『박학편博學篇』을 하나의 책으로 삼아 '삼창'이라고 하고 이를 통칭하여 『창힐편』이라고도 하였다. 위진魏晉시대 이후에는 이사의 『창힐편』을 상권, 양웅揚雄의 『훈찬편訓纂篇』을 중권, 가방賈訪의 『방희편滂喜篇』을 하권으로 하여 이를 '삼창'이라고 일컬었다.

제11장

중궁이 인에 대해 물으니 공자가 대답하였다. "문 밖을 나서면 귀한 손님을 접견하듯이 하고 백성을 부릴 때는 큰 제사를 받들듯이 해야 한다."

주자가 말하였다. "정이천이 말하기를 '서恕자는 반드시 충忠을 겸하여 말해야 한다'고 했으니, 대개 충忠은 자기 마음을 다하는 것이요, 자기 마음을 다한 다음에야 서恕가 된다. 지금 사람들은 충을 이해하지 못하고 한갓 서恕만 행하기 때문에 그 폐단이 고식적일 뿐이다."

○**나의 판단** '자기 마음을 다하는 것을 충忠이라고 하고 자기 마음을 미루어 가는 것을 서恕라고 한다'는 것이 지금에 와서는 곧 확고부동한 말이 되고 말았다. 그러나 종래의 『이아爾雅』·『설문說文』·『삼창三倉』을 저술한 사람들은 이런 풀이를 하지 않았다. 이른바 충서忠恕라는 것은 진실한 마음으로 서恕를 행하는 것을 말하는 데 지나지 않는다. 만약 '자기 마음을 다하고', '자기 마음을 미루어 나가' 반드시 두 가지로 공부를 해야 한다면, 이는 부자夫子의 도가 두 가지로 꿰는 것이 되지 한 가지로 꿰는 것이 아니게 된다. 만약 '자기 마음을 다하여 근본을 세우고 이로부터 미루어나가 두 가지로 공부함이 없다'고 한다면, 이는 충忠이 주가 되고 서恕는 객이 되며, 충이 본本이 되고 서는 말末이 되어서 이른바 '하나로 꿴다'는 것이 충忠으로 꿰는 것이 되고 서恕로 꿰는 것이 아니게 된다.▶

◀夫子答子貢之問, 明以一恕字爲一貫, 又不通矣。○恕有二義, 一曰推恕, 一曰容恕。[98] 古經所言, 皆是推恕, 而先儒多作容恕看, 故曰其弊只是姑息。若認恕無錯, 何得曰有弊? 恕之爲德, 施之萬人而無弊, 流之萬世而無弊, 四面八方, 無適不宜, 何以生弊? ○恕者, 何也? 不欲受於子者, 勿施於父, 不欲受於父者, 勿施於子, 不欲受於弟者, 勿施於兄, 不欲受於兄者, 勿施於弟, 不欲受於臣者, 勿施於君, 不欲受於君者, 勿施於臣, 不欲受於幼者, 勿施於長, 不欲受於長者, 勿施於幼。凡人與人相與之際, 皆用此道, 所謂絜矩之道[99]也。試觀此道, 將何生弊?▶

---

98) '용서容恕'와 '추서推恕'에 대해 다산은 『대학공의大學公議』 권3의 '一家仁, 一國興仁……' 절에서 자세하게 언급하고 있다.

99) 『大學章句』 傳 10장.

◀그런데 부자夫子께서 자공의 물음에 답하며 분명히 '서恕' 한 글자로 써 일관한다고 하였으니 이것도 통하지 않는다.

○서恕에는 두 가지 뜻이 있으니 하나는 '미루어 나간다는 의미의 서[推恕]'이고 하나는 '남을 용서한다는 의미의 서[容恕]'이다. 옛 경서에서 말한 것은 모두 '추서推恕'인데 이전 학자들이 대부분 '용서容恕'의 뜻으로 보았기 때문에 '그 폐단이 고식적일 뿐'이라는 비판을 하였다. 만약 서恕자를 인식하는 데 착오가 없다면 어찌 폐단이 있다고 말할 수 있겠는가? 서恕라는 덕은 만인에게 베풀어도 폐단이 없고 만세에 전하여도 폐단이 없으며 사면팔방 어디를 가나 마땅하지 않음이 없는 것인데 어떻게 폐단이 생기겠는가?

○서恕라는 것은 무엇인가? 자식에게서 받고 싶지 않은 것을 부모에게 베풀지 않으며, 부모에게서 받고 싶지 않은 것을 자식에게 베풀지 않으며, 아우에게서 받고 싶지 않은 것을 형에게 베풀지 않으며, 형에게서 받고 싶지 않은 것을 아우에게 베풀지 않으며, 신하에게서 받고 싶지 않은 것을 임금에게 베풀지 않으며, 임금에게서 받고 싶지 않은 것을 신하에게 베풀지 않으며, 어린 사람에게서 받고 싶지 않은 것을 어른에게 베풀지 않으며, 어른에게서 받고 싶지 않은 것을 어린 사람에게 베풀지 않는 것이다. 무릇 사람과 사람이 서로 관계를 맺는 데에 모두 이 도를 행하니 이른바 '혈구지도絜矩之道(헤아려서 방정하게 하는 도)'라는 것이다. 이 도를 한번 살펴보면, 장차 어찌 폐단이 생기겠는가?▶

◀經曰："己所不欲，勿施於人。"先儒瞥見此文，認人字太遠，看作衆人之疏賤者，不知人字密貼在天倫骨肉之親，父子兄弟之間。故求仁之方，日以遠矣。自漢以來，史傳所言，皆以容恕爲恕，此先聖道晦之一案。先儒瞥見此文，遂云'推恕之弊，必至姑息'，欲於推己之上，增置盡己一節，以圖補救。然恕之爲盡己也至矣，又何必需他德以補之哉。○今人讀忠恕，皆欲忠以修己，恕以治人，大誤大誤。恕以修己，惟實心行恕者，謂之忠恕。

◀경서에서 말하기를 "자기가 원하지 않는 것을 남에게 베풀지 말라"고 하였는데, 이전 학자들이 이 문장을 얼핏 보고서 '인人'자를 지나치게 멀리 생각하여 하찮은 보통사람들로 보고서, 인人자가 천륜의 골육지친骨肉之親인 부자형제와 긴밀하게 관련 있다는 것을 알지 못했다. 그래서 인仁을 구하는 방도가 날로 멀어지게 되었다. 한漢나라 이래로 역사책에서 말하는 것은 모두 용서容恕를 서恕라고 하였으니, 이것은 옛 성인의 도가 어두워지게 된 하나의 단서이다. 이전 학자들이 이런 문장을 보는 데 익숙해져서 드디어 '추서推恕의 폐단은 반드시 고식에 이른다'고 말하고서 '추기推己'의 위에다 '진기盡己'라는 한 구절을 덧붙여 폐단을 없애고자 하였다. 그러나 서恕가 자기 마음을 다함이 지극한 것인데 또 어찌 꼭 다른 덕으로 보완할 필요가 있겠는가.

○지금 사람들은 충서忠恕라는 말을 읽고서 모두들 충忠으로써 자신을 닦고 서恕로써 남을 다스리려고 하는데 크게 잘못되고 크게 잘못된 것이다. 서恕로써 자신을 닦는 것이니 오직 진실한 마음으로 서恕를 행하는 것을 충서忠恕라고 한다.

제12장

《中庸》日: "天命之謂性, 率性之謂道, 修道之謂教。"[100]

蘇昞問: "於喜怒哀樂之前, 求中可否?" 程子日: "不可。旣思即是已發。才發, 謂之和, 不可謂之中。" ○案 喜怒哀樂之未發, 非心知·思慮之未發。天下之事, 多可以平心酬應者, 其或特異於常例者, 於是乎有喜怒哀樂。然而可喜可怒可哀可樂之事, 皆乘於不意, 到於無心。故人之應之也, 最難中節。必其未發之時, 秉心至平, 執德至固, 不失中正之體, 然後猝遇可喜可怒可哀可樂之事, 其所以應之者, 能發而中節。故日中日和, 皆得爲位天地·育萬物[101]之大德。此惟愼德之君子, 能有是德。▶

---

100) 『中庸』1장. 『심경』에서는 1장 전체를 싣고 있다.
101) 『中庸』1장. "致中和, 天地位焉, 萬物育焉."

제12장

『중용』에서 말하였다. "하늘이 명한 것을 성性이라고 하고, 성性에 따르는 것을 도라고 하고, 도를 닦는 것을 가르침이라고 한다."

소병蘇昞이 물었다. "희로애락喜怒哀樂이 발하기 전에 중中을 구할 수 있습니까?" 정자가 말하였다. "안 된다. 이미 생각했다면 이는 벌써 발한 것이다. 조금이라도 발했다면 화和라고 말해야지 중中이라고 말해서는 안 된다."

○**나의 판단** 희노애락喜怒哀樂이 발하지 않았다는 것은 지각과 사려思慮가 발하지 않았다는 것은 아니다. 천하의 일은 평상심으로 응대할 수 있는 것이 많으나 간혹 일반적인 예와는 특별히 다른 경우가 있어서 이에 희노애락이 있게 된다. 그러나 기뻐할 만한 일, 화낼 만한 일, 슬퍼할 만한 일, 즐거워할 만한 일들은 모두 뜻하지 않을 때 일어나고 무심결에 생겨난다. 그러므로 사람들이 거기에 응대하는 데 있어 절도에 들어맞기가 가장 어렵다. 반드시 그것이 발하지 않았을 때에 마음가짐이 지극히 평온하고 덕의 지킴이 지극히 군건해서 중정中正의 본체를 잃지 않은 다음에야 기뻐할 만한 일, 화낼 만한 일, 슬퍼할 만한 일, 즐거워할 만한 일들을 갑자기 만났을 때 응대하는 것이 절도에 맞게 발할 수 있다. 그러므로 중中이라고 하는 것, 화和라고 하는 것이 모두 '천지가 제자리를 얻고 만물을 기르는' 큰 덕이 될 수 있다. 이는 삼가고 덕을 쌓은 군자만이 이러한 덕을 지닐 수 있다.▶

◀若寂然不動, 無思無慮, 爲未發之光景, 則少林面壁, 方可以位天地而育萬物, 其有是乎?

伊川曰: "善觀者, 却於已發之際觀之." ○延平曰: "羅先生令靜中看未發作何氣象." ○案 羅先生深染禪學, 有此言也. 凡觀皆禪法.

朱子曰: "戒愼恐懼, 不須說太重." ○案 〈敬齋箴〉云: "戰戰兢兢, 罔敢或易. 洞洞屬屬, 罔敢或輕." 戒愼恐懼, 當如是. 恐不可嫌其太重.

제13장

《詩》曰: "潛雖伏矣, 亦孔之昭." 故君子內省不疚.[102]

西山曰: "處幽如顯, 視獨如衆, 反之於己, 無所疚惡."▶

---

102) 『심경』 원문에서는 "『詩』云 '潛雖伏矣, 亦孔之昭,' 故君子內省不疚, 無惡於志, 君子之所不可及者, 其唯人之所不見乎. 『詩』云 '相在爾室, 尙不愧于屋漏,' 故君子不動而敬, 不言而信"까지 실려 있다. 『심경』의 이 구절은 『중용』 33장(末章)에서 중간의 일부를 인용한 것이다. 앞의 인용시는 「小雅·正月」인데 원문에는 '照'가 '炤'으로 되어 있다. 뒤의 인용시는 「大雅·抑」이다.

◀만약 고요하고 움직이지 않으며 아무런 사려思慮가 없는 것을 발하지 않은 모습이라고 한다면 소림사에서 벽을 향하여 참선하듯이 해야 천지가 제자리를 얻게 하고 만물을 기를 수 있다는 것이니, 이럴 리가 있겠는가? 정이천이 말하였다. "잘 관찰하는 사람은 막 발할 즈음에 관찰한다."

○연평延平이 말하였다. "나羅선생은 '고요한 가운데 미발未發이 어떤 기상인가를 보라'고 말씀하셨다."

○**나의 판단** 나선생은 선학禪學에 깊이 물들어서 이런 말을 하였다. 무릇 관찰觀察은 모두 선법禪法에 속한다.

주자는 말하였다. "계신공구戒愼恐懼를 너무 무겁게 말할 필요는 없다."

○**나의 판단** 「경재잠敬齋箴」에서는 "두려워하고 조심하여 감히 혹시라도 쉽게 여겨서는 안 되며, 공경하고 조심하여 감히 혹시라도 가벼이 여겨서는 안 된다"라고 하였으니, 계신공구戒愼恐懼는 마땅히 이와 같이 해야 한다. '너무 무겁게 하기'를 꺼려서는 안 될 듯하다.

제13장

『시경』에서 "(물고기가) 물속에 잠겨 엎드려 있지만 또한 매우 밝게 드러나는구나"라고 하였다. 그러므로 군자는 안으로 살펴서 마음에 부끄러움이 없다.

서산西山이 말하였다. "깊숙한 곳에 처하기를 드러난 곳과 같이 하고, 혼자 있는 곳에서 살피기를 여러 사람이 있는 곳에서와 같이 하여 자기 몸에 돌이켜보아 허물과 부끄러움이 없게 한다."

◀○**案** 顯微者, 所以論鬼神之體, 而先儒解之爲所處之室, 愼獨者, 所以戒獨知之事, 而先儒解之爲獨處之地, 其所差不小。人之行惡, 未必每在於隱僻之處, 人之行惡, 未必皆在於獨處之室, 人之行惡, 未必皆微細之事。聖人所戒, 豈如是偏而不全哉? 人於宗廟·朝廷之上, 光顯高明之地, 正其顏色, 善其辭令, 以行其志之所欲爲, 而乃其所行, 或殉私而滅公, 或樹黨而立威, 或戕賢而害民。若是者, 獨非所謂小人之行惡乎? 其運心役智, 憸邪陰險, 人以爲忠, 而自知其奸者甚多。若是者, 非所謂人所不知而已所獨知乎? 先儒於閑居·屋漏諸文,[103] 看得有差。遂以愼獨爲獨處。

---

103) 閑居·屋漏諸文: '閑居'의 문장은 『대학』傳 6장의 '小人閒居, 爲不善, 無所不至'를, '屋漏'의 문장은 『詩經』, 「大雅·抑」의 '相在爾室, 尙不愧于屋漏'를 인용한 『심경』의 구절을 가리킨다.

○**나의 판단** 드러남[顯]과 은미함[微]이라는 것은 귀신의 실체實體를 논한 것인데 선유先儒들은 이를 거처하는 방으로 해석하였으며, 신독慎獨이라는 것은 혼자만 아는 일을 경계하는 것인데 선유들은 이를 홀로 거처하는 곳으로 해석하였으니 그 어긋난 것이 작지 않다. 사람이 악을 행하는 것이 반드시 매번 안 보이는 외진 장소에서만 일어나지는 않으며, 사람들이 악을 행하는 것이 반드시 모두 홀로 있는 방에서만 일어나지는 않으며, 사람들이 악을 행하는 것이 반드시 모두 은미하고 사소한 일만은 아니다. 성인이 경계한 것이 어찌 이와 같이 치우쳐 온전하지 못하겠는가? 사람들이 밝게 드러나고 크게 밝은 곳인 종묘·조정의 자리에서는 그 안색을 바르게 하고 그 말을 잘하여 그 뜻이 하고자 하는 바를 행하는데, 그 행하는 바가 혹은 사사로움을 따르고 공익을 없애며, 혹은 파당을 지어 위엄을 세우고, 혹은 현인을 죽이고 백성을 해친다. 이와 같은 것들은 유독 이른바 소인들이 악을 행하는 것이 아니란 말인가? 그들이 마음을 운용하고 지혜를 부려서 간사하고 음험한 짓을 할 때, 다른 사람들은 그를 충직하다고 여기더라도 스스로는 그 자신의 간사함을 아는 경우가 매우 많다. 이와 같은 것이 이른바 남들은 알지 못하지만 자기는 혼자서 안다는 것이 아니겠는가? 선유先儒들은 '한거閑居'·'옥루屋漏'와 같은 여러 문장들을 보는 데 차질이 있어서 마침내 신독慎獨의 독獨자를 독처獨處라고 여겼다.

제14장

《大學》曰: "所謂誠其意者, 毋自欺也, 如惡惡臭, 如好好色。"[104]

程子曰: "胸中常若有兩人焉。欲爲善, 如有惡以爲之間。欲爲不善, 又若有羞惡之心者。[105] 此正交戰之驗。" ○案 此即丹書[106]所謂敬·怠之戰, 子夏所謂義·欲之戰, 程子所謂天理·人欲之戰, 懍乎危哉!

趙致道問於朱子曰: "周子[107]云'誠無爲, 幾善惡', 此明人心未發之體, 而指已發之端。【節】天理·人欲雖分派, 必省宗孽。"[108] ○又云: "未發之前, 有善無惡。"▶

---

104) 『심경』에서는 『대학』의 傳 6장 전체를 인용하고 있다.
105) 程子의 원래 말에는 이 뒤에 '本無二人' 네 글자가 더 들어있는데 다산은 생략하여 인용하였다.
106) 丹書: 고대에 귀한 문서는 丹砂로 붉게 썼기 때문에 단서라고 불렀다. '단서에서 말하는 敬과 怠의 싸움'은 「大戴禮」, 「武王踐阼」에 나온다.
107) 周子: 주돈이周敦頤를 가리킨다.
108) 주자의 말은 『朱子語類』, 「答趙致道」에, 周敦頤의 말은 『通書』.

제14장

『대학』에서 말하였다. "이른바 그 뜻을 성실하게 한다는 것은 스스로를 속이지 않는 것이니, (악을 미워하기를) 악취를 싫어하는 것과 같이 하며 (선을 좋아하기를) 미색美色을 좋아하는 것과 같이 하여야 한다."

정자가 말하였다. "가슴 속에는 항상 두 사람이 있는 것과 같아서, 선을 하고자 하면 그 사이에 끼어드는 악이 있는 것 같고 불선不善을 행하고자 하면 또 부끄러워하는 마음이 있는 것 같으니, 이것은 바로 (선과 악이) 서로 싸우는 증거이다."

○**나의 판단** 이는 바로 단서丹書에서 말하는 경敬과 태怠의 싸움이고, 자하子夏가 말한 의義와 욕欲의 싸움이고, 정자가 말한 천리天理와 인욕人欲의 싸움이니 두렵고 위태롭도다!

조치도趙致道가 주자에게 물으니 말하였다. "주자周子께서 '성誠은 무위無爲이고 기미幾微에는 선과 악이 있다'고 한 것은 인심人心이 발하기 전의 본체를 밝히고 막 발한 단서를 가리킨 것이다.【중간 생략】천리天理와 인욕人欲이 비록 갈래가 나뉘지만 반드시 본줄기와 곁가지를 살펴야 한다."

○또 말하였다. "발하기 전에는 선은 있고 악은 없다."

◀○**案** <u>濂溪</u>以未發之體，名之曰誠，深所未曉。誠者，愼獨之極工，豈可以寂然不動·無思無慮者，指之爲誠乎？且誠者，誠其意也。有意之時，其發已久，又何云無爲乎？且其上圖幾字之下，只有善幾，此有宗而無孼也。其下圖雖善惡雙列，幾字爲一層，善幾惡幾，又爲一層，此恐非<u>濂溪</u>之意。《易》曰：“幾者動之微。”[109] 其動雖微，方其動也，善惡已分。不是旣動之後，又再動而爲善幾惡幾也。然則第二層兩幾字似贅。○**又案** 未發者，《中庸》之未發乎？《中庸》，未發時明已執中，爲位天地·育萬物之根基。其發，但有中節之和，安有善惡？是《通書》之未發乎？《通書》，未發時，明云無爲，旣無爲矣，安得有善？

---

109)『周易』，「繫辭傳」下，5章

○**나의 판단** 염계濂溪가 '발하기 전의 본체'를 성誠이라고 이름붙인 것은 참으로 이해가 안 된다. 성誠이라는 것은 신독愼獨의 지극한 공부인데 어찌 고요하고 움직임이 없어 아무런 사고나 생각이 없는 것을 가리켜서 성誠이라고 할 수 있는가? 또 성이란 것은 그 뜻을 성실하게 하는 것이다. 뜻이 있을 때에는 그것이 발한 지가 이미 오래되었는데 또 어찌 무위無爲라고 하겠는가? 또 그 윗 그림의 기幾자 아래에는 선기善幾만 있으니 이는 본줄기만 있고 곁가지는 없는 것이다. 그 아랫 그림에는 비록 선과 악이 쌍으로 나란히 있지만 기幾자가 하나의 층이 되고 선기善幾와 악기惡幾가 또 하나의 층이 되니 이는 염계의 뜻이 아닌 듯하다. 『주역』에서는 "기幾라는 것은 움직임의 미묘한 것이다"라고 하였다. 그 움직임이 비록 미묘하나 바야흐로 그것이 움직이게 되어서는 선과 악이 이미 나누어진다. 이미 움직인 후에 또 다시 움직여서 선기善幾와 악기惡幾가 되는 것이 아니다. 그러니 제2층의 두 '기幾'자는 군더더기인 듯하다.

○**또 생각건대** 미발未發이란 것이 『중용』에서 말하는 미발일까? 『중용』에서는 미발의 때에는 명백하게 이미 중中을 잡아서 천지를 제자리에 놓이게 하고 만물을 기르는 토대가 되니, 그것이 발하여서는 중절中節의 화和만 있지 어찌 선과 악이 있겠는가? (그렇다면) 이는 『통서通書』의 미발未發인가? 『통서』에서는 미발의 때에는 명백하게 무위無爲라고 말하고 있으니 이미 무위라면 어찌 선이 있을 수 있겠는가?

제15장

所謂修身在正其心者, 身[110]有所忿懥則不得其正。"[111]

程子曰："中有主則實。"又曰："有主則虛, 無主則實。"〇<u>林用中</u>
〈主一銘〉云："有主則虛, 神守其郛, 無主則實, 鬼闞其室。"〇
案 訓誠爲實, 古無明據。《易》例, 離則爲誠, 離者, 虛中之卦也。
〈祭義〉云'虛中以治之', 虛中者, 誠也。故祭祀之占, 離則有孚。
中孚, 亦虛中之卦也。【即大離】然語其本體, 則以虛爲誠, 語其用
力, 則以實爲誠, 此<u>朱子</u>之義也。若論其有主無主, 則自當以有
主者爲實, 無主者爲虛。外物之來奪者, 豈可曰有主乎?
程子曰："心中不可有一事。"▶

---

110) 身: 정자가 이 '身'자는 마땅히 '心'자여야 한다고 주장한 이래로 많은 사람들이 이를 따랐
　　으며『심경』에서도 이를 따랐다. 그러나 다산은『대학공의』의 '所謂修身在正其心者'절에
　　서 '身'자 그대로 옳다고 강조하였다. 여기서는 다산의 설을 따라 번역하였다.
111)『大學』傳 7장.『심경』에서는 傳 7장 전체를 인용하였는데 다음과 같다. "所謂修身在正其
　　心者, 身有所忿懥則不得其正, 有所恐懼則不得其正, 有所好樂則不得其正, 有所憂患則
　　不得其正. 心不在焉, 視而不見, 聽而不聞, 食而不知其味. 此謂修身在正其心."

제15장

이른바 몸을 닦는 것이 마음을 바르게 하는 데 있다고 하는 것은 몸은 분노하는 바가 있으면 그 바름을 얻지 못한다는 것이다.

정자가 말하였다. "마음속에 주장이 있으면 실實하다." 또 말하였다. "주인이 있으면 허虛하고 주인이 없으면 실하다."

○임용중林用中의 「주일명主一銘」에서 말하였다. "주인이 있으면 허하여 신神이 그 성곽을 지키고, 주인이 없으면 실하여 귀신이 그 집을 엿본다."

○**나의 판단** 성誠자의 뜻을 실實로 풀이하는 것은 옛날의 명백한 증거가 없다. 『주역』의 용례로 보면 리괘離卦(소성괘)는 성誠이 되는데, 리괘는 가운데가 비어 있는 괘이다. 『예기』「제의祭義」에 '허중虛中으로써 다스린다'고 하였는데 허중이라는 것은 성誠이다. 그러므로 제사에 대하여 점을 칠 때 리괘가 나오면 믿음이 있다. 중부괘中孚卦도 가운데가 비어 있는 괘이다.【바로 큰 리괘離卦이다】그러나 그 본체를 말한다면 허虛를 성이라고 하고 그 용력用力을 말한다면 실實을 성이라고 한다는 것이 주자의 뜻이다. 만약 주主가 있고 없는 것으로 논한다면 저절로 당연히 주가 있는 것을 실實이라고 하고 주가 없는 것을 허虛라고 해야 한다. 외물이 와서 빼앗을 경우 어떻게 주인이 있다고 말할 수 있겠는가?

정자가 말하였다. "마음속에 한 가지 일도 남겨두어서는 안 된다."

◀○案 心之所不可有者, 即忿懥等四情. 若要都無一事, 恐或有差聖人之法. 不思則學, 不學則思, 無一息之間斷, 故孔子曰: "吾嘗終日不食, 終夜不寢以思, 無益, 不如學."[112] 方其不食不寢之時, 必有一事在孔子心中, 紬來繹去, 排脫不得, 何嘗以都無一事, 爲治心之法? 孔子曰: "飽食終日, 無所用心, 難矣哉. 博·奕猶賢乎已."[113] 心中之無一事, 聖人方且戒之.

伊川 涪陵[114]之行, 過灧澦[115], 有樵者厲聲曰: "舍去如斯, 達去如斯?"[116] ○案 此乃去惡趨善之說. 然其說似神異, 與箍桶者[117]·賣免者[118]同.

---

112) 『論語』, 「衛靈公」.

113) 『論語』, 「陽貨」. "飽食終日, 無所用心, 難矣哉. 不有博奕者乎, 爲之猶賢乎已."

114) 涪陵: 부주涪州. 촉촉蜀 지역에 있는 지명이다.

115) 灧澦: 촉촉蜀 땅으로 지대가 높은 까닭에 물 흐름이 매우 사나운 곳이다. 흔히 염예퇴灧澦堆라고 하는데 장강長江을 따라 내려오면서 삼협三峽·구당瞿塘·염예를 거치게 된다.

116) 『二程全書』, 「語錄」. 이천 선생이 부릉으로 가는 길에 험한 여울인 염예를 건너는데 갑자기 물결이 크게 일어 배에 탔던 사람들이 모두 놀라 어찌할 바를 몰랐다. 이천만이 동요하는 빛이 없이 태연하자 언덕 위에서 나무꾼이 이렇게 물었다고 한다.

117) 대자사大慈寺에 통에 테를 메우는 사람이 있었는데 역易에 정통하였다. 정호 형제가 의심나는 점이 있어 가서 물으면 응대하는 것이 메아리 울리듯 막힘이 없었다. 그 성명을 물으니 대답하지 않았다. 『운부군옥韻府群玉』 '음역고통吟易箍桶'條, 『패문운부佩文韻府』 '고통箍桶'條 등에 실려 있다.

118) 정이천이 토끼를 파는 사람을 보고 "성인이 하도河圖와 낙서洛書를 보고 팔괘八卦를 그렸는데 어찌 꼭 하도낙서일 필요가 있겠는가. 다만 이 토끼를 보고서도 팔괘를 만들 수 있는 것이다"라고 말하였다. 다산은 토끼를 파는 사람이 역에 정통한 사람인 것으로 오해한 듯하다. 『주역전의대전周易傳義大全』, 「역설강령易說綱領」 참조.

○**나의 판단** 마음에 가지고 있어서는 안 되는 것은 분노 등 네 가지 감정이다. 만약 (마음속에) 전혀 한 가지 일도 없기를 요구한다면 성인의 방법과는 차이가 있는 듯하다. 생각하지 않으면 배우고 배우지 않으면 생각하여 한 순간도 끊임이 없어야 하므로, 공자는 "내가 일찍이 하루 종일 먹지 않고 밤새도록 자지 않고 생각해 보았으나 보탬이 없었으니 배우는 것만 같지 못하다"고 하였다. 바야흐로 먹지 않고 자지 않을 때에 반드시 하나의 일이 공자의 마음속에 있어서 끊임없이 오고가서 털어 없애버리지 못하였으니, 어떻게 일찍이 전혀 한 가지 일도 없는 것으로써 마음을 다스리는 법을 삼았겠는가? 공자가 말하기를 "하루 종일 배부르게 먹고 마음 씀이 없는 사람은 곤란하다. 바둑이나 장기라도 두는 것이 오히려 더 낫다"라고 하였으니, 마음속에 한 가지 일도 없는 것은 성인께서도 경계하였다.

정이천이 부릉涪陵으로 가는 길에 염예灩澦를 지나가는데 어떤 나무꾼이 큰소리로 "내버려서 이와 같이 태연한가, 달관해서 이와 같이 태연한가?"라고 물었다.

○**나의 판단** 이는 악을 버리고 선을 따르는 것에 관한 말이다. 그러나 그 말이 신이한 듯하니 통에 테를 메우는 사람이나 토끼를 파는 사람에 관한 이야기와 같다.

제16장

〈樂記〉, 君子曰: "禮樂不可斯須去身。"[119]

伊川曰: "學者有所得, 不必在談經論道間。當於行事, 動容周旋中禮, 得之。"[120] ○横渠曰: "古人欲得朋友與琴瑟·簡編, 常使心在於此。"[121] ○案 人在朋友·琴·書之間, 能雅飭自持, 易, 遇瞽者·聾者·啞者·躄者·丐者·鄙賤者·愚惷者, 不失莊敬之色, 待之以禮, 難。

明道曰: "某書字甚敬, 非欲字好, 只此是學, 只此求放心。"[122] ○案 嘗閱古人簡牘, 凡名德之爲人師表者, 其字畫必皆莊重, 無荒雜浮輕之氣。余一生願學, 每臨書, 忽忽又不能然。▶

---

119) 『심경』 원전에서는 훨씬 더 길게 인용되어 있는데 다산은 뒷부분을 생략하였다.
120) 『二程外書』卷10, 「大全集拾遺」.
121) 『張子全書』卷14, 「性理拾遺」.
122) 眞德秀, 『西山讀書記』卷19.

제16장

『예기』「악기樂記」에서 군자가 말하였다. "예와 악은 잠시라도 몸에서 떠나서는 안 된다."

정이천이 말하였다. "학자가 터득하는 것은 반드시 경전을 이야기하고 도를 논하는 가운데에만 있는 것이 아니다. 일을 행할 때에 용모를 움직이고 일을 처리하는 것이 예에 맞게 하는 데에서도 얻어진다."

○장횡거가 말하였다. "옛 사람들은 친구와 거문고·비파와 책을 얻어서 마음을 항상 여기에 두고자 하였다."

○**나의 판단** 사람이 친구와 거문고와 책 사이에서는 바르게 단속하여 스스로를 지켜나가기가 쉽지만, 소경·귀머거리·벙어리·절름발이·걸인·비천한 사람·어리석은 사람을 만나서도 장중하고 공경하는 낯빛을 잃지 않고 예의로 대우하기란 어렵다.

정명도가 말하였다. "나는 글자를 쓸 때 매우 공경스럽게 하는데 글자를 좋게 쓰려고 하는 것이 아니고 다만 이것이 바로 학문이고, 다만 이것이 놓아버린 마음을 구하는 것이기 때문이다."

○**나의 판단** 일찍이 옛사람들의 편지를 본적이 있는데 무릇 명성과 덕망이 다른 사람의 사표가 되는 사람은 그 글자의 획이 반드시 모두 장중하여 거칠거나 경박한 기운이 없었다. 나는 일생토록 본받기를 원했으나 글을 쓰게 될 때마다 바빠서 또 그렇게 할 수 없었다.▶

◀大抵書者, 心之旗也。誠於中, 形於外,[123] 莫顯於此。況一濡於紙, 百歲不滅, 可不懼哉?

제17장

君子反情, 以和其志, 比類, 以成其行。[124]

南軒曰: "古聖賢論下學[125]處, 莫不以正衣冠·肅容貌爲先。" ○案 制之於外, 以養其中, 此是古人治心之要法。冕有旒以制其視, 屨有絇*以制其動。冠有緌, 帶有紳, 侈其袂, 長其裾, 皆令運動不便。須端坐正立, 然後諸物歸順, 此聖人之微意也。今以夾袖·短襦·尖鞋·小帽, 以居以動, 雖欲勿悖, 得乎?

---

* 絇: 新朝本에는 '絢'으로 되어 있다.

123) 『大學』傳 6장.

124) 『禮記』, 「樂記」. 『심경』에서는 이 구절 뒤에 "姦聲亂色, 不留聰明, 淫樂慝禮, 不接心術, 惰慢邪辟之氣, 不設於身體, 使耳目鼻口心知百體, 皆由順正, 以行其義"까지 인용되어 있다.

125) 下學: 일상적이고 기본적인 인간의 도리를 배우는 공부를 가리킨다. 『論語』, 「憲問」의 '下學而上達'에서 유래하였다.

◀무릇 글씨란 마음의 깃발이다. '마음속에 정성을 다하면 밖으로 드러나게 된다'는 것이 이것보다 현저한 것이 없다. 하물며 한번 종이에 먹물을 적셔 놓으면 백년이 되어도 없어지지 않으니 두려워하지 않을 수 있겠는가?

제17장

군자는 정情을 돌이켜서 그 뜻을 화평하게 하고, 선한 부류에 견주어서 그 행실을 완성한다.

장남헌이 말하였다. "옛날의 성현들이 하학下學을 논할 경우에 의관을 바르게 하고 용모를 엄숙하게 하는 것을 우선으로 삼지 않은 적이 없다."

○**나의 판단** 밖을 제어하여 마음속을 함양하는 것은 옛 사람들이 마음을 다스리는 요법이었다. 면류관에는 구슬을 꿴 술을 달아서 보는 것을 제어하였으며, 신발에는 신코를 두어서 움직이는 것을 제어하였다. 갓에는 갓끈드림을 달고, 허리띠에는 관대를 차고, 소맷자락을 크게 하고, 옷깃을 길게 한 것은 모두 활동하는 것을 불편하게 한 것이다. 모름지기 단정히 앉고 바르게 선 뒤에야 모든 것이 순조롭게 되니, 이것이 성인의 은미한 뜻이다. 지금은 좁은 소매, 짧은 바지, 뾰족한 신발, 작은 모자를 착용하여 기거하고 움직이니 비록 (도리에) 어그러지지 않고자 해도 그렇게 될 수 있겠는가?

제18장

君子樂得其道, 小人樂得其欲, 以道制欲, 則樂而不亂。[126]

朱公掞爲御史, 端笏正立。蘇子瞻語人曰: "何時打破這敬字?" ○秦少游詞云'天若知也, 和天瘦'[127], 伊川云: "上穹尊嚴, 安得易而侮之?" ○案 蘇氏・秦氏皆聰明絕特之人, 特其本領不正, 一言之失, 千古不洗。今科擧之學, 其平生所習, 皆淫邪詭妄之說, 其壞人心術, 又豈特蘇・秦之類哉。

---

126) 『禮記』, 「樂記」. 『심경』에는 이 구절 다음에 "以欲忘道, 則惑而不樂"까지 인용되어 있다.
127) 진소유가 총애하던 기생 누동옥婁東玉에게 준 「수룡음水龍吟」이라는 사에 "玉佩丁東別後, 悵佳期參差難"라고 하였고 또 "天還知道, 和天也瘦, 花下重門, 柳邊深巷, 不堪回首"라고 하였다.

제18장

군자는 도를 얻는 것을 즐거워하고 소인은 욕망을 얻는 것을 즐거워하니, 도로써 욕망을 제어하면 즐거우면서도 어지럽지 않다.

주공섬朱公掞이 어사가 되어 홀笏을 단정히 들고 바르게 서 있자, 소자첨蘇子瞻이 사람들에게 말하였다. "어느 때나 이놈의 경敬자를 타파해 버릴까?"

○진소유秦少游의 사詞에 '하늘이 만약 안다면 하늘도 수척하리라'라고 하였는데 정이천이 말하였다. "하늘은 존엄한 것인데 어떻게 하찮게 여기고 모욕할 수 있겠는가?"

○**나의 판단** 소씨와 진씨는 모두 총명하고 매우 특출한 사람들인데 다만 그 본령이 바르지 못하여 한 마디 말의 실수를 천고에 씻지 못한다. 지금 과거科擧 공부하는 학문은 그 평생토록 익히는 것이 음란하고 간사하고 기만적이고 망령된 설들이니, 그것이 사람의 마음을 무너뜨리는 것이 또 어찌 다만 소씨나 진씨의 부류에 그칠 뿐이겠는가.

제19장

<u>孟子曰</u>: "人皆有不忍人之心。"[128]

始然者, 火之始也, 始達者, 泉之始也, 惻隱者, 仁之始也。始
然者, 擴而充之, 至於炎炎則燎爐也。始達者, 擴而充之, 至於
滔滔則江河也。惻隱者, 擴而充之, 至於肫肫則仁覆天下也。端
者, 始也, 非內出之緒。

---

128) 『孟子』, 「公孫丑」上. 『심경』에는 '不忍人之心'장 전체가 인용되어 있다.

제19장

맹자가 말하였다. "사람들은 모두 남에게 차마 하지 못하는 마음을 가지고 있다."

타오르기 시작하는 것은 불의 시작이며, 흐르기 시작하는 것은 샘물의 시작이며, 측은하게 여기는 것은 인仁의 시작이다. 타오르기 시작한 것이 확충되어 활활 타오르는 데까지 이르게 되면 산불이 된다. 흐르기 시작한 것이 확충되어 도도한 데까지 이르게 되면 강하江河가 된다. 측은히 여기는 것이 확충되어 지극히 정성스러운 데까지 이르게 되면 인仁이 천하를 뒤덮게 된다. 단端이란 시작이지, 안에서 나오는 실마리가 아니다.

제20장

孟子曰: "矢人豈不仁於函人哉, 矢人惟恐不傷人."[129]

朱子曰: "動了, 始有羞惡, 有恭敬, 有是非, 動處便是惻隱."[130]
○案 仁兼四端, 本有正義。孟子以仁義禮智合作仁義說,【孟子
曰: "禮之實, 節文斯二者, 智之實, 知斯二者."】[131] 有子[132]以孝悌合作仁
說,[133]【孟子以事親爲仁, 從兄爲義】[134] 仁可以兼四端也。蓋仁者, 人也,
所以與人也。義與禮智, 亦所以與人, 故終歸於仁。若論其發動
之始, 則有以惻怛動者, 有以羞恥動者, 不必同也。

---

129) 『孟子』, 「公孫丑」上. 『심경』에는 '矢人函人'장 전체가 인용되어 있다.
130) 『朱子語類』卷53, 「孟子3·公孫丑中·人皆有不忍人之心章」.
131) 『孟子』, 「離婁」上.
132) 有子: 공자의 제자인 유약有若을 가리킨다.
133) 『論語』, 「學而」에서 유약이 "孝弟也者, 其爲仁之本與"라고 한 말을 가리킨다.
134) 『孟子』, 「離婁」上.

제20장

맹자가 말하였다. "화살 만드는 사람이 어찌 갑옷 만드는 사람보다 어질지 못하겠는가마는, 화살 만드는 사람은 오직 사람을 상하게 하지 못할까 걱정한다."

주자가 말하였다. "움직여야 비로소 수오羞惡·공경恭敬·시비是非가 있으니 움직이는 곳이 바로 측은이다."

○**나의 판단** '인仁은 사단四端을 겸한다'는 말은 본래 옳은 뜻이 있다. 맹자는 인의예지를 합하여 인의仁義를 말하였으며,【맹자는 "예禮의 실상은 이 두 가지를 조절하고 꾸민 것이며, 지智의 실상은 이 두 가지를 아는 것이다"라고 하였다】유자有子는 효도[孝]와 공손[悌]을 인仁과 합하여 말하였으니,【맹자는 어버이를 섬기는 것이 인仁이며, 형을 따르는 것이 의義라고 했다】인仁은 사단을 겸할 수 있다. 대개 인이란 사람다움이니 사람과 관계를 맺는 것이다. 의와 예·지 역시 사람과 관계 맺는 것이기 때문에 결국에는 인仁으로 돌아간다. 만약 그것이 발하여 움직이는 처음을 논한다면, 측은히 여기는 마음으로 움직이는 것이 있고, 부끄러워하는 마음으로 움직이는 것도 있으니, 반드시 같은 것은 아니다.

(김영봉 옮김)

제21장

孟子曰: "大人者, 不失其赤子之心者也。"[135]

程子曰: "赤子心已發, 而去道未遠。" ○案 赤子之心, 至和而無激, 至純而無僞。其愛親也至篤, 其違仁不遠也。古者, 子事父母, 必拂髦而著之, 髦者, 赤子之儀也。聖人敎人, 要愛親如赤子, 故有髦之制。

제22장

孟子曰: "牛山之木, 嘗美矣。以其郊於大國也, 斧斤伐之。"[136]

程子曰: "'君實[137]嘗中夜而作, 達旦不寐', 多少血氣, 幾何而不摧殘?"▶

---

135) 『孟子』, 「離婁」下.
136) 『孟子』, 「告子」上. 『심경』에는 '牛山之木'장 전체가 인용되어 있다.
137) 君實: 북송 때의 학자 사마광司馬光(1019~1086)의 자이다.

제21장

맹자가 말하였다. "대인이란 갓난아이의 마음을 잃지 않은 사람이다."

정자가 말하였다. "갓난아이의 마음은 이미 발하여도 도와의 거리가 멀지 않다."

○**나의 판단** 갓난아이의 마음은 지극히 평화로워서 격렬함이 없으며, 지극히 순수하여 거짓이 없다. 부모를 사랑함이 지극히 돈독하여 인仁과의 거리가 멀지 않다. 옛날에 자식이 부모를 섬길 때에 반드시 다팔머리를 털어서 붙였는데, 다팔머리는 갓난아이를 상징하는 의식이다. 성인이 사람을 가르칠 때에 갓난아이처럼 부모를 사랑하기를 요구한 까닭에 다팔머리를 붙이는 의식이 있게 되었다.

제22장

맹자가 말하였다. "우산의 나무가 일찍이 아름다웠다. 국도國都의 교외에 있어서 도끼와 자귀로 찍어내니 ……."

정자가 말하였다. "'군실君實이 일찍이 한밤중에 일어나 아침이 되도록 잠자지 않았다'고 하니 어찌 혈기가 상당히 꺾이고 쇠약해지지 않았겠는가?"▶

◀又日:“‘近得一術, 常以中爲念’, 則又是爲中所亂, 中又何形, 如何念得? 却不如一串數珠。”○案 孔子亦嘗終夜不寢以思, 君實不可病也。硬把一中字, 思來思去, 必不能頃刻支住。若將自己家中, 種種諸事, 求所以篤於人倫, 求所以盡其本分, 不患其爲中所亂矣。再將古經深文參互衆說, 求其正旨, 不患其爲中所亂矣。況君實身君相府, 思量天下事, 求所以得中, 恐無暇數珠矣。

程子日:“司馬子微作《坐忘論》[138], 是所謂坐馳[139]也。”○案 心中都無一物, 與坐忘相近。所異者, 主敬也。然此事極難分曉。○靜坐須有思量。若絕無思量時, 亦是坐忘。

---

138) 坐忘: 『莊子』,「大宗師」에 나오는 말로, 잡념을 버리고 나를 잊어, 무아의 경지로 들어가는 것을 말한다.
139) 坐馳: 『莊子』,「人間世」에 나오는 말로, 몸은 앉아 있는데도 정신은 밖으로 치달려 나간 상태를 일컫는다.

◀또 말하였다. "'근래에 한 가지 방법을 터득하였는데, 항상 중中을 생각한다'고 했으니, 또 중中에 어지럽힘을 당한 것이다. 중中 또한 무슨 형체가 있겠으며 어떻게 생각할 수 있겠는가? 차라리 한 꿰미의 염주를 세는 것만 못하다."

○**나의 판단** 공자도 일찍이 '밤새도록 잠자지 않고 생각을 하였다'고 하니, 군실을 탓할 수는 없다. 중中 한 글자를 굳게 잡아 생각하고 생각하면 결코 잠시도 지탱할 수 없을 것이다. 만약 자기 집안의 갖가지 일들에서 인륜을 돈독히 하는 방법을 찾고, 그 본분을 다할 방법을 찾는다면, 중中자에 어지럽혀짐을 근심하지 않게 될 것이다. 다시 고경古經의 깊이 있는 글을 여러 설을 참고하여 그 바른 뜻을 구한다면 중中에 어지럽혀짐을 근심하지 않게 될 것이다. 하물며 군실은 승상부에 몸을 담아 천하의 일을 생각해야 하니, 중中에 합당한 방법을 구한다면, 아마도 염주를 셀 겨를이 없을 것이다.

정자가 말하였다. "사마자미가 『좌망론坐忘論』을 지었는데 이것은 이른바 좌치坐馳이다."

○**나의 판단** '마음에 도무지 하나의 사물도 두지 않는다'는 것은 좌망과 서로 가깝다. 다른 점은 경敬을 위주로 한다는 것이다. 그러나 이 일은 분명하게 밝히기 매우 어렵다.

○정좌靜坐 중에는 반드시 헤아림이 있어야 한다. 전혀 헤아림이 없을 때에는 역시 좌망이다.

제23장

<u>孟子</u>曰: "仁, 人心也。義, 人路也。"[140]

<u>程子</u>曰: "心本善而流於不善, 所謂放也。" ○**案** 有惻隱之心, 有
羞惡之心, 此善心也。有鄙詐之心, 有易慢之心,【見〈樂記〉】此惡心
也。心之發用可善可惡, 與性不同, 故古經無心本善之說。

<u>程子</u>曰: "心要在腔子裏。" ○**案** 心之爲物, 活動神妙, 窮推物理,
卽日月星辰之運·天地水火之變, 遠而萬里之外, 邃而千古之上,
可以放遣此心任其窮。至今必使桎梏此心, 捉住腔子裏, 又勿令
思念一事, 後學安得無惑? <u>程子</u>所戒, 蓋財色之誘·爵祿之慾,
馳走向外者耳, 此與<u>孔</u>·<u>顔</u>四勿[141]意同。

---

140) 『孟子』,「告子」上. 『심경』에는 '仁人心'장 전체가 인용되어 있다.
141) 『論語』,「顔淵」, "非禮勿視, 非禮勿聽, 非禮勿言, 非禮勿動."

제23장

맹자가 말했다. "인은 사람의 마음이요, 의는 사람의 길이다."

정자가 말했다. "마음은 본래 선하지만 선하지 않은 데로 흐르는 것이 이른바 잃어버린다는 것이다."

○**나의 판단** 측은히 여기는 마음이 생기고 부끄러워하는 마음이 생기는 것은 선한 마음이다. 비루하게 속이려는 마음이 생기고 가볍게 여기고 업신여기려는 마음이 생기는 것【『樂記』에 보인다】은 악한 마음이다. 마음의 발용은 선할 수도 있고 악할 수도 있어서 본성과는 같지 않으므로, 고경에는 마음이 본래 선하다는 설이 없다.

정자가 말했다. "마음은 가슴 속에 있다."

○**나의 판단** 마음이라는 것은 활동이 신묘하여 사물의 이치를 궁구하여 추구할 수 있으니, 곧 해와 달과 별자리의 운행, 하늘·땅·물·불의 변화, 그리고 멀리로는 만리의 밖, 아득하기로는 천고의 이전까지도 이 마음을 보내어 궁구할 수 있다. 지금 반드시 이 마음을 질곡시켜 가슴 속에 잡아 두려고 하고, 또 한 가지 일도 생각하지 못하게 하니 후학이 어찌 의혹이 없을 수 있겠는가? 정자가 경계한 바는 재색의 유혹과 벼슬의 욕심에 이끌려 밖으로 치달려가는 것이니, 이것은 공자와 안자의 네 가지 금지[四勿] 조항의 뜻과 같다.

朱子曰: "身如一屋子, 心如一家主。若是[142]無主, 則此屋不過一荒屋耳。" ○案 家主昏荒, 則家中百事蕪廢, 然不可曰無主。朱子直作無主說, 所以戒也。

제24장

孟子曰: "今有無名之指, 屈而不信, 非疾痛害事也。"[143]

鄭氏曰: "面目有汙*, 則必滌之, 領袖有垢, 則必濯之。" ○案 洗心有法, 不過一悔字。

---

* 汙: 新朝本에는 '汗'으로 되어 있다.

142) 是: 新朝本에는 빠져 있다.
143) 『孟子』, 「告子」上.『심경』에는 '無名之指'장 전체가 인용되어 있다.

주자가 말하였다. "몸은 집과 같고 마음은 집주인과 같다. 만약 주인이 없다면 이 집은 한 채의 황폐한 집에 불과할 따름이다."

○**나의 판단** 집주인이 흐리멍텅하고 황폐하면 집안의 온갖 일들이 거칠어 부서지게 되겠지만, 주인이 없다고 말할 수는 없다. 주자가 곧바로 주인이 없다고 말한 것은 경계하기 위함이다.

제24장

맹자가 말하였다. "지금 무명지가 굽어서 펴지지 않는 것은 아프거나 일에 해가 되지 않는다."

영가정씨永嘉鄭氏가 말하였다. "얼굴에 더러운 것이 묻어 있으면 반드시 그것을 씻어내고, 옷소매에 때가 묻어 있으면 반드시 세탁을 한다."

○**나의 판단** 마음을 씻는 데는 방법이 있으니, (뉘우친다는 의미의) '회悔' 자 하나에 지나지 않는다.

제25장

孟子曰: "人之於身也, 兼所愛。兼所愛, 則兼所養也。"[144]

<u>胡氏</u>[145]曰: "治心修身, 以飮食男女爲切要。" ○案 自己忽陷罪過, 覺愧悔嬰心時, 卽地點檢, 非財則色也。他人忽落名聲, 有毁謗滿世時, 卽地推驗, 非財則色也。

---

144)『孟子』,「告子」上.『심경』에는 '兼愛'장이 모두 수록되어 있다.
145) 胡氏: 송나라 때 학자 호안국胡安國(1074~1138)을 가리킨다.

제25장

맹자가 말하였다. "사람은 자기 몸에 대해서 모든 것을 다 사랑하니, 모든 것이 다 사랑하는 것이라면 모든 것을 다 가꾸어야 하는 것이다."

무이호씨武夷胡氏가 말하였다. "마음을 다스리고 몸을 닦는 데는 먹고 마시는 일과 남녀관계를 매우 긴요한 것으로 삼는다."

○**나의 판단** 자기가 갑자기 죄와 허물에 빠져 부끄럽고 후회하는 마음을 느낄 때 바로 점검을 해보면 재물이 아니면 여색 때문이다. 다른 사람이 갑자기 명성이 몰락하여 비방하는 말이 세상에 가득할 때 그때 미루어 증험을 해보면 재물이 아니면 여색 때문이었다.

제26장

<u>公都子</u>問曰: "均是人也, 或爲大人, 或爲小人, 何也?"[146]

<u>荀</u>*子曰: "耳目口鼻，能各有接，而不相能也，夫是之謂天官。心居中虛以治五官，夫是之謂天君。聖人淸其天君，正其天官。"[147] ○又曰: "虛壹而靜，謂之淸明。心者，形之君也，而神明之主也，出令而無所受令。"[148] ○案 <u>荀</u>**<u>卿</u>, <u>楚</u>人。所言雖合理，終與<u>鄒</u>·<u>魯</u>語，有些不同。

---

* 荀: 新朝本에는 '筍'으로 되어 있다.
** 荀: 新朝本에는 '筍'으로 되어 있다.

146) 『孟子』, 「告子」上. 『심경』에는 '均是人也'장 전체가 인용되어 있다.
147) 『荀子』, 「天論」.
148) 『荀子』, 「解蔽」.

제26장

공도자가 질문하였다. "똑같은 사람인데 어떤 이는 대인이 되고 어떤 이는 소인이 되는 것은 무엇 때문입니까?"

순자가 말하였다. "귀, 눈, 입, 코는 각각 바깥 사물과 접촉하여 기능을 발휘하나, 기능을 함께할 수는 없으니, 이것을 천관이라 한다. 마음은 가운데 텅 빈 곳을 차지하고, 오관五官을 다스리니, 이것을 천군이라 한다. 성인은 그 천군을 맑게 하고 그 천관을 올바르게 한다."
○또 말하였다. "마음이 텅 비고 한결같고 고요한 것을 '맑고 밝다[淸明]'고 한다. 마음이란 육체의 임금이며 신명의 주인으로서 명령을 내리되 어느 곳으로부터 명령을 받는 일은 없다."
○**나의 판단** 순경은 초나라 사람이다. 말이 이치에 부합하지만 끝내 공·맹의 말과는 약간 다르다.

제27장

孟子曰：“飢者甘食，渴者甘飲，是未得飲食之正也。”[149]

朱子曰：“飢渴害其知味之性。”○案 急於仕者，仕於王莽之朝，是失其知義之性也。王璜·塗惲欲建立古文，仕於莽朝，雖其慾有淸濁之殊，其以慾而失性則同。

---

149) 『孟子』，「盡心」上. 『심경』에는 ‘飢者甘食’장으로 인용되어 있다.

제27장

맹자가 말하였다. "배고픈 사람이 달게 먹고 목마른 사람이 달게 마시는데, 이것은 음식의 바른 맛을 아직 얻지 못한 것이다."

주자가 말하였다. "굶주림과 목마름이 맛을 아는 본성을 해친다."
○**나의 판단** 벼슬에 급급하여 왕망의 조정에 벼슬한 것은 그 의義를 아는 본성을 잃은 것이다. 왕황과 도운은 고문古文을 세우고자 왕망의 조정에 입사하였는데 그들의 욕망에 맑거나 탁한 차이는 있겠지만, 욕심 때문에 본성을 잃은 것은 똑같다.

제28장

孟子曰: "魚我所欲也, 熊掌亦我所欲也。"[150]

朱子曰: "今夜愧恥, 明日便不做方是。若愧恥後, 又却依舊, 何
濟於事?" ○案 中者, 至善也。庸者, 能久也。至善而能久, 則中
庸也。人於霎刻泣悔向善, 此時其心清澈有作聖之機, 惟其不能
持久, 所以常爲惡人。○有不善, 未嘗不知, 知之, 未嘗復行。此
顔子所以近道也。

---

150) 『孟子』, 「告子」上. 『심경』에는 '魚我所欲'장 전체가 인용되어 있다.

제28장

맹자가 말하였다. "생선은 내가 먹고 싶어하는 것이고, 곰 발바닥 요리도 내가 먹고 싶어하는 것이다."

주자가 말하였다. "오늘밤에 부끄러워하면 내일은 하지 않아야 옳다. 만약 부끄러워한 다음에도 여전하다면 무슨 일을 이루겠는가?"

○**나의 판단** 중中은 지극히 선한 것이고, 용庸은 지속할 수 있는 것이다. 지극히 선하면서 오래 지속할 수 있으면 중용이다. 사람이 잠시 울고 후회하며 선을 지향하는데, 이때는 그 마음이 맑아서 성인이 될 기틀이지만 오직 오래도록 지속할 수 없기 때문에 항상 악한 사람이 되는 것이다.

○선하지 않은 점이 있으면 알지 못한 적이 없고, 그것을 알고서는 다시 행한 적이 없다. 이것이 안연이 도에 가까운 까닭이다.

제29장

孟子曰: "雞鳴而起, 孳孳爲善者, 舜之徒也。"[151]

南軒曰: "利, 雖在己之事, 皆爲人也。義, 則施諸人者, 亦莫非爲己也。" ○案 財物費於己者, 乃爲人, 施於人者, 乃爲己。此理皦然, 顧人莫之思耳。何曾日食萬錢, 當時騰驕侈之謗, 范文正麥舟幾斛, 後世留仁義之名, 於此庶有悟矣。一寸之嗉所須, 不過一鉢一鍘, 其餘皆左右之利, 於我何關? 財必與人者, 乃爲吾德, 德是不朽之物。以財買田, 不保百年, 以財買德, 長留萬古。孰爲爲己, 孰爲爲人也?

象山曰: "今之爲士者, 顧不能免場屋之得失。"▶

---

151) 『孟子』, 「盡心」上.『심경』에는 '雞鳴而起'장 전체가 인용되어 있다.

제29장

맹자가 말하였다. "닭이 울 때 일어나서 열심히 선을 행하는 사람은 순임금의 무리이다."

남헌장씨가 말하였다. "이익은 비록 자기에게 있는 일일지라도 모두 남을 위한 것이다. 의義는 남에게 베푸는 것이지만 또한 자기를 위한 것이 아닌 게 없다."

○**나의 판단** 재물을 자기에게 소비하는 것은 남을 위하는 것이고, 남에게 베푸는 것이 자기를 위하는 것이다. 이 이치는 분명한데 다만 사람들이 그것을 생각하지 못할 뿐이다. 하증何曾은 날마다 만전萬錢어치의 밥을 먹어 당시에 교만하고 사치스럽다는 비방이 들끓었고, 범문정范文正은 보리 몇 곡을 실은 배로 후세에 어질고 의롭다는 명성을 남겼으니, 여기서 거의 깨달음이 있을 것이다. 한 치의 밥주머니에 필요한 것은 밥 한 그릇과 국 한 그릇에 불과하고, 그 나머지는 모두 주위에 있는 사람들에게 이로움이 되니, 나와 무슨 상관이 있겠는가? 재물을 반드시 남에게 주면 나의 덕이 되니 덕은 썩지 않는 것이다. 재물로 밭을 사면 백년을 보존하지 못하지만, 재물로 덕을 사면 만고에 오래 남게 된다. 어떤 것이 자기를 위하는 것이고, 어떤 것이 남을 위한 것인가?
육상산陸象山이 말하였다. "요즈음 선비들은 과거장에서의 성공과 실패를 결코 벗어날 수 없다."▶

◀○案 皐陶以九德[152]爲選擧之目, 則當時九德蔚興。周公以三物[153]爲選擧之目, 則當時三物燦著。上隆孝廉·力田, 則下多淸勤之士, 上隆詩·賦浮文, 則下多藻繪之士。天地本一試場, 無怪乎擧子之媚有司。顧上之制法馭世者, 有善與不善耳。唐太宗方且以科擧爲籠絡英雄之良策, 然有唐三百年, 一何多亂? 祿山·朱泚, 非科擧之所能囿也。驅一世聰明秀拔之才, 而陷之於無用之業, 其禍有甚於洪水·猛獸。有聖人作, 乃可以拯此禍也。

范氏[154]曰: "一髮之差, 遂分舜·跖。又舜一罔念而狂, 跖一克念而聖。"○案 此圖[155], 當以雞鳴而起四字爲頂, 其下兩行爲善·爲利爲對, 疊其下喻於義·喻於利爲對, 疊其下一舜一跖, 遂爲究竟, 可也。罔念而狂, 克念而聖, 當別爲一戒, 不當合之爲一圖。

---

152) 『書經』, 「皐陶謨」에 나오는 아홉 가지 덕을 말한다. "寬而栗, 柔而立, 愿而恭, 亂而敬, 擾而毅, 直而溫, 簡而廉, 剛而塞, 彊而義."
153) 三物: 육덕六德, 육행六行, 육예六藝를 말한다.
154) 范氏: 송나라 때 사람 범준范浚(1102~1151)을 가리킨다.
155) 난계蘭溪 범준이 그린 순척도舜跖圖를 말한다. 다음과 같다.

◀○**나의 판단** 고요皐陶는 아홉 가지 덕을 선거選擧의 조목으로 삼으니 당시에 아홉 가지 덕이 융성하였다. 주공은 세 가지 일을 선거의 조목으로 삼으니 당시에 세 가지 일이 찬란하게 드러났다. 위에서 효렴孝廉의 행실과 역전力田(부지런히 농사짓는 것)을 높이면, 아래에서는 청렴하고 부지런한 선비가 많아지고, 위에서 시詩와 부賦와 부박한 문장을 높이면 아래에서 문장을 잘 짓는 선비가 많아진다. 천지는 본래 하나의 시험장이니 과거보는 사람이 시험관에게 아첨하는 것이 괴이할 것은 없다. 다만 위에서 법을 제정하여 세상을 다스리는 사람에게 잘함과 잘하지 못함이 있을 뿐이다. 당 태종은 바야흐로 과거를 영웅들을 얽어매는 좋은 방책으로 삼았으나, 당나라 300년 동안 어찌 한결같이 난이 많았는가? 안록산安綠山과 주자朱泚는 과거로 얽어맬 수 있는 사람들이 아니었다. 한 시대의 총명하고 뛰어난 수재를 몰아서 그들을 쓸모없는 일에 빠지도록 하니, 그 재난이 홍수나 맹수보다도 심하다. 성인이 일어나야 비로소 이런 재난을 구할 수 있을 것이다.

난계蘭溪 범준范浚이 말하였다. "한 터럭의 차이가 마침내 순과 도척을 가른다. 또 순도 한번 생각하지 않으면 광인이 되고, 도척이라도 한번 잘 생각하면 성인처럼 된다."

○**나의 판단** 이 도표는 당연히 '계명이기鷄鳴而起' 네 글자를 머리로 삼고, 그 아래 두 줄로 '위선爲善'과 '위리爲利'를 대립시키고, 그 아래 '유어의喩於義'와 '유어리喩於利'를 포개어 대립시키며, 그 아래 다시 '순舜'과 '척跖'을 중첩하여 마지막 궁극점으로 삼는 것이 좋다. 생각을 하지 않으면 광인이 되고, 생각을 잘하여 성인이 되는 것은 따로 하나의 경계로 삼아야 하며, 하나의 도표로 합해서는 안 된다.

제30장

孟子曰: "養心莫善於寡欲。"[156]

莊子曰: "其嗜慾深者, 其天機淺。"[157] ○案 吾人靈體之內, 本有願欲一端。若無此欲心, 卽天下萬事, 都無可做。唯其喩於利者, 欲心從利祿上穿去, 其喩於義者, 欲心從道義上穿去。欲之至極, 二者皆能殺身而無悔, 所謂貪夫殉財, 烈士殉名也。余嘗見一種人, 其心泊然無欲, 不能爲善, 不能爲惡, 不能爲文詞, 不能爲産業。直一天地間棄物, 人可以無慾哉? 孟子所指, 蓋利祿之慾耳。

---

156) 『孟子』, 「盡心」下. 『심경』에는 '養心'장 전체가 인용되어 있다.
157) 『莊子』, 「大宗師」.

제30장

맹자가 말하였다. "마음을 기르는 데는 욕심을 줄이는 것보다 좋은 것이 없다."

장자는 말하였다. "그 기호와 욕구가 깊으면 천기天機는 얕다."
○**나의 판단** 우리 인간의 영체(靈體: 마음) 안에는 본래 욕구의 단서가 있다. 만약 이 욕심이 없다면 세상 만사에 대하여 아무 일도 할 수 없다. 이익에 밝은 자는 욕심이 이록利祿을 천착해 가며, 의리에 밝은 사람은 욕심이 도의를 추구해 간다. 욕구가 지극하면 두 가지 모두 몸을 죽이더라도 후회하지 않으나, 이른바 탐욕스런 사람은 재물을 위해 죽고 열사는 명예를 위하여 죽는다는 것이 이것이다. 내가 일찍이 어떤 사람을 본 적이 있는데 마음이 담백하고 욕심이 없어 선을 행할 수도 없고, 악을 행할 수도 없었으며, 문장을 지을 수도 없었고 생산활동도 할 수 없었다. 다만 세상에 하나 버려진 물건으로, 사람이 어찌 욕망이 없을 수 있겠는가? 맹자가 가리킨 것은 대개 이록利祿의 욕망일 뿐이다.

제31장

周子養心說

葉氏曰:“孟子·周子所指, 有淺深之別。” ○案 此身旣存, 體不
能不求其苟暖, 肚不能不求其苟飽, 四肢不能不求其苟安。顧安
能都無欲哉? 孟子說爲可行耳。

제31장

주자周子의 양심설

엽씨葉氏가 말하였다. "맹자와 주자周子가 가리키는 것에는 깊고 얕은 차이가 있다."

○**나의 판단** 이 몸이 존재하면 몸뚱이는 구차하게라도 따뜻하기를 구하지 않을 수 없고, 배는 구차하게라도 배부르기를 구하지 않을 수 없으며, 사지는 구차하게라도 편안해지기를 구하지 않을 수 없다. 어떻게 모두 욕심이 없을 수 있겠는가? 맹자의 설이 실천할 만하다.

제32장

周子學聖說[158]

朱子曰: "周先生說一者無欲也, 然這話頭卒急難湊泊。" ○**案** 無欲二字, 朱子已病之。

龜山曰: "以聖人爲師, 猶學射而立的。" ○**案** 今人欲成聖而不能者, 厥有三端。一認天爲理, 二[*]認仁爲生物之理, 三認庸爲平常。若愼獨以事天, 强恕以求仁, 又能恒久而不息, 斯聖人矣。

---

* 二: 신조본과 규장본에 모두 '一'로 되어 있으나 문맥상 '二'로 고친다.

158) 『心經』, '聖可學'章. 주렴계의 『通書』를 인용하여, '성인은 배워 이를 수 있음'을 설명하고 있다.

제32장

주자周子의 성인은 배울 수 있다는 설

주자朱子가 말하였다. "주周 선생은 하나됨[一]은 욕심 없는 것이라고 말하였지만, 이 화두는 급하여 다다르기 어렵다."

○**나의 판단** '욕심 없음[無欲]'이라는 두 글자는 주자朱子가 이미 병통으로 여겼다.

양구산楊龜山이 말하였다. "성인을 스승으로 삼는 것은 활쏘기를 배우기 위해 과녁을 세우는 것과 같다."

○**나의 판단** 지금 사람들이 성인이 되고자 하면서 그렇게 할 수 없는 것에는 세 가지 단서가 있다. 하나는 하늘을 리理로 인식하기 때문이고, 두 번째는 인仁을 생물生物의 리理로 인식하기 때문이며, 세 번째는 용庸을 평상平常으로 보기 때문이다. 만약 신독愼獨하여 하늘을 섬기고, 힘써 서恕를 실천하여 인仁을 구하며, 또 항구하게 쉬지 않을 수 있으면 이것이 바로 성인이다.

제33장

程子四勿箴

朱子曰:"制於外, 所以養其中, 這一句好看。"○案 制於外時, 心已在內出令。發禁躁忘時, 心已在內出令。此非先外而後內也。

제34장

范氏心箴

朱子曰:"佛者觀心之說, 謬以心使心, 以口齕口, 以目視目。"○案 觀心之說, 固謬。然心體無形, 與口目之有形者不同。自觀自心, 亦有其道, 故延平[159]敎人, 專觀未發前氣象。心之妙用, 先儒亟言之。若不能反觀, 安知妙用如是? 但面壁觀心, 是怪事。

---

159) 延平 : 송나라 때 학자 이통李侗(1093~1163)을 가리킨다.

제33장

정자의 「사물잠」

주자가 말하였다. "'밖을 제어하는 것이 안을 기르는 것이다'라는 구절은 보기 좋다."

○**나의 판단** 밖을 제어할 때 마음은 이미 안에서 명령을 내린다. 조급하고 망령됨을 금할 때 마음은 이미 안에서 명령을 내린다. 이는 밖을 먼저 하고 안을 뒤에 하는 것이 아니다.

제34장

범씨의 「심잠」

주자가 말하였다. "불교의 관심설은 마음으로 마음을 부리고, 입으로 입을 깨물고 눈으로 눈을 본다고 잘못 생각하는 것이다."

○**나의 판단** 관심설觀心說은 매우 잘못되었다. 그러나 심체心體는 형체가 없어 형체가 있는 입과 눈과는 다르다. 자신의 마음을 스스로 보는데에도 그 방법이 있으므로 연평은 사람들에게 오로지 미발전未發前의 기상을 살피도록 하였다. 마음의 신묘한 작용에 대해서 선유들은 자주 말하였다. 만일 돌이켜볼 수 없다면 어떻게 신묘한 작용이 이와 같음을 알 수 있겠는가? 다만 벽을 대면하고 마음을 본다는 것은 괴상한 일이다.

제35장

朱子敬齋箴

吳氏[160]曰：“其一言靜無違，其二言動無違，其三言表之正，其四言裏之正。”〇案 退溪作圖至精，正得本旨。[161]

제36장

朱子求放心齋銘

朱子曰：“自古無放心底聖賢。”〇案 “唯聖罔念作狂。”[162] 朱子道這一句，正合周公之戒。

---

160) 吳氏：원나라 때 학자 오징吳澄(1249~1333)을 가리킨다.
161) 경재잠도敬齋箴圖는 왕백(王栢: 1197~1274)이 그렸다. 이황이 그린 것은 숙흥야매잠도夙興夜寐箴圖이다.
162) 『書經』, 「多方」에 나온다. 주공周公이 한 말이다.

제35장

주자의 「경재잠」

오징吳澄이 말하였다. "첫째 장은 고요할 때 어김이 없음을 말하였고, 둘째 장은 움직일 때 어김이 없음을 말하였고, 셋째 장은 겉의 올바름을 말하였고, 넷째 장은 속의 올바름을 말하였다."
○**나의 판단** 퇴계는 그림을 매우 정밀하게 그렸는데, 본뜻을 바로 얻었다.

제36장

주자의 「구방심재명」

주자가 말하였다. "예로부터 마음을 놓아버린 성현은 없었다."
○**나의 판단** "성인이라도 생각하지 않으면 광인이 된다." 주자는 이 한 구절이 주공周公이 경계한 것과 정확히 일치한다고 하였다.

제37장

朱子尊德性齋銘

朱子曰: "某向來自說得尊德性一邊輕了." ○案 尊德性三字, 今
人不達其旨, 唯知與道問學爲相對之物.[163] 彼爲知, 此爲行, 彼
爲博文, 此爲約禮, 彼爲窮理, 此爲居敬, 彼爲眞認, 此爲實踐
而已. 其實所謂尊德性之工, 不知如何下手, 如何入頭, 此大夢
也. 原夫性者, 樂善恥惡之所由然也. 率此本性, 可以居仁, 可
以由義, 仁義之所由成, 故名之曰德性也. 乃此德性, 本受於上
天, 故尊之奉之, 罔敢墜失也. 心之權衡, 可善可惡, 而措諸行
事, 難善易惡.【義見上】若于是, 不予之以樂善恥惡之性, 使之嗜
於善而肥於義, 則畢世盡力, 求爲些微之小善, 亦難乎其果行.

▶

---

163) '도문학道問學'과 '존덕성尊德性'은 『중용』에 나오는 말이다. 원문은 다음과 같다. "故君
子, 尊德性而道問學, 致廣大而盡精微, 極高明而道中庸. 溫故而知新, 敦厚以崇禮."

제37장

주자의 「존덕성재명」

주자가 말하였다. "나는 지금까지 스스로 존덕성尊德性이라는 한 방면을 가볍게 말했었다."

○**나의 판단** '존덕성' 세 글자에 대해 요즘 사람들은 그 뜻을 충분히 이해하지 못하고 다만 도문학道問學과 상대되는 것으로만 안다. 저것은 지知이고 이것은 행行이며, 저것은 박문博文이고 이것은 약례約禮이며, 저것은 궁리窮理이고 이것은 거경居敬이며, 저것은 참된 인식이고 이것은 실천일 뿐이라고 생각한다. 그러나 사실은 이른바 존덕성의 공부에 대해 어떻게 손을 대야 할지 어떻게 들어가야 할지 알지 못하니, 이것은 큰 꿈이다. 저 성을 살펴보면 선을 좋아하고 악을 부끄러워하는 근원이다. 이 본성을 따르면 인仁에 머무를 수 있고 의義에 말미암을 수 있어서, 인의가 이루어지는 원인이 되므로 덕성이라 부른다. 이 덕성은 원래 상천上天으로부터 받은 것이므로 높이고 받들어 함부로 떨어뜨리거나 잃어버리지 말아야 한다. 마음의 권형權衡은 선을 행할 수도 있고 악을 행할 수도 있으나, 행사를 함에 있어서는 선을 하기는 어렵고 악을 행하기 쉽다.【뜻이 위에 보인다】 만약 여기에서 선을 즐기고 악을 부끄러워하는 성을 부여하여 선을 좋아하고 의를 살찌우게 하지 않는다면, 죽을 때까지 힘을 다 쏟아 자그마한 선을 행하려 해도 실행하기 어려울 것이다.▶

◀斯則性之於人, 誠爲無上至寶, 可尊可奉, 不可須臾而相違者也。率此以往, 可以居敬, 可以約禮, 然直以是爲力行爲實踐, 猶之未然。陸象山大拍頭胡叫喚, 謂六經皆糟粕, 專把尊德性三字, 以立法門。然於三字, 猶未能切問而眞知, 況於六經之浩汗乎? 知不明, 則行不力, 安得徑謂之糟粕乎? 認仁字誤, 認恕字誤, 認端爲末, 認庸爲平, 將何以力行而實踐哉?

黃慈谿[164]曰: "《論語》, 舍孝悌忠信不言, 而獨講一貫, 皆文公[165]平日之所深戒。" ○案 成聖成賢之法, 不外乎一貫。若使一貫之旨, 講得眞切, 尊德性者, 知可以下手矣。草廬何爲而病之? 顧一貫之說, 有古今之異。古之所謂一貫者, 以一恕字[166], 貫六親, 貫五倫, 貫經禮三百, 貫曲禮三千。其言約而博, 其志要而遠。以恕事父則孝, 以恕事君則忠, 以恕牧民則慈, 所謂仁之方也。▶

---

164) 黃慈谿: 송나라 때 학자 황진을 가리킨다.

165) 文公: 주희의 시호諡號이다.

166) 『論語』, 「里仁」. "吾道一以貫之. …… 曾子曰, '夫子之道, 忠恕而已矣.'"

◀이 때문에 성은 사람에게 진실로 최상의 지극한 보물이니 높이고 받들어 잠깐이라도 어길 수 없는 것이다. 이를 따라 나아가면 거경居敬할 수 있고 약례約禮할 수는 있으나, 이것을 곧바로 역행力行이라 하고 실천이라고 한다면 그렇지 않은 듯하다. 육상산이 크게 머리를 치며 멋대로 고함지르기를, 육경은 모두 지게미[糟粕]라 하고, 오직 '존덕성' 3자만을 가지고 법문法門을 세웠다. 그러나 이 세 글자에 대해서도 절실히 물어 참되게 알지 못하거늘, 하물며 육경의 드넓음에랴! 지혜가 밝지 못하면 실천에 힘쓰지 못하니, 어찌 곧바로 육경을 지게미라 할 수 있겠는가? 인仁자를 잘못 이해하고 서恕자를 잘못 이해하며 단端을 끝이라 여기고 용庸을 평平이라 이해한다면 장차 어떻게 힘써 행하고 실천하겠는가?

자계慈谿 황진黃震이 말하였다. "『논어』에서 효제충신을 버리고 말하지 않고서 오직 일이관지一以貫之에 대해서만 강론하는 것은, 모두 문공文公이 평상시 깊이 경계하던 것이었다."

○**나의 판단** 성인이 되고 현인이 되는 방법은 일관一貫을 벗어나지 않는다. 만약 일관의 뜻을 진정으로 절실하게 이해할 수 있다면 '존덕성'을 어떻게 시작할지 알 수 있게 된다. 초려草廬 오징吳澄은 어찌하여 그것을 병통으로 여겼을까? 다만 일관에 대한 이론은 고금의 차이가 있다. 옛날의 일관一貫이라는 것은 서恕 한 글자로 육친을 관통하고 오륜을 관통하며 경례삼백經禮三百을 관통하고 곡례삼천曲禮三千을 관통했다. 그 말은 간략하면서도 넓고 그 뜻은 종요가 있고 심원하다. 서恕로써 부모를 섬기면 효孝가 되고, 서恕로써 임금을 섬기면 충忠이 되며, 서恕로써 목민牧民하면 자慈가 되니, 이른바 인仁의 방도이다.▶

◀今之所謂一貫者, 天地陰陽之化, 草木禽獸之生, 紛綸錯雜芸芸濈濈者, 始於一理, 中散爲萬殊, 末復合於一理也。[167] 老子曰: "天得一以淸, 地得一以寧, 聖人抱一, 爲天下式。"佛氏曰: "萬法歸一, 一歸何處?" 今人樂聞此說, 恥吾道狹小, 於是强把一貫之句, 以與老·佛犄角爲三, 此儒門之大蔀也。草廬不辨本旨, 徑以是爲夸誕無實之話, 不亦謬乎?

與猶堂全書 第二集 第二卷 終

---

167) 『논어』의 충서忠恕에 대한 주희의 해석이 이와 같다. 주희는 충서에 대해 다음과 같이
주석하였다. "盡己之謂忠, 推己之謂恕. …… 夫子之一理渾然而泛應曲當, 譬則天地之至
誠無息而萬物各得其所也. …… 蓋至誠無息者, 道之體也, 萬殊之所以一本也. 萬物之各
得其所者, 道之用, 一本之所以萬殊也. 以此觀之, 一以貫之之實, 可見矣."

◀오늘날의 일관이라는 것은 천지음양의 변화와 초목금수의 생명이 어지러이 뒤섞여서, 일리一理에서 시작하여 중간에는 흩어져 만수萬殊가 되고 끝에는 다시 일리로 합해진다는 것이다. 노자가 말하길, "하늘은 하나를 얻어 맑아지고, 땅은 하나를 얻어 편안해지며, 성인은 하나를 포용하여 천하의 법도가 된다"고 하였다. 불씨佛氏는 말하길 "만법은 하나로 돌아가니 하나는 어디로 돌아가는가?"라고 했다. 요즘 사람들이 이러한 설들을 듣기를 즐겨하고 우리 도가 협소한 것을 부끄러워하여, 이에 억지로 일관의 구절을 잡아, 노자와 불씨와 함께 각립角立하게 하려고 하니, 이는 우리 유문儒門의 큰 장애이다. 초려는 본래의 뜻을 변별하지 못하고 다만 이것을 허탄하고 실질 없는 이야기로만 여겼으니, 이 또한 잘못이 아니겠는가?

(정호훈 옮김)

人名

가공언(賈公彦, 생몰미상): 당대(唐代)의 예학가. 낙주(洛州) 영년(永年, 지금의 河北 永年) 사람으로, 일찍이 예학가 장사형(張士衡)에게서 배웠으며, 정현을 존숭하여 정현의 학설을 많이 수용하였다. 정관(貞觀) 12년 (638)에 공영달(孔穎達)의 주관 하에 『예기』의 소(疏)를 편찬할 때 참여하였다. 벼슬은 태학박사(太學博士)에까지 올랐다. 저작으로는 『주례소(周禮疏)』, 『의례소(儀禮疏)』, 『예기소(禮記疏)』 80권, 『효경소(孝經疏)』 5권, 『논어소(論語疏)』 15권이 있다.

가규(賈逵, 30~101): 동한(東漢)의 경학자이자 정치가. 부풍평릉(扶風平陵, 지금의 陝西 咸陽 西北) 사람으로, 자는 경백(景伯)이며 벼슬은 시중(侍中)에 이르렀다. 저서로는 『춘추좌전해고(春秋左傳解詁)』, 『국어해고(國語解詁)』, 『경전의고(經傳義詁)』 등이 있다.

가방(賈魴, 생몰미상): 한나라 화제(和帝) 때 학자. 예서(隸書)를 써서 『방희편(滂喜篇)』을 지었다. 벼슬은 낭중(郞中)에 이르렀다.

가의(賈誼, 기원전 201~기원전 169): 전한 초기의 사상가이자 정치가. 낙양(洛陽) 사람으로, 시문에 뛰어나고 제자백가에 정통하여 문제(文帝)의 총애를 받아 약관으로 최연소 박사가 되었다. 저서에 『신서(新書)』 10권이 있으며, 진(秦)의 멸망 원인을 밝힌 「과진론(過秦論)」으로 유명하나 지금의 『가의집(賈誼集)』에는 『신서(新書)』, 「과진론(過秦論)」과 부(賦) 몇 편만이 실려 있다.

강강(江强, 생몰미상): 북위의 경학가. 진류(陳留)의 제양(濟陽, 지금의 河南省

蘭考) 사람으로, 자는 문위(文威)이다. 30여 가지 서법을 올렸는데 각
각 격식이 있었다. 중서박사(中書博士)를 지냈으며, 돈황태수(燉煌太守)
에 추증되었다. 저서로 『북사강식전(北史江式傳)』, 『강식논서표(江式論書
表)』가 있다.

강식(江式, 생몰미상): 북위의 서법가. 진류(陳留)의 제양(濟陽, 지금의 河南省
蘭考) 사람으로, 자는 법안(法安)이다. 어려서부터 수년 동안 가학인
전서체(篆書體)를 익혔다. 특히 공락(工洛) 경궁전(京宮殿)의 여러 문판
의 글씨는 모두 그가 썼다.

계찰(季札, 기원전 575~기원전 485): 춘추전국시대 오(吳)나라의 현자(賢者).
재덕(才德)을 인정받아 아버지인 오나라 임금 수몽(壽夢)과 세 명의 형
이 왕위를 물려주려고 하였으나 사양하고 당시 중국의 현대부(賢大
夫)를 두루 사귀었다. 일찍이 서(徐)를 지날 때 서의 임금은 계찰이
가진 칼을 몹시 좋아했으나 차마 달라고 말을 못했다. 계찰은 그것
을 알았지만 중국에 사신가는 길이라 주지 못하였는데 돌아올 때 서
에 이르니, 그 임금은 이미 죽고 없었다. 그러나 계찰은 이미 그에게
칼을 주기로 마음먹었던 터라, 곧 칼을 풀어 그의 무덤가에 선 나무
에 걸어두고 갔다 한다.(『사기(史記)』 권31, 「오태백세가(吳太伯世家)」)

고몽린(顧夢麟, 1585~1653): 명말청초의 유학자. 태창(太倉) 사람으로, 자는
인사(麟士)이며, 직렴선생(織簾先生)이라 불렸다. 숭정부공(崇禎副貢)을
지냈으나 청나라가 선 이후로 은거하여 교육에 힘썼다. 시에 뛰어났
으며, 저서로 『사서설약(四書說約)』, 『시경설약(詩經說約)』, 『사서십일경

통고(四書十一經通考)』, 『직렴거시문집(織簾居詩文集)』 등이 있다.

고봉화상(高峯和尙, 1238~1295): 송말원초의 승려. 원묘(原妙)의 법호이다. 속명은 서천목(徐天目)이며 오강(吳江) 사람이다. 육조(六祖) 혜능(慧能) 문하 23대이며, 임제(臨濟) 문하 17대 적손이다.

고사기(高士奇, 1645~1704): 청초의 역사학자. 전당(錢塘, 지금의 杭州) 사람으로, 자는 담인(澹人), 호는 강촌(江村), 시호는 문각(文恪)이다. 예부시랑(禮部侍郞)을 지냈다. 저서로 『좌전기사본말(左傳記事本末)』, 『춘추지명고(春秋地名考)』가 있다.

고야왕(顧野王: 519~581): 남조(南朝) 양(梁), 진(陳)의 학자. 자는 희빙(希馮)이다. 경사(經史)를 섭렵하고 천문·지리에도 정통하였으며 그림에 능하여 성현(聖賢)의 상(像)을 그렸다. 저서에 『옥편(玉篇)』, 『여지지(興地志)』 등이 있다.

공급(孔伋, 기원전 481?~기원전 402?): 중국 전국초기의 철학자. 노(魯)나라 추읍(陬邑, 지금의 山東 曲阜) 사람으로, 자는 자사(子思)이고, 공리(孔鯉)의 아들이자 공자의 손자이다. 『중용』을 저술하였다고 한다.

고충헌(高忠憲, 1562~1626): 명나라 학자. 무석(無錫, 지금의 江蘇省 無錫市) 사람으로, 이름은 반룡(攀龍), 자는 존지(存之)이며, 충헌은 그의 시호이다. 고헌성(顧憲成)과 함께 동림서원(東林書院)에서 강학하여 동림당(東林黨)의 영수가 되었고, 세상에서 '고고(高顧)'로 병칭되었다.

공강(共姜, 생몰미상): 주대(周代)의 세자인 공백(共伯)의 처이다. 공백이 일찍 죽었으나 재가하지 않았다. 후대에 여자의 절개의 전범이 되었다.

공손니자(公孫尼子, 생몰미상): 전국시대 사람으로 공자의 재전 제자이다.

곽거병(霍去病, 기원전 140~기원전 117): 한(漢)나라의 무인. 하동군(河東郡) 평양(平陽, 지금의 山西 臨汾 西南 사람으로, 무예에 능하여 6차례에 걸쳐 흉노를 격퇴하여 표기장군(驃騎將軍)에 임명되었고 관군후(冠軍侯)에 봉해졌다.

군실(君實, 1019~1086): 북송의 유학자이자 정치가. 사마광(司馬光)을 가리킨다. 섬주(陝州) 하현(夏縣, 지금의 山西省 夏縣) 출신이다. 자가 군실, 호는 우수(迂叟)로, 한나라 학자 양웅(揚雄)을 매우 숭배하였으며, 천인상관(天人相關)의 사상을 견지하였다. 구법파의 영수로서 왕안석과 논쟁을 벌였다. 저서로 『자치통감(資治通鑑)』, 『속수기문(涑水記聞)』, 『사마문정공집(司馬文正公集)』 등이 있다.

권근(權近, 1352~1409): 고려 말 조선 초의 문신 학자. 본관은 안동이며, 자는 가원(可遠) 또는 사숙(思叔)이고 호는 양촌(陽村), 시호는 문충(文忠)이다. 조선 개국 후 예문관춘추학사 겸 대사성, 중추원사 등을 지냈다. 저서로 『양촌집(陽村集)』 외에 『오경천견록(五經淺見錄)』, 『사서오경구결(四書五經口訣)』 등이 있다.

기세배(祁世培, 생몰미상): 명말청초의 학자. 자는 해차(海搓)이다. 『명유학안(明儒學案)』에 그와 관련된 기사들이 전하지만, 문학가인 장대(張岱,

1597~1679)와 서화가인 진홍완(陳洪緩, 1598˜1652)의 친구라는 정도 외에 그의 신상에 대해서는 알 길이 없다.

김사계(金沙溪, 1548~1631): 조선 선조, 광해군 때의 성리학자이며 예학자. 이름은 장생(長生), 자는 희원(希元)이며 사계는 호이다. 공조참의(工曹 參議), 동지중추부사(同知中樞府事) 등의 벼슬을 지냈으며, 저서로『사 계유고(沙溪遺稿)』가 있다.

김성탄(金聖歎, 1608~1661): 명말청초의 문학가. 오현(吳縣, 지금의 江蘇省 蘇 州市 吳縣) 사람으로, 이름은 채(采)이고 자는 약채(若采)이다. 청(淸)에 들어서 이름을 인서(人瑞), 자를 성탄(聖歎)으로 바꾸었다. 문학평론 으로 이름을 날렸다.

김이교(金履喬, 1764~1832): 영조 40년~순조 32년. 본관은 안동이며, 자는 공세(公世), 호는 죽리(竹里)이다. 1789년(정조 13) 식년문과에 병과로 급제 하여 검열, 수찬, 초계문신(抄啓文臣), 북평사(北評事)를 거쳐, 1800년 겸 문학(兼文學)이 되었다. 같은 해 6월 순조가 즉위하자, 시파로서 벽파 에 의해 함경북도 명천에 유배되었다. 1806년(순조 6) 부사과의 직첩을 환수받고 동부승지, 이조참의, 강원도관찰사를 역임했다. 1811년 통신 사로 일본에 다녀왔으며, 1831년 우의정에 올랐다. 순조 묘정에 배향 되었으며 문집으로『죽리집(竹里集)』이 있다. 시호는 문정(文貞)이다.

김인산(金仁山, 1232~1303): 송말원초의 학자. 어릴 때의 이름은 상(祥), 커 서는 개상(開祥)이었는데, 나중에 이상(履祥)으로 이름을 바꿨다. 난계

(蘭溪, 지금의 浙江省 蘭溪縣) 사람으로, 자는 길보(吉父), 호는 차농(次農)이다. 집이 난계(蘭谿) 인산(仁山) 아래 있어서 인산선생이라 불렸다. 그는 주희, 황간(黃榦), 하기(何基), 왕백(王柏), 김이상(金履祥), 허겸(許謙)으로 이어지는 금화학파의 학자이다. 저서로 『대학소의(大學疏義)』, 『상서표주(尙書表注)』, 『논어집주고증(論語集注考證)』 등이 있다.

김희(金憙, 1729~1800): 충청도 연산(連山) 출생으로, 자는 선지(善之), 호는 근와(芹窩), 시호는 효간(孝簡)이다. 본관은 광주이며 김장생(金長生)의 후손이다. 1773년(영조 49) 증광문과에 병과로 급제하고, 1777년(정조 1) 초계어사(抄啓御史)에 선발되었다. 1779년 지평(持平)이 되고 이어 규장각 직각(奎章閣直閣), 이조좌랑을 지냈고, 1790년 형조판서에 이르렀다. 1793년 우의정에 오른 뒤 중추부 영사(中樞府領事)가 되고, 1795년 동지겸사은사(冬至兼謝恩使)로 청나라에 다녀온 뒤 기로소(耆老所)에 들어갔다. 『사계연보(沙溪年譜)』를 편하였다.

김희순(金羲淳, 1757~1821): 영조 33년~순조 21년. 본관은 안동이며, 자는 태초(太初), 호는 산목(山木), 경원(景源)이다. 1783년(정조 7)에 생원이 되고, 1789년 식년문과에 갑과로 급제하여 사직서 직장에 제수되었다. 같은 해 초계문신(抄啓文臣)에 발탁되고, 사서를 강론하였다. 1792년 사간으로서 이가환(李家煥)의 부당함을 상소하다 삭직 당한 적이 있다. 순조가 즉위하자 실록당상(實錄堂上)에 제수되었으며, 1803년 영남 안찰사, 1806년 호조, 예조, 병조, 공조의 참판과 한성부서윤, 이조참판, 한성부판윤, 대사헌 겸 홍문관제학, 비변사유사당상 등을 두루 지냈다. 시호는 문간(文簡)이다.

나선생(羅先生, 1072~1135): 남송의 성리학자. 연평의 스승으로 이름은 종언(從彦), 자는 중소(仲素), 호는 예장(豫章)이다. 양시(楊時), 이통(李侗)과 함께 남검(南劍) 삼선생(三先生)의 한 사람으로 불렸다.

나여방(羅汝芳, 1515~1588): 명나라 양명학자. 강서(江西) 남성(南城) 사람으로, 자는 유덕(惟德), 호는 근계(近溪)이다. 26세 때 태주학파 안균(顔鈞)의 감화를 받아 왕학좌파(王學左派)의 사상을 흡수하였다. 형부주사(刑部主事), 영국부 지부(寧國府知府) 등을 지냈다. 향약(鄕約)을 적극 실시하였다.

나염암(羅念菴, 1504~1564): 명나라의 양명학자. 강서(江西) 길수(吉水, 지금의 江西省 吉安市) 사람으로, 이름은 홍선(洪先), 자는 달부(達夫), 호가 염암이다. 가정(嘉靖) 8년(1529) 회시에서 장원으로 급제한 뒤 나장원(羅壯元)으로 불렸으나 가정 18년(1539) 벼슬을 그만두고 은둔거사로 행세했다. 왕양명의 심학을 연구하였고 지리학과 지도학에 조예가 깊었다. 『광여도(廣輿圖)』, 『성세시(醒世詩)』를 지었다.

나원(羅願, 1136~1184): 남송의 경학가. 자는 단량(端良), 호는 존재(存齋)이다. 악주장관(鄂州長官)을 역임하였으며, 저서로 『이아익(爾雅翼)』, 『악주소집(鄂州小集)』, 『신안지(新安志)』 등이 있다.

난계 범씨(蘭溪范氏, 1102~1151) : 송나라 유학자. 범준(范浚)을 가리킨다. 난계(蘭溪) 향계진(香溪鎭, 지금의 절강성 蘭溪市 香溪) 사람으로, 자는 무명(茂明)이며, 사람들이 향계선생(香溪先生)이라 불렀다. 고종 소흥(紹

興) 연간에 현량과에 급제하였으나 관직에 나가지 않았으며, 구도생활을 돈독하게 하였다. 저서로『향계집(香溪集)』이 있었다고 한다.

내지덕(來知德, 1525~1604): 명나라의 학자. 양산(梁山, 지금의 四川 梁平) 사람으로, 자는 의선(矣鮮), 호는 구당(瞿塘)이다. 역(易)에 조예가 깊었으며『주역집주(周易集注)』,『성각록(省覺錄)』,『성사록(省事錄)』,『구당일록(瞿塘日錄)』,『이학변의(理學辨疑)』등을 지었다.

노식(盧植: ?~192): 후한 말의 정치가. 자는 자간(子幹)이며 유주(幽州) 탁군(涿郡) 탁현(涿縣) 사람이다. 어려서 정현과 함께 마융을 사사하여 고금경학에 밝았다.

노효손(盧孝孫, 생몰미상): 원대의 학자.

담감천(湛甘泉, 1466~1560): 명나라 학자. 증성(增城, 지금의 廣東省 廣州市 增城) 사람으로, 이름은 약수(若水), 초명(初名)은 노(露), 자는 원명(元明)이며, 호는 감천(甘泉)이다. 왕수인(王守仁)과 친하여 그의 묘지명도 지었으나 학설은 서로 달랐다. 왕수인은 '치양지(致良知)'를 주장한 반면, 담약수는 '곳에 따라 천리(天理)를 체험해야 한다'고 주장하였다. 당시에 두 사람의 문도(門徒)가 가장 많아 왕담(王湛)으로 병칭되었다.

대덕(戴德, 생몰미상): 한(漢)의 경학가. 양(梁) 사람으로, 자는 연군(延君)이다. 대덕(戴德)을 대대(大戴), 대성(戴聖)을 소대(小戴)라 하였다. 대덕(戴德)이 산정한 85편을『대대례기(大戴禮記)』라 하고, 대성(戴聖)은 49

편으로 산정하여 『소대례기(小戴禮記)』를 찬하였는데, 『소대례기』가 지금의 『예기』이다.

도망령(陶望齡, 1562~1609): 명말의 학자. 회계(會稽, 지금의 절강성 紹興) 사람으로, 자는 주망(周望), 호는 석궤(石簣), 시호는 문간(文簡)이다. 한림편수(翰林編修)와 태자중윤(太子中允)을 지냈다. 저서로 『헐암집(歇庵集)』, 『천수각집(天水閣集)』 등이 있는데, 후대에 『도망령전집(陶望齡全集)』으로 합본되었다.

동괴(董槐, 1187~1262): 송말원초의 학자. 호주(濠州) 정원(定遠, 지금의 安徽省 定遠縣) 사람으로, 자는 정식(庭植), 호는 구당(榘堂), 시호는 문청(文淸)이다. 상서우승상 겸 추밀사(尚書右丞相兼樞密使)를 지냈으며 허국공(許國公)에 봉해졌다.

동원(東園, 미상): 가끔 인용되는 동원(東園)이 누구인지는 명확하지 않다. 당대에 다산과 가까이 있으면서 경학과 관련된 문제들에 대해 자주 토론하면서 다산에게 영향을 끼친 인물로 추정된다. 참고로, 다산의 7대조 정호선(丁好善, 1571~1633)과 윤휴(尹鑴: 1617~1680)의 사위 이수길(李樹吉), 명재(明齋) 윤증(尹拯: 1629~1714)의 문인 이덕흠(李德欽, 1667~1746)의 호가 모두 동원(東園)이다. 정호선은 1601년 진사시에 합격하고 식년문과에 2등으로 급제하여, 홍문관 저작, 이조 정랑, 강원도 관찰사 등을 지냈으며, 다산은 「동원유고서(東園遺稿序)」를 남겼다. 2003년 5월 동원사에서 비매품으로 『역주 동원유고』를 간행한 바 있다. 그러나 동원이 윤휴의 설을 자주 언급했다고 하는 것을 보면 시기적으로 정호선이 앞서기 때문에 정호선이라고 할 수는 없다. 이지형(李簾衡) 교수는 이덕흠으로 보고 있다.(『茶山經學研究』, 한길사, 97쪽) 이덕흠의 자는 숙향(叔享), 본관은 덕수(德水)이다. 『중용』과 『논어』를 읽어 성리학을 깊이 연구하였으며, 만년에는 『역경』을 탐구하여 성력(星曆), 상수(象數), 기예(技藝)에 이르기까지 박학정통하였다고 한다. 그러나 그의 문집은 그 유무가 현재로는 불확실하며 윤휴와 윤증의 자료에서도 그의 명덕설을 찾아볼 수 없다.

동중서(董仲舒, 기원전 179~기원전 104): 전한(前漢)의 금문 경학자. 광천(廣川, 지금의 河北省 枣强) 사람으로, 벼슬은 박사(博士)에 이르렀고, 재이설(災異說)을 주장했으며, 무제(武帝)의 총애를 받아 유가독존의 시대를 열었다. 저서로 『춘추번로(春秋繁露)』가 있다.

두림(杜林, 생몰미상): 후한(後漢)의 경학자이자 정치가. 자는 백산(伯山)이며, 문자학(文字學)에 능통하였다.

두업(杜鄴, ?~기원전 2): 서한 말의 정치가. 한나라 무릉(茂陵, 지금의 陝西省 興平) 사람으로, 대관(大冠) 두자하(杜子夏)라고 불렸다. 장창(張敞)의 외손자이다.

두자춘(杜子春, 기원전 약 30~기원후 58): 서한 말 동한 초의 경학가이자 『주례』학의 전파자. 일찍이 유흠(劉歆)에게서 『주례』를 배웠으며, 『주례』를 정중(鄭衆)과 가규(賈逵)에게 처음 전했다. 두자춘의 저술로 『주례주(周禮注)』가 있었다고 한다.

마단림(馬端臨, 1254~1323): 송말원초의 경학가. 악평(樂平) 사람으로, 자는 귀여(貴與)이다. 송(宋) 함순(咸淳) 연간에 일등으로 급제하였으나 송이 망하자 벼슬하지 않고 은거하였다. 저서로 『문헌통고(文獻通考)』가 있다.

마료(馬廖, ?~92): 동한의 무인. 복파장군(伏波將軍) 마원(馬援)의 맏아들 이다. 부풍군(扶風郡) 무릉현(茂陵縣, 지금의 陝西省 興平縣) 사람으로, 자 는 경평(敬平)이고 순양후(順陽侯)에 봉해졌다. 중국사에서 가장 뛰어난 황후로 꼽히는 마황후의 오빠인데 남매가 청렴한 것으로 이름을 떨 쳤다.

매색(梅賾, 생몰미상): 동진(東晉)의 학자. 여남(汝南, 지금의 湖北 武昌) 사람 으로, 자는 중진(仲眞)이다. 예장내사(豫章內史)를 지냈다. 다산은 매색 이 바쳤다는 『고문상서전(古文尙書傳)』에 대한 비평서 『매씨서평(梅氏書 平)』을 강진 유배기에 저술하였다.

모기령(毛奇齡, 1623~1716): 명말청초의 경학자. 절강(浙江) 소산(蕭山) 사람 으로, 초명은 신(甡), 자는 대가(大可), 호는 서하(西河), 추청(秋晴), 만 청(晩淸)이다. 주희(朱熹)의 경학을 통렬히 공격하고 송학을 부정하여 청대 고증학을 발달시킨 데 공이 있다. 그러나 자신의 재능을 믿고 남의 학설을 비난하기 좋아하였으며 이설(異說)을 세우는 경향이 강 하였다는 비판도 받는다. 저서로 『중씨역(仲氏易)』, 『춘추모씨전(春秋毛 氏傳)』, 『고문상서원사(古文尙書冤詞)』, 『중용설(中庸說)』 등이 있다.

무이 호씨(武夷胡氏, 1074~1138): 송나라 학자. 호안국(胡安國)을 가리킨다.

복건성 숭안(崇安) 출신으로, 이름은 안국, 자는 강후(康侯), 호는 무이(武夷)이며, 시호는 문정(文定)이다. 고종 때 장준(張浚)의 천거로 중서사인 겸 시강(中書舍人兼侍講)을 제수 받았으며, 이후 급사중(給事中)까지 역임했다. 30여 년간 춘추를 연구하여 『춘추호씨전(春秋胡氏傳)』을 지었다. 사량좌(謝良佐)가 '엄동설한의 송백(松柏)'이라고 칭송하기도 했다.

문중자(文中子, 584~617): 수(隋)나라의 유학자. 성은 왕(王), 이름은 통(痛)이고, 자는 중엄(仲淹), 문중자는 시호이다. 저서로 『문중자』(일명 『중설(中說)』)를 남겼다.

방정학(方正學, 1357~1402): 명초의 학자. 이름은 효유(孝孺), 자는 희직(希直) 또는 희고(希古), 호는 손지재(孫志齋)이다. 정학선생(正學先生)이라고 일컬어졌으며, 명나라를 건국한 홍무제에게 등용된 이후 특히 건문제의 두터운 신임을 받았고, 그의 스승이자 정치적 참모로서 보필하였다. 명대(明代) 절의지사(節義之士)의 모범으로 평가받는다.

범희문(范希文, 989~1052): 북송의 문인 정치가. 소주(蘇州) 오현(吳縣, 지금의 江蘇省 蘇州市) 사람으로, 이름은 중엄(仲淹)이고 자가 희문, 시호는 문정(文正)이다. 천거로 관직에 나아간 뒤 중앙과 지방의 여러 벼슬을 거쳤다. 인종에게는 10개조의 개혁안을 제출하기도 하였다. 저서로 『단양집(丹陽集)』, 『주의(奏議)』 및 『범문정공문집(范文正公文集)』이 있다.

복생(伏生, 생몰미상): 한(漢)의 금문학자. 제남(濟南) 사람으로, 이름은 승

(勝), 자는 자천(子賤)이다. 진(秦)의 박사(博士)를 지냈다. 진시황이 분
서(焚書)하자 복생은 『상서(尙書)』를 벽 속에 감추었다. 한이 건립된
후, 복생이 『상서』를 꺼냈으나 수십 편을 잃고 29편밖에 얻지 못하였
으며 이것을 제노(齊魯)지방에서 가르쳤다. 한 문제(文帝) 때에 복생이
이미 90여 세였는데, 문제는 조조(晁錯)를 보내 배우게 하였다. 조조
(晁錯)가 잘 알아듣지 못하니 복생의 딸이 중간에서 통역해주었다 한
다. 이것이 『금문상서(今文尙書)』이다.

사량좌(謝良佐, 1050~1103): 송나라 성리학자. 상채(上蔡, 지금의 河南省 駐馬店
市 上蔡縣) 사람이며, 자는 현도(顯道)이다. 이정의 제자이며 정문(程門)
4선생의 한 사람으로 세상에서 상채(上蔡)선생이라고 불렀다. 증염(曾
恬), 호안국(胡安國)이 사량좌의 말을 기록하여 『상채어록』을 지었다.

사마자미(司馬子微, 647~735): 당나라 현종 때의 도사. 하내(河內) 온현(溫
縣, 지금의 河南省 溫縣) 사람으로, 이름은 승정(承禎), 자는 자미(子微)
이며, 자호로 백운자(白雲子)라 하였다. 도교 상청파(上淸派) 모산종(茅
山宗)의 제12대 종사(宗師)이다. 노장학을 공부하였으며 내방산(內方山)
에 은거하여 공부하다가 신선이 되었다고 한다.

서분붕(徐奮鵬, 약 1560~1642): 명나라의 학자. 자는 자명(自溟), 호는 필동
선생(筆峒先生)이다. 강서(江西) 서촌(徐村, 지금의 강서 臨川 徐村) 사람으
로, 18세에 현과 부에서 치른 과거에서 수석으로 입격하였으나 이후
관직을 멀리하고 주로 강학에 힘썼다. 저서로 『고금치통(古今治統)』20
권, 『흡시집(恰偲集) 10권, 『고금도맥(古今道脈)』 45권 등이 있다. 그가

저술한 『도맥돈류(道脈敦流)』는 『사고전서총목제요』에 목록이 올라 있으나 원문은 찾아볼 수 없다.

서유린(徐有隣, 1738~1802): 조선 후기의 문신. 본관은 달성(達城)이고, 자는 원덕(元德), 시호는 문헌(文獻)이다. 영조 42년(1766) 생원으로 정시문과(庭試文科)에 급제, 1768년 부교리가 되었다. 1786년 좌참찬에 오르고 1788년 공시당상(貢市堂上)으로 국경무역을 관장, 1790년 『증수무원록(增修無寃錄)』을 국역했다. 1792년 선혜청 당상이 되고 한성부 판윤 등을 지냈다. 1801년(순조 1) 벽파(僻派)의 득세로 경흥(慶興)에 유배되었고 거기서 죽었다. 글씨를 잘 썼으며 작품에 「김경서신도비(金景瑞神道碑)」가 있다.

서현(徐鉉, 916~991): 송초의 문학가이자 서법가. 광릉(廣陵, 지금의 江蘇省 揚州) 사람으로, 자는 정신(鼎臣)이다. 소학 및 전서(篆書)와 예서(隸書)에 능하여 왕명으로 『설문(說文)』을 교정하였다. 저서로 『기성집(騎省集)』이 있다.

섭몽정(葉夢鼎, 1200~1279): 송나라의 학자. 영해(寧海, 지금의 浙江省 寧海) 사람으로, 자는 진지(鎭之)이며 호는 서간(西澗)이다. 우승상 겸 추밀사(右丞相兼樞密使)를 지냈다.

소병(蘇昞, 생몰미상): 북송의 성리학자. 무공(武功) 사람으로, 자는 계명(季明)이다. 처음에 장횡거(張橫渠)에게서 수학하였다가 훗날 이정(二程)을 사사했으며 원우(元祐) 말에 여대충(呂大忠)의 천거로 태상박사(太

常博士)를 역임하였다.

소자첨(蘇子瞻, 1037~1101): 송나라의 시인이자 정치가. 사천성 미산(眉山)
현 출신으로, 이름은 식(軾), 자첨은 자이며 호는 동파(東坡)이다. 아
버지 소순(蘇洵), 아우 소철(蘇轍)과 함께 당송팔대가의 한 사람이다.
구양수(歐陽脩)의 문하에서 배웠으며, 22세에 과거에 급제하여 문재를
알렸다. 왕안석의 신법에 반대하는 구법당의 일원으로 정치적 부침
을 겪었다. 시문집으로『동파칠집(東坡七集)』이 있고, 수필집으로『전
적벽부(前赤壁賦)』등이 있다.

소하(蕭何: ?~기원전 193): 한나라의 정치가. 패읍(沛邑) 사람으로, 한초의
개국공신이다. 구장율(九章律)을 제정하는 등 한고조 유방을 도와 왕
조의 기초를 닦았다.

손종원(孫鍾元, 1584~1675): 명말청초(明末淸初)의 학자. 용성(容城, 지금의 河
北省 保定市 容城縣) 사람으로, 이름은 기봉(奇逢), 자는 종원(鍾元) 또
는 계태(啓泰)이다. 하봉선생(夏峯先生)으로 불렸다. 명말에 소문(蘇門)
의 하봉(夏峯)에 물러나 살면서 명청 두 왕조에 걸쳐 열한 번이나 조
정의 부름을 받았으나 응하지 않았다. 그의 학문은 육왕학(陸王學)을
근본으로 하고 정주(程朱)의 학설을 겸하였다.

순식(荀息): 춘추시대 진(晉)나라 사람인데, 순읍(荀邑)을 식읍으로 가졌
으므로 순식(荀食)이라 칭한다. 자는 숙(叔)이다. 헌공(獻公) 때 대부가
되어 나라의 보물을 우(虞)나라에 주고 길을 빌려 곽(虢)나라를 정벌

할 것을 요청했다. 임금이 거절하자 괵나라를 정벌하고 돌아오는 길에 우나라를 멸망시키고 되찾으면 된다고 설득하였다. 이때 보물을 우나라에 주는 것은 창고에 맡겨두는 것과 같다고 한 것이다.

심능적(沈能迪, 1761~?): 영조 37년~?. 본관은 청송(靑松)이며, 자는 혜길(惠吉)이다. 서울에 거주하였다. 아버지는 심건지(沈健之), 조부는 심구(沈銶)이다. 1789년(정조 13) 춘당대시(春塘臺試)에 을과로 급제하였고 같은 해 초계문신으로 뽑혔다. 1790년(정조 14) 도당(都堂)에서 거행된 한림회권(翰林會圈)에서도 김이교(金履喬), 정약용(丁若鏞), 정문시(鄭文始), 홍낙유(洪樂游), 윤지눌(尹持訥) 등과 함께 뽑혔다. 승문원(承文院) 정자(正字)를 역임하였다.

안사고(顔師古, 581~645): 당말의 경학가. 이름은 주(籀)이고 사고(師古)는 그의 자이다. 시호는 대(戴)이다. 훈고학과 문장에 능하였고, 『급취장』에 주석을 달았다. 홍문관박사(弘文館博士)를 역임했다.

안정선(安廷善, 1766~?): 영조 42년~?. 본관은 순흥(順興)이며, 자는 원장(元長)이다. 1789년(정조 13) 식년문과에 병과로 급제하였다. 같은 해 초계문신으로 뽑혔다. 1792년에도 초계문신(抄啓文臣)으로 뽑혀 친시(親試)에 응하였다가 좋은 성적을 얻어 특별히 6품으로 승진하였다. 그 해 정언을 지내고, 1800년(순조 즉위년)에는 홍문록(弘文錄)과 도당록(都堂錄)에서 각각 5점을 얻었으며, 1806년 부수찬, 수찬을 지내고, 1818년 대사간을 지냈다.

안지추(顏之推, 531~591): 육조시대의 학자. 낭야(琅邪) 임기(臨沂, 지금의 山東省 臨沂市) 사람으로, 안사고의 할아버지이다. 『안씨가훈』 20편을 남겼다.

양귀산(楊龜山, 1053~1135): 남송의 학자. 이름은 시(時), 자는 중립(中立), 호가 귀산이며, 시호는 문정(文靖)이다. 대대로 복건성 장낙현(將樂縣) 귀산(龜山) 아래 살았다. 정호(程顥)와 정이(程頤)의 제자로, 사량좌(謝良佐), 유작(遊酢), 여대림(呂大臨)과 함께 정문사선생(程門四先生)으로 불렸다.

양종(楊終, 생몰미상): 후한의 학자. 성도(成都, 지금의 사천성 성도) 사람으로, 자는 자산(子山)이다. 나이 13세에 촉군(蜀郡)의 작은 관리가 되었는데 태수가 그의 재주를 비상하게 여겨 서울로 보내어 춘추를 익히게 하였다. 저서로 『춘추외전(春秋外傳)』 12편이 있다.

여불위(呂不韋, ?~기원전 235): 전국 말기의 상인이자 정치가. 양적(陽翟, 지금의 河南 禹縣) 사람으로, 진시황의 아버지 자초(子楚)가 진(秦)나라의 왕위를 계승하는 것을 도운 공로로 승상에 임명되고 문신후(文信侯)에 책봉되었다.

여입무(黎立武, 생몰미상): 남송 말기의 학자. 신여(新余) 체보(遞步, 지금의 江西省 新余市 遞步) 사람으로, 자는 이상(以常)이며, 자호(自號)가 기옹(寄翁)이다. 송말의 명신들인 문천상(文天祥), 사방득(謝枋得) 등과 친하였다. 저서로는 『중용지귀(中庸指歸)』, 『중용분장(中庸分章)』, 『대학발미

(大學發微)』, 『대학본지(大學本旨)』 등이 있다.

연평(延平, 1093~1163): 남송의 성리학자. 이통(李侗)의 호이며, 자는 원중(愿中)이다. 양시(楊時)의 수제자인 나종언(羅從彦)에게 이학(理學)을 배웠고, 그의 학문은 제자인 주희(朱熹)에게 전수되었다.

영가 정씨(永嘉鄭氏): 미상.

오눌(吳訥, 1372~1457): 명(明)의 유학자. 상숙(常熟, 지금의 江蘇省 蘇州市) 사람으로, 자는 민덕(敏德), 호는 사암(思菴), 시호는 문각(文恪)이다. 홍희제(洪熙帝) 때에 남경좌부도어사(南京左副都御史)를 지냈으며, 저서로 『소학집해(小學集解)』, 『문장반체(文章班體)』 등이 있다.

오징(吳澄, 1249~1333): 송말원초의 학자. 무주(撫州) 숭인(崇仁, 지금의 江西省 崇仁 咸口) 사람으로, 자는 유청(幼淸)이고, 호는 초려(草廬)이며, 시호는 문정(文正)이다. 저서로 『역찬언(易纂言)』, 『서찬언(書纂言)』, 『춘추찬언(春秋纂言)』, 『예기찬언(禮記纂言)』 등이 있다.

옹담계(翁覃溪, 1733~1818): 청나라의 경학자, 금석학자. 이름은 방강(方綱)이고, 자는 정삼(正三)이며, 담계는 그의 호이다. 대흥(大興, 지금의 북경시 대흥현) 사람으로, 편수(編修), 국자감 사업(國子監司業), 첨사부 소첨사(詹事府少詹事), 내각학사(內閣學士) 등을 역임하였다. 저서로는 『경의고보정(經義考補正)』, 『십삼경주소성씨고(十三經注疏姓氏考)』, 『양한금석기(兩漢金石記)』 및 『복초재전(復初齋全集)』이 있다.

완원(阮元, 1764~1849): 청나라 중엽의 경학자, 정치가. 자는 백원(伯元)이고, 호는 운태(云台), 예태(藝台)이다. 강소(江蘇) 의증(儀證) 사람으로, 박학다식하고, 고증에 뛰어나 경학을 주로 다루었으면서도 사학, 금석, 고고, 천문, 수학 등에 폭넓은 지식을 지니고 있었다. 저술로는 『경적찬고(經籍纂詁)』, 『십삼경교감기(十三經校勘記)』 등이 있다.

왕검(王儉, 생몰미상): 남제(南齊) 사람으로, 자는 중보(仲寶)이다. 예학(禮學)과 춘추(春秋)에 능하였고 송(宋)의 좌복야(左僕射)를 역임하였다. 시호는 문헌(文憲)이다. 저서로 『칠지(七志)』, 『원휘사부서목(元徽四部書目)』 등이 있다.

왕공진(王拱辰, 1012~1085): 송나라의 학자, 정치가. 개봉(開封) 함평(咸平, 지금의 河南省 通許縣) 사람으로, 자는 군황(君貺)이며, 본명은 공수(拱壽)였으나 19세에 진사에 급제하고 나서 인종(仁宗)이 공진(拱辰)이라는 이름을 부여하였다. 관직은 이부상서(吏部尚書)에까지 이르렀다. 개부의동삼사(開府儀同三司)에 추증되었고, 시호는 의각(懿恪)이다.

왕백(王柏, 1197~1274): 송나라의 학자. 금화(金華, 지금의 절강성 금화시) 사람이며, 자는 회지(會之)이고 시호는 문헌(文憲)이다. 제갈량(諸葛亮)을 흠모하여 호를 장소(長嘯)라고 하였다가 장성하여 이학(理學)을 독실하게 공부한 다음 노재(魯齋)로 호를 바꾸었다. 저서로 『독역기(讀易記)』, 『서의(書疑)』, 『시변(詩辨)』 등이 있다.

왕신민(汪信民, 1071~1110): 북송의 문학가. 이름은 혁(革), 자가 신민(信民)

이다. 장사(長沙)와 숙주(宿州)의 교수(敎授)를 지냈으며 강서시파(江西詩派) 시인의 한 사람이다. 가난했으나 효도와 우애가 극진하고 학문을 좋아했다고 한다.

왕심재(王心齋, 1483~1540): 명나라 중기의 양명학자. 태주(泰州, 지금의 江蘇省 泰州) 사람이며, 이름은 간(艮), 자는 여지(汝止)이며, 심재선생(心齋先生)으로 불렸다. 38세에 왕수인(王守仁)의 문하에 들어가 종신토록 벼슬하지 않고 왕학(王學)의 연구에 힘썼다. 왕기(王畿)와 함께 왕문(王門)의 이왕(二王)으로 불렸으며, 왕문좌파(王門左派)의 영수로 태주학파(泰州學派)의 시조가 되었다. 저서로 『왕심재전집』이 있다.

왕응린(王應麟, 1223~1296): 남송의 경학가. 경원(慶元) 사람으로, 자는 백후(伯厚), 호는 심녕(深寧)이다. 예부상서를 지냈으며, 저서로 『소학감주(小學紺珠)』, 『심녕집(深寧集)』이 있다.

왕증(王曾, 977~1038): 북송의 문인 정치가. 청주(靑州) 익도(益都, 지금의 山東省 益都) 사람으로, 자는 효선(孝先)이며, 시호는 문정(文正)이다. 송나라 진종(眞宗) 때 향시, 성시, 정시에 장원으로 뽑혔고, 한림학사와 집현전 대학사를 거쳐 재상을 지냈다.

요로(饒魯, 생몰미상): 남송의 성리학자. 1270년대에 죽은 것으로 추측. 자는 백여(伯輿) 또는 중원(仲元), 호는 쌍봉(雙峰)이다. 강서(江西) 여건(餘乾) 사람이다. 황간(黃榦, 勉齋)의 고제이자 주희의 재전제자이다. 황간의 문하에 금화(金華), 강우(江右)의 두 학파가 있었는데, 요로는 강우학파의 태두이다. 저작으로 『오경강의(五經講義)』, 『근사록주(近思錄註)』 등이 있었으나 전하지 않는다.

요순목(姚舜牧, 1543~1623): 명나라 학자. 오정(烏程, 지금의 浙江省 湖州市 吳興) 사람으로, 자는 우좌(虞佐), 호는 승암(承庵)이다. 명나라 선배 학자들인 당일암(唐一菴, 이름은 樞)과 허경암(許敬菴, 이름은 孚遠)의 학문을 흠모하여 승암(承菴)이라고 자호(自號)하였다. 『사서오경의문(四書五經疑問)』, 『낙도음초(樂陶吟草)』 등을 저술하였다.

요원표(姚元標, 생몰미상): 육조시대의 학자. 북제(北齊) 위군(魏郡, 지금의 河南省 安陽北) 사람으로, 좌광록대부(左光祿大夫)를 지냈다.

요제항(姚際恒, 1647~1715?): 청나라 학자. 안휘(安徽) 휴녕(休宁) 사람으로, 절강(浙江) 인화(仁和, 지금의 杭州)에서 살았다. 자는 입방(立方) 또는 수원(首源)이다. 경전 연구에 전념하였으며 『구경통론(九經通論)』을 지었는데, 그 가운데 『시경통론(詩經通論)』은 청초 의고파(疑古派)의 대표저작으로 평가된다.

우성전(禹性傳, 1542~1593): 조선 중기의 학자이자 무인. 자는 경선(景善), 호는 추연(秋淵), 연암(淵菴)이며, 시호는 충강(忠康)이다. 이황의 문인으로, 동인이 남인과 북인으로 분기할 때 남인의 영수였으며 임란의 병장으로 전공을 세웠다. 안동에 역동서원(易東書院)을 세웠다.

웅안생(熊安生, ?~578): 북주(北周)의 경학자. 북학(北學)을 대표하는 인물로서 오경을 깊이 연구하였으며 특히 삼례에 정통했다. 『주례의소(周禮義疏)』, 『예기의소(禮記義疏)』, 『효경의소(孝經義疏)』 등을 지었다.

원례(爰禮, 생몰미상): 서한의 고문학자. 패읍(沛邑) 사람으로, 고문에 뛰어났다.

위굉(衛宏, 생몰미상): 동한의 고문학자. 동해(東海, 지금의 山東省 郯城) 사람으로, 자는 경중(敬仲)이다. 광무제(光武帝) 때 의랑(議郞)을 지냈으며, 저서로 『모시서(毛詩序)』, 『고문상서훈지(古文尙書訓旨)』, 『한구의사편(漢舊儀四篇)』 등이 있다.

위문정(魏文靖, 1178~1237): 남송의 이학자. 공주(邛州) 포강(蒲江, 지금의 四川省 成都市) 사람으로, 이름은 료옹(了翁), 자는 화보(華父)이며, 문정은 그의 시호이다. 학산선생(鶴山先生)으로 불렸다. 저서로 『학산집(鶴山集)』, 『구경요의(九經要義)』, 『고금고(古今考)』, 『사우아언(師友雅言)』 등이 있다.

위소(韋昭, ?~273) : 삼국시대 오(吳)나라의 역사가. 자는 홍사(弘嗣)이며, 오나라의 정사인 『오서(吳書)』를 편찬했다. 정사에는 사마소의 이름을 피휘하여 위요(韋曜)로 기록되어 있다. 저서로 『효경논어주(孝經論語注)』, 『변석명(辯釋名)』, 『관직훈주(官職訓注)』, 『국어주(國語注)』 등이 있다.

유란(劉蘭, 생몰미상): 후위(後魏)의 학자. 무읍(武邑) 사람이다. 유학(儒學)으로 명성이 높았고 『좌전』과 음양술(陰陽術)에도 능하여 국자조교

(國子助敎)를 역임하였다.

유신(庾信, 512~580): 양(梁)나라 말기의 작가. 남양(南陽) 신야(新野, 지금의 河南省 南陽市) 사람이다. 자가 자산(子山)이다. 서릉(徐陵)과 함께 궁체시(宮體詩)를 지어 흔히 서유체(徐庾體)라고 부른다.

유안세(劉安世, 1048~1125): 북송의 문인 정치가. 하북(河北) 대명(大名) 사람으로, 이름은 안세(安世), 자는 기지(器之)이며 시호는 충정(忠定)이다. 사마광(司馬光)의 제자로 사관, 간관, 재상을 역임하였으나 강직한 성품 때문에 평생 벽지로 전전하며 귀양살이를 하였다.

유우(劉祐, 생몰미상): 후한의 학자. 중산(中山) 안국(安國) 사람으로, 자는 백조(伯祖)이다.

유원경(劉元卿, 1544~1609): 명나라의 학자. 안복(安福, 지금의 江西省 안복현) 사람으로, 자는 조보(調父), 호는 선우(旋宇) 또는 호소(瀘瀟)이다. 은일(隱逸)로 추천되어 국자감박사(國子監博士)와 예부주사(禮部主事)를 역임하였다. 저서로 『대상관(大象觀)』, 『산거초(山居草)』, 『환산속초(還山續草)』, 『대학신편(大學新編)』, 『유빙군전집(劉聘君全集)』 등이 있다.

유종주(劉宗周, 1578~1645): 명말의 학자. 자는 기동(起東)이며, 호는 염대(念臺)이다. 사람들이 염대선생(念臺先生) 또는 즙산선생(蕺山先生)이라고 불렀다. 여러 벼슬을 거쳤으며 명나라가 망하자 23일 동안 음식을 끊어 세상을 떠났다. 저서에 『주역고문초(周易古文鈔)』, 『성학종요(聖學

宗要)』, 『도통록(道統錄)』, 『양명전신록(陽明傳信錄)』 등이 있다.

육구연(陸九淵, 1139~1192): 남송의 학자. 강서성 금계(金溪) 사람으로, 자는 자정(子靜), 호는 존재(存齋) 또는 상산(象山)이며 시호는 문안(文安)이다. 주희가 '도문학(道問學)'과 '궁리(窮理)'를 중시한 것과는 달리 '존덕성(尊德性)'과 '거경(居敬)'을 중시하였으며, 심학의 단서를 열었다. 저서에 『상산선생전집(象山先生全集)』 36권이 있다.

육법언(陸法言): 수(隋)나라의 음운학자. 임장(臨章, 지금의 河北 臨漳) 사람으로, 기존의 운서(韻書)가 착오가 많은 것을 보고 유진(劉臻), 안지추(顔之推) 등과 함께 『절운(切韻)』 5권을 편찬하였다.

육징(陸澄, 425~494): 남제(南齊) 오군(吳郡) 사람으로, 자는 언심(彦深)이다. 어려서부터 학문을 좋아하고 박람(博覽)하여 송(宋) 태시(泰始) 초에 상서전중랑(尚書殿中郞)을 역임하였다.

윤휴(尹鑴, 1617~1680): 조선의 학자. 본관은 남원(南原)이며, 자는 희중(希仲), 호는 백호(白湖) 또는 하헌(夏軒)이다. 예송으로 서인과 틈이 생겨 출사 뒤에는 남인으로 활약하였다. 20대에 『홍범설(洪範說)』, 『중용설(中庸說)』 등을 지었고, 서울 하헌 시절에 『효경장구고이(孝經章句攷異)』, 『대학설(大學說)』, 『중용대학후설(中庸大學後說)』 등을 지었다.

이담(李湛, 1510~1575): 조선 중기의 문신. 자는 중구(仲久)이며, 호는 정존재(靜存齋)이다. 성리학자로서 의약, 천문, 산수, 궁술에도 능했고 서화에도 일가를 이루었다. 특히 이황(李滉)을 사숙하였다.

이사(李斯, ? ~기원전 208): 진(秦)나라의 학자이자 정치가. 순경(荀卿)의 제
　　자로서 승상(丞相)이 되어 군현제(郡縣制)를 실시하고 금서령(禁書令)을
　　내렸으며 창힐(蒼頡)의 주문(籒文)을 바꾸어 소전(小篆)을 만들어 문자
　　개혁을 이루었다.

이선(李善: 630?~689?): 당(唐)나라의 학자. 강도(江都, 지금의 江蘇省 揚州)
　　사람으로, 박학하고 문장에 능하여 사람들이 '서록(書簏)'이라고 불렀
　　다. 양(梁)나라 소명태자(昭明太子)가 편찬한 『문선(文選)』의 주석자로
　　유명하다.

이언적(李彦迪, 1491~1553) 조선 중기의 문신 학자. 자는 복고(復古), 호는
　　회재(晦齋) 또는 자계옹(紫溪翁)이며 시호는 문원(文元)이다. 저서로 『대
　　학장구보유(大學章句補遺)』, 『속혹문(續或問)』 등이 있다.

임용중(林用中, 생몰미상): 남송의 학자. 복주(福州) 고전(古田, 지금의 福建
　　省 寧德市 古田縣) 사람으로, 자는 택지(擇之) 또는 경중(敬仲)이며, 호는 동
　　병(東屛) 또는 초당(草堂)이다. 흔히 초당선생이라 불렸다. 주희(朱熹)를
　　사사했는데 주희가 그를 칭찬하여 외우(畏友)라고 하였다. 평생 벼슬
　　하지 않았다. 저서로 『동병집(東屛集)』, 『초당집(草堂集)』 등이 있었다
　　고 한다.

장남헌(張南軒, 1133~1180): 남송의 학자. 한주(漢州) 면죽(綿竹, 지금의 四川

省 綿竹市) 사람으로, 이름은 식(栻), 자는 경부(敬夫) 또는 흠부(欽夫)이며, 남헌은 호이다. 호굉(胡宏)에게서 배웠고 주희와 교유하였다. 남헌(南軒)선생이라 불렸다. 악록서원을 주관하며 호상학파(湖湘学派)를 이루었다.

장도림(蔣道林, 생몰미상): 명나라 학자. 무릉(武陵) 사람으로, 이름은 신(信), 자는 경실(卿實), 호가 도림(道林)이다. 가정 11년(1532) 진사가 되었고, 왕수인(王守仁)과 담약수(湛若水)를 사사(師事)하였다. 호남학자(湖南學者)들이 그를 종주로 삼고 정학선생(正學先生)이라 칭했다. 저서에 『도림제집(道林諸集)』 『장도림문수(蔣道林文粹)』 등이 있다.

장동초(張侗初, ?~1629): 명말의 소품문(小品文) 작가. 송강(松江) 화정(華亭, 지금의 上海市 松江) 사람으로, 이름은 내(鼐), 자는 세조(世調), 호가 동초(侗初)이다. 남경 이부 우시랑(南京吏部右侍郎)을 지냈다. 저서로 『장동초집(張侗初集)』이 있다.

장목(張沐, 생몰미상): 청초의 학자. 하남(河南) 상채(上蔡) 사람으로, 자는 중성(仲誠), 호는 기암(起庵)이다. 청나라 순치(順治) 15년(1658) 진사가 되었고, 사천 자중현 지현(四川資中縣知縣)을 지냈다. 저서로 『도서비전소류(圖書秘典溯流)』, 『사학초(史學鈔)』, 『일우해(一隅解)』 등이 있다.

장문중(臧文仲, ?~기원전 617): 춘추시기 노(魯)나라 대부 장손씨(臧孫氏)이다. 이름은 진(辰)이고, 장손진(臧孫辰)이라고도 한다. 시호가 문(文)이었기 때문에 사후에 장문중(臧文仲)으로 불렸다.

장자소(張子韶, 1092~1159): 송나라의 경학자. 이름은 구성(九成), 자는 자소, 호는 무구(無垢)거사이다. 금나라와의 화약문제로 진회에게 미움을 받아 남안으로 유배되었다가 나중에는 태사(太史), 숭국공(崇國公)으로 봉해졌다. 그는 '마음이 곧 이치이다(心卽理)', '이치가 곧 마음이다(理卽心)' 등을 주장하여 마음 자체를 중시하였다.

장창(張敞, 생몰미상): 서한의 정치가. 평양(平陽) 사람으로, 자는 자고(子高)이다.

장패(張霸, 생몰미상): 후한의 경학가이자 정치가. 촉군(蜀郡) 성도(成都, 지금의 사천성 成都) 사람으로, 자는 백요(伯饒)이다. 7세에 『춘추』를 통달하였고, 오경을 박람하였으며, 회계태수(會稽太守), 시중(侍中)을 역임하였다.

정단간(鄭端簡, 생몰미상): 명청교체기의 경학자. 절강성(浙江省) 해염(海鹽, 지금의 절강성 嘉興市 海鹽縣) 사람으로 이름은 효(曉), 자는 실보(室甫)이다. 이부상서(吏部尚書), 우도어사(右都御史), 형부상서(刑部尚書)를 지냈고 태자소보(太子少保)에 추증되었다. 시호는 단간(端簡)이다. 저서로는 『오학편(吾學編)』, 『고언(古言)』, 『금언(今言)』, 『주의문집(奏議文集)』 등이 있다.

정자산(鄭子産, ?~기원전 522): 중국 춘추시기 사상가이자 정치가. 성은 공손(公孫), 이름은 교(僑), 자는 자산(子産), 호는 성자(成子)이다. 정목공(鄭穆公)의 손자이자 사마자국(司馬子國)의 아들이다. 정간공(鄭簡公)

12년에 경(卿)이 되었고, 23년에 집정하여 정간공(鄭簡公)과 정정공(鄭定公)을 20여 년 동안 도왔다.

정현(鄭玄, 127~200): 동한(東漢)의 경학자. 북해(北海) 고밀(高密, 지금의 山東 高密 西南) 사람으로, 자는 강성(康成)이다. 현존 저작으로는 『주례주(周禮注)』, 『예기주(禮記注)』, 『모시정전(毛詩鄭箋)』이 있다.

조기(趙岐, 109~201): 후한의 경학가. 자는 빈경(邠卿)이며 사례(司隷) 경조윤(京兆尹) 장릉현(長陵縣) 사람이다. 『맹자』에 처음으로 주를 단 사람이다. 조기는 『맹자』 7편을 각각 상하로 나누어 14권으로 만들었는데 이후 이것이 『맹자』의 체제로 정착되었다. 저술로 『맹자장구(孟子章句)』가 있으며 『십삼경주소(十三經注疏)』 가운데 수록되어 전한다.

조치도(趙致道, 생몰미상): 남송의 학자. 주희의 문인이자 손서(孫壻)인 조사하(趙師夏)이다. 황암(黃巖, 지금의 浙江省 黃巖) 사람으로, 자가 치도이고 호는 원암(遠菴)이다. 소흥(紹熙) 원년(1190)에 진사가 되었고, 대리사직(大理司直), 지남강군(知南康軍) 등을 지냈다.

주공섬(朱公掞, 1037~1094): 북송의 정치가이자 이학자. 하남(河南) 언사(偃師) 사람으로, 이름은 광정(光庭)이며, 자가 공섬이다. 송 인종(仁宗) 가우(嘉祐) 연간에 진사가 되고 철종(哲宗) 때 사마광(司馬光)의 천거로 좌정언(左正言)이 되었다. 처음에 손복(孫復)에게 배우고 나중에 이정(二程)에게 배웠으며 강직한 성품으로 유명하였다.

주우암(朱愚菴, 1606~1683): 명말청초의 경학자. 강남(江南) 오강(吳江, 지금의 江蘇省 吳江) 사람으로, 이름은 학령(鶴齡), 자는 장유(張孺)이며, 호가 우암이다. 본래 명(明)의 유생(儒生)이었으나 명이 망하자 은둔하면서 평생을 저술에 바쳤다. 두보(杜甫), 이상은(李商隱) 시의 전주(箋注)를 저술하여 유명해졌다. 고염무(顧炎武)와 교유하였으며 고염무의 권유로 경서의 주소(注疏)와 선유(先儒)의 어록 연구에 몰두하였다.

주자(朱泚, 742~784) : 당나라의 무인. 유주(幽州) 창평(昌平, 지금의 北京市 昌平) 사람으로, 덕종 때 난을 일으켜 황제라 칭하고 나라 이름을 대진(大秦)이라 하였다.

주죽타(朱竹垞, 1629~1708): 청(淸)초의 고증학자. 자는 석창(錫鬯)이고 호가 죽타이며 이름은 이준(彝尊)이다. 중국 고대의 경학유파(經學流派), 경의(經義), 판본목록 등을 연구하는 데 중요한 참고서인 『경의고(經義考)』를 저술하였다.

진소유(秦少游, 1049~1100): 송나라의 시인. 양주(揚州) 고우(高郵, 지금의 江蘇省 高郵) 사람으로, 이름은 관(觀), 자는 태허(太虛)인데 37세 때 소유(少游)로 고쳤다. 호는 회해거사(淮海居士)로 세칭 진회해(秦淮海)라고 하였다. 시, 사,문장에 능하였으며 소식(蘇軾)의 추천으로 벼슬길에 올랐다.

진요문(陳耀文, 생몰미상): 명나라 정치가. 하남(河南) 확산(確山) 사람으로, 자는 회백(晦伯), 호는 필산(筆山)이다. 가정 22년(1543) 진사가 되었고 안찰사부사(按察司副使)를 지냈다. 저서로 『정양(正楊)』, 『경전계의(經典稽疑)』 등이 있다.

진팽년(陳彭年, 961~1017): 송(宋)나라의 음운학자이자 정치가. 남성(南城, 지금의 江西省 南城) 사람으로, 자는 영년(永年)이다. 병부시랑(兵部侍郎)을 역임하였고 조정의 모든 전례(典禮)를 관장하였으며 저서로 『강남별록(江南別錄)』이 있다.

진호(陳澔, 1260~1341): 송말원초의 유학자. 강서성(江西省) 남강부(南康府) 도창현(都昌縣) 사람으로, 자는 가대(可大), 호는 운장(雲莊) 또는 북산수(北山叟)이다. 송이 망한 후 출사하지 않았다. 저서로 『예기집설(禮記集說)』이 있는데, 명나라 때 과거시험의 필독서가 되었다.

채제공(蔡濟恭, 1720~1799): 조선의 학자. 본관은 평강(平康)이며, 자는 백규(伯規), 호는 번암(樊巖)이다. 정조 때 재상을 지냈으며 시호는 문숙(文肅)이다. 저서로 『번암집(樊巖集)』이 있다.

채청(蔡淸, 1472~1543): 명대의 학자. 복건성 진강(晋江) 사람으로, 자는 개부(介夫), 호는 허재(虛齋)이다. 육경에 밝았으며 특히 역(易)에 뛰어났다. 저서로는 『역경몽인(易經蒙引)』, 『사서몽인(四書蒙引)』 『허재집(虛齋集)』 등이 있다.

채침(蔡沈, 1167~1230): 중국 송나라 때 학자. 복건성 건양현(建陽縣) 사람으로, 자는 중묵(仲黙), 호는 구봉(九峯)이다. 채원정(蔡元定)의 아들로 젊어서 주자에게 배웠다. 『서경』 연구에 진력하여 『서집전(書集傳)』을 완성했다.

초횡(焦竑, 1541~1620): 명말의 유학자. 자는 약후(弱侯), 호는 담원(澹園)이다. 강녕(江寧, 현재의 강소성 강녕) 사람으로, 1589년 출사하여 한림원 수찬(翰林院修撰) 등을 지냈다. 저서로 『역전(易筌)』, 『장자해(莊子解)』, 『노자익(老子翼)』, 『장자익(莊子翼)』 등이 있다.

최호(崔浩, ?~450): 북위의 정치가. 자는 백연(伯淵)으로, 청하(淸河)사람이다. 경사백가(經史百家)에 통달하고 시중특진대장군(侍中特進大將軍)을 역임하였다. 황제의 두터운 신임을 바탕으로, 20년 동안 북위 조정에서 중요한 업무를 담당하였으나, 국서(國書) 30권을 직필(直筆)로 기재하여 무고(誣告)로 참화(斬禍)를 당하였다.

팽전(彭籛): 팽조(彭祖). 전설상의 인물로, 전욱(顓頊)의 현손(玄孫)이며 양생술을 하여 800세의 수를 누렸다고 한다.

호운봉(胡雲峰, 1250~1333): 중국 원나라 경학자. 무원(婺源, 지금의 江西省 婺源) 사람으로, 이름은 병문(炳文), 자는 중호(仲虎)이며, 운봉은 그의 호이다. 저서로 『주역본의통석(周易本義通釋)』, 『사서통(四書通)』 및 『운봉집(雲峰集)』이 있다.

하간헌왕(河間獻王, 생몰미상): 한(漢)나라 경제(景帝)의 아들로 이름은 덕(德)이고 하간왕(河間王)에 봉해졌다. 학문을 좋아하였고, 한무제(漢武

帝)의 책문(策問) 30여 조를 지었다.

하증(何曾, 199~279): 위진 시기의 정치가. 본명은 서간(瑞諫) 또는 간(諫)이고, 자는 영효(潁孝)이며, 시호는 원(元)이다. 위(魏) 명제(明帝) 때 평원후(平原侯)에 올랐고, 진(晉) 건국의 원훈(元勳)이 되었다.

학경(郝敬, 1558~1639): 명나라의 학자. 경산(京山, 지금의 湖北省 荊門市 京山) 사람으로, 자는 중여(仲輿), 호는 초망(楚望)이다. 1589년 진사가 되었고, 권신을 탄핵하다 면직된 뒤에 고향으로 돌아가 저술에 몰두했다. 저서로 『맹자설해(孟子說解)』, 『주역정해(周易正解)』 등이 있다.

학녹야(郝鹿野, 생몰미상): 명말의 학자. 저서로 『논학지남(論學指南)』이 남아 있다.

허동양(許東陽, 1270~1337): 원나라 유학자이자 교육가. 절강성 금화(金華) 사람으로, 이름은 겸(謙), 자는 익지(益之)이고 동양은 호이다. 자호로 백운산인(白雲山人)이라 하였다. 하기(何基), 왕백(王柏), 김리상(金履祥)과 함께 금화(金華) 4선생으로 일컬어진다. 저서로 『독서총설(讀書叢說)』, 『시집전물명초(詩集傳名物鈔)』, 『백운집(白雲集)』 등이 있다.

허숙중(許叔重, 58?~147?): 후한 초기의 학자. 예주(豫州) 여남군(汝南郡) 소릉현(召陵縣) 사람으로, 이름은 신(愼), 자가 숙중(叔重)이다. 저서로 『설문해자(說文解字)』 14편과 『오경이의(五經異義)』가 있다.

호무경(胡毋敬, 생몰미상): 진(秦)나라의 학자이자 정치가. 태사령(太史令)을 지냈으며 주(周) 선왕(宣王) 때의 태사(太史)인 사주(史籀)가 만든 대전(大篆)을 대본으로 하여 소전(小篆)을 만들었다. 이사(李斯), 조고(趙高)와 함께 진나라의 문자통일에 기여했다. 저서로 『박학편(博學篇)』이 있다.

화정(和靖, 1071~1142): 북송의 성리학자. 하남성 낙양(洛陽) 사람으로, 윤돈(尹焞)을 가리킨다. 자는 언명(彦明) 또는 덕충(德充)이며, 호는 삼외재(三畏齋), 화정처사(和靖處士)이다. 저서로 『논어해(論語解)』, 『맹자해(孟子解)』, 『화정집(和靖集)』이 있다.

황진(黃震, 1213~1280): 남송 말기의 사상가. 절강(浙江) 여요(余姚, 지금의 절강성 慈溪) 사람으로, 자는 동발(東發)이며 동발학파(東發學派)의 창시자다. 보우(寶祐) 연간(1253~1258)에 진사가 되었으며 벼슬은 사관검열(史館檢閱)을 지냈다. 주희를 크게 존숭했으며 사후에 문결선생(文潔先生)이라 불렸다. 저서로 『황씨일초(黃氏日鈔)』가 있다.

索引